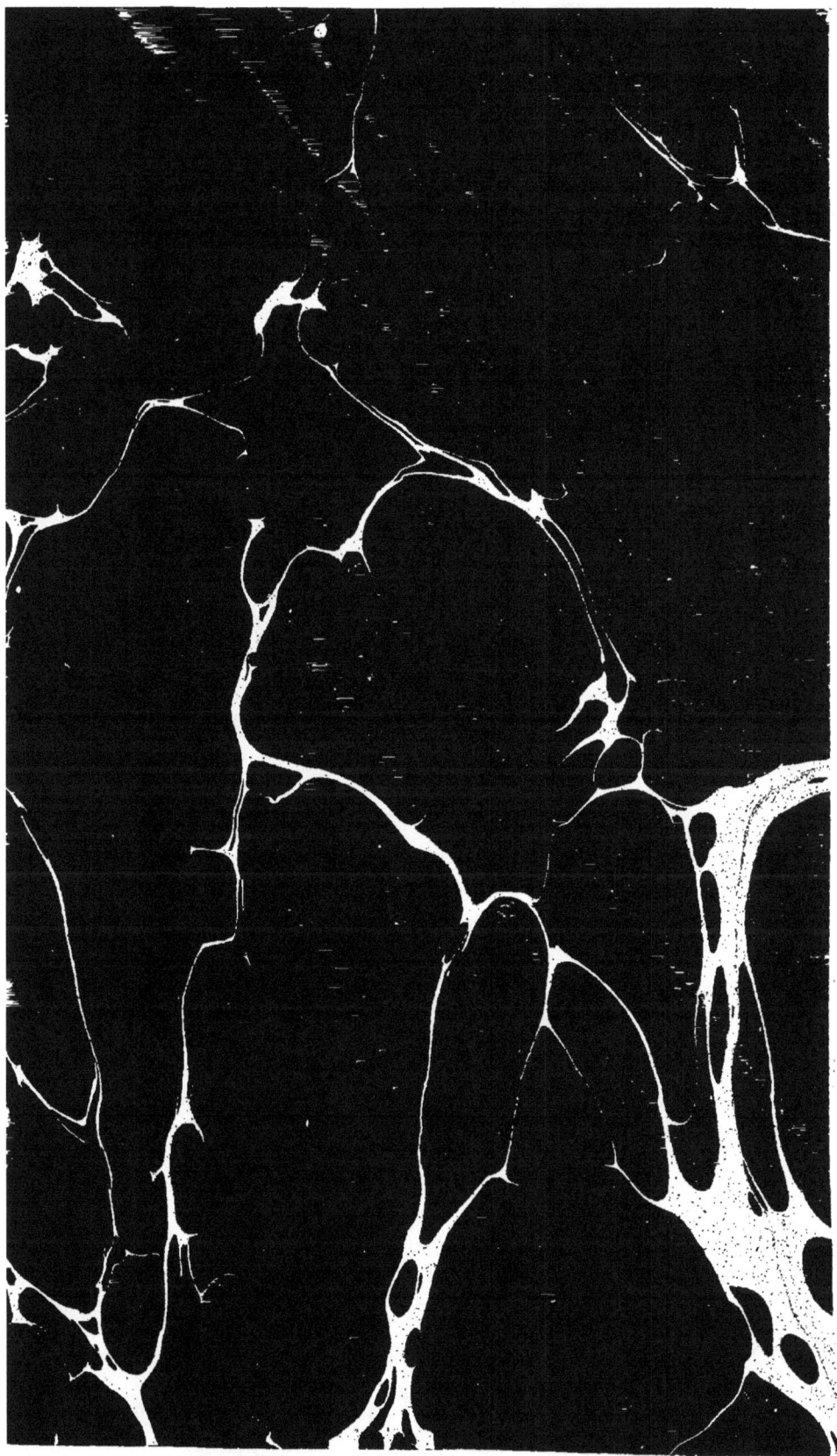

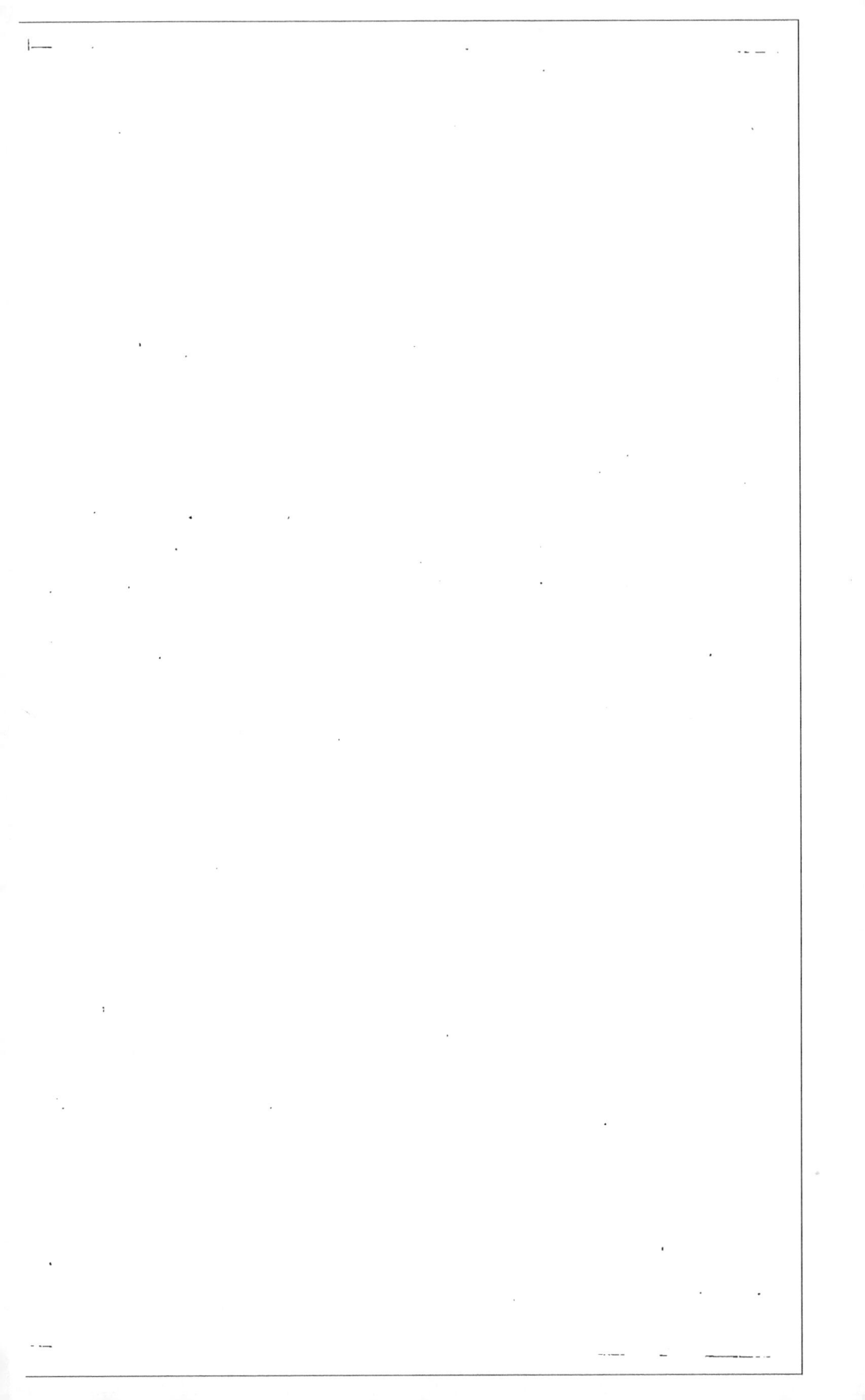

F

TRAITÉ THÉORIQUE ET PRATIQUE

SUR LE MONOPOLE DES

POMPES FUNÈBRES

TRAITÉ THÉORIQUE ET PRATIQUE

DE

LÉGISLATION, DE DOCTRINE ET DE JURISPRUDENCE

SUR LE MONOPOLE

DES INHUMATIONS

ET DES

POMPES FUNÈBRES

PRÉCÉDÉ D'UN HISTORIQUE DU MONOPOLE

CHEZ LES ÉGYPTIENS, LES GRECS ET LES ROMAINS

PAR

B. GAUBERT, avocat

TOME PREMIER

MARSEILLE

MARIUS LEBON, LIBRAIRE

Rue Paradis, 43

—

1 8 7 5

INTRODUCTION

BUT DE L'OUVRAGE

De toutes les parties de la Législation administrative nous n'en connaissons aucune qui soit d'une application plus quotidienne et plus générale, qui touche à des intérêts à la fois plus respectables et plus divers et qui, cependant, soit plus mal connue et plus mal observée que celle qui régit le monopole des Pompes funèbres.

D'après l'avis des personnes les plus autorisées en pareille matière, et, à en juger par ce que l'on voit tous les jours, une obscurité profonde règne encore sur cette branche importante de nos services publics.

Ce n'est pas que les lois relatives aux inhumations soient bien nombreuses (on en compte à peine quelques-unes), mais elles se ressentent visiblement du milieu encore tourmenté dans lequel elles ont été rendues. Aux vices d'une rédaction qui favorise les divergences, viennent s'ajouter des lacunes regrettables, des réticences fâcheuses et des contradictions dont on cherche vainement à s'expliquer les motifs. De là des conflits, des contestations et des procès toujours renaissants, qui surprennent autant que ce qu'ils attristent les personnes sincèrement attachées aux intérêts des églises.

Il est vrai que les commentaires abondent. On aurait certainement fort à faire si l'on voulait procéder au dépouillement de la volumineuse collection des circulaires, instructions, lettres et décisions ministérielles et des arrêtés, arrêts, ordonnances, décrets, jugements, avis du Conseil d'État et autres sentences rendues, à diverses époques, depuis l'an XII jusqu'à ce jour. Mais l'abondance même de ces documents est une des preuves les plus manifestes des imperfections de la loi, car, au lieu d'en faciliter l'intelligence, ils deviennent, pour bien des personnes, une nouvelle source d'embarras.

Le plus difficile n'est pas d'en rechercher les traces, dans les nombreux recueils de jurisprudence où ils se trouvent disséminés et enfouis, mais d'en connaître, d'abord, l'existence, et, ensuite, d'en concilier les dispositions souvent contradictoires, et d'en déduire un ensemble de principes homogènes sur lesquels on puisse se baser, dans la ligne de conduite que l'on veut suivre. Or, nous sommes convaincus que, sans le secours d'une longue expérience, très-peu de personnes pourraient se flatter d'arriver à un tel résultat, alors que la jurisprudence est elle-même parfois si hésitante et que le Gouvernement n'a jamais adopté, de son côté, une manière de voir régulière et uniforme.

Les difficultés sont donc de toute part: dans la loi, comme dans les commentaires qui l'expliquent.

Au fond, on ne doit pas en être trop surpris. Le point de départ étant vicieux, la jurisprudence et la doctrine ne pouvaient que se ressentir fatalement du vice originaire de la législation.

Il en eût été autrement, sans doute, si, au lieu d'attendre que la loi fléchit, en quelque sorte, sous le poids de ses propres défauts, le Gouvernement, le calme une fois revenu dans les esprits, avait eu la sage prévoyance d'aller au devant des réclamations qui se manifestaient dès le principe, et avait fait subir au texte primitif le correctif dont il paraissait déjà susceptible.

Il semble que la nécessité d'une révision eût été suffisamment motivée par la perspective de ne point abandonner à l'appréciation à peu près exclusive des tribunaux et des diverses administrations qui se succédaient dans les ministères de l'intérieur et des cultes, l'interprétation d'une loi qui touche à des questions si délicates et si chères au cœur de l'homme. Disons cependant, à l'éloge de la jurisprudence, tant civile qu'administrative, qu'elle a été quelquefois plus logique que la loi, et qu'elle en a mieux accentué les prescriptions.

Quand on jette un regard sur les pays qui, sous le premier Empire, avaient été soumis à la domination française, la Belgique, la Hollande, la Suisse, etc. etc. et que l'on observe les améliorations dont les décrets organiques des Pompes funèbres y ont été l'objet, on doit regretter que la France soit encore si en retard, à côté des nations qui ont si longtemps obéi à ses lois.

En l'état de ces difficultés, quel guide les fabriques, les municipalités et toutes les personnes qui y ont intérêt devront-elles consulter, pour s'éclairer à travers le dédale des lois sur les Pompes funèbres et des commentaires qui en font l'application, à des points de vue quelquefois si opposés?

A vrai dire, il n'existe encore aucun ouvrage spécial,

méthodique et complet, embrassant la matière dans son ensemble et s'appuyant sur la pratique en même temps que sur la théorie.

Il n'y a pas moins de soixante et dix ans que le décret organique du 23 Prairial an XII a été promulgué, et, aujourd'hui, comme il y a vingt, trente, quarante et soixante ans, on a toutes les peines du monde à s'entourer des documents nécessaires, pour revendiquer la jouissance d'un droit, ou pour répondre, par une fin de non-recevoir, à des prétentions exorbitantes.

Quoique très-battu, le terrain sur lequel nous nous engageons n'en est pas moins encore tout nouveau et, en quelque sorte, inexploré, pour le plus grand nombre de ceux qui ont à y pénétrer pour la première fois. Dans les grandes villes, on a la facilité de provoquer des consultations et de s'éclairer, auprès des hommes de loi que leur talent met le plus en évidence; mais, outre que ce moyen n'est pas à la portée de tout le monde, il est quelquefois trop coûteux et, de plus, l'expérience a prouvé que ce n'est pas toujours de ce côté que jaillit la lumière. On cite, comme modèles de genre, deux consultations remarquables, choisies parmi une foule d'autres. La première, relative aux *billets de décès*, a été signée par Mᵉ Le Berquier, et a obtenu l'adhésion des avocats les plus justement appréciés du barreau de Paris, MMᵉˢ Dufaure, Victor Lefranc, Allou, Gaudry, Léon Duval, Em. Leroux, Lacan, Bertin, Hébert, Thureau et Reverchon. La deuxième, relative aux *exhumations de corps*, porte la signature d'un des avocats les plus éminents, près le Conseil d'État et la Cour de cassation, l'honorable Mᵉ Piet. Il semble difficile qu'une question litigieuse puisse être confiée en de meilleures mains; cependant, la Cour de Rouen n'a pas adopté les motifs si concluants de la première, et la Cour de cassation a passé outre à la seconde.

Que conclure de là, sinon qu'un grand talent et l'érudition ne sont pas toujours des auxiliaires suffisants pour élucider certaines questions spéciales qui exigent des connaissances non moins spéciales ?

Nous devons ajouter que les surprises de ce genre ne sont pas rares, dans les contestations relatives aux Pompes funèbres. Combien de préfets, de municipalités, de fabriques et de particuliers ne pourrions-nous pas citer, dont les doctrines ou les actes ont été désavoués par le Gouvernement ou par les tribunaux, quoique ces doctrines paraissent basées sur la saine interprétation du texte légal. Les exemples abondent, et nous aurons souvent occasion d'en fournir le témoignage, dans le cours de ce travail.

On conçoit dès lors l'embarras des personnes qui, à quelque titre que ce soit, ont à intervenir dans une instance, ou se trouvent mêlées à un débat. Les abonnés au *Journal des Conseils de Fabriques* et au *Bulletin des lois civiles et ecclésiastiques*, ont l'avantage très-appréciable de s'adresser directement au Comité consultatif attaché à la rédaction de ces journaux qui sont généralement bien informés et bien au courant des fluctuations de la jurisprudence. Les fabriques agiront toujours sagement en correspondant avec les rédacteurs en chef de ces publications qui, avec la bienveillance qu'on leur connaît, se font toujours un plaisir de faire part de leurs lumières aux abonnés qui y ont recours. Il serait à désirer que la lecture des deux journaux que nous venons de nommer se répandît de plus en plus, au sein des fabriques, et que celles-ci, par un sentiment de juste réciprocité, eussent toujours l'attention d'informer la rédaction des décisions intervenues.

Mais ces journaux ne se trouvent pas entre toutes les mains; la collection en est, d'ailleurs, assez volumineuse et nous ne pensons pas qu'ils puissent suffisamment suppléer à l'absence d'un ouvrage exclusivement consacré à l'examen des questions si controversées de Pompes funèbres. D'un autre côté, nous devons reconnaître que, sur cette matière plus encore que sur toute autre, les théories ne sauraient avoir quelque autorité tant qu'elles n'ont pas reçu de la pratique la consécration qui leur est nécessaire. Nous aimons à rappeler, à ce sujet, les paroles suivantes d'un des meilleurs rédacteurs du *Journal des Conseils de Fabrique*, M. Nigon de Berty : « *Il n'est pas de guide plus éclairé* « *que la pratique,* disait-il, *pour faire découvrir les vices* « *de rédaction d'une législation. Quand il s'agit d'appli-* « *quer un texte aux faits d'une affaire, on voit d'un œil* « *plus pénétrant et l'on saisit mieux ce qu'il y a de dé-* « *fectueux et d'incomplet.* » (Volume 13. page 46).

Basé sur les considérations qui précédent, et, cédant aux pressantes sollicitations d'un grand nombre de personnes, nous nous sommes cru assez autorisé à résumer, dans un volume, le résultat de dix années de travaux, d'études, de procès et de luttes sur la question qui nous occupe.

Nous dédions cet ouvrage aux fabriques des églises, dont les intérêts nous ont toujours été chers, et à la défense desquels nous avons consacré les meilleurs élans d'une ardeur qui se répandit toujours volontiers pour une cause si respectable.

Les communes et les particuliers y trouveront aussi d'utiles renseignements, car, ainsi que nous le ferons remarquer bien souvent, les fabriques et les municipalités sont plus solidaires qu'on ne pense, sur la question des Pompes funèbres. Leurs intérêts, quoique distincts, dans une certaine mesure, se confondent en un seul qui est l'intérêt général. Ce que nous disons pour les unes doit donc profiter, en même temps, aux autres.

Que de procès auraient été prévenus, que de contestations auraient été amiablement terminées, si nous avions pu avoir, en temps utile, à notre disposition, et mettre à la disposition de nos adversaires, les documents et l'expérience que l'on n'acquiert d'habitude qu'à la longue, et au prix de nombreux sacrifices. Un ouvrage sur la matière nous parait donc amplement justifié, et répondre à un véritable besoin général.

Nous n'avons pas la prétention de combler, du premier coup, le vide profond qui se fait sentir sur une branche si ingrate de la législation administrative. Nous avons voulu seulement faire acte de bonne volonté et rendre à d'autres un service que nous aurions accepté volontiers, dans une foule de circonstances, si nous en avions eu l'occasion. Nous laissons à des plumes plus autorisées le soin de compléter cet essai, ou d'en rectifier les passages qui pourraient ne pas se trouver en parfaite conformité avec la saine doctrine.

A l'aide des documents qui leur sont présentés, dans ce volume, nous osons croire que, dans les grandes villes, comme dans les localités d'une moindre importance, les fabriques, de concert avec les municipalités, pourront organiser un service des Pompes funèbres convenable, peu onéreux pour le public, suffisamment rémunérateur pour les églises, et sauvegardant tous les intérêts engagés.

2º PLAN DE L'OUVRAGE

Le plan général de l'ouvrage est aussi simple que facile à suivre. La clarté, sur cette matière, ne nous parait pas seulement nécessaire, on peut dire qu'elle est de rigueur à peine de nullité.

Dans la *première Partie*, nous avons voulu répondre à cette question qui se présente d'elle-même : *Quelle est l'origine du monopole* et *comment peut-on en justifier la création ?*

Pour que l'on ne supposât pas que nous obéissons ici à une pensée systématique, nous avons jugé à propos d'aller chercher, en dehors du cercle restreint des impressions contemporaines, les moyens de justification d'un monopole beaucoup décrié mais, malheureusement, trop peu connu. C'est dans l'histoire des civilisations païennes que l'on peut puiser, en faveur de cette institution, les arguments les plus décisifs. Contrairement à ce qu'en pensent bien des personnes, les décrets organiques des 23 Prairial an XII et 18 mai 1806 n'ont rien créé sur la matière des Pompes funèbres. Ils ont eu seulement pour objet de réglementer, par des dispositions particulières, et d'approprier aux besoins de la société actuelle un ensemble de rites, de traditions et de coutumes qui ont été plus ou moins régulièrement observés, jusqu'à la fin du siècle dernier, et dont l'origine première se perd dans la nuit des temps. Sur cette question, comme sur tant d'autres, les peuples de l'antiquité ont été nos maîtres et nos modèles.

D'après le témoignage non équivoque des historiens les plus dignes de foi, le monopole des Pompes funèbres a été florissant chez les Egyptiens, chez les Grecs et chez les Romains. Dans le Titre premier de cette première Partie, nous aurons à examiner sur quelles bases fonctionnait ce monopole chez les peuples que nous venons de nommer.

Le Titre second est consacré à l'étude de ces mêmes institutions chez les chrétiens, depuis l'avènement de notre ère, jusqu'à la fin du XVIIIe siècle. La période révolutionnaire est pleine d'enseignements sur ce triste sujet. Elle démontre, de la façon la plus péremptoire, la vérité de cette maxime des anciens que « *pour respecter les vivants* « *on doit d'abord enseigner à honorer les morts.* » Après 10 ans de stériles efforts, dans le but de reconstituer le service des inhumations, suivant les idées philanthropiques de l'époque, les législateurs de la Convention et du Directoire n'aboutirent qu'à l'avilissement de la dignité humaine, c'est-à-dire, à l'humiliante institution des *funérailles civiques*, alternant avec la violation froide, légale et systématique des tombeaux. L'histoire nous apprend que les sages de l'époque en conçurent une certaine frayeur, et qu'ils n'osèrent pas toujours en dissimuler les dangers. Aussi, ce ne fut pas sans une secrète satisfaction que quelques-uns d'entre eux, se retrouvant, quelques années plus tard, sous le brillant uniforme de grands dignitaires de l'Empire, collaborèrent, au Conseil d'État, à la confection des lois réparatrices du 23 Prairial an XII et 18 mai 1806. Il est certain que ces lois ont conservé l'empreinte des doctrines subversives de la Révolution et des idées de méfiance que nourrissaient encore leurs auteurs, à l'égard des églises et du clergé. Mais que pouvait-on exiger de plus de ces législateurs transfuges, dont les utopies, publiquement condamnées par les excès de leurs coréligionnaires politiques, ne se pliaient que très-difficilement aux exigences de leur nouvelle position ?

Dans la *seconde Partie*, nous nous sommes attaché à définir le monopole, dans son *principe*, dans l'*extension* qu'il est susceptible d'acquérir, et dans les *limites* qu'il convient de lui assigner.

Nous avons basé le principe sur le texte des lois ; quant aux conséquences pratiques qu'il convient d'en déduire, nous en avons mesuré l'étendue aux décisions de la jurisprudence civile et administrative qui nous ont paru avoir le mieux interprété la législation, à tous les points da vue·

Malgré les divergences que nous aurons à signaler, nous croyons que l'application des décrets constitutifs du monopole ne saurait rencontrer de sérieuses difficultés.

Le principe peut se résumer ainsi qu'il suit : « Les fabri« ques des églises et les consistoires ont le privilége de « fournir, à l'exclusion de tous autres, quelles que soient « leurs attributions, la généralité des objets nécessaires « 1° à la pompe ou à la décence des funérailles ; 2° aux « services funèbres commémoratifs, et 3° aux exhumations « et réinhumations de corps, dans le périmètre de la cir« conscription paroissiale ou consistoriale. »

A la suite de ce point de départ, nous nous sommes attaché à résoudre, d'après les décisions des tribunaux, les nombreuses objections qui ont été soulevées à diverses époques et dans diverses villes, contre la jouissance exclusive du monopole. Ces solutions font l'objet de quatorze chapitres.

Les droits des fabriques et consistoires étant ainsi nettement établis, nous avons examiné, dans la *troisième Partie*, les divers modes d'exploitations auxquels ces établissements religieux peuvent recourir pour bénéficier, dans les limites des convenances et de leurs devoirs, de la plénitude de leur privilége.

La loi ouvre deux moyens principaux, savoir: 1° *l'administration des fabriques par elles-mêmes ; 2° l'administration par l'intermédiaire d'un tiers subrogé à leurs droits*, suivant les formes prescrites, en pareil cas. Mais ces deux modes n'ont rien d'exclusif. On peut en combiner les dispositions de plusieurs manières différentes, et organiser, dans chaque ville, un système tenant le milieu entre l'exploitation directe et la mise en ferme, ou se rapprochant d'avantage, soit de l'un, soit de l'autre de ces deux modes légaux.

Après avoir exposé, à un point de vue général, les diverses manières dont le monopole peut être administré, après avoir répondu à quelques objections qui s'y rattachent et, notamment, à celles qui sont tirées de l'article 22 du décret de prairial, sur l'approbation des autorités civiles, et de l'article 8 du décret de 1806, sur l'obligation imposée aux fabriques des grandes villes, de ne former qu'une seule entreprise, nous sommes entré dans quelques détails d'administration intérieure qu'il importe de connaître et d'observer.

De tous les modes d'exploitation que nous avons indiqués, il en est un qui nous a paru devoir être l'objet d'une préférence, c'est l'administration des fabriques réunies en Régie simple et directe. Nous n'en donnerons pas ici les motifs; nous dirons seulement, qu'en dehors des raisons de convenances et d'intérêt particulier qui expliquent ce choix, il y a, pour les fabriques, une raison d'intérêt général. *Le monopole des Pompes funèbres éveille depuis longtemps de dangereuses convoitises.* L'adjudication du service au profit d'un fermier aliène, en quelque sorte, l'action des fabriques, les déssaisit, pour un laps de temps plus ou moins long, de l'exercice de leurs droits et, au fur et à mesure que ce mouvement de séparation s'opère, de leur côté, il s'établit un sensible rapprochement entre l'entrepreneur et les municipalités. L'entrepreneur, pour se ménager l'appui de l'autorité locale à l'époque du renouvellement du bail, n'a garde de s'opposer à cet acheminement vers la prépondérance municipale, et il en résulte que celle-ci considère le monopole, comme une succursale des services communaux qui lui sont confiés. Par le fait de la mise aux enchères, les fabriques sont présumées s'être délivrés à elles-mêmes un brevet d'incapacité ou d'impuissance sur la question administrative, et adhérer, d'avance, à toutes les éventualités qui pourront se produire, pourvu toutefois que les remises stipulées par le cahier des charges soient régulièrement payées aux époques fixées. Nous n'avons pas à insister sur les dangers de cette façon de procéder. Advienne une catastrophe financière par le fait de l'entrepreneur, le scandale en rejaillira sur les fabriques, et la confiscation du monopole, déjà préparée, fera un pas de plus, en attendant qu'un mouvement politique brise les derniers liens qui le rattachent encore à leurs légitimes possesseurs. A Paris, après s'être longtemps endormies sur une situation de ce genre, les fabriques en ont enfin compris les inconvénients, et leurs efforts tendent, en ce moment, à organiser un service d'administration, en régie, plus en harmonie avec leurs véritables intérêts. Elles auront de la peine à dégager le monopole de toutes les attaches qui en faisaient une dépendance de l'autorité locale, sans compter que la question relative à la propriété du matériel peut devenir une source de procès et de difficultés. A raison de l'influence considérable que la ville de Paris exerce sur la province, nous donnerons, sur cette affaire, quelques développements qui ne seront pas perdus pour la plupart des fabriques de grandes villes.

La *quatrième partie* est consacrée à l'élaboration des tarifs qui doivent régler les perceptions des Pompes funèbres. Cette question n'est pas une des moins épineuses de toutes celles que nous aurons à traiter. Grâce à l'indifférence à peu près générale que l'on apporte dans cette branche de la législation administrative, on a laissé s'accréditer dans le public, et même, dans l'esprit de certaines personnes, non moins recommandables par leur talent que la haute position qu'elles occupent, les doctrines les plus fausses et les plus dangereuses, sur l'importance qu'il convient d'attribuer au tarif. Cette importance, il faut le reconnaître, a été considérablement exagérée et surfaite. Ainsi, on a comparé le tarif a un bâillon qui paralyse l'action des fabriques, toutes les fois que les chiffres n'en ont pas été légalement approuvés par les autorités compétentes. D'où la conclusion : *Pas de tarif, pas de privilége*.

Puisque l'occasion s'en présente, nous nous ferons un devoir de rectifier, sur ce point, l'opinion de bien des personnes et de l'immense majorité des conseils municipaux en particulier. Trois tarifs sont à distinguer, en pareille matière : 1° le tarif du *clergé* qui est élaboré entre l'évêque et le préfet ; 2° le tarif du *service intérieur*, qui est élaboré par les fabriques, communiqué aux conseils municipaux et approuvé par le Gouvernement ; 3° le tarif du transport, ou *service extérieur*, qui est élaboré par les conseils municipaux, communiqué aux fabriques et homologué par le Gouvernement. Les rôles sont donc aussi partagés que les attributions ; nous nous efforcerons de préciser avec soin, dans quelles limites, le clergé, les fabriques et les communes doivent concourir à la confection de ces tarifs.

La *cinquième Partie* est relative au contentieux des Pompes funèbres, c'est à-dire, aux voies et moyens que la loi fournit aux fabriques, pour faire respecter leur monopole.

La procédure à suivre, en pareil cas, s'écarte des règles ordinaires du droit commun. Les fabriques, comme tous les établissements publics, sont placées sous la tutelle administrative. En leur qualité de mineures, elles ne peuvent procéder à aucun acte judiciaire autre que ceux qui n'excèdent pas la limite des *actes conservatoires*. Pour toutes les affaires qui touchent au fond d'une question litigieuse et, en général, pour tout *acte introductif d'instance*, les fabriques sont obligées de se pourvoir de l'autorisation du

Conseil de préfecture. Cette autorisation est prescrite à peine de nullité.

Nous devons ajouter que l'action mise par la loi à la disposition des fabriques, pour combattre les empiétements de l'industrie privée, serait bien souvent illusoire, ou tout au moins insuffisante, si elle n'était parallèlement exercée avec l'action publique, qui est en main de l'autorité locale, et qui a pour objet de poursuivre les contraventions aux lois sur les Pompes funèbres, au point de vue de l'intérêt municipal. En ce cas, le maire prend un arrêté qu'il fait afficher. Cet arrêté portant inhibition et défense aux particuliers de s'immiscer dans les fournitures de Pompes funèbres, rend les entrepreneurs concurrents passibles des peines édictées par les articles 471, § 15, et 474 du Code pénal, c'est-à-dire, d'une amende de 1 fr. à 5 fr. pour la première infraction, et de 1 à 3 jours de prison, en cas de récidive.

Dans la pratique, le contentieux des fabriques se complique d'une série d'incidents, de formalités et conditions particulières dont l'énumération ne peut trouver place dans cet exposé à vol d'oiseau, et que nous expliquerons plus en détail lorsque nous aurons à traiter cette question.

Dans la *sixième Partie* nous avons cru devoir envisager les inhumations au point de vue exclusivement religieux et municipal.

Au point de vue religieux se présentent les questions du casuel du clergé, du tarif des oblations, du refus de sépulture ecclésiastique, des inhumations des corps des libres penseurs en terre bénite, des funérailles des décédés dans les hôpitaux, couvents et autres établissements civils ou religieux, des inhumations non autorisées et des peines qui en sont la conséquence, suivant les circonstances, des inhumations hors de la paroisse, de la quarte funéraire ou portion canonique, de la conduite des corps au cimetière, des aumôniers des dernières prières, du partage de la cire, de la présence des corps religieux, sociétés et œuvres de charité aux convois, etc. etc.; questions quelquefois brûlantes et hérissées de difficultés, à cause des incompatibilités qui existent entre le droit civil et le droit canonique.

Au point de vue municipal, nous ne croyons pas nous écarter trop du but de cet ouvrage en rappelant les prescriptions de la loi sur la constatation des décès et sur l'acte de l'état civil qui en est la conséquence, prescriptions malheureusement beaucoup trop négligées, et dont l'inobservation peut entraîner de si graves conséquences. Les exhumations de corps et les transports hors la commune sont également réglementés par des dispositions spéciales, qui rentrent dans le cadre de ce travail. A ces questions viennent encore se rattacher celles relatives à la police des convois par les inspecteurs funèbres, aux enterrements de libres penseurs, à la fixation de l'heure des convois et de la levée des corps, aux mesures de précautions à prendre en prévision des épidémies, au service des réquisitions, soit de jour, soit de nuit, à l'établissement des morgues, aux embaumements, salles d'autopsie, amphithéâtres, aux morts violentes, à l'organisation d'un service de Pompes funèbres exclusivement municipal, dans les localités où les fabriques n'ont ni les moyens, ni l'intention d'exercer leur privilége, etc. etc. Nous n'avons pas l'intention de nous étendre beaucoup sur ces diverses matières; nous ne pouvions nous dispenser cependant d'en dire quelques mots.

La *septième Partie* est consacrée aux pièces justificatives. Nous y avons fait entrer les textes des lois, décrets, ordonnances, arrêts, arrêtés, jugements, décisions, lettres et circulaires ministérielles, avis du Conseil d'Etat et autres documents qui n'ont pu trouver place dans le corps de l'ouvrage. Ce recueil était nécessaire, car nous savons par expérience combien il est difficile d'avoir sous la main telles pièces importantes, dont la production suffit quelquefois pour résoudre une question en litige.

Nous avons ajouté, à titre d'indication, divers projets de tarifs et règlements, pour la facilité des personnes qui pourraient être embarrassées sur la forme à suivre pour les travaux de même genre.

On y trouvera également une série de dessins empruntés aux tarifs de diverses localités et ayant pour objet de fixer le choix des fabriques, dans l'organisation, la confection ou l'ornementation de leur matériel.

Enfin, quant aux personnes qui auraient l'intention d'approfondir davantage l'examen des questions que nous avons traitées dans ce premier volume, elles pourront consulter, avec fruit, les divers ouvrages dont nous donnons l'indication dans cette dernière partie.

Le présent volume n'est relatif qu'à la question des convois funèbres et enterrements. Dans un second volume qui paraîtra prochainement, nous examinerons la législation qui concerne *les cimetières* et dont l'application ne laisse pas moins à désirer que la législation des Pompes funèbres.

3° SOURCES

Les éléments qui forment la matière de ce volume ont été puisés à diverses sources.

Une partie de ces documents est le fruit de travaux et d'efforts personnels, faits, pendant un certain nombre d'années, dans le but de sauvegarder les intérêts des fabriques de l'une des premières villes de France, contre les empiétements des autorités locales et de l'industrie privée. Nous

n'ignorons pas à combien de vicissitudes le service des
Pompes funèbres a été soumis, dans un grand nombre de
villes importantes; mais nous croyons que la ville de Marseille mérite, sous ce rapport, une mention toute privilégiée. Il n'est peut-être pas une branche du service des
Pompes funèbres qui n'ait été l'objet d'une difficulté, d'un
procès ou d'un conflit, soit à une époque, soit à une autre.
La question des tarifs, à elle seule, a soulevé, entre le
conseil municipal et les fabriques, un débat interminable,
qui n'a pas moins duré de 60 ans, et qui n'a été clos que
par un arrêt du Conseil d'État. A trois reprises différentes,
l'autorité préfectorale ayant tenté de briser l'association
des fabriques organisées en régie, celles-ci ont eu recours
à l'arbitrage du Gouvernement, qui n'a jamais hésité à désavouer les actes de son représentant, dans les Bouches-
du-Rhône. La question de la patente a donné lieu, pendant
plus de deux ans, à des contestations qui n'ont été résolues
qu'à la suite de deux arrêtés du Conseil de Préfecture.
Nous pouvons mentionner la longue lutte soutenue contre
certains industriels, qui se prévalaient des irrégularités des
tarifs pour s'approprier les bénéfices du monopole, les
décisions rendues pour les enterrements des libres-penseurs, pour les exhumations, etc. etc. Dans ces diverses
affaires les fabriques ont toujours eu la satisfaction d'obtenir des tribunaux une sentence conforme à leur demande.

Les autres documents ont été puisés partout où il nous
a été possible d'en rencontrer, et, notamment, dans les recueils de jurisprudence. Le *Journal des Conseils de fabriques* et le *Bulletin des lois civiles et ecclésiastiques*, nous
ont été d'un puissant secours ; le *Bulletin officiel du Ministère de l'intérieur*, le *Bulletin des lois*, l'ancien *Recueil
des Actes administratifs du Ministère des cultes*, le *Réper-
toire de Dalloz*, le *Journal du Palais*, le *Recueil des Actes*

2

du Conseil d'État, les divers ouvrages qui ont été écrits sur le contentieux ou l'administration des Fabriques, nous ont également fourni d'excellentes indications. Nous donnons, d'ailleurs, à la fin de ce volume, la nomenclature générale des nombreux ouvrages que nous avons consultés.

4° DES INTÉRÊTS QUI SONT EN CAUSE DANS LE MONOPOLE DES POMPES FUNÈBRES

Avant d'entrer en matière, une dernière question reste à fixer. Il s'agit de savoir quels sont les intérêts qui se trouvent engagés dans le monopole des Pompes Funèbres, et de déterminer quel est le point où ces intérêts se rencontrent et le point où ils se séparent.

Trois intérêts sont en présence dans l'exploitation du privilége de l'an XII, savoir :

1° l'intérêt des fabriques,

2° l'intérêt des communes,

3° l'intérêt des habitants.

Ces intérêts sont à la fois distincts et connexes, suivant qu'on les considère dans un ordre d'idées général ou à un point de vue particulier.

Quand on n'envisage que le but à atteindre, c'est l'intérêt général qui est en cause. Quand on discute les moyens employés pour y arriver, on se trouve amené à établir une balance, entre les ressources des parties payantes et les besoins des parties prenantes. D'un côté les fabriques et de l'autre les familles. Les premières qui fournissent et perçoivent, et les secondes qui achètent et paient à un prix plus ou moins élevé. Entre les unes et les autres se place la commune, qui sert de trait d'union, et qui juge si l'équilibre **a été sagement observé dans la répartition des bénéfices et des charges.**

Les fabriques n'ont pas le droit de se montrer trop exigeantes, mais la commune aurait également tort de ne pas tenir compte des besoins auxquels le privilége des inhumations a pour objet de satisfaire.

Dans le premier cas, les prétentions des fabriques pourraient être réduites à des limites normales, et, dans le second, une opposition systématique serait bientôt suivie d'une mise en demeure d'avoir à combler, avec les deniers de la commune, le déficit qui se manifesterait dans le budget des fabriques.

Les communes ont donc à choisir entre l'impôt facultatif prélevé sur l'ostentation des funérailles et l'impôt forcé qui pèserait sur tous les habitants. Voici en quels termes s'exprimait, au Conseil Municipal de Marseille, l'honorable rapporteur d'un projet de tarif sur les Pompes Funèbres : « La Commission a dû repousser les réductions qui lui « étaient demandées, parce qu'elles portaient directement « atteinte aux ressources municipales, que l'état de nos « finances nous fait une obligation de respecter. *C'est, en* « *effet, vous voudrez bien ne pas l'oublier, Messieurs, un* « *article de votre budget que vous discutez en ce moment.* « Vous êtes sans doute les maîtres de le réduire, s'il vous « parait injuste ou abusif, mais notre devoir était de vous « prévenir qu'il vous faudra augmenter, dans les mêmes « proportions, un de vos articles de dépense, celui des « frais du culte... » (1)

Tel est le principe qui devrait servir de règle de conduite aux Conseils municipaux dans l'importante question des tarifs. Leurs devoirs sont de plusieurs natures. Ils ont, d'abord, à prendre l'initiative du tarif du service extérieur, à y faire entrer toutes les fournitures de convois funèbres

(1) Séance du 30 janvier 1851. — M. Honorat, rapporteur.

qui tombent sous les coups du monopole, et à en fixer les prix, de façon à ne pas trop grever les familles et à prévoir les besoins probables des fabriques. Le tarif approuvé, les maires ont mission de le faire respecter, c'est-à-dire de poursuivre énergiquement, devant le tribunal de simple police, les personnes qui, au mépris des lois qui consacrent le monopole, s'arrogeraient le droit de faire, concurremment avec les fabriques, les fournitures qui en dépendent. Les fabriques, de leur côté, ont également des obligations à remplir. Elles sont libres d'abandonner au domaine public la jouissance de leur privilége, dans le cas où elles seraient assez riches pour s'en passer ; mais elles ne doivent point perdre de vue qu'en procédant de la sorte, elles autorisent implicitement l'administration municipale à refuser toute allocation demandée pour subvenir à des besoins extraordinaires. Plusieurs circulaires ministérielles invitent les municipalités à n'accorder de secours aux fabriques, que dans le cas où celles-ci auraient déjà justifié de l'emploi de toutes les ressources que la loi leur fournit. Cette condition est rigoureuse, et la jurisprudence administrative s'est plus d'une fois prononcée dans ce sens.

Avant de repousser les bénéfices d'un monopole très-rémunérateur pour elles, les fabriques feront donc bien d'y réfléchir attentivement. A défaut d'autres considérations, il en est une qui devrait surtout les engager à se conformer au vœu de la loi, c'est qu'elles fournissent aux adversaires du monopole le seul argument décisif qu'ils puissent formuler en faveur de sa suppression. On a observé, en effet, que sur les 36,000 fabriques qui existent en France, on en compte à peine quelques milliers qui exploitent, dans des conditions plus ou moins imparfaites, le privilége qu'elles tiennent du décret de Prairial. Quant aux autres, elles en font si peu de cas qu'elles ne paraissent pas même se douter de son existence. Or, ajoute-t-on, quelles raisons peut-on avoir de maintenir une législation d'exception, alors que ceux en faveur desquels elle a été instituée se montrent si peu empressés d'en profiter, et que les Conseils municipaux, par une condescendance qu'il est difficile d'excuser, souscrivent, presque sans examen, aux demandes de fonds qui leur sont adressées par les fabriques? De deux choses l'une: ou la plupart des fabriques sont assez riches pour ne pas avoir besoin du monopole, ou elles n'ont ni les moyens ni les aptitudes suffisantes pour l'exercer. Dans le premier cas, la suppression s'impose d'office ; dans le second, il suffit de le faire passer en des mains plus expérimentées. L'État ou la commune pourraient s'en charger, sauf à en répartir le bénéfice parmi les fabriques les plus nécessiteuses. En 1804 on avait eu un instant la pensée de centraliser entre les mains du Gouvernement tous les produits des Pompes Funèbres, d'en former une seule masse commune, avec laquelle on devait pourvoir aux besoins temporels des églises. Pourquoi ne reviendrait-on pas sur cette idée, aujourd'hui ?

Tel est le langage que l'on tient.

Ce raisonnement n'est pas exempt d'exagération, mais il n'en est pas moins vrai que les fabriques ne se préoccupent pas assez des conséquences qui peuvent résulter de leur négligence sur cette matière, et que la pensée du législateur n'est qu'à moitié comprise et exécutée. Cependant, de tous les produits qui leur ont été affectés, celui des Pompes Funèbres est, sans contredit, le plus important ou le plus susceptible de le devenir. Elles ne sont pas déjà tellement riches en faveurs de ce genre, pour dédaigner le petit nombre de celles qui leur ont été accordées. En procédant de la sorte elles s'exposent doublement : d'abord, ainsi que nous venons de le dire, elles témoignent en faveur

de l'inutilité du monopole et, ensuite, elles font volontairement tarir une source de revenus qui, bien administrée,
deviendrait très-rémunératrice. Il est donc de leur intérêt
autant que de leur devoir d'éloigner ces perspectives menaçantes par une meilleure application de la loi. Puissent
elles en comprendre la nécessité! Quant aux moyens d'exécution, nous les leur indiquons dans le volume.

TRAITÉ DE LÉGISLATION

POMPES FUNÈBRES

PREMIÈRE PARTIE

HISTORIQUE DU MONOPOLE

TITRE PREMIER

DU MONOPOLE CHEZ LES ANCIENS

CHAPITRE Ier

OBSERVATIONS PRÉLIMINAIRES

Les peuples les plus célèbres de l'antiquité ont donné au monde un grand exemple de respect et de vénération pour la mémoire des morts. Cet exemple lointain du paganisme idolâtre ne saurait être perdu pour les modernes. Il leur importe d'autant plus de rechercher et de connaître quelles ont été les institutions des anciens sur les sépultures, que c'est à eux que l'on est obligé de remonter pour retrouver les premiers germes de toutes les civilisations qui se sont succédé jusqu'à nos jours.

Malgré les différences profondes que le temps, les croyances, les goûts et les mœurs ont fait naître entre la société païenne et la société chrétienne, il y a, cependant, des points de contact, sur lesquels elles se rencontrent comme sur un terrain naturel. Il existe, notamment, un certain nombre de vérités morales qui appartiennent à toutes les époques, et dans l'observation desquelles les anciens ont fait preuve d'une rectitude de jugement que les modernes n'ont pas toujours égalée.

Parmi ces vérités qui tiennent lieu d'axiôme, il en est une qui se place, d'elle-même, en tête de cette étude, et à laquelle l'expérience des faits donne, chaque jour, une nouvelle autorité: c'est que la loi humaine, à elle seule, est impuissante pour retenir, dans un état de repos permanent, les éléments sociaux toujours prêts à s'entrechoquer, et que, sans le secours d'une législation venue de plus haut, ayant pour objet d'éclairer l'homme sur la nature de ses devoirs et de ses destinées futures, il ne saurait exister sur la terre ni repos, ni trève, ni sécurité.

Tout nous dit, en effet, qu'au double instinct de l'immortalité de l'âme et de l'existence d'un Dieu vengeur du crime et rémunérateur de la vertu, instinct qui est inné au fond de toutes les consciences, doit correspondre, dans un ordre d'idées tout-à-fait identique, un ensemble de croyances, de dogmes et de prescriptions qui sont à l'âme et au cœur ce que les lois civiles sont aux personnes et aux choses.

« Les lois, dit Portalis, ne dirigent que certaines actions, « tandis que la religion les embrasse toutes ; les lois n'ar-« rêtent que les bras, au lieu que la religion règle le « cœur ; les lois ne sont relatives qu'aux citoyens , la re-« ligion saisit l'homme. Indépendamment de ce que le « ressort des lois est très-limité, on les a comparées à « une toile que les grands déchirent, et au travers de la-« quelle les petits s'échappent. »

Lorsque le célèbre jurisconsulte écrivait ces paroles, les évènements politiques donnaient à son langage un caractère de vérité et d'à-propos qui ne saurait trop être remarqué. A aucune époque de notre histoire, en effet, il n'a été promulgué plus de décrets, rendu plus de lois, publié autant d'arrêtés et de règlements que pendant la période révolutionnaire (on en compte 20,000 environ en quelques années); jamais, cependant, la France n'a été le théâtre de plus de crimes, de sacriléges et de débordements populaires que pendant l'absolutisme des législateurs qui la gouvernèrent, de 1789 à 1798.

Les anciens comprirent, avant nous, la nécessité d'un lien moral assez fort pour enchaîner (*religare*) tous les hommes, aux pieds de la divinité. La religion a été, de tout temps, l'objet de leurs plus graves préoccupations. « Ce « qui a valu au peuple romain tant de gloire dans le mon- « de, écrit Cicéron, ce qui lui a mérité des succès aussi « étonnants et aussi inespérés, c'est la piété et le culte « qu'il a toujours professés pour ses dieux. »

Chez les chrétiens, la religion était descendue du ciel sur la terre. C'est Dieu lui-même qui l'avait révélée à son peuple, soit par la voix des patriarches, soit au sommet du Sinaï, soit directement, ou par l'organe des Apôtres. Moins privilégiés, les anciens ne connurent pas les lumières de la révélation, mais ils en pressentirent l'indispensable nécessité. Ce fut, sans doute, pour combler le vide profond qui résultait de son absence, qu'ils créèrent la Mythologie, religion terrestre, qui mérite de trouver place parmi les conceptions de l'esprit humain, mais à laquelle il a toujours manqué des ailes pour s'élever en haut.

Ils ne s'en dissimulaient pas eux-mêmes les défauts, et, comme pour en faire oublier le vice originaire, ils introduisirent, dans leurs croyances, un mélange plus ou moins informe de faits à la fois prodigieux et bizarres, de récits merveilleux que la fable enrichit de ses fictions et que les poètes rendirent populaires par des vers héroïques.

Chose remarquable! le peuple romain qui a si longtemps persécuté le christianisme naissant, la religion révélée, par excellence, a été, en même temps, le peuple le plus altéré des confidences et des oracles de la divinité. L'histoire nous montre Numa, le premier législateur de Rome, le créateur du culte, du collége des pontifes et du privilége des Libitinaires, allant recevoir, au fond d'un bois sacré, les instructions de la problématique nymphe Egérie, et, profitant de l'ascendent que lui valaient ses communications incessantes avec les dieux, imposer plus facilement ses lois à la foule crédule qui l'entourait.

Mais pour asseoir leur mythologie sur une base puissante et fixe, pour qu'elle pût entrer dans tous les esprits et s'y inculquer profondément, les anciens avaient besoin de choisir un point d'appui moral, une pensée forte et irrésistible, autour de laquelle devaient se grouper toutes les inventions de la Fable.

Cette base première, ce point d'appui, cette vérité fondamentale, ils la trouvèrent dans la pensée de la mort, dans la croyance en l'immortalité de l'âme et dans la perspective d'une seconde vie qui commençait sur le seuil de la tombe, et qui n'avait plus de fin.

Tel est le pivot sur lequel reposaient toutes les religions du paganisme.

Nous allons en examiner les effets dans les institutions funèbres des trois peuples de l'antiquité qui ont laissé les traces les plus fécondes de leur passage dans le monde : les Égyptiens, les Grecs et les Romains.

CHAPITRE II

---

§ 1. Considérations générales

« Il est un pays sur la terre, dit Chateaubriand, en par-
« lant de l'Égypte, qui doit une partie de sa célébrité aux
« tombeaux... Vous ne pouvez faire un pas, sur cette
« terre, sans rencontrer un monument. Voyez-vous un
« obélisque, c'est un tombeau ; les débris d'une colonne
« brisée, c'est un tombeau ; une cave souterraine, c'est en-
« core un tombeau ; et, lorsque la lune, se levant derrière
« la grande pyramide, vient à paraître sur le sommet de ce
» sépulcre immense, vous croyez apercevoir le phare de la
« mort, et errer véritablement sur le rivage où le nauton-
« nier des enfers passait les ombres... »

Aucun peuple en effet n'a laissé sur la terre des restes
plus grandioses de sa foi profonde en l'immortalité de l'â-
me. Quarante siècles ont passé sur ce premier berceau de
la civilisation antique, et, tandis que les savants cherchent
encore à fixer l'emplacement sur lequel s'élevait l'orgueil-

leuse Memphis, tandis que ce n'est qu'avec des difficultés
inouïes que l'on parvient à découvrir quelques vestiges de
l'Égypte vivante des temps passés, les tombes des Pharaons, les hypogées et les nécropoles ont bravé l'imposante
succession d'années qui nous séparent de l'époque à laquelle ils furent construits, et sont aujourd'hui les seuls
témoins, ou, plutôt, les derniers survivants d'une nation qui
a brillé d'un si vif éclat par son commerce, par les arts,
par les armes et par l'industrie, et dont la célébrité a préparé celle de la Grèce et de Rome. C'est en vain que l'on
chercherait ailleurs un contraste plus frappant entre l'i-
mage fugitive de la vie et l'éternel spectacle de la mort.

Mais ce contraste qui fait notre étonnement n'est pas le
résultat du hasard : il se lie intimément à un ensemble de
dogmes, de croyances et d'institutions qui n'ont pas peu
contribué à fonder la grandeur du peuple égyptien, et lui
ont valu la puissante originalité qui lui est propre.

C'est dans l'examen de ces dogmes que nous devons en
rechercher l'explication.

§ 2. Du dogme de la résurrection chez les Égyptiens.

Quoiqu'en aient dit certains écrivains, et Guichard entre autres, les Égyptiens croyaient à la résurrection du
corps. Toutes leurs institutions funèbres étaient basées sur
ce dogme, dont l'influence se faisait sentir jusque dans les
actes de la vie privée. Il y a loin, sans doute, entre le
dogme égyptien et le dogme chrétien, sur ce point, mais
les rapprochements ne sont pas impossibles. Il est même
très-probable que la croyance égyptienne n'a été, au fond,
qu'une altération des croyances du peuple hébreu, auquel
les rivages du Nil n'étaient point inconnus. Quoi qu'il en soit,
à ce sujet, voici de quelle façon l'abbé de Maillet, ancien

consul de France au Caire, explique, d'après un manuscrit en langue Cophte, qui lui aurait été communiqué, le système égyptien sur la résurrection.

A la suite d'un certain nombre de siècles, dont le chiffre n'est pas régulièrement déterminé, mais qui varie entre 300 et 400, la terre devait subir une transformation, qui avait pour effet de la faire revenir à l'état primitif dans lequel elle se trouvait à l'origine des temps. Les corps, secouant alors le sommeil de la mort, renaissaient à la vie, par l'adjonction de l'âme qui venait les rejoindre, et l'homme commençait ainsi une seconde existence qui était exempte des vicissitudes de la première, et dont la durée ne connaissait plus de limites.

Mais, pour participer à la résurrection, une condition était indispensable: il fallait que la dépouille mortelle de l'homme, échappant à la corruption qui la menace, à la violation des profanes et à tous les moyens de destruction auxquels elle est exposée, se trouvât dans un état de conservation assez complet pour que l'âme pût l'habiter une seconde fois. En attendant, l'âme errait dans les environs de l'endroit où le corps était enseveli.

La résurrection étant subordonnée à la conservation des corps, les Égyptiens ne négligèrent rien pour les soustraire à l'action destructive du temps et des hommes.

Parmi les moyens qu'ils employèrent, dans ce but, nous indiquerons les trois suivants :

1° *L'embaumement,*

2° *Les honneurs funèbres,*

3° *Le choix d'une sépulture inviolable.*

L'embaumement et le choix de la sépulture étaient des moyens purement matériels, qui ne présentaient pas de sérieuses difficultés ; quant aux honneurs funèbres, on ne les accordait pas indifféremment à toutes sortes de personnes.

Pour les mériter, il fallait que le défunt s'en fût rendu digne par une vie exempte de reproches, et, qu'au moment où le corps allait être descendu dans la tombe, aucune voix accusatrice ne s'élevât du milieu de la foule, et n'obligeât les juges funèbres à retarder ou à refuser la sépulture. Dans ce dernier cas, le corps était jeté dans le Tartare, où il se trouvait confondu avec le corps des criminels et des bêtes immondes.

Les Égyptiens attachaient une telle importance à la conservation des corps, qu'ils considéraient le refus de la sépulture comme le plus grand des malheurs qui pût survenir à une famille, comme une tache qui ne s'effaçait jamais plus.

Cette perspective exerçait sur les actes de la vie une influence si forte et si salutaire, qu'on peut dire, d'après le témoignage des historiens, que le séjour de l'homme, sur la terre, n'était qu'une longue préparation au terrible passage de la vie à l'éternité. Voici en quels termes s'exprime Diodore de Sicile, à ce sujet: « Les Egyptiens re-
« gardent la vie actuelle comme peu de chose, mais ils
« estiment infiniment la vertu dont le souvenir se perpé-
« tue après la mort. Ils appellent leurs habitations des
« hôtelleries, vu le peu de temps qu'on y séjourne, tan-
« dis qu'ils nomment les tombeaux les demeures éternel-
« les, les morts vivant éternellement dans les enfers. C'est
« pourquoi ils s'occupent bien moins de la construction de
« leurs maisons que de celle de leurs tombeaux. » (1)

Il n'entre pas dans le cadre restreint de cette étude de montrer avec quelle merveilleuse suite d'idées la croyance en la résurrection et les diverses institutions qui s'y rattachaient contribuèrent puissamment au développement du

(1) Livre I. chap. 51.

commerce, de la fécondité, de l'industrie et de la prospérité générale de l'Egypte. En admettant, comme on l'a
prétendu, que toutes ces croyances soient le résultat de
l'imposture de la caste sacerdotale, qui en bénéficiait, on
n'en est pas moins forcé d'en admirer les magnifiques résultats, car c'est à la haute intelligence de ses prêtres et au
sage emploi qu'ils firent de leurs talents, que l'Égypte dut
de tenir, bien avant les villes de Sidon, de Tyr, de Pal-
myre et de Babylone, le sceptre du commerce, des sciences, des arts et de la civilisation, dans tout l'orient. Observons, en passant : 1° que l'Égypte comptait alors plus
de huit millions d'habitants et qu'aujourd'hui elle aurait
de la peine à en nourrir au delà de quatre millions et demi,
qui forment la population actuelle ; 2° que la peste, qui
n'avait jamais visité ce pays, a commencé à y faire ses ap-
paritions aussitôt après que l'usage de l'embaumement est
tombé en désuétude ; 3° que les grands travaux d'irriga-
tions et d'hydraulique y sont actuellement presque nuls,
comparativement à l'époque où, sous la fable du bœuf Apis,
des dieux Isis et Osiris, les Pharaon et les Ptolémée disposaient d'un si puissant moyen d'action sur les masses.

§ 3. Du monopole des Pompes Funèbres.

La pensée religieuse était dominante dans les rites funèbres observés par les Égyptiens. Après le décès, la dépouille mortelle de l'homme était confiée aux soins d'une
classe de personnes privilégiées appartenant à la caste sacerdotale. Elles seules avaient le droit de procéder aux embaumements et aux apprêts des funérailles. C'était un véritable monopole. Voici ce qu'en disent Hérodote (1) et

(1) Livre II. chap. 86.

Diodore de Sicile (1) : « Il y a, en Égypte, dit le premier
« de ces historiens, un certain nombre de personnes que la
« loi a chargées des embaumeurs, et qui en font profes-
« sion. » — « Les embaumeurs, dit Diodore de Sicile,
« jouissent de beaucoup d'honneurs et de considération,
« parce qu'ils sont en relation avec les prêtres et que,
« comme eux, ils ont leur entrée réservée dans le sanc-
« tuaire. Ceux qui sont chargés du soin des funérailles
« appartiennent à une profession qui se transmet de père
« en fils. »

Il résulte de ce texte : 1° que les fournitures de Pompes
funèbres n'étaient pas abandonnées au domaine public, puisque la loi en faisait l'objet d'une profession spéciale ; 2° que
ceux qui en étaient chargés, par privilége, occupaient un
rang dans la hiérarchie sacerdotale (2), ou, tout au moins,
avaient droit à une place de faveur, dans les temples, comme
les fabriciens, de nos jours.

Nous devons faire remarquer ici, que le luxe des funérailles, chez les Égyptiens, était presque exclusivement
concentré sur l'embaumement et sur les fournitures qui s'y
rattachaient. Chez les Romains, comme chez nous, c'est
dans le cortége que s'étalait la pompe funèbre. Ces différences s'expliquent par la nature des croyances qui étaient
particulières à l'Égypte.

§ 4. Du tarif.

Les tarifs sont une nécessité du monopole. Diodore de
Sicile nous fait connaître quels étaient ceux des Égyptiens
sur les sépultures (3) : « Il y a, dit-il, trois ordres de funé-

---

(1) Livre I. chap. 91. — (2) Champollion et Le Mascrier sont de
cet avis. — (3) Loco citato.

« railles, le *riche*, le *moyen* et le *pauvre*. Le premier
« coûte un talent d'argent (environ 5,500 francs), le
« deuxième, vingt mines (environ 1,830 francs) et le troi-
« sième très-peu de chose. Ceux qui sont chargés du soin
« des funérailles présentent, aux parents des morts, une
« note écrite de chacun de ces modes d'ensevelissement et
« leur demandent de désigner celui qui leur convient le
« mieux. Les conventions arrêtées, ils reçoivent le corps
« et le remettent à ceux qui président à ces sortes d'opé-
« rations. » Hérodote confirme, dans les termes suivants,
le témoignage de Diodore : « ... Quand on leur apporte un
« corps, ils montrent aux porteurs des modèles de morts
« en bois, peints au naturel. Le plus recherché représente,
« à ce qu'ils disent, celui dont je me fais scrupule de dire
« ici le nom. Ils en font voir un second qui est inférieur
« au premier et ne coûte pas si cher. Ils en montrent en-
« core un troisième qui est au plus bas prix. Ils deman-
« dent, ensuite, suivant lequel de ces trois modèles on
« souhaite que le mort soit embaumé. Après qu'on est
« convenu du prix, les parents se retirent et les embau-
« meurs travaillent chez eux. (1) »

Ces détails démontrent que le service des sépultures,
chez les Égyptiens, fonctionnait avec une grande régularité et que l'on se préoccupait autant, chez les anciens que
chez les modernes, de prévenir les abus d'une taxation arbitraire, sur une question si délicate.

(1) Loco citato.

§ 5. Préliminaires des funérailles.

Les préliminaires des funérailles étaient : *le deuil, l'embaumement, l'ensevelissement* du corps dans le cercueil, *la convocation, l'exposition* et *le jugement.*

1° *Le deuil.* — « Lorsqu'un Égyptien vient à mourir, dit « Diodore de Sicile (1), tous ses parents et amis se cou- « vrent la tête de fange et parcourent la ville, en poussant « des cris lamentables, jusqu'à ce que le corps ait reçu la « sépulture. Ils font abstention de bain, de vin, de tout « aliment recherché et ne portent point de vêtements somp- « tueux. Quand il meurt un roi, le deuil devient public. « Tous les habitants s'y associent, déchirent leurs vê- « tements, ferment les temples, s'abstiennent de sacrifi- « ces et ne célèbrent aucune fête pendant 72 jours. Des « troupes d'hommes et de femmes, au nombre de 200 à « 300, parcouraient les rues, leurs robes nouées à la cein- « ture et chantaient, deux fois par jour, les hymnes funè- « bres, à la louange du mort. » — Le deuil ne se prolon- geait pas au delà du temps nécessaire pour procéder à l'embaumement et aux préparatifs des funérailles. Ce dé- lai variait entre 40 et 70 jours.

2° *L'embaumement.* — Deux jours après le décès, et quatre jours pour les femmes (2), le corps du défunt était porté chez les embaumeurs. Nous ne croyons pas nous trop écarter de notre sujet principal en donnant quelques dé- tails sur la manière dont l'embaumement était pratiqué par les Égyptiens. Voici, d'après les deux auteurs que nous avons déjà cités et, d'après les ouvrages de quelques moder- nes, comment on procédait à ces opérations.

---

(1) Livre 1. chap. 72 et 91. — (2) Guichard. *Des funérailles,* 1581. 3ᵉ partie. p. 467.

Le premier embaumeur qui s'appelle *grammate* (1),
c'est-à-dire *scribe*, traçait sur le flanc gauche du cadavre
et, au-dessous de l'oreille, l'incision qu'il fallait pratiquer.
Le second embaumeur appelé *paraschiste*, c'est-à-dire *in-
ciseur*, opérait l'incision, en se conformant au tracé indiqué
par le scribe. Cela fait, les deux opérateurs cédaient la
place aux ouvriers embaumeurs, qui appartenaient à une
hiérarchie inférieure.

Ces derniers se réunissaient autour du corps et commen-
çaient par en extraire tout ce qui s'y trouvait, c'est-à-dire
la cervelle, l'intestin, l'estomac, le cœur, le foie, la rate et
les épiploons. L'un d'eux nettoyait les viscères, qui étaient
considérées, par les Egyptiens, comme la cause de tous les
péchés de l'homme, et, tournant ensuite le cadavre dans la
direction du soleil, il l'invoquait, au nom du défunt, dans
les termes suivants (2) : « Soleil, maître des choses, et
« vous, divinités qui donnez la vie, recevez-moi et inscri-
« vez-moi au nombre de vos élus. J'ai rempli tous mes
« devoirs envers les pauvres et tous mes parents. Si, ce-
« pendant, en buvant et en mangeant, j'ai fait quelque mal,
« ce n'est pas ma faute, mais plutôt celle de ces entrailles
« qui sont l'origine des faiblesses de l'homme. »

Cela dit, le *pollinctor* jetait le ventricule dans le Nil dont
les eaux étaient sacrées.

Le cœur et la cervelle étaient soigneusement embaumés
à part et on les enfermait dans un vase ou urne affectée à
cet usage et que l'on appelait *canope*. La matière en était
ordinairement d'une grande richesse, en argent, en albâ-
tre, en marbre oriental ou en pierre précieuse. On les dé-
corait d'un cartouche, dans lequel on gravait des caractères

_____

(1) Diod. Sicile, ibid. — (2) Le Père Pomey. jésuite. *Libitina*,
chap. 5, page 147.

hiéroglyphiques qui exprimaient une prière, ou le nom du défunt. Le sommet était recouvert d'une coiffure ayant la forme d'un Orus, d'un Ibis ou d'un Anubis, selon la congrégation à laquelle le mort avait appartenu. (1)

Quant au cadavre, une fois qu'on en avait extrait les parties que nous venons d'indiquer, on le lavait, avec des essences, tant à l'intérieur qu'à l'extérieur. On le traitait ainsi pendant un certain nombre de jours. Les essences dont on se servait pour cette lotion étaient l'eau de rose ou de jasmin, le vin de palmier, l'huile de cèdre, la myrrhe et le cinnamomum. Ce préliminaire achevé, on salait le corps et on le couvrait de natron pendant 40, 50 ou 60 jours, après quoi on l'entourait de bandelettes. (2)

On commençait par envelopper chaque doigt séparément, ensuite les mains et les bras. Puis, prenant les mêmes précautions pour les pieds et les jambes, les bandelettes se trouvaient interposées entre toutes les parties du corps, de manière à éviter le contact. On recouvrait le tout ensemble de cinq ou six couches imbibées de baume de momie bouillant. Une fois refroidi ce baume devait nécessairement empêcher l'air de pénétrer jusqu'aux chairs. Trente ou quarante tours de bandelettes gommées emmaillottaient le tout, et une toile plus fine encore couvrait, comme un suaire, toutes les bandelettes.

Tel était le mode d'embaumement le plus riche et le plus coûteux.

Pour les embaumements de seconde classe, on procédait avec plus de simplicité. Au lieu de pratiquer une incision sur le flanc et à la carotide pour en extraire la cervelle et les entrailles, on injectait, dans le ventre, une liqueur tel-

---

(1) Perrot. *Essai sur les momies*, pages 26 et 28. — (2) Hérodote. Loco citato.

lement violente qu'elle dissolvait le ventricule et l'entraînait avec elle. Le natron, dans lequel on déposait ensuite le corps, en desséchait les chairs, de telle sorte qu'il n'en restait plus que la peau et les os. (1)

Quant à l'embaumement des pauvres, il se réduisait à une simple injection et à un séjour plus ou moins prolongé du corps dans le natron. (2)

3° *L'ensevelissement dans le cercueil.* —Le corps ainsi préparé était placé dans le cercueil, pour être ensuite exposé. Cet ensevelissement présente certaines particularités sur lesquelles nous devons nous arrêter en passant.

Nous avons dit que la pensée religieuse se dégageait de toutes les cérémonies funèbres des Égyptiens. Nous en trouvons ici des preuves diverses.

On peut se demander, d'abord, pourquoi l'on employait des bandelettes de lin de préférence à toute autre étoffe. La raison en est que la toile de lin était tissée avec de l'écorce d'arbre, le *papyrus* ou le *byssus*, tandis que les étoffes de laine étaient confectionnées avec le poil des bêtes immondes. D'un autre côté, le lin était, dit-on, particulièrement agréable aux divinités protectrices de l'Égypte, du Nil et des morts. On s'en servait, dans les cérémonies religieuses, comme de l'étoffe la plus pure, la plus blanche que l'on pût trouver. Tertullien (3) donne le nom de *vestem Osiridis,* au linceul dont le Christ se ceignit pour laver les pieds des Apôtres. Ovide (4) appelle la déesse Isis *dea linigera,* et les prêtres attachés à son culte, *linigeri.* Plutarque dit qu'Osiris était le Pluton des Égyptiens. (5)

Là ne s'arrêtait pas l'intention pieuse de ce peuple. Les familles riches faisaient tracer, sur les bandelettes dont on

(1), (2) Hérodote, ibid. —(3) *De Cor. mul.* c 8. —(4) *Metamorph.* 1. — (5) *Vie d'Isis et d'Osiris.*

enveloppait les corps, des caractères hiéroglyphiques (1), conçus dans la forme d'une invocation et d'un appel à la protection des dieux. Quelquefois ces inscriptions étaient en caractères dorés, d'autres fois, en rouge ou de diverses couleurs.

A l'intérieur des cercueils et même à l'intérieur des corps, on plaçait des statuettes enveloppées de bandelettes et représentant la momie d'Osiris. Ces statuettes étaient en terre cuite, en pierre, en marbre, en métal, en verre ou en bois. On en a trouvé un grand nombre de cachées, dans la partie du corps dont on avait extrait le ventricule. Avec les statues on enfermait également des médailles, des rouleaux de papyrus et divers objets de religion dont la présence dans le cercueil devait attirer sur les morts la protection spéciale des dieux infernaux. (2)

Quant aux cercueils, ils étaient confectionnés et ornés dans le même ordre de pensées. Le luxe et la richesse qu'on déployait dans cet accessoire des funérailles n'ont jamais été dépassés ni égalés. Il est facile d'en juger par le petit nombre de ceux qui ornent les musées publics ou les collections particulières. Ils sont aussi remarquables par la forme qui leur est propre, que par la quantité d'inscriptions et de sculptures qui les décorent à l'extérieur. Comme solidité ils ont été soumis à une épreuve qui doit paraître décisive, quand on songe que quelques-uns de ceux que l'on a occasion de voir parfois datent de deux ou trois mille ans. Ces cercueils étaient faits en deux pièces seulement, l'auge et le couvercle (3). L'épaisseur en était considérable, et cependant, ils affectaient une forme déliée et légère qui

---

(1) Perrot, passim. — (2) Guichard, 3e partie, chap. 10, page 467, etc. Pomey, chap. 5, p. 147 et suiv. — (3) Le Mascrier. *Description de l'Égypte*, 1735. page 47 et passim.

en dissimulaient le poids et la masse. Le bois que l'on employait était le sycomore, qui est le plus incorruptible. L'extérieur en était souvent tapissé de dessins gravés en relief, avec beaucoup d'art et de patience, et représentant des sujets religieux empruntés aux dogmes et croyances des prêtres égyptiens. Nous donnons à la fin de ce volume, à titre d'échantillon, l'esquisse d'un cercueil antique sur les parois extérieurs duquel quelque scribe ignoré du temple d'*Ammon-Rha* a gravé une description assez intelligible des rites funèbres, dont nous nous occupons en ce moment. Nous en avons pris le dessin, dans l'ouvrage de M. Perrot, et nous le reproduisons d'autant plus volontiers, qu'il est pour le lecteur le témoignage le plus authentique de l'exactitude de nos assertions.

Tous les cercueils n'étaient pas confectionnés avec le même luxe, mais tous affectaient la même forme et accusaient le sentiment religieux des parents.

Nous n'avons pas besoin d'ajouter que la fourniture en était privilégiée. Indépendamment des preuves que nous en avons déjà fournies, nous pourrions en donner une autre qui ne nous paraît pas moins décisive, et qui est tirée des inscriptions hiéroglyphiques dont ces cercueils étaient plus ou moins ornés. On sait, en effet, qu'il y avait deux sortes d'écritures chez les Égyptiens : l'écriture *Cophte*, qui était d'un usage vulgaire, et l'écriture *Hiéroglyphique*, qui n'était connue que des prêtres. Or, comment ces cercueils auraient-ils pu appartenir au domaine public lorsqu'ils portaient à l'extérieur les marques si évidentes du contraire ?

Ainsi qu'on le voit, les Égyptiens ne sacrifiaient au luxe, qu'en prenant conseil de la pensée religieuse qui les guidait en toutes choses. Ce n'est pas aux regards de la foule que s'adressait la pompe de leurs rites funèbres,

comme chez les Romains ; le riche comme le pauvre éle-
vaient plus haut leur idéal, et, dans tous les détails de
ces lugubres apprêts, ils n'avaient en vue que la protection des dieux et l'espoir d'une vie nouvelle, au delà du
tombeau.

4° *Convocation aux funérailles.* — Les préparatifs des
funérailles étant terminés, les parents arrêtaient le jour
auquel devait avoir lieu la cérémonie funèbre, et en infor-
maient toutes les personnes qui tenaient à la famille par
les liens du sang et de l'amitié, ainsi que les quarante juges qui devaient présider à l'enquête biographique du
défunt. On leur indiquait le jour du convoi par cette formule consacrée (1) : « *N. doit passer le lac de la pro-*
« *vince où il est mort.* » D'habitude les Egyptiens accouraient en foule à ces cérémonies, et s'associaient volontiers à la joie des parents, lorsque le défunt était jugé
digne de recevoir les honneurs de la sépulture. Ce jour-là
pouvait encore devenir un jour de fête pour sa famille,
ou le point de départ d'un nouveau chagrin, beaucoup
plus terrible que l'aiguillon de la mort. Ainsi le voulait
la loi Egyptienne, loi gênante, s'il en fut, pour le mé-
chant, mais consolante pour l'homme vertueux.

5° *Levée du corps, exposition, jugement public.* —
A Rome et à Athènes l'exposition avait lieu au domicile
mortuaire, et c'est de ce point que le convoi funèbre se
mettait en marche, à travers les rues de la ville, pour se
rendre au forum, où l'on prononçait l'oraison funèbre du
défunt, et, de là, au champ de Mars ou à la voie Appienne. En Egypte, il en était autrement. L'exposition
était faite en dehors de la maison. La levée et le transport du corps, depuis ce dernier endroit jusqu'au lieu où

(1) Diodore de Sicile, livre 2, chap. 92.

il devait être exposé et jugé, s'effectuaient simplement et sans pompe, car la célébration des funérailles était encore subordonnée à une sentence que l'on attendait.

Sous le règne des Pharaons et des Ptolémées, il n'y avait pas de ville en Egypte qui n'eût à ses portes un lac, ou, plutôt, un réservoir dans lequel on retenait l'eau du Nil, aux époques des grandes crues, pour la déverser sur la campagne, pendant les années de sécheresse. Un système de canalisation très-savamment combiné reliait ces réservoirs entre eux ou avec le Nil, dans diverses directions. Pour sortir des villes, il fallait donc franchir soit un lac, soit un canal, soit un cours d'eau quelconque. Les cimetières étant situés à une certaine distance de la partie submergeable de la plaine, le transport des corps s'opérait moitié par terre et moitié par eau.

Arrivé au bord du lac, et avant de le franchir, le corps était déposé sur un lit de parade, dressé pour la circonstance, dans un endroit consacré pour ces sortes de cérémonies. Le visage du défunt était découvert et parfaitement reconnaissable de ceux qui avaient eu des rapports avec lui (1). En face du corps, s'élevait un grand hémicycle, dans lequel s'assayaient quarante juges choisis parmi les vieillards. Tout autour se pressaient les parents, les amis et la foule des curieux qui tenaient à assister aux funérailles. A quelques pas de là, une barque, appelée *Baris* (2), et spécialement affectée au passage des morts, était amenée au rivage du lac, attendant l'ordre de conduire le corps sur la rive opposée. Telle était l'exposition chez les Egyptiens.

La particularité la plus remarquable de cette cérémonie était le *jugement des morts*. Au moment où tout le monde

(1) Dioc. Loc. cit. — (2) Id.

était réuni près du cercueil, un héraut s'avançait près du défunt et criait à haute voix : « Qui que tu sois, mainte-
« nant que ton pouvoir est fini, que tes titres, tes dignités
« t'abandonnent, que l'envie ne cache plus tes bienfaits,
« que la crainte ne voile plus tes crimes, que l'intérêt
« n'exagère plus tes vices ou tes vertus, rends compte à la
« patrie de tes actions. Qu'as-tu fait de la vie ? — La loi
« t'interroge, la patrie t'écoute, la vérité va te juger » (1).

Les quarante juges recevaient alors les accusations que l'on pouvait avoir à formuler contre le mort.

Généralement, dit Champollion (2), un prêtre ou un ami prononçaient le panégyrique de la personne décédée. Sa vie tout entière se déroulait sous les yeux de la foule attentive. On ne vantait pas sa naissance et ses titres, comme le font les Grecs, écrit Diodore, car les Egyptiens se croient tous également nobles, mais on célébrait son éducation, sa piété, sa justice, sa continence et ses autres vertus, depuis sa jeunesse jusqu'à l'âge viril. Simple citoyen, on parlait de son obéissance et de sa fidélité aux lois ; magistrat, on faisait l'éloge de la manière dont il avait administré la justice ; prêtre, on rendait hommage à la manière dont il avait rempli les fonctions sacerdotales ; roi, on examinait s'il avait usé avec sagesse et modération du pouvoir dont il était revêtu.

Si ces éloges n'étaient pas démentis par la foule, si aucune voix discordante ne s'élevait du milieu des assistants on procédait aux funérailles.

Mais, si une accusation était portée contre le défunt, si un crime caché et inconnu jusqu'alors était révélé et justifié, les quarante juges donnaient à la société une tardive mais éclatante satisfaction, en privant le coupable des hon-

---

(1) Holstein. *Des sépultures.* — (2) *Notices descriptives et lettres.*

neurs de la sépulture. Le peuple battait des mains pour
applaudir à cet acte de justice, dont les parents ne pouvaient appeler. En ce cas, le corps était jeté dans une
fosse commune, aux gémonies, où la terre lui était refusée (1).

Le châtiment était moins sévère pour les morts auxquels on n'avait à reprocher que des dettes. La sépulture
n'était alors qu'ajournée à l'époque où les créanciers se
seraient déclarés satisfaits. En attendant les parents rame-
naient le corps au domicile mortuaire, où ils le gardaient
pendant un délai plus ou moins long (2).

Les rois eux-mêmes n'ont pas été à l'abri de ces jugements posthumes. « Les prêtres, dit Diodore, pronon-
« çaient le panégyrique, et 42 juges étaient constamment
« présents à l'exposition du corps, pour recevoir les accu-
« sations de la foule. Beaucoup de rois ont été, par l'op-
« position du peuple, privés d'une sépulture digne et con-
« venable. C'est pourquoi leurs successeurs pratiquaient
« la justice. » La tombe elle-même n'était pas toujours un
asile assuré pour les princes. Plusieurs d'entre eux ont
été ignominieusement exhumés, par suite de la découverte fortuite de quelque crime ignoré au moment des
funérailles.

§ 6. Célébration des funérailles.

Quant la sentence des juges avait été favorable, les parents quittaient les vêtements de deuil, la joie succédait à
la tristesse, et la foule invoquant les dieux infernaux, les
suppliait de recevoir le défunt dans le séjour des heureux.
C'était un concert d'allégresse auquel le peuple entier pre-

1) Diod. Liv. 1. chap. 92. 93. — (2) Ibid. chap. 72.

nait part. Le cercueil était déposé dans la barque et conduit par le pilote *Charon* (1) sur l'autre rive du lac, d'où il était conduit, comme en triomphe, jusqu'à la sépulture de la famille. Avant de l'ouvrir, les prêtres commis à la garde des tombeaux exigeaient la production du permis d'inhumer, délivré par le tribunal des 40 juges (2).

Quand le domicile mortuaire était situé à une certaine distance du cimetière, hors de l'enceinte des villes ou dans la campagne, le transport des corps était effectué à dos de bœuf, par allusion au bœuf Apis, taureau mystique qui avait emporté la momie d'Osiris dans la catacombe des dieux (3).

Un point à observer, c'est que, quel que fût le mode de transport aux funérailles, qu'il eût lieu par eau, ou par terre, le privilége en était toujours réservé à une seule classe de personnes. Diodore nous l'indique lui-même, quand il dit que la barque destinée au passage des morts était amenée sur le lac, à chaque funéraille, et exclusivement conduite par ceux qui étaient chargés de les construire (4). Elle ne servait à aucun autre usage qu'aux transports funèbres. Les eaux du Nil et le bœuf ayant un caractère sacré chez les Egyptiens, la protection de la Divinité était présumée s'étendre d'une manière plus spéciale sur la dépouille des morts.

§ 7. Sépulture.

Nous n'avons pas beaucoup à dire ici, sur les lieux de sépulture des Egyptiens. Nous réservons cette question pour un autre ouvrage. Nous ferons seulement remarquer,

---

(1) Ibid, chap. 92. — (2) Perrot, p. 37. — (3) Champellion. *Dict. Égypt.*, page 119. — (4) Diod., livre 1, chap. 91, 93.

à ce sujet, une dernière particularité des mœurs de ce peuple.

Lorsque les familles n'avaient pas les ressources suffisantes pour faire les frais d'une catacombe particulière, les funérailles ne se terminaient pas au cimetière, comme l'indique Diodore. Le corps était ramené à la maison mortuaire, et c'est là que s'achevait la cérémonie du convoi. Le même toit abritait alors les morts et les vivants : « Les Egyptiens, dit l'historien que nous avons si sou-« vent cité, conservent, dans des chambres magnifiques, « les corps de leurs ancêtres, jouissent de la vue de ceux « qui sont morts depuis plusieurs générations et, par l'as-« pect de la taille, de la figure et des traits du visage, ils « éprouvent une satisfaction singulière ; ils les regardent « en quelque sorte comme leurs contemporains. » (1). Lucien, qui avait été chargé, par l'Empereur Commode, d'une mission en Egypte, confirme, *de visu*, le témoignage de Diodore, et ajoute, que, dans les fêtes de famille, ou à à certaines époques commémoratives, on plaçait les momies des ancêtres autour de la table et on les faisait assister à toutes les réjouissances de la maison (2).

« Il est d'usage, nous dit encore Diodore, de donner « en garantie d'une dette le corps des parents morts ; la « plus grande infamie et la privation de la sépulture « attendent celui qui ne retire pas un tel gage. »

Quant aux familles pauvres qui n'avaient ni les moyens d'avoir une catacombe, ni la faculté de posséder une chambre sépulcrale sous le toit paternel, on déposait le corps de leurs membres décédés dans une cave commune où l'on empilait les cercueils, par couches et par lits,

(1) Diod., ibid.—(2) Lucien. *De luctu*. Pomponius Mela. *De sit orb.*, liv. 1, chap. 9

comme on dispose les pièces de bois, dans un magasin. Les têtes placées en dehors portaient une inscription qui indiquait le nom du défunt, son âge, son domicile et la date du décès (1).

§ 8. Services commémoratifs.

La tombe une fois fermée, la mémoire du défunt survivait longtemps encore à l'accomplissement des derniers devoirs rendus à sa dépouille mortelle. L'abbé Le Mascrier (2) nous apprend que les Égyptiens étaient très-attentifs à célébrer des sacrifices expiatoires et commémoratifs, en l'honneur des morts. A certaines époques fixes de l'année, il y avait des pèlerinages publics aux cimetières, des processions et des fêtes funèbres, dédiées aux membres décédés de toutes les familles. Quelques-unes d'entre elles, dit cet auteur, attachaient des fondations pieuses à la garde de leur tombeau, afin qu'un prêtre pût y veiller et s'y tenir constamment : « La grande occupa- « tion des rois et des gens riches, ajoute-t-il, était de « faire construire des temples, des tombeaux, de vaquer « aux processions et aux pèlerinages et de visiter les ci- « metières... » Leur vie se trouvait ainsi partagée en deux préoccupations : la pensée de la mort et la pensée des vivants, les sacrifices et les prières, pour ceux qui n'étaient plus, et la construction des demeures éternelles, pour ceux qui devaient aller les rejoindre un jour.

§ 9. Conclusion.

Le plus bel hommage que l'on puisse rendre aux institutions funèbres des Égyptiens, c'est qu'ils n'ont copié

(1) Perrot, p. 26. — (2) Descript. de l'Égypte, p. 216 et passim.

personne et que presque tous les peuples leur ont emprunté quelque chose. Les prêtres égyptiens affirment, sur la foi des livres sacrés, dit Diodore, qu'on a vu chez eux Orphée, Mélampe, Lycurgue, Solon, Homère, Platon, Pythagore, et que tous les sages qui ont fait la gloire et l'admiration des Grecs ont puisé leurs connaissances chez les Égyptiens (1). L'Écriture Sainte (2) en fait elle-même le plus grand cas quand elle dit que « *la sagesse* « *de Salomon surpassa celle des Égyptiens.* » Ajoutons, à ces témoignages, l'éloge qu'en ont fait, à l'époque la plus pervertie de notre histoire, les orateurs de la Révolution, du haut de la tribune française, et certains écrivains qui ne sauraient être soupçonnés de tendresse pour les priviléges et les castes sacerdotales. Mais, telle était l'aberration de leur esprit, qu'ils admiraient l'institution et qu'ils en condamnaient le principe fondamental (3).

Un auteur auquel la science doit beaucoup, qui a parcouru longtemps les vastes solitudes que traverse le Nil, et qui s'est immortalisé par ses travaux sur l'Égypte, laisse échapper ces paroles : « *Notre esprit s'émeut pro-* « *fondément au spectacle de cette organisation morale et* « *politique de l'ancienne Égypte, qui semble être sortie* « *des mains du Créateur toute dotée des institutions les* « *plus nécessaires à son existence et à son développe-* « *ment social* (4). » — Un écrivain contemporain, qui était à même d'établir une comparaison entre les institutions de l'Égypte et celles des autres peuples, s'exprime dans les termes suivants (5) : « On ne saurait trop admi- « rer ceux qui ont établi ces coutumes, et qui ont basé la

(1) Diod., liv. 5, chap. 96. — (2) Rois, III, chap. IV, verset 20. — (3) Voir ci-après, 1re Partie, titre 2, chap. 2. — (4) Champollion le jeune. *Lettres sur l'Égypte.* — (5) Diod., chap. 92.

« pureté des mœurs, autant que possible, sur le respect
« que l'on doit aux morts. Les Grecs ont bien voulu, à
« l'aide de quelques fictions décriées, faire croire à la ré-
« compense des bons et à la punition des méchants.
« Chez les Égyptiens, le châtiment du vice et l'hon-
« neur rendu à la vertu ne sont point une fable, mais des
« faits visibles qui rappellent l'homme à ses devoirs. »

De cet ensemble de faits et de réflexions deux conclusions se dégagent.

D'une part, c'est que la pensée de la mort est la meilleure régulatrice de la vie, le gage le plus certain d'une
force morale qui contribue puissamment à la grandeur
d'un peuple.

D'autre part, c'est que l'institution du monopole des
Pompes funèbres qui florissait chez les Égyptiens n'a pas
empêché ce peuple d'être à la tête du commerce de tout
l'Orient, de devenir le centre le plus actif d'une industrie
que les anciens ont rarement égalée et un foyer de lumières dont les rayons s'étendaient au loin, sur tous les pays
circonvoisins.

Quant aux produits de ce monopole, il est difficile d'en
apprécier le chiffre. Voici seulement, d'après divers auteurs, quelques données qui permettront de s'en faire une
idée.

La construction des tombeaux, le creusement des
chambres sépulcrales, des caves et catacombes occupaient
plus d'un million d'hommes, soit un septième de la population. Plus de 50,000 prêtres vivaient du produit des
dons, offrandes et autres revenus du monopole des Pompes funèbres et des pèlerinages (1).

La consommation du lin consacré aux bandelettes est

_____

(1) Le Mascrier.

incalculable. Les ouvriers Égyptiens étaient arrivés à un tel degré de perfection, dans la fabrication de cette étoffe, que Champollion (1) cite une qualité de lin se composant de fils tordus et formés de 300 brins, tous visibles. L'industrie y était donc intéressée. Le budget de l'État n'y perdait rien, puisqu'on l'évalue à 700 millions par an. Il ne fallait rien moins qu'un budget de cette importance pour soutenir le luxe de travaux gigantesques et de constructions colossales, sans lesquels, ajoute Champollion, l'Égypte serait devenue inhabitable aux quatre millions de sujets qu'elle comptait alors en plus de la population actuelle.

(1) Perrot.

CHAPITRE III.

Le culte des morts chez les Grecs et chez les Romains présente un tout autre caractère que chez les Égyptiens. Autant les institutions funèbres de ces derniers paraissent se rapprocher du dogme chrétien, autant celles de Rome et d'Athènes s'en éloignent.

Les différences ne sont pas seulement dans la forme, elles tiennent surtout à la nature des croyances religieuses de ces peuples. Tandis que la pensée politique semble avoir exclusivement inspiré les organisateurs du culte dans la Grèce et dans l'Italie, nous voyons, au contraire, les Égyptiens subordonner toutes les autres préoccupations sociales et politiques aux exigences de la question religieuse. Les Romains étaient devenus si prodigues des honneurs divins, sous l'Empire, qu'ils ne rougissaient pas de décerner l'apothéose à des hommes dont la vie n'était qu'un long tissu d'iniquités, mais les Égyptiens refusaient la sépulture à ceux de leurs rois qui n'avaient pas usé du pouvoir suprême suivant les lois de la justice, de la modération et de l'équité. Quand les dieux du Capitole eurent perdu toute espèce d'autorité sur l'esprit du peuple romain, celui-ci alla en demander d'autres à l'Égypte; mais, depuis que les légions consulaires avaient traversé ce pays et y avaient implanté les vices de la métropole, les descendants des Pharaons et des Ptolémées n'avaient plus à envoyer, aux maîtres du monde, que des idoles de pierre, déjà habituées à l'indifférence de leurs adorateurs. Le parallèle, entre ces divers peuples, ne saurait donc être à l'avantage des Romains et des Grecs. Cependant, malgré les défauts qui leur sont inhérents, les rites funèbres de ces derniers ne manquaient pas de solennité et même d'une certaine grandeur, qui parlait à l'imagination et excitait à la pratique des vertus civiles et surtout militaires.

A raison du peu de différence qui existe, entre les institutions des Grecs et des Romains, sur la question des sépultures, nous avons confondu, dans le même chapitre, tout ce qui les concerne. Ce que nous dirons des uns doit donc s'appliquer aux autres, sauf les particularités qui pourraient donner lieu à une mention spéciale.

§ 1. Du culte des morts des Grecs et des Romains.

On peut résumer dans les trois principes suivants l'ensemble des croyances des Grecs et des Romains sur le culte des morts :

1° La mort élève l'homme au rang d'un dieu ;

2° Les honneurs funèbres ne sont que la consécration publique et solennelle de sa nativité divine ;

3° Par le fait de la sépulture, le sol sur lequel a lieu l'inhumation devient sacré et inviolable, comme le temple des dieux.

Quelques courtes explications paraissent nécessaires, soit pour établir, d'après le témoignage des auteurs, la justification de ces trois principes, soit pour préparer le lecteur à l'intelligence des institutions dont nous aurons à parler ci-après.

1° *Divinisation des morts.* — Dès la plus haute antiquité, les Romains avaient l'habitude de diviniser les morts. D'où leur était venu cet usage ? Si l'on en croit la tradition, ce furent les premiers habitants de la terre qui auraient enseigné à leurs descendants, à honorer, par des rites funèbres, par des sacrifices et par des monuments commémoratifs, les mânes de ceux qui les précédaient dans l'empire des morts. En leur qualité de pères des peuples, ils bénéficièrent, les premiers, des institutions qu'ils avaient créées. La piété filiale et la reconnaissance publique leur assignèrent bientôt, dans les régions célestes, le rang privilégié qu'ils avaient occupé sur la terre. On les appela par des noms divins, de telle sorte, qu'après avoir fait souche parmi les hommes, ils fondèrent, dans l'Olympe, l'imposante généalogie des dieux.

« Si je voulais fouiller dans les temps anciens, dit Ci-
« céron, et examiner ce que nous ont transmis les histo-
« riens de la Grèce, je trouverais que ceux d'entre les
« dieux qui occupent le premier rang, se sont élevés là
« haut, d'ici-bas. Informe-toi de ceux dont les tombeaux
« existent en Grèce, et rappelle-toi ce que l'on t'a révélé,
« dans les mystères (1). » — L'antiquité, dit le même écrivain, est voisine des dieux, *antiquitas proxìmè ad deos accedit* (2). Pythagore emprunta ce dogme aux Chaldéens et l'introduisit chez les Grecs, qui le transmirent aux Romains.

Il existait deux sortes de divinisations qui ne doivent pas être confondues, savoir: la divinisation officielle, ou *apothéose* (3), qui était décrétée par le Sénat et que l'on

---

(1) *Tuscul.*, liv. 1, chap. 13. — (2) *Traité des lois*, liv. 2, ch. 11. — (3) Guichard. *Des funérailles*, liv. 1, chap. 13.

ne décernait qu'à des personnages éminents par leur vertu, par leur talent ou par leur position. Romulus et César furent les premiers romains auxquels on rendit ces honneurs. L'âme de ceux qui en étaient l'objet montait droit au ciel, sous la forme d'un aigle, et le défunt prenait immédiatement place au nombre des dieux.

Le second mode de divinisation était le mode normal, vulgaire, qui s'opérait, par le seul fait de la mort. L'âme des défunts ne montait pas directement au ciel : elle séjournait dans les Champs-Élisées, ou dans l'espace immense qui sépare la terre des cieux. « Que ceux qui sont morts « soient regardés comme des dieux et que l'on diminue à « leur égard le deuil et la dépense, dit Cicéron. *Hos leto* « *datos divos habento* (1). » — Et plus loin: « Les dénicales « ne seraient pas des jours de fête, comme le sont les jours « consacrés aux dieux, si nos pères n'avaient pas voulu « mettre au rang des dieux ceux qui sortent de cette vie, « *nisi majores eos qui ex hac vitâ migrassent in numero* « *deorum esse voluissent* (2). » C'est dans ce sens que l'on doit interpréter le passage suivant de Virgile :

Annus exactis completur mensibus orbis
Ex quo reliquias *divinique* ossa parentis
Condidimus terra... (3).

Un vieil auteur français, Du Belay, exprime la même pensée, dans le naif et pittoresque langage que voici (4) :

Des vieux pères Latins la coustume fut telle
De mettre au rang des dieux, par louange immortelle.
Ceux là qui, par quelque art dextrement inventé,
Avaient, de leur pays, le profit augmenté.

(1) *Lois*, liv. 2, ch. 9. — (2) Ibid, chap. 22. — (3) *Æneide*, liv. 5. — (4) *Traduct.* de Plat.

Tous les auteurs latins sont unanimes à reconnaître cette croyance. Les Pères de l'Église en parlent aussi, pour en combattre le principe, qu'ils considèrent comme le foyer le plus ardent de l'idolâtrie des païens (1).

La preuve la plus évidente de la divinisation des morts est écrite en toutes lettres sur les tombeaux et monuments funèbres des anciens. Il n'est pas une de leurs tombes et de leurs sépultures qui ne porte, en tête de toute autre inscription, la dédicace sacramentelle suivante : **D. M.** ou **D. M. S.** qui signifie : *Aux dieux mânes, ou oratoire élevé en l'honneur des dieux mânes.* « Les morts, dit Varron, « étaient réputés être des dieux mânes (2). »

La fable des dieux Lares ou Pénates, l'une des plus touchantes inventions de la Mythologie, a pris naissance dans la divinisation des morts. Avant la loi des **XII** Tables, dit saint Isidore de Séville (3), chaque citoyen était inhumé dans l'enceinte de son habitation, *quisque domo sua sepeliebatur*, et les divers membres de sa famille avaient la joie de vivre sous la protection spéciale d'une divinité sortie de leurs rangs. La loi des **XII** Tables supprima cette coutume pour des raisons de salubrité faciles à concevoir, mais les dieux Lares ne désertèrent pas le foyer domestique. Si leurs cendres ne purent plus y reposer, à côté des vivants, ils n'en furent pas moins les bons génies et les dieux tutélaires de la famille. On consacra, dans les maisons, un oratoire appelé *Lararium* (4) où l'on déposait religieusement les effigies ou images des ancêtres, quand la famille avait le droit d'en avoir. Aux époques de grande solennité et, notamment, quand il fallait procéder aux funérailles d'un parent ou d'un empereur, ces images

(1) Tertul. *Apologétique*, chap. 10 à 15. — *Contre les spectacles,* 7, 10. — (2) *Ling. Lat. verb. manes.* — (3) Liv. 15. chap. 11. — (4) Ozaneau. *Les Romains*, 160.

étaient revêtues de leurs insignes et portées à travers les rues de la ville, pour relever la pompe du convoi (1).

Pendant les beaux siècles de la République romaine, ces usages étaient observés avec conviction et dignité. Mais vers la fin de la République et, principalement, sous l'Empire, l'apothéose ne fut plus qu'un instrument de flatterie, un prétexte de popularité et de fêtes, un hommage rendu au vice. Quant à la divinisation, on en raillait tout haut. Néron divinisa son singe et sa maîtresse. Caracalla, après avoir assassiné son frère Géta, lui accorda les honneurs divins, en prononçant ce cruel jeu de mots : *Sit divus, dum non sit vivus* (2), *qu'il soit dieu pourvu qu'il soit mort.* Quelques écrivains chrétiens nous apprennent que Tibère proposa au Sénat l'apothéose de Jésus-Christ (3).

Tel était le nombre de divinités à cette époque où tout était dieu, excepté Dieu lui-même, qu'un auteur satirique latin craint que l'Atlas ne puisse plus soutenir le poids du ciel (4).

2° Caractère divin des honneurs funèbres. — La sépulture est de droit divin, disent les anciens auteurs, et la nature elle-même nous invite à rendre à la terre ce qui appartient à la terre (5). Ainsi déposé, le corps de l'homme semble recouvert du voile d'une mère *ita situm quasi operimento matris obducitur* (6).

« Les sépultures, dit Euripide (7), sont l'antique loi « des dieux. Ceux qui la violent, violent le droit divin. » — « Tu violeras la loi des dieux » s'écrie Teucer à Ménélas qui voulait empêcher la sépulture d'Ajax (8).

---

(1) Polybe. Liv. 6. chap. 53. — (2) Suet. *Vie des Emp.* — (3) Eusèbe, Tertullien, saint Jean-Chrysost. — (4) Juvenal. *Satires.* — (5) Xenophon. *Cyrop.* Liv. 8. — (6) Cicerun. *Lois.* Liv. 2. chap. 22. — (7) *Les suppliantes.* — (8) Sophocle. *Ajax.*

Pour apprendre aux hommes combien ils étaient sensibles à l'omission des devoirs funèbres envers les morts, les dieux ne dédaignèrent pas, bien des fois, de descendre sur la terre, pour remplir eux-mêmes ce devoir, à l'égard de ceux qui en étaient privés. C'est ainsi qu'Homère (1) nous montre Jupiter venant inhumer Sarpédon immolé par Patrocle, et Thétis quittant l'Olympe, pour rendre les mêmes honneurs au cadavre d'Hector. En joignant ainsi l'exemple au précepte, ils contribuèrent à développer chez les peuples une institution si morale. Achille fut flétri et appelé νεκροπέρνας, *vendeur de corps*, pour avoir cédé, moyennant une somme d'argent, la dépouille mortelle d'Hector. Xénophon (2) nous apprend qu'avant de procéder à une élection, on s'informait préalablement si le candidat avait toujours observé la loi des dieux sur les sépultures. A Athènes (3), dit Valère Maxime, dix généraux furent condamnés à mort pour n'avoir pas fait retirer de la mer et ensevelir le cadavre des soldats noyés dans un combat naval. Ce devoir était si sacré, que les généraux ennemis ne le refusaient pas à ceux qui étaient tombés sur le champ de bataille. On lit, dans Vegèce (4) : « Toutes les légions mettaient quelque « chose dans un onzième sac pour la sépulture commune, « et, si un soldat venait à mourir, on en tirait de quoi subvenir à ses funérailles. »

Les honneurs funèbres peuvent être considérés comme l'accomplissement d'un précepte divin, qui profite autant à celui qui le remplit qu'à celui auquel on donne la sépulture, et, en outre, comme un premier culte rendu à la personne du défunt, dans le but de célébrer sa nativité divine : « Les jeux funèbres, dit Lactance (5), sont des

(1) *Iliade, dern. liv.*—(2) *Cyropéd.* id. — (3) Liv. 9. ch. 9. —(4) *Instit. mil.* Liv. 2. chap. 1. — (5) *Institut.* Liv. 6. chap. 10.

« fêtes de dieux en dédicace de leur naissance divine et
« de leurs temples. »

Il serait bien difficile d'expliquer autrement ces fêtes,
ces jeux publics, ces banquets, ces combats de gladiateurs
et toutes ces réjouissances qui marquaient les funérailles,
et dont le spectacle n'est nullement en harmonie avec
l'idée que l'on se fait d'une cérémonie funèbre.

3° *Les temples et les tombeaux.* — « La religion, dit
« Châteaubriand, a pris naissance aux tombeaux, et les
« tombeaux ne peuvent se passer d'elle (1). » L'application de ces belles paroles se trouve écrite dans l'histoire
de tous les peuples. Partout les tombeaux ont précédé les
temples, et les temples ont pris la place des tombeaux.
Cœmeterium œquiparatur ecclesiæ, disent les chrétiens.
Les grammairiens latins nous apprennent que l'on employait, dans le même sens, les trois mots : *Ara, sepulchrum* et *templum* (2).

L'*ara* était une petite table en pierre, placée au devant
du tombeau et sur laquelle on préparait le banquet des
morts et l'on célébrait les sacrifices funèbres, à certaines
époques de l'année. Cet autel était sacré comme l'autel
des dieux (3).

Le *sepulchrum* était le monument funèbre qui se dressait sur la tombe où le caveau de famille.

Le *templum* ne fut dans le principe qu'un tombeau plus
grand et plus étendu que les autres (4).

Ces trois monuments étaient *inviolables,* ainsi que le
terrain sur lequel ils reposaient. Ils participaient au *droit
d'asile* (5) que la loi avait attaché aux temples des dieux,
et les Romains étaient tellement assurés de leur inviolabi-

(1) *Génie du Christ.* Liv. 2. chap. 1. — (2) Varron, Festus *v° templum, ara sepulchrum.* — (3) Festus *v° mensa.* — (4) Guichard
Liv. 1. chap. 8, 9. — (5) Euripide. *Hélène.*

lité qu'ils avaient pour habitude de déposer à l'intérieur de
ces édifices les objets de valeur qu'ils voulaient soustraire
à la cupidité des voleurs. Dans ce cas, ils gravaient sur
le monument les lettres suivantes : I. M. I. ST. ABSC.
qui voulaient dire *in monumento isto sunt bona abscon-
dita* (1), *ici des trésors sont cachés.* Cette inscription au
lieu d'attirer les voleurs, comme on serait tenté de le
croire, les éloignait au contraire tout de bon.

Il y aurait un intéressant parallèle à établir entre l'Italie païenne et l'Italie chrétienne, sur le sujet qui nous
occupe. Les anciens Romains semblaient faire déjà, par
instinct, ce qu'ils firent, dans la suite, sous l'influence
d'une puissante conviction. L'Église naissante, dans les
catacombes, offre plus d'un point de ressemblance avec
le culte païen, à son origine. « Pendant plus de 300 ans,
« dit un ancien évêque de Langres, les chrétiens n'eurent
« presque pas d'autre temple que ces immenses tom-
« beaux ; la terre dans laquelle étaient inhumés les fidè-
« les formaient le parvis et les murailles mêmes du tem-
« ple. On comprend, sans peine, que ce rit pieux ne put
« être que confirmé par la paix rendue à l'Église. On
« bâtit les églises à la face du soleil, et on cessa de cé-
« lébrer les saints offices dans la nuit des souterrains fu-
« néraires. Mais on demanda plus tard que la sépulture
« des fidèles fût faite, dans les nouvelles églises, auprès
« des reliques des saints, en sorte que ce n'était plus les
« tombeaux qui devenaient des temples, mais les temples
« qui servaient eux-mêmes de tombeaux (2)..... »

A Athènes (3), on montrait le tombeau de Cécrops
dans un temple de la citadelle ; à Magnésie, le tombeau de

---

(1) Quintilien. *Declamat.* 369. — (2) *Mémoire sur les cimetières.*
— (3) Guichard. Liv. 2. chap. 1.

Cléomaque, dans le temple de Pallas ; en Thessalie, celui d'Ocrisse, dans le temple de Mercure ; en Crète (1), on venait de très-loin, pour visiter les tombeaux des anciens dieux, dans les temples qu'on leur avait élevés. St Clément d'Alexandrie (2) dit que la superstition bâtit le premier temple, et que l'on donna ce nom, dans la suite, aux tombeaux les plus 'somptueux. C'est ce qui a fait dire au poète Chrétien Prudence (3) :

> Et tot templa deûm Romæ quot in urbe sepulchra
> Heroum numerare licet, quot fabula manes
> Nobilitat...

Virgile dit pareillement au 4ᵉ livre de l'Ænéïde:

> Præterea fecit de marmore *templum*
> Conjugis antiqui miro quod honore colebat

Et plus loin au 5ᵉ livre :

> Condidimus terra, metasque sacravimus *aras.*

Il est évident que les mots *templum* et *aras* sont employés dans le sens de *sepulchrum,* tombeau.

Les Grecs, d'après le témoignage de Lycophron (4), appelaient τύμ.6ον, c'est-à-dire tombeau, le temple de Junon Hoplosimie. Nous pourrions multiplier les citations et les exemples, mais ce court exposé doit paraître suffisant, pour le but que nous nous proposons.

---

(1) Platon. *Des lois.* Liv. 12. — (2) *In protrepticon.* — (3) *Adv, Sym.* Liv. 1. — (4) Guichard. id.

§ 2. Du monopole des Pompes funèbres chez les Romains.

L'histoire attribue au roi Numa l'institution, en faveur du collége des Pontifes, du monopole des Pompes funèbres. Plutarque nous en fournit deux fois le témoignage dans les questions romaines (1), et dans la vie de Numa (2). Le temple de la déesse Libitine, sur le mont Esquilin, fut choisi comme le siège administratif du service général 'des inhumations, sépultures et funérailles, et le dépôt central (3) de tous les objets servant à ces lugubres cérémonies. La déesse Libitine étant, en même temps, la déesse de la génération, les deux extrémités de la vie se trouvaient ainsi réunies sous une seule et même main, afin de montrer aux hommes que tout ce qui tient à ce monde est périssable, et que le berceau n'est pas éloigné de la tombe, *quo intelligerent homines, caducum esse quidquid natum, nec procul exitum ab ortu.*

Nous ne croyons pas qu'il soit nécessaire de baser ici l'existence du monopole sur le témoignage des auteurs latins qui en font mention ; les développements dans lesquels nous entrerons ci-après nous dispensent d'un plus long préambule.

Le monopole s'étendait (4) : 1° à la *fourniture de tous les objets nécessaires aux funérailles,* — 2° à la *direction et à l'entreprise générales des jeux et fêtes funèbres qui terminaient quelquefois les obsèques* et 3° *aux anniversaires et services commémoratifs.*

Quant à l'organisation, voici, d'après l'autorité des écri-

(1) Quest. xxiii. *Cur qæ ad funera pertinent in templo Libitinæ vendunt....* — (2) Cap. 22. — (3) Tite-Live Liv. 40. — Valer. Max. Liv. 5. cap. 2. — Sidon. 2. ep. 8. — (4) Voir ci-après les détails.

vains les plus dignes de foi, quelles étaient les attributions particulières des diverses personnes attachées à ce service :

1° *Les désignatores* ou *ordonnateurs.* — « Les ordon-
« nateurs des funérailles, dit Ulpien (1), sont des gens
« d'honneur et de respect ; leur office, réputé très-hono-
« rifique et très-lucratif, était octroyé par le prince. »
Ce qui le prouve, c'est que, lorsqu'ils marchaient en pompe, ils étaient précédés de licteurs, vêtus de deuil et portant les faisceaux (2). Ainsi que l'indique leur nom, ils présidaient à l'ordonnation générale des convois et des jeux funèbres. Ils avaient, sous leurs ordres, diverses classes d'employés que l'on nommait les *libitinaires*, les *pollinctores*, les *vespillones*, les *sandapilarii*, les *ustores* ou *tertondi* et les *custodes.*

2° *Les libitinarii* (3). — Le nom de *Libitinaire* s'appliquait généralement à tous les officiers, serviteurs et employés du temple de Libitine ; mais on désignait plus particulièrement ainsi, ceux qui étaient chargés : 1° d'inscrire sur les régistres que l'on gardait dans le temple, les déclarations de décès, 2° de recevoir, des familles, les dispositions relatives aux cérémonies funèbres, et 3° de veiller à l'exécution des commandes.

Quoique moins honorés que le désignator, ils étaient pourtant beaucoup estimés et respectés. Leur commandement s'étendait sur tous les autres employés du service actif. On peut les comparer aux officiers aujourd'hui attachés à la rédaction des actes de l'état-civil. Ils enregistraient les naissances et les décès. Suivant les prescriptions du roi Servius Tullius, ils recevaient aussi la pièce

---

(1) 4. *D. L. Athletis.* Voir Tertullien. *Des spectacles.* x à xv. —
(2) Horace. Liv. 13. cap. 20. — (3) Tit.-Liv. Livre 40. P. Orose, Suétone, *Néron.* Ozaneau. *Les Romains.*

de monnaie que les parents déposaient, en pareil cas, sur l'autel de la déesse Libitine.

3° *Les Pollinctores*. (1) — Leur spécialité était de laver, oindre, parfumer et embaumer les corps. Sur la demande des familles et d'après l'ordre des Libitinaires, ils se rendaient au domicile mortuaire, où ils vaquaient aux opérations qui ressortaient de leur emploi. La loi des 12 Tables défendait d'occuper des esclaves à ce genre de travail (2). L'onction était très en usage chez les anciens. Elle avait pour objet, selon les uns, de faciliter l'ustion, quand le corps devait être porté au bûcher, et, selon les autres, de prévenir ou de combattre les effets de la décomposition.

4° *Les Vespillones* (3). — Leur office était de porter les corps, dans le cas où les parents ou amis du défunt ne se réservaient pas la satisfaction de remplir ce pieux devoir. Pour les funérailles de quelque importance, il était rare que l'on eût recours à leurs services. On les appelait ainsi parce qu'ils ne sortaient en général qu'à la nuit, sur le soir, (*vesperè*) pour les funérailles des personnes de modeste condition qui, n'ayant pas les moyens d'étaler aux regards de la foule une pompe trop coûteuse, recherchaient l'obscurité. Quelquefois, on procédait de même pour les défunts de haute condition, mais ce n'était qu'à titre d'exception et uniquement lorsque les funérailles (4) coïncidaient avec la célébration d'une fête publique, les obsèques étant défendues ce jour-là. Généralement, dit Sénèque (5), *on portait ainsi, à la lueur des torches, les femmes âgées qui avaient assez vécu.* A Athènes (6), Démétrius et quelques législateurs défendirent que l'on céle-

(1) Pline. Liv. 13. cap. 20. — (2) Cicer. *Lois.* Liv. 22. cap. 24. — (3) Fulgentius, v° *Vespilones.* — Martial. *Épigr.* 74. Liv. 8. — (4) Ammien Marc. Liv. 19, *de fun.* Héliod. — (5) *De brevit vitæ*, dern. chap. — (6) Ciceron. *Des Lois.* Liv. 2. chap. 26.

brât les funérailles pendant le jour. On ne pouvait y procéder que le matin, avant le lever du soleil. Cette mesure
avait pour objet de combattre les excès du luxe dans les
cérémonies funèbres.

5° *Les Sandapilarii* (1). — Ils étaient exclusivement
chargés des inhumations de la classe pauvre. Leurs attributions étaient les mêmes que celles des Vespillones, ils
occupaient seulement une hiérarchie inférieure, qui s'expliquait par le dédain qu'avaient les Romains pour les
personnes d'infime condition. Les Sandapilarii instrumen-
taient sur le mont Esquilin, où se trouvaient les *puticuli* (2), vastes fosses communes, en forme de puits, dans
lesquelles on précipitait les restes mortels des pauvres, des
esclaves et quelquefois des bêtes immondes, pêle-mêle avec
les cadavres des criminels et autres parias de la société.

6° *Les Ustores* ou *Tertondi* (3). — Cette classe de libitinaires était préposée à l'ustion des corps. Ils se tenaient autour du bûcher et avaient pour attributions d'en
activer et d'en diriger le feu, de jeter dans les flammes les
chairs des victimes, les parfums, les vêtements et tous les
objets que la vanité inconcevable des Romains sacrifiait,
ce jour-là, à la vaine satisfaction d'un orgueil sans exemple. Les ustores, occupaient le dernier rang parmi les employés de Libitine.

7° *Les Custodes* (4). — On les chargeait de veiller les
morts dans le domicile mortuaire, de répandre ou de brûler des parfums et d'agiter un rameau de cyprès autour du
corps, afin de combattre les odeurs et de renouveler l'air,
dans l'appartement où était exposé le défunt (5).

---

(1) Guichard. Liv. 1. chap. 2. *Libitin.* — (2) Festus. v° *Puticuli.*
— (3) Martial. Liv. 3. Epigr. 51. — (4) Ulpien. Liv. 14. *D. de Relig.*
— (5) Guichard. Liv. 1. chap. 2. — Gutherius. *De Jure manium.*
Lib. 1. chap. 17, 18, 19.

§ 3. Du monopole chez les Grecs.

Nous retrouvons à Athènes les mêmes principes qu'à
Rome touchant le caractère privilegié du service des Pompes
funèbres. Il n'y avait de changé que les noms. C'était toujours la caste sacerdotale qui présidait à ces sortes de cérémonies. A Rome, les prêtres portaient le nom de *pontifes* et,
à Athènes, celui d'*interprètes*. « Mais interrogeons Platon,
« dit Cicéron (1). Il renvoie aux *interprètes* de la Religion
« le soin de régler tout ce qui se rattache aux funérailles,
« ainsi que la coutume en existe chez nous. » Voici, en
effet, ce qu'en dit le sage Platon (2) : « A l'égard des morts,
« soit hommes, soit femmes, les *interprètes* sont absolu-
« ment les maîtres de régler les cérémonies et les sacrifices
« que l'on doit faire en ces occasions. »

Entre les officiers funèbres des Romains et des Grecs,
il n'y avait de différence que dans les noms et dans
la condition, qui était servile chez ces derniers, tandis
qu'elle était libre à Rome (3).

Ils habitaient dans le quartier du Céramique, au milieu
des tombes élevées aux grands hommes (4).

A Candie, on les appelait *catacantes* (1), et ils jouissaient
de nombreux priviléges, notamment de celui de s'administrer séparément, d'après des lois qui leur étaient spéciales. Ils jouissaient de l'estime et de la considération
générales.

---

(1) *Lois.* Liv. 2. chap. 27. — (2) *Lois.* Liv. 12. — (3) Athénée.
Liv. 6. ch. 7. — (4) Guichard. ib. — (5) Plutarque. *Question gr.* 21.

§ 4 — Des diverses classes des funérailles. — Tarif.

Les Romains avaient cinq classes de funérailles, savoir :

1° *Les funérailles indictives* (1) qui étaient les plus pompeuses et à la suite desquelles on donnait au peuple le spectacle des jeux funèbres et des banquets. Ces réjouissances populaires étaient très-recherchées et devaient être annoncées, à l'avance, au son des trompes et par divers moyens de publicité. On les appelait aussi *funérailles censoriennes* (2), parce que le préteur n'étant pas assez élevé en dignité pour en surveiller la bonne exécution, au point de vue de l'ordre et de la police, c'était au censeur qu'en incombait le soin.

2° *Les funérailles simpludiaires* (3), ainsi appelées parce qu'elles étaient moins solennelles, plus simples, et qu'au lieu de jeux et de banquets publics, on ne donnait au peuple que le spectacle des joueurs de flûtes, des bouffons, mimes, danseurs et pleureuses, qui interrompaient la monotonie du cortége funèbre, à travers les rues, et en augmentaient la curiosité.

3° *Les funérailles communes* (4) qui avaient lieu la nuit, à la clarté des flambeaux et n'étaient marquées par aucune pompe. C'était la classe la plus modeste.

4° *Les funérailles des pauvres* (5). Le mot funérailles est de trop ici, car on ne saurait appeler de ce nom la révoltante coutume des Romains de jeter à la voirie la dépouille mortelle d'un homme qui avait eu le malheur de naître pauvre ou esclave et qui était peut-être plus intelligent que le maître auquel il appartenait.

(1) Cicéron. *Lois*. Liv. 1. chap. 22, 23. — (2) Tacite. Liv. 4. — (3) Gutherius. Liv. 1. chap. 21. — (4) Giraldus. *De sepult*. Liv. 1. passim. — (5) Festus et Varro, v° *Puticuli*.

5° *Les funérailles imaginaires* (1) que l'on célébrait uniquement dans un but de vanité, pour fêter le retour d'un anniversaire ou perpétuer le souvenir d'une mort illustre. Le défunt était représenté par une effigie en cire qui rappelait ses traits, sa taille et les attributs de sa position.

Telles sont les diverses classes de funérailles qui étaient en usage chez les Romains. Au besoin, on peut les réduire aux trois premières, car la quatrième ne comptait pas, et la cinquième se confondait avec les trois autres.

Quant à la dépense occasionnée par chacune de ces classes, il est bien difficile d'en indiquer le chiffre, même approximativement. Nous n'avons trouvé nulle part les traces d'un tarif uniforme. On sait seulement que le luxe des funérailles arriva à un tel degré d'exagération et de folie, que le Sénat dut en modérer les excès par des lois restrictives. Tibère défendit à quiconque possédait moins de 400,000 sesterces (80,000 fr.) de dépasser, en dépenses, les justes limites de sa fortune. Mais ces lois furent bientôt méconnues, et la prodigalité des vivants à l'égard des morts ne connut plus de bornes. Ce fut une véritable ruine pour un grand nombre de familles patriciennes. Sous ce rapport, le peuple Romain ne saurait être comparé à aucun autre peuple.

Les Grecs sacrifièrent aussi au luxe des funérailles; mais ils n'excédèrent jamais les bornes des convenances. On ne doit pas se hâter cependant de leur en attribuer le mérite, car leurs législateurs, Cécrops, Solon, Lycurgue et Démétrius, s'opposèrent toujours à ces vaines manifestations d'un orgueil que la raison publique condamne, et qui n'est nullement en harmonie avec le caractère d'une cérémonie

---

(1) Cicero. *Pro Cluentio.*

funèbre (1). On peut en juger par le tarif ci-après que nous donne Platon (2) :

1ᵣᵉ classe — 5 mines (463 fr. environ).
2ᵐᵉ classe — 3 mines (278 fr. environ).
3ᵐᵉ classe — 2 mines (185 fr. environ).
4ᵐᵉ classe — 1 mine (92 fr. environ).

Démétrius fit un règlement qui prescrivait de célébrer toutes les funérailles avant le jour, et confia aux magistrats le soin d'en assurer la rigoureuse exécution. Quant aux tombeaux, il permit seulement que l'on plaçât une petite colonne de trois coudées au plus sur la fosse. Platon est d'avis que l'on ne doit employer aux sépultures que les terrains qui ne peuvent être utilisés pour la culture, les morts ne devant, en aucun cas, porter préjudice aux vivants.

Malheureusement, ces sages prescriptions ne furent pas toujours observées, et Cicéron nous apprend que les mausolées du Céramique ne le cédaient pas, en magnificence, à ceux des Romains, sur la Voie Apienne.

§ 5. Préliminaires des funérailles.

Ces préliminaires comprenaient : 1° *le dernier souffle,* — 2° *la conclamation,* — 3° *l'onction,* — 4° *l'exposition du corps,* — 5° *le planctus ou les gémissements,* — 6° *l'apposition du cyprès indicatif* à la porte de la maison, — 7° *la convocation.* — Un mot d'abord sur ce que les anciens appelaient *la légitime des morts* (3).

Ils désignaient ainsi l'ensemble des devoirs funèbres que les parents étaient tenus de rendre à un membre décédé de leur famille. Ces devoirs étaient sacrés, et,

(1) Cicéron. *Des Lois.* Liv. 2. ch. 25, 26. — (2) *Lois.* Liv. 12. — 3) Pindare. *In Olymp.* Od. 8. — Cicér. *loc. citato.*

comme tels, ils étaient placés sous la sauvegarde de la loi. On les appelait *légitimes, justes et saints*, parce qu'on devait les remplir avant tous les autres, et que leur accomplissement était une dette imprescriptible à laquelle nul ne pouvait se soustraire. Les morts n'emportaient que ce seul bien dans la tombe : il importait de le mettre à l'abri de l'avarice, de la cupidité ou du mauvais vouloir des héritiers. On connaît les redoutables conséquences qu'entraînait pour les anciens la privation de la sépulture. Leurs mânes plaintifs étaient condamnés à errer cent ans vagabonds sur les rives du fleuve qui fermait l'entrée des enfers. On écrivait sur leur tombe ces paroles lamentables : *Parentes infelicissimi filio infelicissimo* (1). Ce n'était qu'à la suite de toutes sortes de vœux, d'offrandes, de libations et de sacrifices qu'on parvenait à rappeler leurs mânes et à en abréger les tourments. Les Romains et tous les anciens, en général, tenaient tellement à l'accomplissement des devoirs funèbres, que l'on a vu des personnes, tourmentées par la crainte d'en être privées, faire le sacrifice de leur vie, afin d'entrer plus sûrement en possession de la tombe qu'elles s'étaient préparée (2).

Les Grecs donnaient également aux funérailles les noms de : δίκαια, ὅσια, νομιζόμενα, νόμιμα Θεῶν, (3) c'est-à-dire : *justes, saintes, légitimes, divines.*

De là, chez les Latins, les expressions si connues de : *justa peragere, justa solvere, justa facere,* employées dans le sens du verbe inhumer.

Observons, en passant, que les anciens ne parlaient jamais de la mort, ou, du moins, qu'ils évitaient avec soin d'en prononcer le mot, pour lequel ils éprouvaient une

_____

(1) Quintilien. *Declam.* 5. — (2) Guichard. Liv. 1. chap. 2, 3. — Spontani. *Cœmeteria.* Liv. 1. chap. 13. § 4. — (3) Euripide. *Suppliantes.*

répulsion naturelle. Ils en connaissaient la chose, ils en voyaient surtout les effets ; mais, dans leur pensée, la mort affectait une forme moins douloureuse que celle qui résulte du mot en lui-même.

Nous ne rappellerons pas ici les prescriptions du droit (1) civil et pontifical relatives à la légitime des morts. Nous dirons seulement que les parents qui avaient à se reprocher quelque négligence sur ce point étaient tenus de s'en purifier par le sacrifice d'une truie noire au printemps (2).

1° *Le dernier souffle* (3) (spiritus exceptio). — Lorsqu'un malade était en danger de mort, les parents s'approchaient du lit et attendaient le dernier râle. A ce moment, le plus proche d'entre eux embrassait étroitement le moribond, poitrine contre poitrine, visage contre visage, afin d'aspirer et de recueillir, bouche à bouche, le dernier souffle qui s'en exhalait. On tenait généralement en grande considération la faveur accordée à quelqu'un de recueillir le dernier souffle d'un mourant. La loi Ménia défendait qu'on en chargeât les enfants. Le défunt ne pouvait mieux témoigner son affection, envers quelqu'un, qu'en le désignant, par acte de dernière volonté, pour remplir ce pieux devoir.

On attachait un sens prophétique aux dernières paroles d'un moribond. S'il décédait sans articuler un seul mot, les parents en concevaient une certaine inquiétude. Homère fait ainsi prédire à Hector la mort d'Achille (4).

Quand le dernier souffle était rendu et recueilli, on fermait les yeux du défunt, on plaçait dans sa bouche le *naulus*, ou pièce de monnaie destinée à Charon, et on retirait

(1) L. *Ne corpora*, 38 D. *de Relig.* Liv. 3. § 4. *De sepulch. viol.* — (2) Cicéron. *Lois.* Liv. 2. chap. 22 — (3) Pline. Liv. 22. chap. 37 et passim. — Pline. Epist. 9. Liv. 5. — Val. Max. Liv. 7. — (4) *Iliade*. Sophocle, *Ajax*.

les anneaux des doigts, car la loi des 12 Tables défendait d'enfouir l'or dans les tombeaux (1).

2° *La conclamation.* — Aussitôt après le décès, les assistants procédaient aux premières conclamations. On ouvrait pour cela les portes de l'appartement et on (2) appelait tout haut le défunt par son nom, en répandant de l'eau froide sur son front. Pour les défunts de haute condition, la conclamation avait lieu au son des cors et des trompettes. Au moment de la levée du corps, les conclamations redoublaient. C'était la conclamation par excellence, celle que l'on appelait *conclamatio suprema.* On connaît les hautes raisons de prudence qui expliquaient cet usage antique. « Par quels motifs croyez-vous que nous troublons « le repos des pompes funèbres par tant de gémisse- « ments, de pleurs et de hurlements, dit Quintilien (3)? « C'est parce que l'on a souvent vu revenir à la vie ceux « auxquels on était prêt à rendre les derniers honneurs. » Ovide (4) explique d'une autre façon les conclamations : « Elles relâchent, en quelque sorte, dit-il, les ressorts de « l'âme trop tendus par la douleur, *expletur lacrymis,* « *egeriturque dolor* »

3° *La lotion et l'onction* (5). — A la suite des premières conclamations, on lavait le corps. Les parents qui n'avaient pas les moyens de confier cette opération aux pollinctores du temple de Libitine y procédaient eux-mêmes. Dans le cas contraire, ils s'entendaient avec les préposés aux inhumations, qui se rendaient au domicile mortuaire, étendaient le corps sur une table de pierre ou de marbre et opéraient la lotion, suivant l'usage, c'est-à-dire avec du vin et de l'eau tiède. Le lavement était suivi de l'onction.

---

(1) Euripide, *Hécube.* — Plut. *Consolat. ad Apollon.* — (2) Pline. Liv. 7. chap. 52. — (3) *Declam.* 7. — (4) *Tristes.* Liv. 4. — (5) Pline. Liv. 7. chap. 52. — Plat. *Lois.* Liv. 12.

On parfumait le corps avec des essences plus ou moins riches, suivant le rang de la famille. On employait généralement l'huile d'olive. Homère dit que Vénus oignit le cadavre d'Hector. L'onction était quelquefois précédée de l'embaumement, mais cette coutume ne fut jamais beaucoup en usage chez les Romains.

Une fois le corps lavé et oint, on l'enveloppait dans une étoffe de lin et on le revêtait de ses plus riches habits. A Athènes, on fermait la bouche avec une bande, que l'on serrait sous le menton. Au préalable, on avait soin d'y introduire le *naulus*. Lucien (1) nous apprend que l'on plaçait à côté du corps un gâteau de miel et de farine, que le défunt était présumé jeter au Cerbère des enfers, afin de le rendre plus docile au moment du terrible passage.

4° *L'exposition, les couronnes, les images, l'acerra.* — Les anciens déployaient un grand luxe et une certaine solennité à l'exposition des corps. Cette cérémonie avait lieu ordinairement dans l'*atrium* (2), qui était le salon d'honneur de leurs habitations, l'endroit le plus apparent et le plus près de la porte d'entrée. On y dressait un lit de parade magnifiquement orné, et on y plaçait le défunt revêtu des attributs des fonctions qu'il avait pu exercer pendant sa vie. Le visage et les pieds étaient tournés dans la direction de l'allée du logis, par laquelle entraient les visiteurs.

La loi des 12 Tables prescrivait de ceindre le front du défunt avec les couronnes (3) honorifiques qu'il avait méritées par sa bravoure, par ses talents, ou par des services signalés rendus à la patrie. Telles étaient les couronnes *triomphales, murales, navales, castrenses, obsidionales, civiques et ovales* que l'on décernait soit aux généraux vic-

---

(1) *De luctu.* — (2) Ozaneau. *Des Romains.* — Euripide, *Alceste*, Demosth. *adv. Macarth.* — (3) Pline. Liv. 6. chap. 4. Liv. 18. ch. 2. Liv. 2. ch. 2. Liv. 35. 22. — Aulu-Gelle. Liv. 5. ch. 6.

torieux, qui avaient délivré une ville ou battu l'ennemi sur une mer, soit aux soldats qui arrivaient les premiers dans les retranchements ennemis, soit aux citoyens vertueux et désintéressés. Ces couronnes n'étaient pas l'un des moindres ornements du lit mortuaire. Les Grecs se faisaient remarquer par la quantité de fleurs dont ils couvraient le corps, dans le cercueil. A défaut de couronnes honorifiques, on se servait de couronnes de fleurs.

Les couronnes et les fleurs étaient accessibles à tous les soldats et à tous les citoyens, mais il n'en était pas de même des *images* (1), attributs caractéristiques des familles nobles, que l'on ne pouvait acquérir que par l'exercice de l'une des quatre dignités curules : le consulat, la censure, la préture et l'édilité patricienne. Ces figures en cire étaient placées dans l'atrium. On les enfermait ordinairement dans un étui en forme de niche, d'où elles sortaient pour assister aux funérailles ou à quelque grande fête publique. Pendant l'exposition des corps, on les découvrait et on les parait magnifiquement avec les insignes qui leur étaient particuliers.

Devant le lit de parade, se trouvait un petit dressoir (2), en forme d'autel, sur lequel on plaçait des chandeliers avec des cierges (3) allumés et une cassolette, qui servait à brûler l'encens autour du corps. On appelait cet autel l'*acerra*. Non loin du lit funèbre, près du vestibule, était un bassin en métal, rempli d'eau lustrale, qui servait à purifier les mains des visiteurs (4).

5° *Le planctus, les pleureuses, le chœur funèbre*. — Si le défunt appartenait à une famille de distinction, l'exposition du corps durait six ou sept jours. Pendant cet espace

---

(1) Pline. Liv. 35. chap. 23. — Juven. *Satire 8*. — Polybe. Liv. 6. chap. 53. — (2) Festus vº *acerra*. — Perse. *Sat*. 3. — (3) Abbé Barthélemy. *Voy. d'Anach*. chap. 7. — (4) Euripide, *Alceste*.

de temps, les parents, revêtus de robes noires et d'un manteau de deuil, appelé *ricinium* (1), se tenaient autour du
lit de parade et exhalaient, par des gémissements, par des
pleurs, par des chants lugubres ou par des cris déchirants,
la douleur qui les oppressait. Les serviteurs et les esclaves
se joignaient à eux. Les pleureuses (2), (*præficæ*), louées
pour la circonstance, dirigeaient le chœur funèbre. Elles
donnaient le ton, le soutenaient et en variaient l'expression,
suivant les circonstances. Lorsqu'un étranger entrait dans
l'atrium, les pleurs redoublaient d'intensité, car les anciens
croyaient que l'âme du défunt restait dans la maison jusqu'à la levée du corps, et qu'elle apparaissait en songe,
pendant la nuit, aux personnes qui le regrettaient le plus.

Chez les Grecs l'exposition (πρόθεσις νεκρῶν) (3) et les
pleurs (Θρῆνος) présentaient un caractère de deuil encore
plus accusé qu'à Rome. On y employait un luxe de cris et
de lamentations que les Romains étaient loin d'égaler. On
peut en lire la description dans le dernier livre de l'Iliade,
dans Lucien (4), dans Juvénal (5), et dans Euripide (6).
C'était le vrai chœur antique, ou plutôt un combat de
gémissements entre tous les assistants. Achille, dit Homère, fut pleuré dix-sept jours. On poussa le deuil jusqu'à
l'excès et l'on fut même obligé d'y mettre des limites par
des lois spéciales et d'empêcher les femmes de se déchirer
le visage. « Qui croirait, dit à ce sujet l'abbé Barthélemy,
« qu'on ait jamais dû prescrire aux femmes de veiller à
« la conservation de leur beauté (7)? »

6° *Apposition du cyprès à la porte de la maison.* —
Quand une personne était dangereusement malade, les

(1) Gutherius. Liv. 1. chap. 17. — (2) Varron. *Ling. lat.* Liv. 1.
— Cicer. *Lois.* 2. — Festus v°. *Præficæ.* — (3) Demosth. *adv. Macarth.* — (4) *Dialogue des morts.* — (5) *Satire* 10. — (6) *Hippolyte.*
— (7) *Voy. d'Anach.* chap. 8.

Grecs avaient l'habitude de suspendre une branche d'acanthe (1), à la porte de la maison, afin d'en éloigner les importuns. A Rome, on suspendait une branche de cyprès (2),
mais après le décès seulement et lorsque le défunt était
une personne de condition, ainsi que l'indique Lucien,
quand il dit : *Et non plebeios luctus testata cupressus*. Ce signe indicatif était l'équivalent des draperies noires ou blanches que l'on place, de nos jours, à la porte du domicile mortuaire. La branche de cyprès avait également pour objet
d'éloigner de la maison, devenue néfaste, le grand sacrificateur de Rome et de le préserver de la souillure que lui
imprimait le spectacle de la mort. Une fois souillé, il ne
pouvait procéder aux sacrifices et aux cérémonies des funérailles, excepté qu'il eût le temps de se purifier (3).

Les Romains admettaient, sans difficulté, dans l'atrium,
toutes les personnes qui se présentaient, à titre d'amies ou
de connaissances, pour rendre leurs devoirs au défunt. Les
Grecs étaient plus sobres de réceptions. Il n'y avait que
les parents du premier ou du deuxième degré qui pouvaient
entrer dans l'intérieur de la maison mortuaire. Les autres
personnes attendaient, dans la rue, un peu avant la célébration des funérailles, coutume qui a passé dans nos
mœurs et que l'on exprime aujourd'hui par cette formule
consacrée: *On ne reçoit personne* (4).

7° *La convocation aux funérailles.* — Le huitième jour
après le décès et, à Athènes, le quatrième, on procédait
aux funérailles. Cette cérémonie était précédée des convocations d'usage. On distinguait deux sortes de convocations,
selon l'importance des obsèques. Les unes étaient relatives

(1) Abbé Barthélemy. *Voy. d'Anach.* — Diog. Laert. *In Bion.*
Liv. 4. § 57. — (2) Tacite. Liv. 16. — Virg. *Æneide.* Liv. 3 et 6.
— Pline. Liv. 16. — Ovide. *Métam.* 10. — (3) Virg. Liv. 2 et 3. —
(4) Guichard. Liv. 2. chap. 2.

à l'annonce du convoi (1) *(exequiœ)* et les autres à l'annonce des jeux funèbres qui les suivaient parfois.

Les premières étaient faites au son de la trompe, à tous les carrefours de Rome et sur les principales places. Les convocateurs annonçaient l'heure des funérailles, dans les termes suivants : « N. B. M. *Quiris leto datus est ; ad* « *exequias quibus commodum ire, jam tempus est : ollus* « *ex œdibus effertur,* c'est-à-dire, *le citoyen N... de* « *bonne mémoire, a cessé de vivre ; ceux qui veulent assis-* « *ter à son convoi funèbre peuvent se rendre à la maison* « *sans retard, car on va procéder à la levée du corps.* » La convocation se fit longtemps de la même manière en France. Les crieurs jurés de Paris et de certaines grandes villes annonçaient, de même, les enterrements. La trompe était remplacée par les clochettes. Cette coutume existe encore aujourd'hui dans un grand nombre de localités.

Les (2) secondes avaient lieu au moyen d'affiches, dans lesquelles le *designator* des funérailles, devait indiquer la distribution des fêtes funèbres, le nombre et le nom des gladiateurs engagés.

§ 6. Les funérailles.

Tous les apprêts du convoi étant terminés, le cortége se mettait en marche d'après les indications du *designator* en chef et dans l'ordre ci-après :

1° En tête, s'avançait un *ordonnateur.*

2° *Les trompettes* (3) suivaient ou plutôt ouvraient la marche, en faisant entendre leurs sons aux carrefours et sur les places publiques. Venaient ensuite :

(1) Varron. *Ling. lat.* Liv. 6. — Festus, v°. *indictivum.* —
(2) Cicéron. *Philipp.* 2. — Sénèque. *Ep.* 119. Liv. 21. — Pline.
Liv. 36. chap. 25. — (3) Ozaneau. *Les Romains.*

3° *Les présents* (1) que l'on jetait dans les flammes du bûcher funèbre, pour brûler avec le corps du défunt. Ces présents étaient donnés, en partie, par la famille, et, en partie, par les parents et les amis, dont on mesurait l'amitié à la munificence. Ils étaient aussi remarquables par leur richesse que par leur variété. On y voyait des épiceries, des liqueurs, des parfums, des mets recherchés, des viandes, des étoffes de grande valeur, des robes, des meubles, etc., etc.

4° *Les trophées* (2), portés par une compagnie de soldats, marchant en ordre, avec enseignes et étendards déployés. On choisissait, dans le butin ennemi, les objets les plus remarquables, les plus riches et les plus caractéristiques. Les provinces conquises étaient représentées par des tableaux allégoriques, sur lesquels on inscrivait les lois faites par le vainqueur et l'indication des présents donnés par les cités.

5° *Les images des ancêtres du défunt* 3 , revêtues des attributs et des insignes caractéristiques des fonctions qu'ils exerçaient de leur vivant. Si l'ancêtre avait été consul, son image portait la robe prétexte, bordée d'écarlate ; s'il avait été censeur, on la revêtait de la robe de pourpre ; s'il avait triomphé, l'image étalait la belle chamarre brodée en or. Chacune de ces nobles figures était précédée d'un nombre d'huissiers et de licteurs, en rapport avec la dignité que le titulaire avait autrefois occupée. On les conduisait sur des chars qui s'avançaient majestueusement, suivant l'ordre généalogique et, rang par rang, jusque sur la place du Forum.

---

(1) Appien. *De Bell. civ.* Liv. 2. ch. 23. — Sénèque. *De Brevit. vit.* cap. ult. — Martial. Liv. 6. *Epigr.* 84. — Pline. Liv 10. chap. 10. — Tibulle. Liv. 2. *Eleg.* 4. — (2) Gutherius. Liv. 1. chap. 24. *De exequiarum.* — Guichard. Liv. 1. chap. 5. — (3) Polybe. Liv. 6. chap. 55. — Pline. Liv. 35. chap. 25.

6° *Le collége des Pontifes* (1) et les divers ordres sacerdotaux, les Augures, les Flamines, les prêtres de Vesta, les Aruspices, etc. etc.

7° *Les sénateurs, magistrats et grands dignitaires* (2) de Rome avec les attributs de leur dignité et vêtus de noir, en signe de deuil.

8° *Le chœur funèbre* (3), composé des joueurs de flûte, (*tibiæ*) et des pleureuses (*præficæ*) qui chantaient, sur un ton lugubre, les vertus et les qualités du défunt. Tantôt les voix alternaient avec les instruments, tantôt elles se confondaient dans une lamentation uniforme que les Grecs appelaient *nœniæ*.

9° *Les attributs du défunt* (4), la chaise curule, par exemple, s'il avait appartenu à la magistrature, ou ses armes, s'il avait été soldat.

10° *Le lit funèbre* (5) (*feretrum*). — Le corps était diversement porté. Tantôt on le laissait à découvert, dans la position horizontale, tantôt on le plaçait dans une position verticale inclinée, les pieds devant, la tête relevée et le front ceint d'une couronne. Le lit, richement garni de pourpre, rehaussé d'ivoire, orné de guirlandes entrelacées et de couronnes, était soutenu par de nobles citoyens, par les parents, les affranchis, les esclaves, suivant la position du défunt et, à défaut, par les officiers de Libitine, nommés Vespillones. Sylla fut porté par les Sénateurs et par les Vestales, Paul Émile, par les ambassadeurs Macédoniens, et le consul Trébius, par le peuple, en reconnaissance de ce qu'il avait fait vendre le blé à bon marché.

Le lit du mort était quelquefois suivi par d'autres lits

---

(1) Guich. id. — (2) Ozaneau, Gutherius, Guichard, *loc. citat.* — (3) Festus v° *Præficæ*. — Properce. Liv. 1. — Varron. *Ling. lat.* — v°. *Nenia.* — (4) Guichard. Liv. 1. chap. 5. — (5) Polybe, ibid. — Valère Maxim. Liv. 2. chap. 5.

de parade, vides, mais non moins richement ornés que le lit principal. On les portait pour la forme (1), par pure vanité et pour rehausser encore le caractère grandiose de la cérémonie. On jugeait de la magnificence des funérailles, par le nombre des lits qui figuraient à la suite du premier. Aux funérailles de Sylla on en comptait plusieurs mille et à celles du fils d'Octavie, sœur d'Auguste, six cents.

Le défunt portait au cortége (2) ses plus riches vêtements et tous les insignes de ses dignités. Simple mortel, il avait la robe longue, magistrat, la pourpre consulaire et triomphateur, la robe de Jupiter, en damas rouge, que l'on gardait au Capitole.

Tout autour du lit se tenaient les affranchis testamentaires, la tête couverte du bonnet de la liberté, (*pileus*) et se relevant, de temps à autre, pour éventer le défunt (3).

Pour faire plus d'honneur à celui qui était l'objet de tant d'attentions, on portait au-devant de la litière sa propre image, revêtue des mêmes insignes que lui (4).

11° *Le grand deuil des hommes* (5). — Le plus proche parent du mort, son héritier ou la personne qu'il avait désignée à cet effet, conduisait le grand deuil, revêtu d'une robe noire bordée d'écarlate et précédé par les licteurs.

Immédiatement après venaient les divers membres de la famille, tous vêtus de deuil et la face voilée, comme celui qui conduisait le grand deuil. Quelquefois les parents s'employaient ou se relevaient pour soutenir la litière. Le

(1) Tacite. chap. 16. — Val. Max. ibid. — (2) Val. Max. Liv. 5 chap. 1. — (3) Perse. *Sat.* 3. — (4) Guichard. — (5) Val. Max. Liv. 4. chap. 1. — (Plut. *Quest. R.* 14.

fils portait le père, le neveu, l'oncle, et les affranchis, leur patron.

Les esclaves suivaient les parents, en tenue de deuil. Parmi eux se plaçaient les personnes auxquelles le défunt avait rendu des services signalés, ceux qu'il avait délivrés de la captivité, en pays étrangers. Le sénateur Culéon (1) assista ainsi aux funérailles de Scipion l'Africain, qui avait abrégé sa captivité chez les Carthaginois.

12° *Grand deuil des femmes* (2). — Il était conduit par l'épouse, la fille, la sœur, la nièce ou la parente du décédé. Ce deuil était appelé *funera*. La personne qui était chargée de ce soin se faisait remarquer entre les autres par un grand manteau noir, par les cheveux épars qui descendaient sur l'épaule, par les cris et les gémissements qu'elle poussait, en se frappant la poitrine.

Toute la parenté féminine prenait la suite derrière le grand deuil.

13° *Les bouffons* (3). — Afin de briser la monotonie du cortége et pour en rendre le spectacle plus curieux, on plaçait des bouffons à la suite du deuil. A leur tête figurait l'*Archimime* qui représentait le défunt, portait les mêmes vêtements que lui, et s'efforçait de l'imiter, dans ses moindres gestes.

14° *Le peuple* (4) fermait le cortége, les hommes en tête et les femmes venant après. On y voyait les costumes et les physionomies les plus variés. Sous les empereurs, les filles y assistaient, en robe blanche, la tête découverte et les cheveux répandus sur l'épaule.

---

1) Val. Max. Liv. 5. chap. 2. — (2) Virg. Æn. 9. — Varron. *vit. pop. rom.* Liv. 1 et 2. — Properce. Liv. 2. *Eleg.* 10. — Tacite. Liv. 1. — (3) Guther. Liv. 1. chap. 17. —Guich. Liv. 1. chap. 5.— Ozaneau. p. 264. — (4) Pline. Liv. 23. chap. 10.

15° *Les torches et flambeaux* (1). — Les clients du mort formaient la haie, de chaque côté du cortége, en tenant à la main des torches ou des flambeaux confectionnés avec du jonc enduit de cire. L'usage des torches naquit de l'ancienne coutume de brûler les corps pendant la nuit.

16° *Les Trompettes* (2). — On ne les convoquait aux funérailles que lorsque le défunt appartenait à la classe patricienne, ou avait servi, en qualité de général, dans les armées. Elles étaient disséminées dans le cortége, de distance en distance, et elles devaient sonner aux carrefours et sur les places publiques, pour marquer le passage du convoi funèbre. On prétend que le bruit des trompettes avait la propriété de faire envoler les âmes.

Le cortége, chez les Grecs, ne présentait pas un aspect aussi grandiose. Les parents et amis, réunis à la porte du domicile mortuaire, attendaient la sortie du corps pour répandre des fleurs (3) et des couronnes sur le lit funèbre. Une loi (4) fixait l'ordre du convoi. Les hommes, dit cette loi, doivent aller devant et les femmes derrière. Nulle femme âgée de plus de 60 ans ne devait suivre le corps ou entrer en possession des biens du défunt, sauf le cas ou elle serait cousine germaine du défunt, ou plus proche parente. A Sparte (5), on portait le corps très-simplement. Pour tout ornement, on recouvrait le cercueil avec un drap rouge, sur lequel on plaçait un rameau d'oli-livier. Le peuple formait le cortége.

---

(1) Servius sur l'Enéide. — Ozaneau. id. — Guichard. id. — (2) Appien. *De bell. civil.* Liv. 1. — Perse. *Satire* 3. — Cicer. *Song. de Scip.* — [3] Plut. *Vie de Périclès.* — (4) Demosth. *adv. Macarth.* — (4) Plut. *In Lycurg.* — (5) Polybe. Liv. 6. chap. 53.

§ 7. L'Oraison funèbre au Forum (Laudatio) (1).

Arrivé sur la grande place publique de Rome, le cortége subissait un temps d'arrêt. La cérémonie funèbre prenait, en ce moment, un caractère de solennité réellement imposant. Sur la tribune qui domine le Forum on dressait le corps, tout droit, de façon à ce qu'il pût être vu de la foule. Tout autour, on faisait asseoir, en ordre, sur des chaises d'ivoire, les images des ancêtres, formant la magnifique généalogie du défunt. Alors, en présence du peuple tout entier réuni, en présence des sénateurs, des consuls, des magistrats, du collége des pontifes et de tout ce que la ville de Rome comptait de noble, de grand et d'illustre, le fils du mort, ou tout autre parent, montait à la tribune aux harangues et, de sa voix la plus éloquente, rappelait les vertus de son père, ses services envers la patrie, ses bienfaits envers le peuple, sa piété envers les dieux et son dévouement à la chose publique. C'était l'oraison funèbre.

Après (2) le panégyrique du mort, l'orateur prononçait l'éloge des hommes illustres, dont les muettes mais éloquentes effigies assistaient à cette solennité funèbre. Il commençait par les plus anciens d'entre eux et arrivait ainsi, de génération en génération, à dérouler, sous les yeux de la foule, toute l'histoire d'une grande famille de Rome. Sous l'impression des nobles souvenirs qu'il évoquait, des beaux exemples dont il rappelait la mémoire, les assistants étaient tellement saisis et pénétrés d'admiration, qu'un deuil privé devenait, tout à coup, un deuil pu-

(1) Polybe. Liv.   h. 53. — (2) Salluste. *Jugurtha.* chap. 4.

6

blic, auquel la patrie se trouvait en quelque sorte asso-
ciée.

   « Quel éguillon plus puissant, pour un jeune homme
« qui a la passion de la gloire ! dit un écrivain qui avait
« assisté à ce magnifique tableau. Quel plus beau specta-
« cle imaginer ?... La renommée des citoyens vertueux
« se renouvelle sans cesse ; la gloire des grandes actions
« devient immortelle ; le nom de ceux qui ont bien mé-
« rité de la patrie est répété, par toutes les bouches et
« transmis à la postérité (1)... »

   « J'ai souvent ouï raconter de Scipion et de bien d'au-
« tres personnages éminents, écrit Salluste, que la vue des
« images de leurs ancêtres embrasait leur âme du plus vif
« amour de la patrie ; non, sans doute, que cette cire et
« ces muettes figures eussent, en elle-mêmes, une si
« grande puissance, mais, parce que le souvenir des gran-
« des actions développe, dans le cœur des grands hom-
« mes, une flamme qui ne s'abat plus qu'ils n'aient égalé,
« par leur mérite, la renommée et la gloire de leurs mo-
« dèles (2)... »

§ 8. Le Bûcher (3) (Pyra, ara funeris).

Le discours terminé, les porteurs reprenaient le lit funèbre, sur l'épaule et le cortége se rendait directement au
Champ-de-Mars, par la porte *triomphale*, si le mort avait
triomphé, ou par la porte *libitinence*, sur le seuil de laquelle passaient tous les décédés. Le bûcher du pauvre
était dressé au mont Esquilin, où l'ustion avait lieu col-

---

(1) Polybe. Liv. 6. ch. 53. — (2) Salluste, *Jugurtha*, chap. 4.—
(3) Tacite. *Ann.* Liv. 1. — Suetone. *Vie d'Auguste.* — Virgile.
Æn. 4.

lectivement (1). Les personnes de haute condition étaient brûlées au Champ-de-Mars, dans une enceinte réservée, ou dans le voisinage des sépultures de familles, sur les voies Latine et Appienne.

Le bûcher affectait la forme carrée (2) et s'élevait quelquefois à trois ou quatre étages, montant en pyramide. On le confectionnait avec un bois de chêne fendu, qui n'avait jamais servi. Quant à l'ornementation, on y déployait un luxe inouï (3). Pour activer la flamme, on y mêlait de la résine, de l'huile fine et des essences odoriférantes. Quelques familles poussaient la vanité jusqu'à en peindre le bois à l'encaustique.

C'était un parent qui plaçait lui-même le corps sur le bûcher, à l'endroit qui lui était affecté. La (4) personne qui avait reçu le dernier souffle du mort et lui avait fermé les yeux, les lui ouvrait, sur le bûcher, afin de lui montrer le ciel, sa nouvelle patrie. On l'embrassait une dernière fois avec effusion, et l'on répandait, sur le cercueil, les huiles les plus précieuses.

Après ces derniers préparatifs, les trompettes sonnaient avec bruit, et le plus proche parent mettait le feu aux broussailles, avec un flambeau qui avait servi au convoi, en ayant soin de tourner le visage, en arrière (5).

Pendant que la flamme montait, on faisait, aux dieux infernaux, les derniers sacrifices et l'on priait le vent de souffler sur le bûcher. On (6) immolait, de préférence, les bêtes qui étaient le plus agréables au défunt et l'on en jetait les chairs, dans la partie du bûcher qui s'appe-

(1), (2) Festus, v^{is} *Puliculi, ustrinum* et *bustum.* — (3) Ovid. *Fastes.* Liv. 3. — Virg. *OEn.* 6. — (3) Val. Max. Liv. 5. ch. 1. — (4) Pline. Liv. 2. ch. 37. — (5) Guichard. Liv. 1. ch. 7. — (6) Tibulle. Liv. 1. *Élég.* 6. — Pline. Liv. 11. ch. 10.

lait *culina*. On y jetait pareillement des mets recherchés, afin d'apaiser la faim des dieux Mânes. Les présents que l'on portait aux funérailles n'avaient pas d'autre destination que celle d'alimenter le feu. On a vu des soldats (1) et des esclaves se précipiter dans les flammes, en témoignage d'amitié pour le défunt, et confondre leur trépas avec celui de leur maître. Les personnes qui économisaient au bûcher, étaient appelées, par dérision, *semiambusti*, (2) *à moitié brûlées*. On abandonnait aussi à ce gouffre de feu, les animaux que le défunt affectionnait le plus, ses chevaux, ses chiens et les autres animaux domestiques. La prodigalité ne connaissait plus de bornes.

Lorsque la flamme commençait à diminuer, les trompettes sonnaient de nouveau, et les assistants faisaient trois fois le tour du bûcher, en chantant des lamentations. C'était la *decursio* (3). A la mort d'un grand capitaine, cette cérémonie devenait une véritable fête militaire, à laquelle des légions entières prenaient part.

Non loin de là, un groupe de *gladiateurs* (4) s'entregorgeaient, en l'honneur du défunt, pour mêler leur sang à celui des victimes, attendu, dit Tertulien, que le sang humain était très-propice aux dieux. On achetait, pour cette destination, ajoute le même écrivain, des esclaves mal complexionnés, dont les maîtres étaient bien aises de se débarrasser, à vil prix.

Le feu une fois tombé, les plus proches parentes du défunt invoquaient les dieux mânes, se lavaient les mains et éteignaient le brasier, avec du vin et du lait. Elles pro-

---

(1), (2) Guichard *loc. cit.* — Plut. *Vie d'Othon.* — Pline. Liv. 7. ch, 36. — (3) Pline. ibid. — (4) Tertullien. *De Spect. cap. de munere.*

cédaient (1) ensuite au triage des ossements, au milieu des cendres. Après les avoir réunis et lavés avec soin, elles les séchaient dans un linge très-fin. Les dents étaient toujours intactes, ce qui fait dire à Tertulien, que les dents sont une semence de résurrection. Il était défendu de brûler le corps des enfants dont les dents n'étaient (2) point encore formées.

Les Romains avaient l'habitude de mettre de côté et d'inhumer séparément un des os recueillis dans les cendres du bûcher. On appelait cet os : *os exceptum, os rejectum* (3). Quelquefois, on coupait un doigt, avant de livrer le corps aux flammes. L'ensevelissement de cet os achevait la cérémonie funèbre.

En prenant à la main le premier débris d'ossement recueilli, les parents disaient que le mort était *devenu dieu* (4). Son âme s'était envolée vers le ciel, sous la forme d'une colombe ou d'un aigle, que l'on plaçait au sommet du bûcher, et qui, à la première impression des flammes, s'échappait en toute hâte.

Les cendres du mort étaient réunies dans une urne dont la composition était ordinairement d'une certaine valeur. On y déposait également les lacrymatoires où l'on recueillait les larmes répandues par les pleureuses et par les assistants, pendant les funérailles (5).

Le prêtre qui avait présidé à la cérémonie prenait ensuite un rameau d'olivier, de romarin ou de laurier et, après l'avoir trempé dans l'eau lustrale, en aspergeait les assistants, à trois reprises, afin de les purifier de toute souillure. En ce moment, la première pleureuse, que l'on

---

(1) Tibulle. Liv. 3. *Élég.* 3. — Properce. *Élég.* 17. Liv, 1. — Pline. Liv. 7. chap. 16. — (2) Pline. Liv. 7. ch. 16. — (3) Cicer. *Lois.* Liv. 2. ch. 22. — Varron, vᵒ *Exceptum.* — Festus, vᵒ *membrum.* — (4) Guich. id. — (5) Properce. Liv. 1. *Élég.* 9. — Ovide. *Ép.* 4.

nommait la *dame présigne*, donnait le congé à la foule, par ces mots: *I, licet,* et en appelant trois fois le défunt, par son nom. Le peuple y répondait, dans les termes suivants : *Vale, nos te ordine quo natura permiserit sequemur, nous te suivrons, à notre tour, dans l'ordre que la nature fixera* (1). L'aspersion sacerdotale était désignée par le mot de *sufficio.*

La journée s'achevait par un festin, ou par une distribution de viande au peuple. Cette distribution portait le nom de *visceratio.* Guichard l'appelle: *une franche repue au peuple* (2).

§ 9. La Sépulture.

Novendiale (3). — Le 9ᵉ jour après le décès et le lendemain des funérailles, les parents se rendaient au tombeau qui ne devait jamais être situé loin du bûcher. L'emplacement de la sépulture était désigné et consacré, d'avance, par les Augures. On choisissait, soit le voisinage d'une voie, soit une partie du champ paternel, soit tout autre endroit, à la convenance des familles. Le lieu de la sépulture ne devenait pas sacré, par le seul fait de l'inhumation. Il fallait, au préalable, que le pontife lui imprimât ce caractère, par une courte cérémonie qui consistait à jeter, trois fois, de la terre sur la fosse ou sur le tombeau, en nommant le défunt par son nom (4).

Le même jour, et non pas neuf jours après le convoi, comme le dit Ozaneau (5), on faisait un sacrifice solennel pour honorer l'âme du défunt ; *(novendiale)* c'était le sa-

(1) Pline. Liv. 35. ch. 15. Liv. 22. ch. 9 — Festus, vᵒ *aqua.* —
(2) Ciceron. *Leg.* Liv. 2. ch. 22. — (3) Horace. *Ode* 28. Liv. 2. —
Lib. ult. de morte. D. l. 44 *de Relig.*—Guther. Liv. 2. — (4) Guich.
Liv. 1. ch. 7. — (5) Page 267.

crifice du 9e jour, ainsi que l'indique le mot latin. Un nouveau banquet terminait quelquefois la journée.

Le lendemain, dixième (1) jour du décès, on plaçait l'épitaphe, au son des trompettes sépulcrales, appelées *siticines* (*situm*, enseveli). On offrait, à cette occasion, un dernier sacrifice, en l'honneur des dieux domestiques, (Lares), et la famille *funeste* (en deuil) se rendait au domicile mortuaire. Son premier soin était d'en purifier les appartements. A cet effet, elle allumait, au milieu de chaque pièce, un grand feu, par-dessus lequel devaient sauter toutes les personnes de la maison. Ce détail achevé, la famille commençait à goûter quelque repos. Elle devait, ce jour-là, s'abstenir de toute espèce de travail servile, comme les jours de fête. De là est venue, dit Cicéron, l'habitude d'appeler ce 10e jour : *Denicales feriæ*.

Nous passons sous silence tout ce qui se rattache à la législation des Romains, sur les sépultures et sur la propriété des tombeaux de famille. Nous en ferons l'objet d'une étude spéciale, dans un autre volume.

§ 10. Des jeux funèbres.

Les fêtes données à l'occasion des funérailles comprenaient : 1° les combats de *gladiateurs*, 2° les *jeux scéniques*, et 3° les *banquets*.

1° *Combats de gladiateurs.* — Ils avaient lieu l'après-midi, et on les appelait, pour cette raison, *méridianos* (2). Annoncés à l'avance au public, ces jeux étaient très-recherchés et très-fréquentés. Les gladiateurs engagés, *bustuarii* (3), combattaient, dans le principe, autour du bû-

---

(1) Pline. Liv. 25. ch. 9· — (2) Suéton. *Claude*. 34. — Sénèque, *Ėp.* 7. — (3) Cicéron, *in Pison. Lois*, 2. — Festus, v° *bustum*.

cher, plus tard, près des tombeaux, et, en dernier lieu, dans le cirque. On immola d'abord les prisonniers de guerre et les esclaves mal conformés. Dans la suite, on consacra à ces solennités, des gladiateurs de profession, gens de sac et de corde, dignes de mort, se vendant au plus offrant, et s'engageant, par serment, à tout endurer. Les patriciens avaient toujours à leur service, un certain nombre de gens prêts à tout faire, semblables aux modernes *bravi* de Manzoni. L'ordonnateur des jeux funèbres se rendait auprès d'eux pour en louer. A défaut, il allait trouver le *Laniste* (1), chef escrimeur, et traitait avec lui, de l'achat de 2, 4, 6 ou 8 gladiateurs.

2° *Jeux scéniques* (2). — Ils avaient lieu le matin. On donnait en spectacle au peuple, les pièces qui étaient les plus conformes à ses goûts et dans lesquelles ce serait à tort qu'on irait chercher une moralité.

3° *Les banquets* (3). — On en comptait quatre sortes : 1° la *circumpotatio* qui était une collation légère, un prétexte pour boire en compagnie ; 2° la *siticernum*, léger repas offert sur la tombe, à un certain nombre de vieillards qui se saluaient ; 3° la *visceratio*, ou distribution au peuple, des viandes qui étaient restées des sacrifices funèbres ; 4° l'*epulum*, vrai repas en règle, offert aux notables de la ville, soit dans une grande salle, soit sur une place publique.

Les Grecs (4) avaient également leurs jeux et leurs banquets. Leurs jeux favoris étaient : le saut, la lutte, le dard, la course, le disque. On les appelait *Penthatlum*. Il y avait aussi les jeux nautiques, les tournois, ou jeux olympiques. On peut lire, dans Homère, la description très-

---

(1) Pline. Liv. 37. ch. 3. — (2) Suet. *loc. cit.* — Tite Live. Liv. 31 et 28. — (3) Suet. *César.* 26. — Tertulien. *In Apolog.* — Tite-Liv. Liv, . — (4) Pline. Liv. 7. ch. 56. — Festus, v° *Pentathlum.*

intéressante des jeux qu'Achille fit célébrer à la mort de Patrocle, et, dans Virgile, ceux qu'Ænée donna, en Sicile, pour fêter le mémorable anniversaire de la mort d'Anchise. Les banquets furent créés par Cécrops, dans le but de raviver, parmi les parents du défunt, les liens de l'amitié. On les servait, chez les plus proches d'entre eux, et c'était l'entrepreneur (1) des funérailles qui les préparait. A la fin du repas, on prononçait *l'éloge du défunt*, éloge vrai et duquel on écartait, scrupuleusement les mensonges et les exagérations que la flatterie inspirait, quelquefois, aux Romains.

§ 11. Services commémoratifs.

En regard des tombeaux, les Romains avaient l'habitude d'élever un autel en pierre (ara), sur lequel ils offraient des sacrifices, comme sur l'autel des dieux, car les morts, dit Varron, sont des dieux Mânes. Pausanias appelle ces dieux les *dieux souterrains* (2) ou les *dieux terrestres*, par opposition aux dieux d'en haut. Ils avaient, dit-on, une grande connaissance de l'avenir, et on les invoquait, avant une bataille ou le siége d'une ville. On les prenait à témoin, pour attester la vérité d'un récit, et on leur consacrait des prêtres particuliers, chargés de les apaiser, quand ils étaient irrités. Ils buvaient, avec avidité, le sang des victimes et accouraient auprès de ceux qui les invoquaient, par des vœux et des offrandes.

A Rome, il y avait 4 sortes de sacrifices commémoratifs : 1° les *ordinaires* ; 2° les *publics* ; 3° les *extraordinaires*, et 4° les *particuliers*.

_____

(1) Eschyle, v° ταφος. — Cicer. *Lois*. Liv. 2. — Plat. Liv. 12. — Suidas, v° περιδιίπνοι. — (2) Θεοὶ καταχθόνιοι. — Varron, v° *Manes* Voir ci-dessus, § 1.

1° *Services ordinaires* (feralia) (1). Le roi Numa avait dédié le second mois de l'année romaine aux Mânes. On l'appelait *februare* (février) ou *lustrare* à cause des lustrations et sacrifices aux morts. Pendant onze jours de ce mois, on allait visiter les tombeaux des aïeux, on leur apportait des offrandes, et on invoquait les dieux infernaux. En ces sacrifices expiatoires on faisait brûler, sur les autels funèbres, des cierges et des lampes qui veillaient, même le jour (2). Ces fêtes portaient le nom de *feralia*.

2° *Services publics* (inferiæ, remuria ou lemuria). On les célébrait le 9 du mois de mai et on les appelait, tantôt *inferiæ*, parce qu'on apportait sur les tombeaux toute sorte d'offrandes pour les Mânes, du vin, du miel, du sel, du lait, du sang, que l'on répandait en disant : *Sit tibi terra levis* (3), tantôt *remuria*, en souvenir du frère de Romulus, dont ils étaient destinés à expier le malheureux fratricide. On les désigna, plus tard, sous le nom de *lemuria*.

Pendant ces fêtes, aucun mariage ne pouvait être contracté. Les temples étaient fermés, excepté le temple de Pluton et des divinités infernales. L'autel des Mânes, situé dans le Champ-de-Mars, près du temple de Pluton, était enfoui dans la terre, mais on le retirait du sol pendant la célébration des jeux séculaires. Ce lieu était qualifié d'effrayant (*terrens*) (4).

3° *Extraordinaires*. 4° *Particuliers*. En dehors des services publics, consacrés par les lois, chaque famille était libre de sortir des pratiques ordinaires et de fêter, en son particulier, les mânes de ceux qu'elle avait perdus. Quelques-unes procédaient à un second convoi en effigie ;

(1) Ovide. *Fastes*. Liv. 2. — Varron et Festus, v° *Feralia*. — ?) Guichard. Liv. 1. ch. 9. — (3) Guichard. *loc. cit.* — (4) Ozaneau.

d'autres donnaient des jeux, des banquets anniversaires ; généralement, on se bornait à des sacrifices et à un repas commémoratifs.

Les mêmes pratiques étaient en usage chez les Grecs (1). A Athènes, c'est pendant le mois d'Antisthérion que l'on célébrait les fêtes publiques pour les morts. On y chantait les *Jalémiques*, hymnes lugubres, composés en l'honneur du fils d'Apollon. Les annuels y étaient également observés, en mémoire des dieux, car tous les habitants de l'Olympe avaient été des dieux Mânes. Il y avait les annuels des *gymniques*, dans lesquels on donnait au peuple le spectacle de jeux et d'exercices corporels ; les annuels *musicaux*, qui étaient marqués par des chants mêlés aux sons d'instruments et suivis d'un éloge du défunt. Enfin, il y avait les cérémonies particulières usitées (2) chez quelques familles, le τρίτα, ou sacrifice du 3ᵉ jour après le convoi, le ἔννατα, sacrifice du 9ᵉ jour et le τριακάδες, sacrifice du 30ᵉ jour. Ces divers sacrifices étaient généralement appelés ἐντόμια. Les rites n'en différaient pas beaucoup de ceux des Romains. Comme eux, ils disaient, en sacrifiant aux morts : γῆ νῦν ἐπεχοί ἀβαρής, *que la terre te soit légère !...*

§ 12. Sépulture des pauvres.

A côté d'un spectacle quelquefois grandiose et susceptible d'élever l'âme, on trouve chez les anciens, le tableau le plus attristant que l'on puisse imaginer du mépris de la dignité humaine. Lorsque à la suite du pompeux défilé des vanités romaines, le regard vient à tomber sur les en-

(1) Guichard. Liv. 2. ch. 6. — (2) Euripide. *Electre, Iphigénie.* — Démosthène. *Adv. Macart.*

terrements de la classe pauvre, des esclaves et de tous les
déshérités de la fortune, on ne sait comment concilier,
chez un peuple qui cultivait les principes républicains, un
tel mélange de fierté et d'abaissement, d'égoïsme et de générosité, de maximes démocratiques et d'instincts aristo-
cratiques. Le contraste ne saurait être plus frappant. Tandis que la prodigalité la plus fastueuse présidait aux funérailles d'un patricien, le prolétaire ne recevait pas même de
sa patrie les honneurs d'une sépulture décente. Une (1)
bière commune, des porteurs d'un rang tout à fait bas, et
les ténèbres de la nuit : voilà tout ce que la ville de Rome
pouvait offrir à ceux de ses enfants qui avaient parcouru
le monde, pour la gloire de ses armes. Comme fosse, les
abjects *puticuli* du mont Esquilin, dernier asile des scélérats et des bêtes immondes (2). *Hic miseræ plebis stabat
commune sepulchrum* (3), dit Horace, *là était la fosse
commune du peuple malheureux.* On donnait le nom de
puticuli, à ces fosses, parce qu'elles étaient creusées en
forme de puits, *quod ibi in puteis obruebantur homines* (4), ou bien, parce que c'est là que pourrissaient les
cadavres destinés à la voirie, *quod putrescebant ibi cada-
vera projecta ultra exquilias.* Sous Auguste, une raison
de santé publique engagea les Romains à fermer les puits
de l'Esquilin. On les remplaça par les *culinæ*, les *sestertia*
ou les *polyandria* qui, sous un nom différent, désignaient
toujours la même chose. Lorsque l'usage de brûler les
corps fut devenu à peu près général, on adopta les *publicæ
ustrinæ*, dans lesquels on brûla en masse les cadavres que

(1) Varron. *Linguá latin.* Liv. 4. chap. 12. — Ozaneau. — (2) *Ad
corpora pauperum aut sceleratorum viliumque comburenda aut
canibus projicienda.* (Kirchmann. *De funerib. Rom.*) — (3) Serm.
1. 8. - 7. 16. Epodes 5. — (4) Festus, vº *puticuli.* — Varron. *loco
citato.* — Properce. *Élégie* 3. 22, 24. — Plut. *In Galba.* §. 28.

l'on précipitait autrefois dans les puticuli. On ne modifia, en rien la honteuse promiscuité des corps, on fit seule-ment un léger sacrifice à l'hygiène publique. Quant à la dignité individuelle des morts, on ne s'en préoccupa nulle-ment, car la pitié, dit Sénèque, est un vice de l'âme. Telle fut la Rome païenne, vis-à-vis des citoyens pauvres et des malheureux. Nous verrons plus loin, ce qu'a été la Rome chrétienne, envers la même classe de personnes.

TITRE DEUXIÈME

DU MONOPOLE CHEZ LES CHRÉTIENS

———

CHAPITRE Iᵉʳ

OBSERVATIONS PRÉLIMINAIRES

Malgré les efforts tentés par les fondateurs de leur culte pour élever la religion à la hauteur d'une religion révélée, les Romains n'eurent jamais qu'une religion d'État, une religion politique, tout au plus susceptible de devenir, entre les mains du gouvernement, l'auxiliaire d'une autorité qui n'avait d'autre but que celui de diriger le peuple dans la voie des magnifiques destinées auxquelles il se croyait appelé. Assez souveraine pour s'imposer aux masses ignorantes et superstitieuses, cette religion ne l'était pas assez pour réagir sur ceux qui l'avaient instituée, et pour gêner, en quoique ce fût, leur action dominatrice. Aussi facile envers ceux-ci, qu'elle était rigide envers ceux-là, elle avait encore l'avantage de rehausser, par son pompeux appareil, la majesté du commandement suprême.

C'est ce qui explique pourquoi, suivant que l'on regarde au sommet ou à la base de la société romaine, on rencontre l'athéisme profond, ou la foi aveugle ; l'athéisme chez ceux qui commandent, en haut, et la foi chez ceux qui obéissent, en bas ; les uns, trop intelligents pour être dupes de ces fables (1), et les autres, pas assez pour ne pas l'être. Ni les philosophes, ni les écrivains, ni les savants, ni les hommes éminents du paganisme, n'avaient de leur religion l'opinion que l'on pense. Ils la respectaient cependant, sinon par conviction, du moins parce qu'ils en reconnaissaient l'utilité sociale. « *La tiare du Pontife*, dit « *Cantù, la longue tunique de l'Augure, comme la toge* « *du Magistrat ne recouvraient que l'athéisme.* »

Qu'en est-il résulté ? (2) — Le fait très-grave que

(1) Un esprit sérieux et réfléchi ne pouvait, en effet, croire, un seul instant, aux grossières inventions d'une Mythologie, dans laquelle les écrivains profanes nous représentent les habitants de l'Olympe sous des couleurs si peu conformes à l'idée que l'on se fait de la majesté divine, c'est-à-dire, tantôt se querellant entre eux, se laissant blesser par la main des hommes, participant à tous les vices, à tous les travers et à toutes les faiblesses de l'humanité ; tantôt voleurs, tantôt adultères, tantôt misérables et obligés, pour cacher leur déconfiture à se réfugier, sur la terre, comme les plus bas des mortels. Que pouvait-on attendre des hommes, quand les dieux leur donnaient ces exemples d'immoralité ?

(2) *Cicéron*, parfois si religieux, se moque assez ouvertement de ses dieux, soit lorsqu'il raille les Augures, soit dans son Traité sur la *nature des dieux* qui, pour cette raison, fut condamné. *Virgile*, ce poëte si pur et si dévot, descend aussi au langage d'un épicurien :

« Felix qui potuit rerum cognoscere causas,
« Atque metus omnes et inexorabile fatum
« Subjecit pedibus strepitumque Acherontis avari. (*Géorg.* iii).

Sénèque, de son côté, étale, ainsi qu'il suit, son athéisme : « Cogita illa quæ nobis inferos terribiles faciunt, fabulosum esse. » (*Ep.* 54, et ailleurs : « Mors non esse; hoc erit, post me, quod, ante « fuit », (*De consolat. ad Polyb.*) *Pline l'Ancien*, écrit aussi : « Solum certum, nihil esse certi. » (Liv. iii. chap. 7. n. 7. viii. 55.) *Juvénal* dit à la Satire 2 :

voici : c'est que la religion n'a été un frein que pour les passions populaires, tandis que dans la classe élevée, rien n'en arrêtait les mouvements intempestifs. D'où il suit que, loin de s'imposer à tous, par la force de son ascendant, la religion n'a été, en résumé, qu'un nouvel instrument de domination, au pouvoir d'une aristocratie orgueilleuse et l'auxiliaire d'une politique qui est loin d'avoir toujours été avouable.

De là, cet *égoïsme* profond, lèpre hideuse des sociétés anciennes, qui leur faisait regarder la pitié comme une faiblesse (1) de l'âme, et la sagesse comme la négation de tout sentiment de commisération envers la classe souffrante.

De là encore, l'*esclavage*, cette autre plaie des civilisations païennes, ce crime de lèse-nature, qui trouve son excuse, dans le droit des gens, et, son principe, dans les

---

« Esse aliquos manes et subterranea regna
« Nec pueri credunt nisi qui nondum ære lavantur.

Lucien, surnommé le Voltaire des Latins, ne croit pas un mot de ce qu'il écrit sur les enfers. Pétrone dit que, pour tous, Jupiter ne vaut pas une obole : « Nemo cœlum putat, nemo Jovem pili facit. » (Sat. c. 44). Que dire d'*Horace,* de *Catulle,* d'*Ovide,* de *Properce,* de *Lucrèce,* de *Perse,* de *Tibulle,* de *Martial* et de tant d'autres écrivains épicuriens ou immoraux qui craignaient de s'exposer au ressentiment de la foule en osant parler autrement qu'elle sur les dieux, mais qui n'y croyaient pas ? — *Tacite,* lui-même, est en proie à un doute désolant. *Socrate,* le plus courageux de tous, paya de sa vie la liberté, avec laquelle il exprima son opinion, sur les fausses divinités. *Platon* fait si peu de cas des croyances mythologiques, que son langage ressemble plutôt à celui d'un Père de l'Église qu'au langage d'un païen. *Pline, le Jeune,* fut l'un des défenseurs des chrétiens et *Gallien* ne cacha pas ses sympathies, pour leurs belles doctrines.

(1) Sénèque le philosophe. *De Clementiâ,* 11. 4, 5, 6. — *De Providentiâ,* 3. — *Ad Marciam consolatio,* 20. — Cicéron. *Pro Murena.*

maximes de la sagesse antique. On ne peut songer sans frémir d'indignation à la quantité innombrable de personnes que les lois de la guerre (guerres injustes, s'il en fut) avaient violemment arrachées à leurs foyers et condamnées, sans motif, à servir les caprices ou les infamies d'un maître corrompu et brutal. A Athènes, on comptait, en l'an 300 avant l'ère chrétienne, environ 21,000 citoyens, 10,000 auxiliaires et 400,000 esclaves. Telle était la patrie de Périclès. A Rome, sous le règne de Trajan, 10,000 gladiateurs périrent, sous la dent des bêtes féroces, dans l'espace de trois à quatre mois.

Voilà le contraste frappant que présente une société qui se disait formée à l'école de la nature, et qui avait la prétention d'avoir reçu, de la divinité, les précieux éléments d'une religion qui tolérait et encourageait un si profond abaissement de la dignité humaine.

Aussi, après quelques siècles de gloire et de grandeur, le peuple Romain se trouvait en présence de deux abîmes qu'il s'était creusés lentement, et qui menaçaient de l'engloutir : à l'intérieur, une corruption effrénée, et à l'extérieur, les hordes barbares qui criaient vengeance. On ne sait ce que serait devenue la civilisation antique, si une main providentielle ne l'avait sauvée d'un éternel naufrage.

L'avénement du christianisme intervint fort à propos pour opposer une barrière à ce déchaînement général des passions sur la terre, et pour combler le vide immense que le polythéisme avait laissé au fond des cœurs.

Tout ne devait pas être renversé ou détruit, dans le vieux monde païen, mais tout avait besoin d'être purifié, élevé et complété : «Je ne suis pas venu pour détruire la « loi, dit le Christ, mais pour l'accomplir; » c'est-

7

à-dire pour en élargir l'horizon et pour dissiper le nuage
qui dérobait aux regards la divine lumière.

Au titre de *citoyen romain*, qui était exclusif, il vint
substituer celui de *chrétien*, qui est universel ; aux préceptes de la loi naturelle, qui donne à l'homme le sentiment du juste, de l'honnête et de l'équitable, il ajouta les
préceptes divins qui en sont la sanction et le complément
indispensables. Tandis que la religion, la liberté, les dignités, les honneurs, les sciences et les devoirs de la sépulture étaient le partage d'un petit nombre de privilégiés, il en étendit les bienfaits à toutes les classes de la
société, et inaugura véritablement cette magnifique égalité
de tous les hommes devant Dieu, qui a amené, plus tard,
cette autre égalité de tous les citoyens devant la loi.

Comment s'opéra cette révolution, ou plutôt ce perfectionnement social ?

Un empereur païen, un persécuteur de l'Église naissante, Julien l'Apostat nous l'apprend lui-même, dans
une lettre qu'il adressait à Arsace (1), pontife des Gaules :
« Mais pourquoi, dit-il, ne nous arrêterions-nous pas aux
« trois moyens qui ont si puissamment contribué au dé-
« veloppement de la religion impie des chrétiens, c'est-à-
« dire, à la *charité* envers tout le monde, *au soin qu'ils*
« *déploient dans la sépulture des morts, et à la pureté de*
« *mœurs* qu'ils simulent ? — Je suis d'avis que nous nous
« attachions, mais avec plus de sincérité que les chré-
« tiens, à la pratique de chacune de ces vertus. »

Ainsi, à la base de la société chrétienne, comme nous
l'avons déjà observé pour la société païenne, nous retrouvons encore la pensée de la mort, exerçant, sur les esprits,

(1) Œuvres générales. *Lettre* 49.

une influence salutaire et les préparant, par de sages réflexions, aux grands devoirs de la vie publique.

Mais si le point de départ est le même d'un côté et de l'autre, il existe des différences caractéristiques, dans la manière dont les chrétiens et les païens envisageaient le dogme de la vie future.

Tandis que tout est confusion et incertitude chez ces derniers ; que leur douleur, en présence de la mort, trahit toujours une pensée de désespoir et d'anéantissement, nous voyons, au contraire, les chrétiens porter, avec sérénité, leurs regards au delà de la tombe et, confiants dans l'espérance de la résurrection, appeler, de leurs vœux, le jour qui doit abréger la durée de leur exil sur la terre.

Tandis que, pour les uns, la vie se résume dans la satisfaction plus ou moins complète des désirs et des passions qui assiégent le cœur de l'homme, elle est considérée, par les autres, comme l'expiation passagère d'une faute originelle dont la mort vient interrompre le cours.

Tandis que chez les païens l'âme, prisonnière du corps, en subissait le honteux esclavage, le christianisme enseigna aux hommes à placer les sens sous la sauvegarde de l'âme, à en réprimer les instincts et à mériter, par la lutte victorieuse de l'esprit sur la chair, les honneurs d'une résurrection glorieuse. « *Le plaisir de mourir sans peine,* « *disait sainte Thérèse, vaut bien la peine de vivre sans* « *plaisirs.* » Toute la morale du christianisme sur la vie et la mort se trouve résumée dans ces quelques paroles. La mort, dans ces conditions, n'est plus un châtiment, mais le commencement de la récompense qui couronne un long combat. « *O mort, où est ta victoire, s'écrie saint Paul, ô mort, où est ton aiguillon ?..* »

Dans le langage symbolique de l'Église, la mort est un sommeil provisoire, un repos de courte durée qui sépare la vie de la résurrection. De là, les deux expressions éminemment et exclusivement chrétiennes *Depositus* et *Cœmeterium* qui caractérisent si bien, l'une, l'inhumation et l'autre, le lieu où cette inhumation a été opérée. Le cimetière n'est-il pas, en effet, un champ consacré au sommeil, un dortoir, dans lequel l'homme vient s'assoupir un instant dans la paix du Seigneur, en attendant la réalisation des promesses divines ? Que peut-on lire de plus suave et de plus sublime que les inscriptions gravées, par les premiers chrétiens, sur les *loculi* des catacombes ? — Recueillons, en passant, les suivantes :

— Hic depositus in pace Sylvestrus
(*Ici Silvestre a été déposé, en paix*)

— Dormitio Aureliæ
(*Sommeil d'Aurélie*)

— Hic dormit Muscilius
(*Ici dort Muscilius*)

— Zotius hic ad dormiendum
in osculo Domini

(*Zotius est ici pour dormir dans
le baiser du Seigneur.*)

— Dulcis Faustina, bibas
in Deo
(*Douce Faustine, vis en Dieu.*)

Qu'il y a loin de ces pures et simples convictions aux théories froides et compliquées des anciens ! — Veulentils expliquer la transformation que la mort opère dans l'homme ? Ils commencent par en détacher le *corps*, qui redevient poussière ; ils font ensuite passer l'*âme* aux Champs-Élysées, au Tartare ou au ciel, suivant ses mérites, et ils réservent l'*ombre* pour le tombeau qu'elle ne quitte plus. Quant au *simulacre* ou *fantôme* du défunt, ils le placent dans le vestibule des enfers. Veulent-ils parler de la mort ? Ils n'en prononcent pas même le mot ; car ce mot leur fait horreur.

Or, d'où vient cet effroi de la mort, et sur quoi se basent-ils pour justifier ce quadruple démembrement de la créature par le trépas ? — Qu'on ne leur demande pas des principes sur cette matière, car ils les ont souvent modifiés ou plutôt, sans principes et livrés à leurs préjugés aveugles, que de contradictions n'ont-ils pas essuyées !

Tantôt ils ont regardé l'âme comme tellement esclave du corps que, même après la séparation, elle en était encore dépendante et en éprouvait toutes les vicissitudes. De là, la fable que les personnes privées de la sépulture erraient cent ans vagabondes, sans pouvoir entrer aux Champs-Élysées. De là aussi, ce souhait qui est dans la bouche de tous les païens et qui figure sur toutes les épitaphes : *Sit tibi terra levis !* — *Que la terre ne pèse pas sur toi !* De là enfin, cette quantité de vivres qu'ils déposaient sur les tombeaux, pendant les solennités des *feralia* et des *inferiæ*, pour apaiser la faim des Mânes inquiets.

Tantôt ils ont confondu l'âme avec le corps et en ont fait un seul être, qu'ils ont encore amplifié, après la mort, de toute la matière qui composait le tombeau, d'où l'on concluait que l'on ne pouvait toucher à l'un sans troubler le repos de l'autre. C'est ainsi que Virgile fait pousser des gémissements aux Mânes de Polydore, lorsque Ænée arrachait quelques herbes qui couvraient sa sépulture.

Mais quittons ces généralités, et abordons la question des sépultures chrétiennes.

Trois périodes sont à examiner dans l'étude des sépultures chrétiennes :

1° La période antérieure à la Révolution de 89.

2° La période contemporaine de la Révolution.

3° La période postérieure, depuis le Concordat.

Le fait caractéristique de la première période est l'influence prépondérante que les idées religieuses exercèrent sur les institutions funèbres.

Les théories subversives de la Révolution et l'absolutisme de loi civile sont particuliers à la seconde période, qui eut le triste privilége d'inaugurer les enterrements civils.

La troisième période est une période d'apaisement et de réparation sociale, qui cimente l'union de la loi civile avec la loi religieuse, sur les bases du Concordat.

CHAPITRE II

PRÉPONDÉRANCE DES IDÉES RELIGIEUSES
DANS LES INSTITUTIONS FUNÈBRES, JUSQU'A LA RÉVOLUTION DE 89

(1 — 1789)

§ 1. Du soin des chrétiens pour les sépultures

Rien dans l'antiquité ne saurait être comparé aux soins
que déployaient les premiers chrétiens, pour remplir les
devoirs de la sépulture. Moins idolâtres que les païens à
l'égard du corps, mais plus pénétrés de sa dignité et de la
grandeur de ses destinées futures, ils honoraient, dans la
dépouille de l'homme, la demeure d'une âme immortelle,
le temple de l'Esprit-Saint et le témoin glorieux de la résurrection éternelle. Quoique séparé de l'âme, le corps
n'en continuait pas moins à être ennobli par la perspective de la destinée qui lui était réservée. Toutes les créa-
tures animées étant égales devant le Dieu des chrétiens,
ceux-ci entouraient d'un égal respect le cadavre du patricien
et du prolétaire, du maître et de l'esclave. La même cata-

combe qui les avait réunis, pendant la vie, les recevait encore dans son sein, après la mort. S'il existait une différence dans les honneurs qu'on leur rendait, cette différence s'expliquait moins par la naissance que par le degré de sainteté du défunt, ou par les souffrances qu'il avait endurées pour confesser sa foi. Les tortures étant devenues impuissantes pour vaincre leur inébranlable attachement à la doctrine du Christ, les farouches persécuteurs de l'Église imaginèrent, comme un dernier supplice, de priver les chrétiens de la sépulture. Dans ce but, ils livrèrent leurs corps, en pâture, aux bêtes immondes (1) et aux oiseaux de proie, les précipitèrent dans la mer, dans les fleuves, les jetèrent à la voirie ou dans des cloaques infects, les firent consumer par les flammes ou les ensevelirent pêle-mêle, avec les cadavres des criminels et des scélérats. Pour plus de sûreté, ils placèrent des soldats près des corps, afin d'en empêcher l'enlèvement. Mais ce raffinement de cruauté ne satisfit pas la haine des tyrans, et valut aux chrétiens de nouveaux triomphes, car un grand nombre des satellites préposés à l'exécution de ces ordres barbares se convertirent au christianisme, et c'était bien rare quand la vigilance des autres n'était pas surprise ou rendue inutile par le zèle que déployaient les chrétiens à rechercher les reliques des martyrs, partout où on les cachait. Bien des fois, ils sacrifièrent des sommes considérables pour acheter au bourreau les restes glorieux des confesseurs. Un grand nombre d'entre eux trouvèrent la mort dans l'accomplissement de ce saint mais périlleux devoir de charité.

---

(1) *Roma subterrenea.* Liv. 1. chap. 12. page 60. — *Presbiteri et clerici tumulandis martyribus impendunt.* (Arringhi. 1651).

§ 2. Du monopole des Pompes funèbres chez les chrétiens.
Les Fossores.

Les Égyptiens avaient confié le service des Pompes funèbres aux *Scribes* ou embaumeurs; les Grecs, aux *Interprètes*, les Romains, aux *Pontifes*. Les chrétiens instituèrent, dans le même ordre d'idées, les colléges *de Fossores*, qui, de même que les Scribes, les Interprètes et les Pontifes des anciens, occupaient un rang particulier dans la hiérarchie sacerdotale.

Examinons 1° ce qu'étaient les Fossores ; 2° quelle était leur origine ; 3° leur rang dans l'Église ; 4° leurs fonctions.

1° *Ce qu'étaient les fossores.* — Sous un nom bien modeste, ces pieux ouvriers de la primitive Église ont exécuté une œuvre de géants et doté la ville de Rome de l'une des plus belles merveilles qu'elle puisse montrer aux regards des voyageurs. Il faut avoir visité les Catacombes pour se faire une juste idée des richesses chrétiennes qu'elles renferment, et de la somme prodigieuse de travail, de fatigues et d'énergie qu'il a fallu dépenser pour creuser l'immense étendue de galeries voûtées qui s'entrecroisent, dans toutes les directions, se superposent, jusqu'à une profondeur de trois à quatre étages et vont se perdre dans les entrailles de la terre. Plus remarquables que les Pyramides, que le Colysée, que le Palais des Césars, les nécropoles chrétiennes sont considérées, par tous les archéologues, comme le travail le plus extraordinaire qu'ait réalisé le génie de la foi, et le plus bel hommage de respect que l'homme ait rendu à la pensée de la mort. Pour en juger, il suffira de rappeler ici, d'après les savants et trèsconsciencieux calculs du Père F. Marchi (1), que l'on ne compte pas moins de 60 catacombes, autour de Rome et que ces 60 cités souterraines représentent une longueur de 1,320 kilomètres de corridors, dans lesquels six millions de chrétiens et de confesseurs de la foi ont reçu l'hospitalité de la tombe. Quelle magnifique couronne pour la Ville éternelle ! C'est avec cette immense ligne de circonvallation, c'est avec cette glorieuse phalange de martyrs, que les chrétiens, après un siége de trois cents ans, sont parvenus à se rendre les maîtres de la capitale du monde païen, devenue le foyer le plus actif de toutes les superstitions, de tous les vices et de toutes les corruptions de la terre. Telle est l'œuvre des Fossores : voyons quelle a été leur origine.

2° *Origine des Fossores, leurs priviléges.* — On ne connaît pas très-exactement l'époque à laquelle cette corporation fut instituée. Le savant Arrighi (3), se basant sur le chapitre V des Actes des Apôtres, en attribue l'institution première à saint Pierre. Mais cette opinion ne paraît pas suffisamment justifiée. Ce qui est certain, c'est que, du vivant du Prince des Apôtres, les Fossores existaient déjà. On en a la preuve dans une lettre adressée à Antiochus par saint Ignace (dit Théophore), évêque d'Antioche, et dans laquelle ce contemporain des disciples du Christ compte les Fossores au nombres des ministres de l'Église, sous le nom de Κοπίαται et de Κοπιῶντες.

Le P. Marchi (4) écrit, que dès les premiers siècles de l'Église, sous le pontificat de saint Clet, en l'an 86, il existait à Rome sept paroisses, à chacune desquelles était

<hr/>

(1) *Architecture de Rome religieuse et souterraine.* — (2) *Roma subt.* page 60. — (3) Du Cange. *Gloss.* v° *Fossarius.* — (4) *Archit. de Rome relig. et sout.* p. 10 et 58.

attaché un collége de huit à dix fossores, spécialement chargés de tout ce qui regardait les sépultures : « *Le* « *sette parochie urbane... con un collegio di otto o dieci* « *fossori.* »

L'empereur Constantin apprécia tellement les services que rendaient les Fossores, qu'il en créa 950, et leur assigna des habitations spéciales, dans les différents quartiers de Rome (*officinas*), et les exempta du paiement de l'impôt (1).

L'empereur Anastase (2) en porta le chiffre à 1,100, et les dota d'un revenu annuel de sept cents livres d'or, afin de récompenser leur désintéressement, dans l'œuvre de charité qu'ils remplissaient, car leurs services étaient gratuits.

L'empereur Justinien (3) respecta les exemptions et priviléges de ses prédécesseurs et réglementa leurs attributions, par des dispositions particulières.

3° *Leur rang dans l'Église.* — D'après une opinion généralement adoptée aujourd'hui, les Fossores occupaient en qualité de *clercs*, un degré inférieur dans la hiérarchie sacerdotale. Saint Jérôme donne plusieurs preuves. Dans un écrit intitulé : *De septem gradibus Ecclesiæ*, qu'on lui attribue, on lit ce qui suit : « Les Fossores forment le « premier degré de l'ordre ecclésiastique. A l'exemple de « Tobie, ils ont le devoir d'ensevelir les morts..... Les « Fossores doivent être, vis-à-vis de l'Église, ce qu'était le « prophète Tobie, c'est-à-dire, l'imiter dans *sa sainteté*, « dans *sa science* et dans *sa piété*. L'office de fossor n'est « donc pas de médiocre importance (4). »

---

(1) Arrighi. Liv. 1. ch. 13. — (2) Arrighi. id. — (3) Voir les *Novelles* 43 et 59 relatives aux Fossores. — Voir aussi la *Novelle 12* de l'Emp. Léon. — *Dict. de Théol.* v° *Cimet.* et v° *Sépult.*, par Bergier. — (4) St Jérôme. *Epistol. ad Innoc.*

La *piété*, la *sainteté* et la *science*, telles sont les quali-tés requises, d'après saint Jérôme, pour être fossor.

Dans un autre ouvrage, le même Père de l'Église s'exprime en ces termes : « Les clercs auxquels ce soin in-« combe, enveloppent de bandelettes le cadavre sanglant, « creusent la fosse et préparent le tombeau suivant la « coutume. »

Du Cange (1) dit, dans le même sens, en s'appuyant sur ces diverses autorités : « *Apud christianos primus* « *fuit clericorum in Ecclesia fossariorum gradus, qui* « *humandi fidelium corporibus curam impendebant.* »

Godefroy, dans ses commentaires du Code Théodo-sien (2), donne également le nom de clercs aux fos-soyeurs.

D'après un passage de la *Chronique Palatine*, publiée par le cardinal Maï et dont Hornstein cite les termes, le fossor ne tiendrait même pas le dernier rang dans l'ordre ecclésiastique. Le *portier* serait encore en dessous de lui : « *Christus in se consecrando Ecclesiam gradus singulos* « *commendavit... qui sunt ostiarius, fossarius, lector,* « *subdiaconus, diaconus, presbyter, episcopus* (3). »

Ce qui vient à l'appui de cette opinion, c'est que, dans la primitive Église, les fonctions de fossor ont été exer-cées et illustrées par des personnes de haute condition. On peut citer (4) parmi les papes : saint Étienne, saint Cal-lixte, saint Fabien, saint Eutychien, etc ; parmi les autres saints : saint Polycarpe, saint Eusèbe, saint Pontien, saint Pérégrinus, saint Vincent, saint Justin, etc..; parmi les saintes : sainte Praxède, sainte Lucine, sainte Pruden-

---

(1) vº *Fossarius.*—(2) *Code Théod.* Liv. 7, 20.—(3) Hornstein. *Les sépultures*, page 92. — (4) Arrighi. Liv. 1. ch. 13. — Gaume. *Les 3 Romes.* vol. 3. page 50, et passim.

tiènne, sainte Plautilla, sainte Félicité et d'autres encore
dont les époux, les frères, les pères ou les fils étaient honorés de la toge sénatoriale ou des faisceaux consulaires.

4° *Leurs attributions diverses.* — Si l'on en juge par
le nom qu'ils portaient, les Fossores sembleraient n'avoir
été que de simples (*arenariæ*) terrassiers. Même en ce
cas ils auraient assez mérité de la reconnaissance de l'É-
glise. Mais là ne se bornaient pas leurs fonctions. Arrighi (1) résume en trois mots le but et l'objet de leur institution. Ils ont été établis, dit-il : 1° *Ad curanda,* 2° *Ad
efferenda,* et 3° *Ad humanda corpora,* c'est-à-dire pour
soigner, porter et *inhumer* les corps, ce qui comprenait,
d'une part, tous les préliminaires des funérailles, d'autre
part, les funérailles et, en dernier lieu, la sépulture proprement dite. Dans le passage que nous avons déjà cité
ci-dessus, saint Jérôme nous dit qu'ils étaient chargés
d'envelopper de bandelettes les cadavres sanglants :
« *Clerici, quibus id officii erat, cruentum linteis cadaver*
« *obvolvunt* (2). »

Mais avant de procéder à ces préliminaires, il leur fallait
souvent aller arracher des mains des tortionnaires les corps
des confesseurs, les disputer au courant des fleuves, recueillir, dans des urnes, le sang qui s'était échappé de leurs
plaies, et porter ce précieux fardeau dans les Catacombes,
à la faveur des ténèbres de la nuit. Cette partie de leurs
fonctions n'était pas la moins méritoire ni la moins périlleuse. Combien d'entre eux y ont trouvé la mort et mêlé
leur sang à ceux des autres martyrs ! — Le transport
était effectué avec un petit brancard appelé *lectica* ou *feretrum,* ou sur l'épaule.

_____

(1) *Rom. subt.* Liv. 5. ch. 13. pag. 61. — (2) St Jérôme. *Epist.
ad Innoc.*

A raison de la multiplicité des opérations auxquelles ils vaquaient, on les appelait, suivant le cas: *copiantes, parabolani, laborantes, decani, collegiati, lecticarii, porticiani* et *arenarii* (1).

On leur donnait le nom de *lecticarii* et de *porticiani*, quand ils remplissaient l'office des *vespillones* des Romains ; *parabolani* et de *copiantes*, quand ils remplissaient les attributions des *pollinctores*, et *arenarii*, quand ils creusaient les *loculi* dans les parois des Catacombes. Tous formaient une corporation divisée en autant de groupes de six, de huit ou de dix qu'il y avait de paroisses. On les appelait alors *collegiati, decani* (2). Pour caractériser davantage le rude labeur ¡qu'ils remplissaient, on leur donna aussi le nom de *laborantes*, travailleurs par excellence, ouvriers infatigables, édifiant les fidèles, par leur zèle inébranlable et honorant l'Église, par la nature même de leurs travaux.

On a prétendu (3) qu'il ne fallait voir dans les Fossores que de vulgaires carriers, et que les travaux des Catacombes présentant un caractère décoratif, avaient été exécutés par des ouvriers spéciaux, doués d'un certain talent. C'est là une erreur manifeste. Les Catacombes sont l'œuvre exclusive des Fossores, qui étaient loin d'être des gens de vile condition, ainsi que nous l'avons indiqué dans le numéro précédent. En les élevant à la dignité de clercs, l'Église exigea d'eux, d'après saint Jérôme, la *sainteté*, la *piété* et la *science*. Quand on sait que de leurs rangs sont sortis plusieurs papes, et qu'au besoin, tous les fidèles

---

(1) Justin. Emp. *Novelles*, 43 et 45. — Baronius. *Annales.* vol. 3. — *Ann.* 366. — (2) Boldetti. Liv. 1. ch. 16. *Osservazioni sopra i Cimet. di sancti martiri.* — Rochette. *Tabl. des Catac. de Rome.* pag. 40 et 41. — Arrighi. Liv. 1. chap. 13. — (3) Bosio est de ce nombre.

étaient tenus de leur prêter leur concours, on ne saurait
douter un seul instant qu'il n'y eût, parmi eux, des personnes assez instruites pour diriger la partie artistique de
leurs travaux. Le titre d'architecte conviendrait peut-être
mieux que celui de fossor, car ce sont les *cubicula* des Catacombes et non les basiliques païennes qui ont servi de
modèle à la construction des premières églises. Mais qui
peut assurer que ces deux titres ne se confondaient pas
alors en un seul, et que celui de fossor, à cette époque de
foi profonde, n'était pas aussi glorieux que celui d'architecte. Laissons donc à ces illustres et pieux serviteurs de
l'Église, tout le mérite de leurs œuvres, et ne craignons pas
que la qualification de fossoyeur, aujourd'hui malson-
nante, soit de nature à déprécier, aux yeux des modernes,
les beautés que cachent les nécropoles chrétiennes.

Les églises faisaient les frais d'entretien des collèges de
Fossores qui leur étaient attachés, mais à l'égard des
familles, leurs services étaient complétement gratuits (1).

§ 3. Préliminaires des funérailles.

Ces préliminaires comprenaient : 1° *la lotion ;* 2° *l'onction ;* 3° *le vêtement ;* 4° *l'exposition ;* 5° *les veilles funèbres.*

1° *La lotion.* — Tous les peuples anciens avaient la
coutume de laver les corps. Les Juifs, comme les Égyptiens, la pratiquèrent, et les chrétiens l'adoptèrent en y
attachant un caractère symbolique. Les Actes des Apôtres
en font mention, au sujet de la mort de Tabithe de
Joppé (2) : « *Étant tombée malade, dit l'Écriture sainte,*
« *elle mourut ; après qu'on l'eût lavée on la plaça dans*
« *une chambre haute.* »

_____

(1) Arrighi. id. — Gaume. 3 *Romes.* — (2) *Actes,* 9, v. 37.

Saint Grégoire le Grand en prescrit l'observation, dans ses *Homélies* (1). Tertullien la recommande également dans son *Apologétique* (2). Cependant cette coutume fut insensiblement abandonnée. A partir du Xe siècle il n'en est plus question. Sous les rois de la première race, d'après saint Grégoire de Tours (3), les corps des rois étaient soigneusement lavés. En parlant de la mort de Charlemagne, Eginhard (4) dit que son corps fut lavé et embaumé selon la coutume, *corpus solemni more lotum et curatum.* Dans les couvents et dans certaines cathédrales, on avait fait confectionner des auges exclusivement destinées à la lotion des morts. Hornstein (5), en parlant de celle du couvent de Cluny, dit qu'elle mesurait six à sept pieds de longueur, sur une profondeur d'un demi pied environ, ayant un oreiller en pierre et un trou aux pieds. Quelquefois on employait à cet usage de simples tables de pierre. L'abbé Godard dit qu'au XVIIIe siècle on voyait encore, dans les cathédrales de Lyon et de Rouen, les auges qui servaient à la lotion des chanoines.

2° *Onction et embaumement.* — L'onction, comme la lotion, avait été empruntée aux anciens, ou plutôt les chrétiens n'ont fait que continuer les traditions qui leur venaient du peuple Juif. Saint Pierre, natif de la Judée, fut oint à la manière de son pays natal. Le prêtre Marcellin (6) couvrit son corps de parfums, à l'exemple de Joseph d'Arimathie, qui employa environ cent livres de mélanges aromatiques, pour embaumer le corps de Jésus-Christ. Les parfums dont se servaient les chrétiens étaient l'*encens,* la *myrrhe* et l'*opobalsamum.* Tertullien (7) dit

---

(1) *Homélie* 38. — (2) Chap. 38. — (3) *Hist,* Liv. 4. chap. 45. — (4) *Vie de Charlemagne.* — (5) *Les sépultures,* p. 80. — (6) Baronius. *Ann.* tom. 1. anno 69. — Grég. de Naz. *Ep.* 18. — (7) L'abbé Fleury. *Mœurs des chrét.* ch. *des funér.* —Tertul. *Ad idolat.* cap. 15:

que les chrétiens employaient plus de parfums pour embaumer les corps que les païens, à leurs sacrifices. Dans leur zèle, ils ne surent pas toujours se défendre contre les excès d'une prodigalité que l'Église condamne et qu'elle dut réprimer parfois (1).

L'onction ne survécut pas au Moyen-Age. On substitua plus tard, à cette pieuse coutume, l'usage plus profane des embaumements. Charlemagne, dit Legrand d'Aussy (2), fut salé, à la manière des Égyptiens, et Henri III, duc de Normandie, embaumé par un boucher de Rouen.

Dans quelques pays (3), on adopta l'usage d'enfermer dans les cercueils, des feuilles d'arbres odoriférants, de l'encens, de l'eau bénite et du charbon.

Aujourd'hui, l'onction n'est plus qu'un souvenir, que le prêtre semble vouloir rappeler, lorsqu'il agite l'encensoir, autour du catafalque, pendant la cérémonie de l'absoute.

3° *Linges et vêtements*. — Les chrétiens enveloppaient les corps des défunts, tantôt avec des bandelettes, tantôt avec un linceul ou suaire. Bosio a retrouvé dans les Catacombes un grand nombre de bandelettes de lin. Cet usage avait été emprunté aux Juifs, qui, de leur côté, l'avaient imité des Égyptiens (4).

Les corps des martyrs étaient quelquefois recouverts avec de riches étoffes. Sainte Cécile, d'après (5) Baronius, fut enveloppée dans un vêtement brodé d'or. Les évêques, les prêtres, les moines, les rois et les empereurs étaient également revêtus des ornements caractéristiques (6) de leurs dignités. A leur exemple, les laïques se firent en-

(1) Grég. Naz. *Orat.* 38. — (2) *Des sépultures nationales.* p. 40 et 150. — (2) Bottari. *Scult. e pitture dei cimet. di Roma.* 1. 165. 3. 128. — (5) Baron. vol. 9. anno 892. — (6) Legrand d'Aussy, Hornstein, Fleury, Gaume, Arrighi.

terrer avec leurs vêtements les plus précieux, coutume qui est encore observée de notre temps.

4° *Exposition.* [— Une fois lavé, oint et habillé, le corps était placé dans le cercueil et exposé, pendant trois jours, dans un endroit réservé de la maison, appelé *Cénacle* ou *chambre haute* (1). C'est là que les parents et amis du défunt se réunissaient pour réciter, en commun, les prières pour les morts. Pendant la période des persécutions, les chrétiens s'abstinrent de toute manifestation, afin de ne pas éveiller les susceptibilités ou les soupçons des ennemis de l'Église. Mais dans la suite, l'exposition des corps eut lieu avec beaucoup de solennité, et dans un endroit beaucoup plus apparent de la maison (2).

Imitant le goût des anciens pour les fleurs, ils en répandirent, avec profusion, sur les cercueils, sur les tombes, et principalement sur la sépulture des martyrs. La rose, la violette, le lys, la pourpre furent les fleurs qu'ils choisirent de préférence, à cause de la pensée symbolique qu'ils y attachaient. Ils en tressèrent des couronnes, des guirlandes, qu'ils disposaient sur la tête du défunt, autour du corps, ou qu'ils suspendaient au-dessus du vestibule, à la manière des païens (3).

Les chrétiens se firent surtout remarquer par la quantité de flambeaux et de cierges qui brûlaient à l'exposition. Cette lumière, image de la foi qui brille dans les cœurs, a toujours été chère à l'Église, et aujourd'hui encore il n'est pas une chaumière où l'on ne trouve, autour du lit mortuaire, le crucifix, un vase d'eau bénite et un cierge allumé.

---

(1) *Actes des Apôtres.* 9. v. 37. — (2) Le vestibule. — (3) D. Martenne. *De antiq. eccles. ritibus.* Liv. 3. cap 14. n° 4. — St Grég. de Naz. *Orat.* 38. — Catulle. *Poème* 64.

La supériorité de la Religion chrétienne sur le Paganisme se manifesta aussi, d'une manière toute particulière, dans l'adoucissement qu'elle sut apporter à la douleur des parents. Loin de condamner les larmes que la nature arrache au cœur de l'homme, elle nous offre, au contraire, un touchant exemple de sensibilité, dans la personne du Christ, qui versa des pleurs sur la tombe de Lazare. Mais ce que l'Église réprouve, ce sont les démonstrations bruyantes des anciens. Plus de pleureuses gagées, plus de ces larmes mercenaires qui sont une insulte à la nature. Les larmes du cœur doivent seules couler, mais toujours tempérées par la consolante perspective de la résurrection glorieuse. On ne peut lire, sans émotion, les belles pages des *Confessions* de saint Augustin, dans lesquelles le saint évêque d'Hippone (1) nous raconte la mort de sa mère et les efforts qu'il s'imposa pour maîtriser sa douleur.

5° *Les veilles funèbres.* — Les anciens suspendaient à la porte du domicile mortuaire, une branche de cyprès, pour que le prêtre ne fût pas tenté d'en franchir le seuil. Le prêtre chrétien, loin d'être repoussé du lit de mort des fidèles, y est, au contraire, appelé par le vœu des parents et par les devoirs de son saint ministère. Quelle serait l'utilité d'une religion, si elle ne venait au secours de l'homme, dans ces heures de douleur et de déchirements extrêmes? N'est-ce pas alors, surtout, qu'elle doit descendre dans le cœur de ceux qui pleurent et éclairer leur front des sublimes clartés de l'espérance divine? C'est dans ce but que l'Église institua la coutume des *veilles funèbres*, coutume qui s'explique par la double pensée de *distraire* la douleur, en lui donnant une direction reli-

---

(1) Livre 9. chap. 12. — Voir Hornstein, page 89. — Lire le ch. 6.

gieuse et d'en *tempérer* l'aiguillon, par la perspective d'une vie meilleure. Les diacres ou les diaconnesses se rendaient auprès des parents, et de concert avec eux, ils chantaient les prières et les psaumes (1) usités en pareille circonstance. Ces trois jours de prières étaient également des jours de pénitence et de jeûne (2). De notre temps, la coutume des veilles n'est pas encore complétement oubliée. On veille encore les morts. Dans quelques familles, ces veilles sont des veilles chrétiennes, auxquelles on convoque un prêtre ou des religieuses.

§ 4. Les funérailles.

Autant les funérailles des païens étaient bruyantes, d'un faste emprunté et menteur, autant les funérailles chrétiennes étaient simples, vraies, dans les sentiments qu'elles exprimaient, dignes par le recueillement des assistants, belles et quelques fois grandioses, par la pompe qu'y déployait l'Église.

Pendant la période des persécutions, les chrétiens eurent rarement assez de liberté d'action pour donner à leurs fêtes et à leurs cérémonies funèbres, tout l'éclat dont elles sont susceptibles ; mais, aussitôt que la paix fut rendue à l'Église, ils montrèrent aux païens étonnés que la religion nouvelle ne le cédait, en rien, aux plus belles manifestations du polythéisme.

Après les convocations d'usage, les fidèles se réunissaient à la maison mortuaire, attendant que le cortége se mît

(1) Psaumes 115. *Credidi propter quod locutus sum.* et 100. *Misericordiam et judicium cantabo.* — (2) Casali. *De veteribus sacris christianorum ritibus.* v° *sepulturæ,* page 261. — St Jérôme dit que l'on chantait *l'alleluia* aux funérailles. (Liv. 6. 19., — Voir aussi Baluzius. vol. 2. p. 1382. § 11. *Defunctorum vigilia.*

en marche. Saint Grégoire de Nysse (1) nous apprend qu'aux funérailles de sa sœur Macrine, la foule était considérable.

En tête du cortége, les clercs portaient la croix.

A la suite, venaient les diverses corporations religieuses, précédées d'un certain nombre de clercs et de prêtres, tous chantant des hymnes et des psaumes. Le clergé marchait après, tenant des flambeaux de cire allumés, et unissant sa voix à la voix des fidèles. Quelquefois l'Évêque présidait la cérémonie (2).

Les lecticaires et, suivant le cas, les parents portaient le cercueil sur l'épaule, au moyen d'un brancard, appelé *Lectica*. A la mort d'un évêque c'était le clergé qui remplissait ce pieux office. Les acolytes procédaient de même à la mort d'un prêtre ou d'un personnage marquant. Autour du corps, ou brûlait de l'encens et des aromates, pour symboliser les vertus du défunt (3).

Un chœur de jeunes filles vêtues de blanc mêlait ses pieux cantiques aux chants liturgiques des prêtres, des moines et des assistants (4).

Le deuil était conduit par les proches parents. Les fils de Constantin suivirent le corps de leur père. Les rois de France assistaient généralement aux obsèques de leurs prédécesseurs.

La foule des fidèles formait la suite, qui était toujours très-considérable, et aussi remarquable par le recueillement

---

(1) *Epistol. ad Olymp.* — (2) Casali. *De vet. rit. Christ.* v° *Sepult.* « *clerici ordine progredientes accensos cœreos gestantes ma- « nibus, funus deducebant.* » *Novelle* 59, de Justinien. *De debit. impens. in exequiis defunct.* « *acolyti funalia deferebant.* » — (2) Casali. id. — Baron. anno 310. — Spondani. n° 4. — (4) Casali, St Grég. de Nysse. ibid. — St Jérôme. *Épître à Eustochie sur les funérailles de Ste Paule.*

qu'elle montrait que par la beauté des chants qu'elle faisait entendre. Les femmes marchaient en tête et les hommes venaient après (1).

Le convoi se dirigeait vers l'église, qui était ordinairement la paroisse du défunt. « Le temple, dit un auteur
« moderne, est un foyer où l'on puise la vie, et en même
« temps, l'éternel dépôt où l'on en réunit les débris. Té-
« moin des premiers vœux que forme le cœur de l'homme,
« il doit encore en recevoir le dernier adieu.»(2)

La présentation du corps à l'Église est une cérémonie
exclusivement chrétienne. Les païens se rendaient directement de la maison au champ du repos, en faisant quelques fois une courte station au Forum.

Le saint sacrifice de la messe était ordinairement célébré, *presente corpore,* et suivi de la cérémonie de l'absoute, dernier salut que l'Église et les fidèles adressaient
à un chrétien déjà en possession de l'immortalité. Le catafalque, sur lequel reposait le corps, pendant la représentation, était étincelant de lumières. D'après *Casali* (3),
ou n'avait jamais rien vu de plus beau que l'illumination
que l'on fit aux obsèques de l'empereur Constantin, soit
à l'église, soit dans son palais. Les païens eux-mêmes en
étaient dans l'admiration.

D'après un passage des *Confessions* de saint Augustin (4)
il paraîtrait que l'on célébrait aussi le sacrifice de la messe
dans le cimetière, avant de descendre le corps dans la
fosse. Divers auteurs confirment l'existence de cette coutume, qui ne dut pas, cependant, être générale et longtemps
observée.

(1) Coutume encore observée dans les petits pays. — *Vie de Ful-
gence.* « *Manè vero postquam multitudo maxima populorum de
« locis finitimis ad exequias venit....* « — (3) Mulot. *Funérailles.*
pag. 48. — (3) *De ritib. Christ.* v° *sepult.* — (4) Liv. 9. chap. 12.

§ 5. L'inhumation.

Chaque peuple eut ses usages particuliers pour la sépulture des morts. Les Juifs confiaient le corps à la terre, les Égyptiens l'embaumaient, les Grecs et les Romains adoptèrent alternativement, l'ustion, l'inhumation et l'embaumement. Les chrétiens suivirent la coutume juive, qui est la plus ancienne, la plus conforme au vœu de la nature et la plus en rapport avec le dogme de la résurrection. « Il faut rendre à la terre ce qui lui appartient,
« disait Cyrus; c'est elle qui nourrit l'homme et qui produit les plus belles choses du monde. (1) » — « Pleurez-vous la semence que vous répandez dans les champs,
« écrit saint Augustin?.. Si un homme était assez insensé
« pour regretter le grain qu'on met dans la terre, ne pourrait-on pas lui répondre : pourquoi t'affliger? Ce grain
« n'est plus dans le grenier, mais nous viendrons un
« jour revoir ce champ, et tu te réjouiras de la richesse
« de la récolte. Les moissons se voient chaque année,
« mais celle du genre humain ne se fera qu'une fois, à
« la fin des siècles. » (2)

Le clergé accompagnait, comme aujourd'hui, le corps à sa dernière demeure, pour réciter les prières consacrées par l'Église en pareille circonstance. C'était l'*ultimum vale* des anciens, le *I, licet* des pleureuses antiques.

§ 6. — Repas funèbre. Agapes.

Suivant l'ancienne coutume juive et païenne, les chrétiens terminaient leurs funérailles par un repas funèbre,

---

(1) Xénophon. *Cyropédie* 8. — (5) Hornstein. *Sépult.* pag. 89.

dont la frugalité est devenue proverbiale. Les *agapes*, ainsi que l'indique ce mot, avaient pour objet de resserrer plus étroitement les liens de charité (ἀγάπη) qui unissaient les fidèles, dans le sein de l'Église, et de combler le vide que la mort venait de faire dans leurs rangs. C'était sur la tombe des martyrs qu'on les célébrait, de préférence, afin de retremper la piété et le courage des chrétiens par la méditation des vertus que l'Eglise leur proposait en exemple. D'après le témoignage des archéologues (1), il existait, dans les catacombes, de vastes salles, spécialement destinées à l'observation de cet usage. On s'y réunissait, comme dans le temple de Dieu, pour s'exciter mutuellement à la pratique des prescriptions évangéliques. Bosio, Arrighi et plusieurs autres historiographes des catacombes nous ont donné divers dessins des agapes, d'après les originaux, par eux copiés dans les nécropoles chrétiennes. Ces dessins offrent une ressemblance frappante avec les gravures de la sainte Cène. On prétend même que les agapes ont été instituées en commémoration du banquet mystique que le Sauveur divin célèbra avec les Apôtres, la veille de sa Passion. (2)

La coutume des agapes ne survécut que quelques années au triomphe de l'Église, au IV⁰ siècle. Lorsque les chrétiens eurent quitté les catacombes, quelques abus se glissèrent dans les banquets funèbres, qui, pour cette raison, furent supprimés. Saint Augustin en proposa lui-même la suppression, au concile de Carthage, qui les interdit définitivement (3).

---

(1) Bottari sur Bosio. v⁰ *Agapes*. — Arrighi, Boldetti. id. —
(2) Voir Boldetti. *Osservazioni sopra i cimet. di santi martiri.* 1720. 3 vol. in-fol. — Arrighi. *Roma subt.* 1651. in-fol. — Bottari. *Sculture e pitture dei Cemet. di Roma.* — Rossi, Marchi, etc. —
(3) En 397. — *Canon 30.*

§ 7. Services commémoratifs.

Indépendamment des anniversaires publics et des fêtes que l'Église avait institués, en commémoration des morts, les fidèles ont toujours eu l'habitude de célébrer des services particuliers, pour le repos de l'âme de leurs parents. Ces services avaient lieu à certaines époques déterminées par l'usage. Tantôt (1), c'était le troisième jour, tantôt, le septième ou le neuvième, tantôt, le trentième ou le quarantième jour après le décès, sans compter les annuels ou services du bout de l'an. Quelques familles, ne consultant que leur piété, faisaient, en faveur de l'Église, des fondations pieuses, dans le but d'obtenir une plus large part aux prières qu'elle adresse, chaque jour, pour les morts. La coutume n'a guère changé sur ce point. Les mêmes services existent aux mêmes dates, excepté peut-être le service du troisième jour qui est remplacé par le service du deuxième jour, c'est-à-dire, par la messe que l'on célèbre avant la cérémonie de l'absoute. Le service des septième et neuvième jours n'est autre que la messe de sortie de deuil, que les parents font célébrer, avec le cérémonial que l'on connaît.

§ 8. De la gratuité dans les sépultures chrétiennes.

La gratuité des sépultures était de principe, dans la primitive Église. Les dons qu'elle recevait, en abondance (2), des fidèles et de la générosité des princes chrétiens alimentaient le fond commun, dans lequel puisaient les évêques, pour subvenir aux besoins spirituels et temporels du dio-

---

(1) Casali. pag. 299. — (2) L'abbé Fleury. *Mœurs des premiers chrétiens.*

cèse et, notamment, pour entretenir les nombreux colléges de fossores dont les services n'étaient pas rémunérés
par les familles. La société chrétienne présente, sous ce rapport, le plus parfait [modèle qu'il soit possible de trouver
de cette vie en commun qui sourit tant aux utopistes modernes.

Pendant l'ère des persécutions, le principe de la gratuité fut rigoureusement observé et il s'étendit, non-seulement aux funérailles, mais à l'administration de tous les
sacrements et, en général, à toutes les cérémonies extérieures de la religion, ainsi que, d'ailleurs, l'Église l'a toujours entendu. Les choses du culte tiennent à un ordre d'i-
dées trop élevé et trop respectable, pour être l'objet d'un
trafic, entre les membres du clergé et les fidèles.

Après le triomphe de l'Évangile, lorsque l'Église quitta
la retraite protectrice des catacombes, pour monter, avec
Constantin, sur le trône des Césars, un premier relâchement
commença à se manifester, dans la pratique des vertus
chrétiennes. Au contact du monde extérieur, la foi devint
moins ardente, des besoins nouveaux se firent sentir, et la
générosité des fidèles se refroidit insensiblement. La munificence d'un empereur chrétien y suppléa, en partie, par
les riches dotations dont il pourvut les églises, mais, à sa
mort, la religion avait peut-être moins gagné, en profondeur qu'en étendue. Aussi, quelques années plus tard, lorsque l'empereur Julien, sous le fallacieux prétexte de raviver le zèle attiédi des premiers chrétiens, eut confisqué
les biens des églises (1), celles-ci ne retrouvèrent plus,
parmi les fidèles, le désintéressement des premiers siècles
du Christianisme, et elles durent chercher, ailleurs, des ressources indispensables.

(1) *Histoire générale de l'Église,* par l'abbé Darras.

Ces ressources n'existant pas, il fallut les créer, suivant les paroles de l'apôtre saint Paul : « *Celui qui sert à l'au-* « *tel doit vivre de l'autel.* »

Mais l'Église se vit en présence d'une double difficulté. D'une part, elle ne pouvait, sans encourir le reproche de simonie, et sans compromettre la dignité du culte, soumettre à une taxe la célébration des cérémonies que la religion offre gratuitement aux fidèles. D'un autre côté, le premier besoin du culte était d'en rétribuer les ministres et de leur procurer une honnête subsistance. Entre ces deux nécessités, il y avait à adopter une combinaison qui permit de tout concilier, ce qui n'était pas facile.

Les circonstances vinrent en aide aux églises.

Ainsi que nous venons de le dire, lorsque les chrétiens eurent quitté les catacombes pour déployer au grand jour la magnificence de leurs cérémonies religieuses, il s'opéra, dans leurs habitudes, un changement qui mérite d'être signalé, car il marque le point de départ d'un ordre de choses nouveau, qui est allé en s'accentuant toujours davantage, depuis le Moyen-Age jusqu'à la Révolution, et qui a amené le *statu quo* actuel. Sous l'influence du milieu dans lequel la religion chrétienne eut à se développer, le goût du luxe et l'amour des distinctions, si chères aux païens, reprirent une partie de leur ancien empire. Les uns, par vanité, les autres, par pure satisfaction personnelle, le plus grand nombre, dans un but de charité très-louable, manifestaient l'intention d'obtenir, en échange d'une fondation pieuse, soit la faveur d'une sépulture de famille réservée, soit une part plus abondante, dans les prières que l'Église récite pour le repos de l'âme des morts, soit, enfin, un plus grand déploiement de pompe dans les funérailles, quand le défunt appartenait à une famille illustre.

En se prêtant à leurs désirs, l'Eglise n'enlevait rien aux personnes qui avaient conservé les traditions de simplicité et de modestie des premiers temps. Avant, comme après, elle leur ouvrait gratuitement les trésors de sa charité, de ses prières et de sa sollicitude toute maternelle. En vertu du principe qu'un service rendu en appelle un autre, elle récompensa, seulement, par quelques distinctions honorifiques, les familles qui voulaient bien contribuer, par leurs largesses, à l'entretien du culte et de ses ministres. Le droit commun fut donc toujours observé, à l'égard de la généralité des fidèles, et, loin d'y déroger, les innovations introduites bénéficièrent au grand nombre, en permettant à l'Église de soutenir, envers eux, ses habitudes de générosité. C'était, d'ailleurs, une nécessité, car les offrandes devenant plus rares et les besoins plus nombreux, l'intérêt commun ne permettait pas que l'on négligeât cette source abondante de revenus.

Vis-à-vis de la société chrétienne, l'Église se trouvait dans la même position qu'autrefois la tribu de Lévi, dans le peuple d'Israël. Cette tribu n'étant point entrée dans le partage des terres, reçut, à titre de compensation, un dixième des revenus réalisés par les onze autres. Les temps et les circonstances n'étaient plus les mêmes, il est vrai, mais, sous la loi mosaïque comme sous la loi chrétienne, l'autel doit nourrir ceux qui se consacrent à son service.

On peut citer, comme un premier exemple des faveurs accordées par l'Église à ceux qui venaient à son aide, *les concessions pour sépultures de familles,* dans les catacombes. Les historiographes des nécropoles chrétiennes nous ont transmis un certain nombre d'inscriptions qui prouvent que, dès les IVe et Ve siècles, on délivrait, assez fréquemment, des concessions de ce genre. En voici quelques-unes, choisies parmi un grand nombre d'autres (1).

> Locus benenati
> et gaudiosæ compares †
> se vivi comparerunt
> ab Anastasio et Antiocho F̄S̄

(*Les époux, en Jésus-Christ, Bénénatus et Gaudiosa se sont acheté, de leur vivant, ce lieu, d'Anastase et d'Antiochus, fossoyeurs.*) —

> In crypta noba retro san-
> tos emerum se vivas Bater-
> r.e, Sabinæ merum loco
> ubisoni, a Boprone et a
> Biatore

Dans cette crypte neuve, derrière les saints, Valeria et Sabina, se sont acheté, de leur vivant, d'Agron et de Viator, (fossoyeurs) ce lieu pour 2 places.) —

Les services funèbres commémoratifs demandés par les familles, peuvent également être considérés comme un second exemple des avantages que l'Église accordait à la générosité de quelques fidèles.

Quant à la pompe des funérailles, il est à présumer que, dans les riches cités de l'Empire Romain, elle suivit une marche progressive, car les Pères de l'Église durent parfois en combattre les tendances exagérées. Les *Fossores*, spécialement chargés de pourvoir à tous les besoins des convois funèbres, en faisaient les fournitures, par privilége et pour compte des églises. Les empereurs les exemptèrent, pour ce motif, de la contribution lustrale que payaient les marchands.

---

(1) L'abbé Gaume. *Les 3 Romes.* vol. 3. — *Catacombes.* p. 79.

§ 9. Les sépultures pendant le Moyen-Age.

Le Moyen-Age est une période de troubles et de transition, à laquelle il ne faut pas demander des règles fixes
et précises sur le sujet qui nous occupe. On doit plutôt y
rechercher le point de départ des institutions qui se déve-
loppèrent à une époque plus éloignée, lorsque la société
commença à se soustraire à la tutelle du clergé. Le riche
héritage de foi et de vertus chrétiennes que la primitive
Église avait légué aux peuples récemment convertis au christianisme, n'était encore qu'une terre féconde, dans le sein de
laquelle une main providentielle avait déposé le germe des
progrès et des perfectionnements sociaux qui se manifestèrent dans la période des temps modernes. La semence
était jetée, les fruits n'arrivèrent que plus tard. En attendant, l'Eglise ne cessa de veiller avec une sollicitude toujours attentive sur les populations qui lui étaient confiées,
et dont la prospérité se liait à celle de la religion. Son
influence était d'autant plus grande, qu'elle représentait,
à elle seule, le principe de force et d'autorité, à l'aide duquel venait de s'opérer la magnifique régénération du
monde païen.

En l'absence d'une législation positive, pour laquelle la
société n'était peut-être point encore assez mûre, c'est dans
les prescriptions du droit canon que l'on doit étudier les
seules règles qui aient fait loi sur la matière des sépultures.

Nous connaissons déjà quels étaient les principes de
charité chrétienne et de désintéressement, à l'aide desquels l'Eglise naissante avait hautement affirmé sa supériorité sur les institutions funèbres des religions païennes.
La seule particularité caractéristique que nous ayions à

relever, dans l'intervalle de temps qui s'écoula entre le IIIe et le XVe siècle, c'est l'examen des vicissitudes auxquelles fut exposée l'observation de ces mêmes principes, au milieu des agitations et parfois des violences du Moyen-Age.

Il nous suffira de dire à ce sujet, que la tendance que nous avons signalée au paragraphe 8, s'accentua encore davantage, et que l'on ne tint pas toujours compte des raisons très-plausibles qui l'avaient amenée. Insensiblement on en vint à restreindre le principe de la gratuité des sépultures au petit nombre de cas où les familles des défunts se trouvaient dans l'absolue impossibilité de subvenir aux dépenses qui en résultaient. On força la générosité des fidèles, malgré les prescriptions contraires de l'Église, qui ne cessa de s'y opposer.

Ces abus, toujours combattus mais toujours renaissants, prirent place parmi les coutumes locales, et amenèrent même parfois des infractions beaucoup plus graves aux institutions ecclésiastiques. Nous ne citerons, à titre d'exemple, que les faits suivants :

Nous lisons dans le *Recueil des décisions de Borjon* (1), ancien avocat au Parlement de Paris, qu'il existait en Bretagne, aux Xe et XIe siècles, une coutume d'après laquelle le clergé de ce pays exigeait, sous peine de privation de sépulture, un tiers des biens laissés par les défunts. Cette coutume prenait le nom de *Tierçage*. Le duc Pierre de Bretagne ayant voulu la faire cesser, un procès s'en suivit. Les prélats de Bretagne en appelèrent à la Cour de Rome, et le pape Grégoire IX réduisit les prétentions du clergé au neuvième des biens des trépassés.

Alain Bouchard (2), dans ses *Chroniques de Bretagne*,

---

(1) *Décision*, n° 103. — (2) *Grande chronique de Bretaigne*, 1514, 1 vol. in-fol. 3e partie.

dit que de son temps, au XVIe siècle, le neuvième des biens des décédés était encore perçu par le clergé de ce pays.

Dulaure (1), dans son *Histoire physique, civile et morale de Paris*, raconte, sur la foi du *Journal de Paris, sous Charles VII*, que l'archevêque de cette ville, Denis Dumolin, subordonnait la sépulture des trépassés à la justification préalable, par les parents du défunt, d'un legs fait à l'Eglise.

On lit pareillement, dans *Héricourt* (2), que les curés des paroisses, dans un grand nombre de diocèses, exigeaient, des familles des défunts, le paiement des frais de sépulture, y compris le prix de la fosse commune, qui doit être toujours gratuitement concédée.

Montesquieu parle d'un abus non moins condamnable, dans son *Esprit des lois.*

Mais hâtons-nous de dire que l'Église ne saurait être taxée de solidarité, dans la pratique de ces odieuses coutumes. Non seulement elle en combattit énergiquement les abus, mais elle emprunta parfois l'autorité du pouvoir laïque pour donner à ses prohibitions un caractère plus coercitif. Nous ne ferons que nommer les conciles et les papes qui condamnèrent, pendant le Moyen-Age, la tendance des pays de coutume à se soustraire aux exigences de la loi canonique.

Parmi les conciles, on peut citer ceux de Nantes (3), d'Arles (4), de Plaisance (5), de Latran (6), de Mi-

---

(1) Vol. 3. p. 503. — (2) *Lois ecclésiast.* in-fol. 1771. pag. 39, etc. — (3) Au IVe siècle. Canon. *Postquam in ecclesiastico præcipiendum.* — (4) En 813, assemblé par Charlemagne pour la réforme de l'Église. Canon 20. *De sepeliendis.* — (5) Synode de Plaisance, en 1095. *Pro sepulturis nihil unquam exigatur.* — (6) 2e Concile œcuménique, Canon 7. *Ne igitur... aut mortuis sepeliendis aliquid exigatur, distinctius inhibimus.*

lan (1), etc., et parmi les papes : saint Grégoire (2), Alexandre III (3), Innocent III (4), Grégoire IX (5), etc. Le Concile de Milan défend notamment aux membres du clergé de ne jamais rien exiger, non-seulement, par des paroles, mais même par des signes, soit directs, soit indi-rects : « *Caveant omnes ne, in eorum administratione,* « *quidquam exigant, aut etiam verbis, vel signis, directe* « *vel indirecte petant.* »

Les rois de France ont aussi prêté à l'Eglise le con-cours de leur autorité pour faire respecter les saints ca-nons sur le même principe. Nous en trouvons trois exem-ples dans les auteurs que nous avons consultés.

1° En l'an 660, le roi Clotaire Ier (6), dans sa *Cons-titution générale* s'exprimait dans les termes suivants : « I. *Ideoque per hanc auctoritatem præcipientes jubemus* « *ut, in omnibus causis, antiqui juris forma servetur.....* « X. *Ut oblationes defunctorum ecclesiis deputatæ, nul-* « lorum competitionibus *auferantur, præsenti constitutione* « *præstamus.* »

2° Dans les *Capitulaires* de Charlemagne (7), on lit le passage qui suit : « *De his qui pro sepulturis munera exi-* « *gunt, severiter puniantur et distringantur.* »

3° Le roi Charles IX (8), rendit, en janvier 1560, la célèbre ordonnance d'Orléans, dans laquelle il renou-vella les prohibitions de ses prédecesseurs. Nous y li-sons à l'article 15 : « Nous défendons à tous prélats, « gens d'églises et curés, permettre être exigé aucune

(1) Part. 2. § 1. sous St Charles Borromée. — Van-Espen. *De Simoniâ.* Cap. 7. page 143. — (2) Liv. 7. indict. *Ep.* 55. — (3) *Dé-cisions de Borjon,* n° 102. — (4) De Héricourt. *Lois ecclés.* p. 127. — (5) Borjon. *Décision,* 103. — (6) Balusius. *Capitularia Regum Francorum.* — (7) Id. Liv. 7. ch. 72. — (8) Sallé. *Code des curés,* page 442, vol. 3.

9

« chose pour l'administration des sacremçnts, *sépultures*,
« nonobstant les prétendues louables coutumes et com-
« mune usance, laissant toutefois à la discrétion et vo-
« lonté d'un chacun donner ce que bon lui semblera. »

L'intervention de l'autorité civile en cette matière,
mérite d'être remarquée. Il est vrai que les rois de France
n'agissaient alors qu'en qualité de défenseurs des lois de
l'Eglise, et sous l'inspiration des évêques qui les entouraient, mais il en fut autrement dans la suite, lorsque la
loi civile se détacha de la loi religieuse, après s'être pé-
nétrée de son esprit.

Nous passons sous silence la quantité innombrable de
contestations et de procès que fit naître la question des
sépultures entre les membres du clergé séculier et les divers ordres monastiques. Le Moyen-Age a été souvent
troublé par les conflits de ce genre, et il n'est peut-être pas
un diocèse qui n'ait eu à en enregistrer quelques-uns.
Nous nous bornerons à mentionner, en passant, le long
procès qui surgit au XIe siècle, entre les évêques de Marseille et les moines de la célèbre Abbaye de Saint-Victor,
procès qui se prolongea au delà de toutes limites, et qui
ne fut clos que par l'intervention directe du Chef Suprême
de l'Eglise.

Tel fut le Moyen-Age. Inutile d'ajouter que le principe
de la gratuité des sépultures survécut à toutes les épreuves qu'il eut à soutenir, pendant cette période tourmentée,
et qu'après avoir servi de règle pendant dix-huit siècles,
aux institutions de l'Eglise, il fit son entrée dans le droit
civil, qui en consacra définitivement l'application, par les
articles 20 du décret du 23 prairial an XII, 4, 5, 9 et 11
du décret du 18 mai 1806.

§ 10. Les sépultures dans les temps modernes.

Avec la période des temps modernes s'ouvrit, pour la société chrétienne, une ère d'émancipation, de progrès, d'inventions et de découvertes qui absorbèrent les esprits et leur imprimèrent une impulsion qui n'était plus exclusivement inspirée par la pensée religieuse. La séve puissante et jusqu'alors contenue que le christianisme avait accumulée, pendant le long sommeil du Moyen-Age, à la base de l'édifice social, ne demandait qu'à se répandre au dehors et à porter des fruits. Dès ce moment, les idées deviennent plus positives, mais les croyances n'en reposent pas moins sur des racines profondes. Dans un intérêt d'ordre public, la question politique se détache de la question religieuse, l'autorité civile s'affranchit de la tutelle de l'autorité ecclésiastique, le temporel se sépare du spirituel, et les parlements remplacent les juridictions diocésaines de la période précédente ; mais le lien qui unit entre eux les représentants des pouvoirs laïque et religieux n'en est pas brisé pour cela. Le mouvement qui s'opère n'est pas une rupture, mais uniquement le résultat de la loi du progrès qui s'imposait de toute part. Le même mouvement s'était fait sentir dans l'histoire du peuple Romain. « Dans l'âge mûr de la République, dit le « président Troplong, le droit civil des Romains était « encore empreint de cette rudesse théocratique et aristocratique inséparable de toutes les époques appelées « héroïques par Vico. Mais, sous Cicéron, la philosophie « fit son entrée dans le droit et brisa le cercle inflexible « du patriciat religieux (1). »

(1) *De l'influence du Christianisme sur le droit civil des Romains.* Introd. et passim.

A cette époque nous voyons, en effet, l'auteur des *Tus-
culanes*, détacher le droit civil du principe religieux, auquel il avait été intimement lié jusqu'alors. « La justice,
« dit-il, comprend trois rapports principaux : elle existe
« envers les Dieux, envers les Mânes et envers les hom-
« mes, *unam ad superos Deos, alteram ad Manes et ter-
« tiam ad homines pertinere* (1). »

D'où la triple classification suivante du Droit général des
Romains :

　　　1° *Jus Divinum*
　　　2° *Jus Manium*
　　　3° *Jus Civile*

Le droit Divin réglait les rapports de l'homme envers
la divinité, le droit des Mânes, les devoirs des vivants envers les morts et le droit Civil, les rapports des hommes
entre eux. Cicéron nous a donné une esquisse du droit
des Mânes, dans son *Traité des lois* (2). Les textes,
dit-il, sont en bien petit nombre, (*pauca sane*) mais les
commentaires ne font pas défaut. Admirons, en passant, le soin avec lequel un peuple païen s'est efforcé
de soustraire à l'action immédiate du droit civil, l'ensemble des obligations et des devoirs dont les hommes sont
tenus à l'égard des morts. Non-seulement il en a fait l'objet d'une législation d'exception, mais il lui a encore assigné
un rang privilégié entre le droit pontifical et le droit civil, et
cela ; « *pour le motif*, dit Aristote (3), *qu'il est plus équita-
« ble de s'apitoyer sur les morts que sur les vivants.* »
Un auteur du XVIIᵉ siècle, le savant Jacob Gutherius (4),
a écrit sur le *Jus Manium* des Romains, un ouvrage volu-
mineux qui peut être considéré comme le traité le plus

_____

(1) Ciceron. *In topic.* — (2) *Lois*. Liv. 2. ch. 22 et suiv. — (3) Sect.
30. prob. 9. — (5) *De jure manium*. 1615. un vol. in-4°. Paris.

complet et le plus instructif qui ait été composé à ce sujet. Nous y renvoyons les lecteurs qui désireraient faire de ces questions une étude plus approfondie.

Malgré les différences notables qui séparent la société païenne de la société chrétienne, nous voyons se dessiner, dans la période des temps modernes, un ordre de choses à peu près semblable à celui que nous venons d'observer chez les Romains. Le droit canonique, qui avait été dominant, sinon exclusif, pendant le Moyen-Age, commence à se désintéresser dans les questions qui ne tombent pas sous les coups de la loi ecclésiastique. En se localisant, il laisse le champ libre à la loi civile, dont le domaine s'accroît et se précise chaque jour davantage. Entre les deux, se place l'autorité mixte des administrations fabriciennes, en faveur desquelles furent promulgués, à une époque beaucoup plus éloignée, les décrets qui fondent, chez nous, cette législation d'exception, à laquelle les Romains donnaient le nom de *Jus Manium.* La transition ne s'opéra pas brusquement. L'impulsion était donnée, mais le mouvement n'a atteint son but qu'après avoir reçu, des événements, le contre-coup qui l'a poussé jusqu'à l'état de la législation actuelle. Examinons, en peu de mots, les particularités qui méritent de fixer l'attention, dans l'acheminement progressif *du clergé*, des *fabriques* et du *pouvoir civil*, pendant l'intervalle du XVe au XVIIIe siècle, vers l'ordre de choses nouveau que la Révolution ne fit que consacrer.

1° *Le clergé ; — tarif des oblations.* — L'expérience du Moyen-Age et les tendances toujours envahissantes des coutumes locales avaient démontré les inconvénients qu'il y avait à laisser, plus longtemps, au clergé paroissial une latitude trop absolue, dans la gestion des intérêts matériels des églises et dans l'observation des prescriptions canoniques ou civiles, sur les sépultures. Ce que l'on regardait, avec raison, comme une nécessité, dans les premiers siècles du christianisme, ne s'accommodait plus avec les nouvelles exigences de la vie moderne. Aussi, afin de mettre un terme aux difficultés et aux abus antérieurs, on commença par associer directement (1) les habitants des paroisses à l'administration temporelle des églises. Les conseils de fabrique furent institués, dans le double but de décharger les curés de ce soin et de leur fournir les moyens de se livrer, avec plus de liberté d'action, aux fonctions de leur saint ministère. Il ne restait donc plus à ceux-ci que le soin de pourvoir aux besoins spirituels du culte et de défendre leurs intérêts personnels, là où ils se trouvaient engagés. Ces intérêts étaient de deux sortes, savoir: 1° Les *bénéfices* attachés aux cures, pour la subsistance du clergé, et 2° le *casuel des oblations* personnelles que la coutume avait attachées à la célébration des cérémonies particulières que demandaient les familles. Le caractère de ces oblations, ainsi que l'indique le mot, devait être entièrement facultatif et ne pas dégénérer en une exaction. La loi canonique les a toujours considérées comme une libéralité permise et non comme un droit acquis. Malheureusement, il n'en fut pas toujours ainsi. Nous avons fait connaître plus haut, les abus qui en résultèrent. En les consacrant, les coutumes locales en légitimèrent en quelque sorte la pratique, et ces empiétements successifs devinrent, par la force des circonstances, le point de départ d'un ordre de choses nouveau, qui, au XVᵉ siècle, avait acquis trop d'empire pour que l'on songeât à le détruire. On se contenta de le réformer, c'est-à-dire, de l'harmoniser avec avec les idées de l'époque et les prescriptions de l'église.

---

(1) *Conciles de Mayence*, 1549, *de Lavaur*, 1360, *de Salzbourg*, 1420.

On fit une concession aux exigences du temps, mais on sauvegarda le principe de la gratuité des sépultures, en faveur des familles qui se trouvaient dans l'obligation d'en invoquer le bénéfice. Les coutumes louables furent donc reconnues par l'Église, dans la limite et sous les réserves que nous venons d'indiquer. Elle permit (1) au clergé de prélever un certain tribut sur les funérailles, pourvu que ce tribut ne revêtît pas le caractère d'une exaction et d'un lucre honteux. Dans tous les cas, les funérailles ne devaient en subir aucun retard. L'évêque eut mission de faire respecter les coutumes approuvées, d'en surveiller l'observation et, notamment, d'empêcher que l'on ne forçât la libéralité des fidèles, au point de les entrainer dans des dépenses qu'ils ne demandent pas.

En 1579, le roi Henri III (2) rendit, pendant les États de Blois, une ordonnance qui consacrait ce nouvel ordre de choses, dans les termes suivants: Art. 51. — « Nous « voulons et ordonnons que les curés, tant des villes que « autres, soient conservés ès-droits d'oblations et autres « droits parochiaux qu'ils ont accoutumés de percevoir, « selon les anciennes et louables coutumes, nonobstant « l'ordonnance d'Orléans à laquelle nous avons dérogé et « dérogeons pour ce regard.»

En 1580, le même roi (3) confirma ces dispositions par l'édit de Melun, dont l'art. 27 est rédigé dans les mêmes termes que l'ordonnance précitée.

Toutefois, pour prévenir les difficultés auxquelles cette reconnaissance des coutumes pouvaient donner lieu, il fut

(1) Décisions de Borjon. *Décis.* n° 104 et suiv. — *Lois ecclésiast. de Louis de Héricourt,* ch. 12. pages 148 à 158. — Gibert. *Institutions ecclésiast.* pag. 308. — Van-Espen. *De Simoniâ.* ch. 7. pag. 143. — Hornstein. *Des sépultures.* chap. 17. — (2) *Code des curés,* par Sallé, avocat au Parlement. vol. 3. page 111. — (3) Id...

prescrit, par mesure d'ordre, que toutes les taxes perçues par le clergé, pour son assistance aux convois funèbres, seraient réglées par un tarif dont l'élaboration était abandonnée à l'initiative des archevêques et évêques. L'arrêt du parlement de Paris du 28 avril 1673 (1) enjoignit aux Prélats de fixer les honoraires qui seraient payés aux mariages et enterrements, d'après la coutumes des lieux. Un édit royal de 1695 cité par Sallé (2) charge les Juges d'églises de connaître les procès qui pourraient naître, à ce sujet, entre les personnes ecclésiastiques. Le plus ancien tarif d'oblations que nous connaissions, est le tarif présenté par Mgr d'Harlay, archevêque de Paris, à l'homologation de la cour du Parlement, le 10 juin 1693. Nous en reproduisons les dispositions suivantes, d'après l'ouvrage de **M. Sallé : (3)**

Taxe pour l'honoraire des curés et des ecclésiastiques de la ville et faubourgs de Paris :

CONVOIS.

Les convois des petits corps au-dessous de sept ans, lorsqu'on ne va point en corps de clergé :

Pour le curé, trente sols	1	10
Pour chaque prêtre, dix sols.	«	10
Lorsqu'on ira en clergé :		
Pour le droit curial, quatre livres.	4	«
Pour la présence du curé, quarante sols.	2	«
Pour chaque prêtre, dix sols.	«	10
Pour le vicaire, vingt sols.	1	«
A chaque enfant de chœur, lorsqu'ils portent le corps, huit sols.	»	8
Et lorsqu'ils ne portent point le corps, cinq sols. . . .	»	5

Pour les corps au-dessus de sept ans jusqu'à douze, sera payée pareille rétribution que pour les enfants de l'âge ci-dessus marqué, lorsque l'inhumation s'en fait avec le clergé.

(1) *Code des curés*, par Sallé, avocat au Parlement, page 448. — (2) Id. page 445. — (3) Id. p. 449.

Pour le convoi d'un grand corps, au-dessus de l'âge ci-dessus marqué :

Pour le droit curial, six livres...	6	«
Pour l'assistance du curé, quatre livres...	4	«
Pour le vicaire, quarante sols...	2	«
Pour chaque prêtre, vingt sols...	1	«
Pour chaque enfant de chœur, dix sols ...	«	10
Pour les prêtres qui veillent le corps, pendant la nuit, à chacun, trois livres...	3	«
Pour ceux qui veillent le jour, à chacun quarante sols .	2	«
Pour la célébration de la messe, vingt sols...	1	«
Pour le service extraordinaire, appelé service complet, c'est-à-dire, les vigiles et les deux messes du Saint-Esprit et de la Sainte Vierge, quatre livres, dix sols .	4	10
Pour les prêtres qui portent le corps, à chacun, vingt sols...	1	«
Pour le port de la haute croix, dix sols...	«	10
Pour le porte-bénitier, cinq sols...	«	5
Pour le port de la petite croix, cinq sols...	«	5
Pour le clerc des convois, vingt sols...	1	«

Pour les transports des corps d'une église à une autre, en chœur et clergé, sera payé moitié plus des droits ci-dessus marqués.

Pour la réception des corps transportés :

Au curé, six livres...	6	«
Au vicaire, trente sols...	1	10
A chaque prêtre, quinze sols...	«	15

Pour l'ouverture de terre, dans les églises où les curés ont part, on suivra la coutume locale, ou les Règlements faits sur ce sujet, approuvés et autorisés par Nous.

Dans le rapport qui accompagne la présentation de ce tarif, on lit, relativement à la sépulture des décédés indigents, le passage suivant :

..... Nous avons, par ces présentes, réglé les dits honoraires que les curés et autres ecclésiastiques de la même ville pourront légitimement percevoir, suivant le mémoire inséré ci-après, sans néanmoins vouloir empêcher la libéralité des riches, à la discrétion desquels, ou de leurs héritiers, les curés se rapporteront, ni forcer l'indigence des pauvres, que nous sçavons et que nous voulons encore, plus que jamais, être charitablement traités par les curés.

Le tarif qui précède ne fut pas rigoureusement observé par tous les membres du clergé. Des résistances se manifestèrent dans quelques paroisses. Sur les plaintes qui lui en furent adressées, le successeur de Mgr Harlay, le cardinal de Noailles, publia, à la date du 10 octobre 1700 (1), un nouveau règlement confirmant le précédent et condamnant à 100 livres d'amende pour la première infraction, les prêtres qui ne s'y conformeraient pas, et à trois mois de suspension, en cas de récidive.

Le XVIIIe siècle n'apporta aucune modification notable à l'état de choses que nous venons d'indiquer, et aujourd'hui encore on suit à peu près les mêmes errements.

2° Les Fabriques, les crieurs-jurés d'enterrements. — Les Fabriques, en tant qu'administrations, sont de création moderne, mais les fonctions qu'elles remplissent ont été, de tout temps, exercées dans l'Église (2). Dans le principe, ce fut l'évêque qui administra le temporel des églises. Il ne rendait compte de sa gestion qu'aux conciles. Le nombre des paroisses s'étant considérablement accru, dans la suite, l'évêque s'adjoignit la collaboration de diacres, d'archidiacres ou de curés, qui n'agissaient que d'après ses inspirations. Au VIIe siècle, les conciles instituèrent des *économes* pour les églises. A une époque postérieure, les évêques, ne pouvant suffire à tout, se déchargèrent sur les curés de l'administration temporelle des paroisses. Il en fut ainsi jusqu'au XVe siècle. En 1549, le concile de Mayence semble avoir été le premier à jeter les bases de l'organisation des Fabriques, telle qu'elle exista jusqu'à la Révolution. C'est d'après ces bases, que l'on rédigea,

(1) Sallé. *Code des curés*, vol. 3. page 452. — (2) Voir pour cet historique, Mgr Affre. *Traité de l'administ. temp. des paroisses*, à l'Introduction et le *Journal des Conseils de Fabrique*, vol. 12.

en 1362, le règlement de la Fabrique de St-Germain-l'Auxerrois, qui est, dit-on, le plus ancien que l'on connaisse. L'édit royal du 4 septembre 1619 sur l'organisation des Fabriques précisa mieux les attributions confiées à ces administrations religieuses; ce n'est guère qu'à la fin du XVIIᵉ siècle que l'on rencontre une certaine autonomie dans leur fonctionnement.

Le point qu'il nous importe d'examiner ici est celui de savoir quelles étaient les *charges* des Fabriques, à cette époque, et quels étaient leurs *revenus*.

Les *charges* sont indiquées dans l'arrêt de la cour du parlement de Paris, du mois de février 1657 et dans la déclaration du roi du mois d'avril 1683. Elles consistent 1° dans les dépenses d'entretien du culte; 2° dans les réparations à faire dans la nef de l'église, les réparations du chœur restant à la charge du clergé ; 3° dans l'achat des ornements, des chaises, etc. ; 4° dans la clôture des cimetières et 5° dans le logement du curé.

Les *revenus* étaient *ordinaires* ou *extraordinaires*. Les revenus ordinaires comprenaient les produits suivants : les obits, les fondations, la cire servant aux enterrements et autres cérémonies religieuses, les glas funèbres, les ouvertures des fosses, la vente des concessions de terrains, dans les cimetières ou les églises, pour sépultures de familles, les quêtes, les troncs et oblations volontaires, les enterrements et pompes funèbres, etc. etc.: produits qui se confondaient autrefois, dans les mains du clergé, avec les revenus des honoraires qui lui étaient personnels. Nous n'avons à nous occupper ici que des revenus provenant des convois funèbres, c'est-à-dire 1° des glas funèbres, 2° de la cire, 3° des fosses et des concessions pour sépultures particulières, 4° des ornements, parements, tentures, draps mortuaires, bières et autres objets servant aux funérailles.

Un arrêt du Parlement de Paris, du 21 mars 1665, nous fixe sur la question des *glas funèbres*. On y lit le passage suivant : « Les cloches ne pourront être sonnées, « après le décès des paroissiens et autres qui seront en- « terrés dans la paroisse, sans que le curé ait donné son « consentement, *l'émolument de la sonnerie demeurant à* « *la fabrique.* » (1)

La cire a été souvent l'objet de contestations entre le clergé et les fabriciens. Tantôt elle fut partagée entre les deux, tantôt elle devint la propriété exclusive, soit des uns, soit des autres, suivant les coutumes locales. La jurisprudence paraît en avoir été définitivement fixée pour la ville de Paris, par l'arrêt rendu le 26 mai 1680, en Conseil du Roi. Nous y lisons en effet : « Le Roi étant en son « Conseil... ordonne par forme de règlement qu'à l'ave- « nir, à compter du 1er juillet de la présente année « 1680, (2) lesdits marguillers de l'église St-Roch auront « et leur appartiendra toute la cire qui sera offerte ou « viendra par mortuaire, même celle des petits convois, « les cierges donnés à l'offrande, ceux mis sur les pains « bénits, ceux présentés lors des mariages, des baptêmes, « etc... ensemble toutes les cires qui proviendront des « services, convois et inhumations que ledit curé fera dans « ladite église et des enterrements qui seront faits, en au- « tre église des personnes décédées, dans l'étendue de la « dite paroisse, à condition que les marguillers continue- « ront de fournir ladite église d'ornements, luminaires, « etc. etc. » — Les 28 février 1776 et 8 août 1778, (3) arrêts identiques, rendus en Conseil du Roi et confirmant la même doctrine. Il existe, cependant, des sentences

(1) *Journal des audiences,* vol. 1. art. 2. — (2) Sallé. vol. 3. page 580. — (3) Id. pages 579, 580.

contraires. **En** général le produit de la cire était partagé.
C'est ce mode de répartition qui a prévalu et qu'a fixé le
décret de 1813.

Les *concessions de sépultures* particulières et les ouvertures de fosses constituaient une source de revenus assez
importante, que la nouvelle législation n'a pas maintenue
aux fabriques. Un arrêt de la Cour du Parlement de Paris
du 27 juillet 1640 (1) reconnaît aux marguillers le droit
exclusif d'autoriser, sans l'avis du clergé, les sépultures
dans le chœur ou la nef de l'église et de faire payer, pour
l'*ouverture de terre*, la somme de quatre livres.

Les autres fournitures de funérailles, *draps mortuaires,
tentures, parements, appareaux et droits accoutumés*, étaient
pareillement réservées aux marguilliers, ainsi qu'il conste
de la lecture des règlements des diverses fabriques des
paroisses de Paris et autres localités.

Nous lisons à l'article 38 du règlement de la fabrique
de St-Louis, à Versailles (2).

ART. 38. « La Fabrique percevra, seule, les droits accoutumés
« être perçus pour les parements, ornements, draps mortuaires,
« argenteries, sonneries, tentures, ouvertures de terres, dans les
« églises et autres semblables. Seront tenus, les curés et marguil-
« liers, d'en arrêter un tarif et le rapporter en la cour pour, sur les
« conclusions du procureur-général du Roi, être, le dit tarif homo-
« logué, si faire se doit... »

Ce règlement fut approuvé par arrêt de la Cour du
parlement de Paris, le 20 juillet 1747.

Dans un autre règlement arrêté, par la même Cour, le
7 mai 1646, entre les religieux et les curés de Paris, nous
voyons figurer la fourniture des *carrosses*, pour le transport des défunts. Aux funérailles des rois et des membres

(1) Sallé, vol. 4. page 314. — (2) Sallé. *Code des curés*, vol. 3.
page 535.

de la famille royale, ces véhicules étaient désignés sous le nom de *chariots d'armes* (1).

Nous trouvons dans le règlement de la Fabrique de Gâtines, en Anjou, le tarif suivant, au sujet de la cire et des ouvertures de fosses, dans les églises (2).

ART. 32. « Aucun autre que ceux qui auront droit de sé-
« pulture dans l'église n'y sera inhumé, sans payer à la
« fabrique, trente livres. . . . . 30 « «

ART. 33. « Les cierges qui, lors des enterrements et des
« services, seront donnés par les parents des défunts pour
« être mis sur l'autel principal, demeureront au curé ; ceux
« qui seront mis sur l'autel de la Sainte Vierge, seront
« partagés par moitié, entre le curé et la fabrique, suivant
« l'usage immémorial, et ceux qui seront placés sur les au-
« tres autels et autour du corps et de la représentation, ap-
« partiendront à la fabrique.

ART. 34. « Les parents des défunts qui ne donneront
« point de cierges, payeront à la fabrique, pour la dépense
« de ceux qui seront par elle fournis ; sçavoir pour la sépul-
« ture seule, par chaque grand cierge, un sol, six deniers,
« ci. . . . . « 1 6

    « Pour chaque petit cierge, un sol, ci. . . . . « 1 «
    « Pour la sépulture où il y aura messe et office à un
      « nocturne et Laudes chantés, pour chacun cierge
      « long, quatre sols, ci. . . . . « 4 «
    « Pour chaque cierge court, trois sols, ci . . . . . . « 3 «
    « Pour les offices où il y aura messe et office à un noc-
      « turne et Laudes chantés, par un chacun cierge
      « long, deux sols, six deniers, ci. . . . . « 2 6
    « Pour chaque cierge court, deux sols, ci . . . . . . « 2 «

« Seront les parents libres de demander le nombre et la
« grandeur des cierges qu'ils jugeront à propos ; néanmoins
« aux messes et sépultures, pour les pauvres, seront fournis
« par la fabrique, des petits cierges, sans espérance de ré-
« tribution. »

De tous les objets que nous venons de nommer, les plus productifs furent vraisemblablement les concessions de

(1) Legrand d'Aussy. page 444. — (2) Sallé, vol. 3. page 493.

terrains, pour sépultures de famille et le partage de la cire.

Mais le privilège des églises, en matière de pompes funèbres, ne présenta pas toujours le caractère absolue et exclusif qu'il revêtit dans le principe et que nous retrouverons plus tard dans les décrets organiques des 23 prairial an XII et 18 mai 1806. Parallèlement avec les fabriques et le clergé, nous voyons apparaître, dès le XIVe siècle, la corporation des *crieurs-jurés* (1) *d'enterrements,* qui étaient chargés d'annoncer au public les funérailles des bourgeois ou des gens en place, au bruit des clochettes qu'ils agitaient à travers les rues de Paris. Leur spécialité de *faire les cry et semonce pour les trépassés* s'accrut plus tard du privilége de fournir directement une partie des objets nécessaires aux obsèques des personnes marquantes. Des offices de crieurs jurés furent même créés en leur faveur ou au profit des municipalités de certaines grandes villes, qui les louaient ou les vendaient, suivant les circonstances. A Marseille et dans quelques autres localités, ces offices furent achetés par les administrations des hôpitaux, qui les exploitèrent jusqu'à la Révolution. Les rois de France Charles V, Charles VI, Henri II, Louis XIII et Louis XIV sanctionnèrent ou confirmèrent ces priviléges, qui étaient réglementés par des dispositions spéciales. Les ordonnances de 1415, de 1672, et les édits de 1690, de 1694 et 1693 furent rendus dans ce but.

Avant l'édit de 1690, on ne comptait à Paris que douze offices de crieurs-jurés. Ce chiffre fut porté à vingt-quatre

_____

(1) Voir sur la corporation des crieurs-jurés, le *Recueil des Rois de France,* par Jean du Tillet. 1 vol. in-fol., 1587, pages 445 et 235 à 251. — Legrand d'Aussy. *Funérailles des Rois de France,* p. 427. — Dans la *Revue des deux Mondes,* livraison du 15 avril 1874, un article de Maxime Du Camp.—Dans Dulaure. *Histoire morale et civile de Paris.* vol. 3. page 267.

et plus tard à trente. A Marseille, on en comptait trois avant la Révolution.

Il va sans dire que les corporations de crieurs-jurés furent fréquemment en désaccord avec le clergé et avec les administrateurs des paroisses. Il ne pouvait guère en être autrement. A aucune époque, cependant, les fournitures de pompes funèbres n'ont été abandonnées au domaine public. S'il fallait établir un rapprochement entre le service des inhumations au XVIIIe siècle et le service qui fonctionne aujourd'hui, d'après les lois en vigueur, on verrait que, alors comme de ce temps-ci, le clergé, ne percevait, dans les convois funèbres, que le produit de ses honoraires pour droit de présence et une part de la cire offerte ; que les fabriques faisaient seules, à leur profit, les fournitures du service intérieur, y compris les objets que nous avons indiqués, plus haut, et que les crieurs-jurés fournissaient les articles du service extérieur qui n'avaient pu être conservés par les fabriques. Le privilége existait donc ; il n'était que partagé entre deux classes de personnes exclusivement autorisées à en bénéficier.

S'il faut en croire quelques anciens auteurs, la corporation des crieurs-jurés était loin d'être sympathique au public. Voici ce qu'en dit *Saint-Amant*, dans sa pièce intitulée : *La nuit.*

> Le clocheteur des trépassés.
> Sonnant de rue en rue,
> De frayeur rend les cœurs glacés,
> Bien que leur corps en sue ;
> Et mille chiens oyant sa triste voix
> Lui répondent en longs abois.
> Lugubre courrier du Destin,
> Effroi des âmes laches,
> Qui si souvent, soir et matin,
> M'esveilles et me faches,
> Va faire ailleurs, engeance de démon,
> Ton vain et tragique sermon.

Leur costume était en harmonie avec la nature de leurs attributions. Ils portaient, dans le principe, une dalmatique blanche parsemée de larmes noires et de têtes de mort sur des os en croix. Aux obsèques des personnages de distinction, ils plaçaient sur leur poitrine un écusson armorié. Ce costume, par trop lugubre, fit place à une robe noire et, si l'on en croit Dulaure, on supprima et la robe et le cry, et les clochettes, sous le règne de Louis XIV. Les crieurs-jurés ne furent plus, jusqu'à la Révolution, que de simples entrepreneurs de pompes funèbres, dont le privilége ne survécut que de quelques années, à la chûte de la monarchie.

3° *Intervention du pouvoir civil.* — Pendant le Moyen-Age, l'intervention de l'autorité civile, dans les sépultures, n'avait eu d'autre objet que de sauvegarder l'application des prescriptions canoniques, alors dominantes. Dans la période moderne il en fut autrement. Les mesures prises, soit d'office par le pouvoir royal, soit par les cours de parlements, à partir du XVI⁰ siècle, sont presque exclusivement inspirées par des raisons d'ordre public et par la conviction que la société devait être protégée contre des abus que l'Eglise a toujours condamnés, mais qu'elle avait été souvent impuissante à faire cesser. D'ailleurs, cette intervention du pouvoir civil ne cachait aucune pensée de malveillance à l'égard du clergé, qui en reconnut lui-même l'opportunité, l'invoqua quelquefois, et s'y soumit avec déférence. Les seules résistances qui se soient manifestées, tiennent moins au mauvais vouloir des administrations diocésaines, qu'à la difficulté de vaincre d'anciennes habitudes. C'est ainsi que l'on doit expliquer le peu de résultat qu'obtinrent les arrêts de la Cour du Parlement de Paris, en date des 12 mars 1763, 21 mai et 3 septembre 1765, portant règlement général sur les cimetières de la capitale.

10

On ne pouvait détruire, en un seul jour, une coutume qui comptait plus de huit siècles d'existence et avait pris sa source dans l'ardente expansion du mouvement religieux au Moyen-Age. Le temps qui l'avait consacrée devait aussi la faire disparaître, par la seule force des inconvénients qu'elle entraînait, eu égard à l'extension qu'avaient acquise la plupart des grandes villes. Du reste, les arrêts précités avaient été rendus, d'après l'avis favorable des fabriques de Paris, préalablement consultées. S'ils ne furent pas exécutés, ils produisirent au moins l'effet d'une première commotion, qui facilita singulièrement l'observation de la déclaration du roi, en date du 10 mars 1776, sur les inhumations.

Tel fut le monopole des Pompes funèbres chez les chrétiens, depuis la naissance de l'Eglise jusqu'à l'époque de la Révolution en 1789. D'abord concentré dans la seule main et sous la seule autorité du pouvoir religieux, il subit, comme toutes les institutions qui viennent de loin, l'inévitable loi du progrès qui s'impose à chaque société. Le temporel se sépara du spirituel, le droit canon du droit civil ; les fabriques devinrent les auxiliaires du clergé, et le gouvernement, le protecteur de tous les intérêts qui tiennent, soit au domaine des choses religieuses, soit aux questions d'ordre public, d'économie politique ou de progrès matériel. De telle sorte que l'on peut appliquer à la fin du XVIIIᵉ siècle, ce que Cicéron disait de son temps, en parlant de la justice.

Le service des sépultures ne touche-t-il pas, en effet, à trois ordres de juridictions bien différentes, quoique connexes, c'est-à-dire, au *droit canonique*, par le clergé, au *droit administratif*, par la législation exceptionnelle qui régit le monopole des fabriques et au *droit civil*, par l'application des règles du droit commun, dans les cas déterminés par la loi ? — Les intérêts engagés dans l'ac-

complissement des tristes et derniers devoirs que l'homme
rend à son semblable, se dessinent assez, par eux-mêmes,
sans qu'il soit nécessaire de les préciser davantage. On
peut les résumer en trois mots : la *religion*, la *mort* et la
vie, ou, en d'autres termes, les intérêts du clergé, les intérêts des fabriques et les intérêts des familles, qui se confondent avec ceux de la commune. C'est dans la sage
pondération de ces trois intérêts, qui sont inséparables, que
l'on doit chercher le secret d'une bonne législation sur les
sépultures, et c'est pour avoir méconnu ce principe que
la Révolution de 89, trop esclave des exigences de la loi
civile, n'a pu parvenir, après dix ans de stériles efforts, à
asseoir sur des bases convenables et décentes, l'une des
branches les plus importantes de nos services publics. Le
lecteur en jugera par le court exposé des faits que nous
en donnons dans le chapitre qui suit, et que nous livrons
à la méditation des utopistes qui seraient tentés d'en
faire, une seconde fois, la dangereuse expérience.

CHAPITRE III.

DEUXIÈME PÉRIODE

ABSOLUTISME DE LA LOI CIVILE PENDANT LA RÉVOLUTION,
FUNÉRAILLES CIVIQUES

(1789 — 1801)

A la fin du XVIIIᵉ siècle, la France était mûre pour une réforme sociale. Le besoin s'en faisait sentir dans toutes les branches de l'administration publique, et chacun l'appelait de ses vœux. Aussi ce fut avec une émotion bien légitime que le pays envoya ses représentants aux Etats-généraux pour étudier, de concert avec les organes du gouvernement, les moyens qui paraîtraient les plus propres pour arriver, sans secousse mais sans faiblesse, à la réorganisation des services publics.

On sait ce qu'il advint. On attendait une réforme : on se trouva bientôt en présence d'une révolution qui, semblable à un torrent, entraîna, sur son passage, tout ce que la France comptait de grand, d'auguste et de respectable.

La confiscation des biens (1) du clergé fut l'un des premiers actes du gouvernement révolutionnaire.

_____

(1) Loi du 4 nov. 1789.

La main-mise nationale s'étendit, peu de temps après (1),
aux biens des fabriques, mais on conserva l'institution de
ces établissements religieux, auxquels on laissa (2) quelques revenus, basés sur le 4 0ן0 des immeubles vendus.
Un an plus tard, les officiers municipaux étaient substi-
tués aux fabriques, pour l'administration de ces revenus.
Les fabriques n'existaient donc plus que de nom. La
vente des vases sacrés, au profit du trésor (3), la suppression des rentes précédemment allouées, et la loi du 13 brumaire an II, qui déclara que tout l'actif des fabriques
appartiendrait à la nation, furent les derniers actes de
cette œuvre de spoliation. Tout était consommé. Il n'existait plus en France, ni culte, ni fabriques, ni religion.
Leur ruine entraîna celle de l'ancien système des Pompes
funèbres qui avait fonctionné jusqu'à la Terreur. A dater
de cette époque, c'est la nuit de la barbarie qui commence,
avec le règne de la Raison souveraine.

§ 1. Violation des tombeaux.

Ne trouvant plus rien à renverser, dans les institutions
qui tiennent au culte, les nouveaux maîtres que le pays
s'était donnés ne dédaignèrent pas de s'attaquer à la cendre des morts. Le 31 juillet 1793, sur la proposition de
Barrère, la Convention rendit un décret portant que :
« *Les tombeaux et mausolées des ci-devant rois, élevés*
« *dans l'église de Saint-Denys, dans les temples et autres*
« *lieux, dans toute l'étendue de la République, seraient*
« *détruits.* »
La commune de la *Franciade* (nom républicain de la

(1) Lois des 23 fév. et 5 nov. 1790. — (2) Loi du 19 août 1792. —
3) Loi du 13 sept. 1793.

ville de Saint-Denis) se chargea avec orgueil de l'exécution de ce sinistre décret. Le 12 octobre 1793, elle pro-
céda méthodiquement à la profanation des sépultures
royales. Le Gouvernement lui adjoignit une commission de
savants, présidée par le citoyen Lenoir, archéologue de
mérite, afin de dresser inventaire et de conserver les objets d'art qui pourraient orner le Musée des monuments
français. Quelques jours suffirent pour détruire le travail
de plusieurs siècles. Les corps des rois, des reines, des
princes et de tous ces personnages illustres, que Chateaubriand appelle *les grands vassaux de la mort*, furent exhumés et jetés pêle-mêle dans deux grandes fosses ouvertes près
de l'église St-Denis. Le 12 novembre, les exécuteurs de cet
inqualifiable attentat à la dignité humaine, se présentaient
en triomphateurs à la porte de la Convention, suivis de
six voitures chargées des dépouilles des rois. Afin de mieux
ridiculiser les cérémonies funèbres de l'ancien régime, ils
avaient harnaché les chevaux de ces six voitures avec des
chappes, des chasubles, des étoles et autres objets de religion enlevés à l'antique Abbaye. Les conducteurs en
étaient couverts eux-mêmes. La députation de la *Franciade*
se fait annoncer à la Convention, qui s'empresse de la
faire entrer. L'un des délégués tenait à la main le crâne
de saint Denis, et, dans un langage que la plume se refuse
à reproduire, rendit compte des résultats de la hideuse
mission qu'il venait de remplir. En terminant, il demanda
que l'Assemblée voulût bien s'associer à une fête républicaine, instituée par la commune de la Franciade, en mémoire des victimes immolées par le fanatisme, à la tyrannie des rois. La Convention adopta la motion avec enthou-
siasme. Elle nomma une commission composée de 12
membres pour assister à la fête, et ordonna l'insertion de
l'adresse au *Bulletin*,

La violation des tombes de Saint-Denis ne fut que le prélude de tout un système de profanations, qui s'étendit aux églises de la capitale, et, de là, se répandit dans les départements. Chaque commune voulut partager les lauriers cueillis par les patriotes de la Franciade.

S'il est vrai, comme le dit le philosophe hollandais Paw, que les honneurs funèbres n'ont été institués que dans l'unique but d'apprendre aux hommes à respecter les vivants, il ne faut plus s'étonner qu'après un tel mépris des devoirs sacrés de la sépulture, la Révolution en soit venue, comme Saturne, à dévorer elle-même ses propres enfants.

Tant qu'il ne s'était agi que d'appliquer aux institutions le système de *table rase* qui leur était familier, les démolisseurs de 93, trouvèrent la besogne facile. Ils nageaient dans leur élément. Mais il arriva un moment où ils ne virent devant eux que des ruines. Force leur fut d'édifier quelque chose, en attendant le jour où il leur serait donné de se renverser entre eux.

C'est alors que ces hommes de négation et de sang conçurent le difficile problème de relever la dignité des funérailles, par la seule majesté de la loi, c'est-à-dire, sans appareil, sans faste, comme tout ce qui nous vient de la nature, et à l'exclusion absolue de toute pensée religieuse.

> « Eloignez ces flambeaux, ces ornements, ces prêtres
> « Dont le faste, à la tombe, escortait nos ancêtres ;
> « Mais appelez au moins, autour de nos débris.
> « Et la douleur d'un père et les larmes d'un fils.
> « C'est le juste tribut où nos mânes prétendent.
> « C'est le culte d'un cœur que surtout ils attendent (1).

----

(1) Legouvé. *Poème sur les sépultures*, lu à l'Institut, le 5 vendém., an V.

Les événements ne tardèrent pas à infliger un terrible démenti à leurs ridicules prétentions. Pendant dix ans les législateurs de l'époque eurent à se débattre entre les clameurs générales que soulevait l'indécence du service des sépultures et l'impuissance dans laquelle ils se trouvèrent toujours d'y remédier efficacement. Les projets de lois et les discours se succédèrent cependant, mais ce fut comme une parodie d'expériences dont la France payait les frais.

Voyons plutôt et jugeons.

A raison de l'importance qu'acquiert aujourd'hui la question des enterrements de libres-penseurs, nous croyons devoir rappeler, à titre d'exemple ou d'enseignement, ce que dirent et ce que pensèrent les contemporains de la Révolution, sur ce triste sujet.

Trois époques sont à distinguer, dans la période révolutionnaire 1° la *Convention*, 2° le *Directoire*, 3° le *Consulat*.

§ 2. Les funérailles civiques sous la Convention.

L'usage des enterrements civils s'introduisit de lui-même, non comme une institution nouvelle, prévue et réglée d'avance, mais comme la conséquence naturelle des désordres du temps où ils commencèrent à se produire. Ce ne fut que plus tard que l'autorité les sanctionna et leur donna un caractère de légalité. En attendant, on inhumait, parce que l'on ne pouvait s'empêcher d'inhumer. Le pieux devoir de la sépulture n'était plus qu'une simple formalité de la loi, une charge imposée à la société, et à laquelle il fallait pourvoir dans l'intérêt de l'hygiène publique. On y pourvut donc avec cet esprit de sobriété républicaine, qui redoutait les pompes empruntées du fanatisme reli-

gieux. Rien de plus simple qu'un enterrement sous la
Convention. *Douze heures* (1) après le décès, quatre ves-
pillonnes attachés aux sections, se présentaient au domicile mortuaire et procédaient à l'enlèvement du corps, qu'ils
transportaient solitairement à sa dernière demeure. Pas de
stations aux églises ou aux temples, pas même une suite derrière le cercueil. La terreur glaçait les âmes. (2) Les sentiments les plus naturels et les plus légitimes n'osaient s'exprimer au dehors. Inutile de suivre ce piteux transport du corps
à travers les rues de Paris. Voici comment, à la faveur
de la langue des latins, le citoyen Cambry, (3) un contemporain de la Convention, dépeint, dans son rapport
sur les sépultures, les habituelles indécences des porteurs
de cette époque : « *Vidi, cum ad sepulturæ locum defer-*
« *retur mortuus, vespillones cauponam intrantes, abjectis*
« *ad fores in scamnum flebilibus reliquiis, largo acerrimi*
« *liquoris haustu sese proluentes, pudore quolibet procul-*
« *cato, ut defuncti cognatos lacrymantes collidere secum*
« *vascula et impiæ compotionis sumptum persolvere, co-*
« *gerent.* » Et plus loin : « *Vidi, cum nudata viri et fe-*
« *minæ corpora humo committenda qui propè aderant ca-*
« *villis insectarentur.* » Quel retour en arrière et quelle
ressemblance frappante entre ce hideux système de sépulture et les *puticuli* des Romains ! A Rome il n'y avait
que les criminels, les pauvres et les esclaves qui étaient
condamnés à ce genre d'inhumation ; à Paris c'était la
population toute entière qui en subissait le honteux esclavage.

« Il n'y a point d'animal domestique, dit un autre con-

---

(1) Séance de la Commune de Paris, 4 nivose, an II. — Rapport
du citoyen Avril. — (2) Discours du citoyen Bontoux au Conseil
des Cinq-cents, 24 thermidor, an IV. — (3) Pages 63 et 64 du Rapport.

« temporain de cette époque, qui chez une nation étran-
« gère un peu civilisée, ne fût inhumé avec plus de dé-
« cence que le corps d'un citoyen français. On sait com-
« ment les enterrements s'exécutaient, et comment, pour
« quelques deniers, on faisait jeter un père, une mère ou
« une épouse à la voirie. Encore ces morts sacrés n'y
« étaient-ils pas en sûreté, car il y avait des hommes
« qui faisaient le métier de dérober le linceuil, le cercueil
« et les cheveux du cadavre. Il est bien à désirer qu'on
« rende au cercueil les signes de la religion dont on l'a
« privé, et surtout que l'on ne fasse plus garder les ci-
« metières par des chiens. Tel est l'excès de la misère où
« l'homme tombe, quand il perd la vue de Dieu, que, n'o-
« sant plus se confier à l'homme, dont rien ne garantit la
« foi, il se voit réduit à placer ses cendres, sous la pro-
« tection des animaux (1). »

L'excès du mal fit naître des plaintes, et quoique les récriminations fussent alors défendues ou taxées de réaction, elles devinrent cependant si générales et si fondées,
que l'on ne put s'empêcher de les écouter. On fit plus, on
voulut y porter remède.

1° *Projet du citoyen Chaumette.* (2) — La Commune
de Paris, se trouvant la plus directement atteinte par les
reproches que soulevait son administration, sur ce point,
fut la première à combiner les moyens qui pourraient remédier au spectacle humiliant que présentait le service
des sépultures. Dans sa séance du Conseil général du 21
octobre 1793, le citoyen Anaxagore Chaumette, son pro-
cureur syndic, surnommé l'*Apôtre de la Raison*, crut de-

(1) Chateaubriand. *Génie du Christianisme.* Liv. 2. chap. 6. —
(2) *Moniteur*, 24 nivose, an II. — n° 30 du 1er mois de l'an II. —
Tridi, frim., an II.

voir élever la voix, au milieu de ses coréligionnaires politiques, en faveur du culte des morts. Afin de réveiller
dans les âmes les sentiments de piété filiale et de dignité
humaine que la frayeur et l'indifférence y avaient étouffés,
il proposa de substituer aux images de douleur et de désespoir de l'ancien régime, des idées plus douces et plus
philanthropiques, et·de fournir aux infortunés une bière,
qui leur était refusée par l'avarice des Sections, la dépense
de cette fourniture devant être prise sur les *sous addition-*
nels que paieront les riches.

Dans la séance du **23** novembre suivant, le Conseil arrêta, sur la réquisition du même citoyen : 1° qu'aux inhumations il serait porté un jalon en bois sur lequel
on écrirait ces mots : « *l'homme juste ne meurt jamais ;*
« *il vit dans la mémoire de ses concitoyens ;* » 2° que le
drap mortuaire, dont le fanatisme religieux s'était servi
jusqu'à ce jour, serait remplacé par une draperie aux
trois couleurs nationales ; 5° que la commission des travaux publics présenterait incessamment un rapport sur le
nouveau mode d'enterrement. « D'avance, les Sections
« réunies des Champs-Elysées, de l'Observatoire et des
« Amis de la patrie, déclarent qu'ils ne veulent d'autre
« culte que celui de la liberté, de l'égalité et d'autre di-
« vinité que la Raison… Là-dessus, le Conseil, considé-
« rant que la Raison et la Vérité ne permettent plus que
« des simulacres, frappent les regards et l'imagination
« du peuple ; que les maximes de la saine morale et des
« vertus civiques doivent seules être présentes au cœur et
« à l'esprit des républicains, arrête qu'aucun signe exté-
« rieur, quel qu'il soit, ne sera plus élevé dans aucun tem-
« ple. »

Cette séance fut comme la consécration légale des funérailles civiques. Remarquons, en passant, que la seule

proposition sensée qui ait été présentée dans ces réunions, c'est-à-dire, le prélèvement des *sous additionnels* sur les enterrements des riches, pour subvenir à la sépulture des pauvres, n'est pas d'origine républicaine, mais qu'elle a été inaugurée et pratiquée par le Christianisme depuis dix-huit siècles.

Passons à l'examen du rapport que la commission des travaux publics était chargée de présenter sur le mode des enterrements.

2 *Projet du citoyen Avril.* — Le 10 janvier 1794, le citoyen Avril, lut au Conseil général de la commune, un projet de règlement, dont nous détachons les dispositions suivantes (1) : « Les morts, dit-il, auront le « visage découvert ; ils resteront *douze heures exposés* « dans leur domicile ; ils seront ensuite placés sur un « brancard décoré d'une draperie, qui caractérisera les « *trois âges politiques* de la vie. Cette draperie, ornée « d'une bordure aux trois couleurs, sera d'un fond uni, « *blanc* pour la jeunesse, avec cette inscription : *Il crois-* « *sait pour la patrie* ; *rouge* pour l'âge viril, avec ces « mots : *Il vivait pour la patrie*, et *bleu* pour la vieil- « lesse ; on y lira : *J'ai vécu pour la patrie*. Ce brancard « sera porté sur l'épaule par quatre citoyens, vêtus d'un « pantalon et d'un gilet avec une ceinture aux trois « couleurs ; ils auront par-dessus une tunique tom- « bante jusqu'aux genoux, et ils seront couverts d'un « bonnet.

« Les enfants seront portés par d'autres enfants de huit « à douze ans. Les corps, après avoir été exposés pendant « douze heures, seront portés au *champ de repos*, et se-

(1) Extrait du *Moniteur*, quartidi, 24 nivose, an II, n° 114.

« ront accompagnés par ceux auxquels cette fonction aura
« été déléguée. On choisira l'*heure de minuit*. »

... « Le Conseil adoptant quelques-unes des bases de
« ce rapport, arrête : 1° Qu'il sera fait à la Convention,
« une pétition pour lui demander quatre champs de repos,
« hors des murs de Paris ; 2° qu'il y aura des dépositoi-
« res ; 3° que primidi prochain une discussion sera ou-
« verte sur tous ces objets ; 4° qu'une commission et
« l'agent national s'adjoindront à l'administration des tra-
« vaux publics pour donner une nouvelle forme au rapport
« des sépultures. »

Les événements politiques qui surgirent, peu de temps
après, ne permirent pas d'exécuter ce dernier arrêté. La
Commune de Paris et tous les foyers de discorde que
comptait alors la capitale furent renversés par le Directoire,
auquel échut le triste héritage de la Convention.

Mais la Commune de Paris n'avait pas été seule à
recevoir les doléances des citoyens, que le mode de sépultures en usage indignait. Quelques-uns, plus courageux, s'étaient directement adressés à la convention et
avaient demandé que l'on observât, au moins dans les cimetières, les distinctions qui naissent de la différence de
culte. La Convention se contenta de répondre par le décret du 12 frimaire an II, qui ne fut rendu public, de
crainte qu'il ne devint une cause de trouble, mais qui fut
néanmoins observé. En voici la teneur, d'après l'ouvrage
de M. Hornstein : « Considérant qu'aucune loi n'autorise
« à refuser la sépulture, dans les cimetières publics, aux
« citoyens décédés, quelles que soient leurs opinions reli-
« gieuses et l'exercice de leur culte, passe à l'ordre du
« jour et déclare que le présent décret ne sera pas im-
« primé (1).. »

(1) Page 565.

Toutes ces demi-mesures, tous ces projets hérissés de sentences patriotiques ne remédièrent en rien au scandale toujours croissant des sépultures. L'indécence était arrivée à son comble, et le mécontentement se manifesta tout haut par des écrits, par des pamphlets et par la voie des journaux.

Voici ce que nous lisons dans le *Moniteur* (1) de l'époque, dont le témoignage ne saurait être taxé de partialité : « ..... Ces usages (des anciens) nous les avons rappelés, « afin de mieux faire sentir l'indécence avec laquelle les « funérailles se font actuellement à Paris. Cette insou-« ciance pour les morts, ce mépris, cette impiété qu'on « témoigne à leurs restes ne seraient-ils pas encore un des « attentats de cette tyrannie qui avait tout corrompu ?... « Sans doute que la Convention voudra remplir le devoir « de ramener le peuple aux institutions civiles et morales, « sans lesquelles il ne peut exister ni liens sociaux, ni « vertus... Qu'elle se hâte de nous rendre cette *moralité* « *précieuse que nous avons perdue!* »

Peu de temps auparavant, le citoyen Delamalle avait publié, sous le titre de : l'*Enterrement de ma mère*, une brochure, dont les journaux rendirent compte et qui renferme une violente critique du mode de sépulture en usage.

Que fit-on pour donner à l'opinion publique la satisfaction qu'elle réclamait en termes si énergiques? — C'est ici que commence à se manifester l'embarras des sages de l'époque. Nul doute que quelques-uns n'entrevissent le remède que l'on pouvait appliquer au mal signalé, mais ils n'osèrent l'avouer, de crainte de soulever de redoutables méfiances à leur alentour. Les temps n'étaient point encore

---

(1) 15 avril 1795 (26 germinal, an III).

propices, et ils surent attendre. Quant aux autres, ils se débattirent vainement au milieu de leurs impuissantes théories philanthropiques.

§ 3. Les sépultures sous le Directoire.

Le Directoire prit la suite de la Convention. Le mal resta ce qu'il était auparavant, mais on s'en préoccupa plus sérieusement. Les consciences étant moins enchaînées par la frayeur qu'inspirait le gouvernement sanguinaire de 93, plusieurs voix éloquentes se firent entendre, de divers côtés à la fois, pour protester au nom de l'humanité outragée.

Le *Conseil des Cinq-Cents*, l'*Institut* de France, les *journaux*, les *écrivains* de toutes les nuances et la *préfecture de la Seine* furent unanimes à flétrir, comme elle le méritait, l'indécence révoltante des funérailles et à rechercher les moyens qui leur paraîtraient les plus propres à y mettre un terme.

1° *Le Conseil des Cinq-Cents.* — *Discours de Pastoret, Bontoux, Baraillon, Talot*, etc. — Le citoyen Pastoret (2) fut le premier à élever la voix, du haut de la tribune française, pour demander une réparation publique et solennelle, contre la violation des tombes royales de Saint-Denis, et pour proposer l'adoption de certaines mesures repressives, ayant pour objet de garantir la société contre le retour de semblables attentats à la cendre des morts. Son discours, que nous regrettons de ne pouvoir reproduire ici, est aussi remarquable par la hauteur des

(1) Voir ce discours au *Moniteur*, an IV, n° 1084. Séance du 26 prairial.

pensées que par l'accent de conviction qui en relèvent le noble langage.

Voici quelles furent ses conclusions : « 1° Quiconque
« sera convaincu d'avoir enlevé un cadavre ou ses osse-
« ments du lieu où ils étaient ensevelis, de l'avoir mutilé,
« foulé aux pieds, outragé par une action quelconque,
« sera puni de 10 années de fers. — 2° Quiconque sera
« convaincu d'avoir violé la sépulture d'un cadavre pour
« le dépouiller de ses vêtements et des ornements quel-
« conques, avec lesquels il était enseveli, sera puni de 6
« années de fers. — 3° Quiconque sera convaincu d'avoir
« pris, détruit ou mutilé les ornements placés autour ou
« au-dessus d'un tombeau, sera puni de 4 années de dé-
« tention. » Voilà où l'on en était réduit, en l'an IV de
la République de 93. Ce n'était pas assez de veiller à la
sûreté des citoyens pendant leur vie, il fallait encore les
protéger, dans le cercueil, contre la convoitise des vivants.

Dans la même séance, le citoyen Pennières fit, à l'occasion de la mort d'un député, une motion qui mérite d'être
remarquée, car elle cache le plus triste aveu que l'on
puisse faire de l'indifférence générale envers les morts :
« C'est avec la plus profonde douleur, disait-il, que je
« vois celui de nos collègues, que le trépas nous arrache,
« être transporté seul, vers la tombe..... Donnons un
« exemple salutaire, et que la commission dont le citoyen
« Pastoret a été l'organe, nous présente un projet de ré-
« solution à ce sujet... » Ainsi, l'isolement et l'abandon,
dans lesquels on laissait le cercueil des défunts vulgaires, se
faisaient sentir jusqu'aux funérailles d'un représentant de
la nation. Pas un ami derrière sa dépouille mortelle, pas
même le visage convaincu de quelque philanthrope. Pour
tout cortége, l'ingratitude des uns et l'égoïsme des autres.

Recueillons ce signe du temps et écoutons les paroles suivantes que prononçait, quelques jours après, le citoyen
Bontoux (1), du haut de la tribune, sur le même sujet :

« Citoyens représentants, s'écriait-il, dans la séance du
« 24 messidor an IV, si le fanatisme a créé des enthou-
« siasmes féroces, fait naître des scènes terribles, l'a-
« théisme étoufferait le germe de toutes les vertus, rem-
« plirait la terre de scélérats endurcis qui, voyant leurs
« désirs et leurs espérances bornés au cercle étroit de la
« vie, s'empresseraient de jouir et d'acheter, à quelque
« prix que ce fût, ce qu'ils regardent comme le bonheur.
« — Le système de l'anéantissement est le songe du
« crime en délire ; je m'en rapporte à cette inquiétude
« de l'avenir, à ce sentiment qui entraîne nos pensées,
« nos cœurs, nos affections vers tout ce que la nature a
« formé de grand, de majestueux et de sublime, à
« cette intelligence qui cherche à tout embrasser, qui
« s'élance dans l'infini et que rien ici-bas ne peut satis-
« faire.

« L'homme ne serait-il pas le plus malheureux de
« tous les êtres, si, après avoir passé quelques jours au
« sein des alarmes et de la misère, la mort le couvrait de
« son éternelle nuit ?

« Que l'astre du jour s'éteigne, que les brillantes cou-
« leurs du firmament s'effacent, que les éléments se dis-
« solvent, que la destruction unisse et la terre et le vaste
« abîme des mers, l'homme doit survivre à ce renverse-
« ment ; il ne peut périr tout entier ; la terre fut pour lui
« un séjour d'épreuves, d'attente et de douleurs ; cette
« terre peut rentrer dans le chaos, mais l'homme est déjà
« au sein de l'éternité. Le vaisseau se brise, mais le nau-

(1) *Moniteur*, an IV, page 1191.

11

« tonnier échappé à la tempête est déjà sur le rivage.

« Représentants du peuple, *c'est à l'athéisme* que
« nous devons attribuer une partie de nos maux ; c'est
« lui qui dessèche les cœurs, qui invite à tous les crimes,
« *qui inspire cette insensibilité cruelle qui a triomphé,*
« *parmi nous, de toutes les affections de la nature. Au-*
« *trefois le cadavre d'un père était porté au cimetière,*
« *suivi de toute la famille ; on ne rougissait pas de lais-*
« *ser éclater la douleur ; on eût rougi alors d'une bar-*
« *bare indifférence.* Nous ne sommes plus à ces jours de
« deuil où il fallait dévorer son affliction, où les tyrans
« défendaient de s'attrister sur les victimes, mais nos
« cœurs en sont encore épouvantés.

« En consacrant la liberté des cultes, en regardant
« toutes les religions du même œil, vous avez senti qu'el-
« les méritaient toutes une égale protection... Que de
« petits esprits viennent encore, dans leur délire, essayer
« d'arracher à l'infortuné sa plus douce consolation ! votre
« respect pour les dogmes sublimes rendra leurs décla-
« mations impuissantes ; vous rétablirez le moral sur ces
« bases ; vous mépriserez les échos obscurs de Pythagore,
« d'Epicure et de Spinosa... »

Comme conclusion l'orateur présente le projet suivant :
« Le Conseil des Cinq-cents..., considérant que *le res-*
« *pect pour les morts est intimement lié à la morale pu-*
« *blique,* et que *l'indécence des inhumations offre, depuis*
« *longtemps, un spectacle révoltant,* déclare qu'il y a ur-
« gence. » — Le Conseil, après avoir déclaré l'urgence,
prend les résolutions ci-après :

« 1° Chaque commune désignera, suivant sa popula-
« tion, un ou plusieurs locaux propres à servir de cime-
« tières, qui seront *achetés et entretenus* à ses frais. Il de-
« meurera cependant facultatif à chaque famille d'inhu-

« mer ses parents en des endroits particuliers, qui
« seront néanmoins sous la surveillance des magis-
« trats.....

« 2° Dès qu'un citoyen sera mort, sa famille en ins-
« truira sur-le-champ la municipalité ou l'agent munici-
« pal de la commune.

« 3° Un officier municipal, en costume, accompagné
« des parents et amis, suivra le corps jusqu'au tombeau.

« 4° Si le défunt était fonctionnaire public, son cer-
« cueil serait orné de sa décoration civique et une députa-
« tion du corps constitué auquel il appartenait assistera à
« son inhumation.

« 5° Toute pompe, tout appareil funèbre qui n'est
« pas déterminé par la présente, demeure interdit et dé-
« fendu comme contraire à l'égalité.

« 6° Seront exceptées des dispositions de l'article pré-
« cédent, les funérailles de ceux que le Corps Législatif
« désignera à la reconnaissance publique. »

Le vœu émis par le député Pennières était donc écouté.
Mais à quel degré d'abaissement ne faut-il pas qu'un pays
soit descendu pour en être réduit à forcer, par une loi, la
douleur d'un fils à se manifester, sans honte en public, en
accompagnant le cercueil de son père à sa dernière demeure? — Ce qui est triste à dire, c'est que le magnifique langage du citoyen Bontoux, loin d'amener l'adoption
des mesures urgentes qu'il réclamait, avec tant de logique,
ne souleva que d'ombrageuses susceptibilités, et alla misé-
rablement échouer contre les impuissantes déclamations
des démagogues qui l'entouraient... « Des Pompes funè-
« bres dans un Etat démocratique ! s'écria le député Ba-
« raillon, mais bientôt le vice insultera à la vertu, l'opu-
« lence, à la pauvreté !...

« ... Citoyens, voulez-vous faire fructifier la vertu sur

« le sol de la République....., ordonnez que les adminis-
« trations municipales des cantons accorderont personnel-
« lement les honneurs funèbres à ceux de leurs conci-
« toyens qui se seront personnellement distingués, par des
« services réels. Que l'on ne redoute pas l'abus ici, vous
« aurez plutôt à redouter des oublis... »

Le citoyen Talot : « Devons-nous nous occuper de
« semblables projets?... Laissons aux cultes leur plus en-
« tière liberté ; permettons à chacun de se faire enterrer
« comme il lui plaira ; l'objet de notre mission est de
« faire des lois qui rendent le peuple heureux. Il n'est
« pas un républicain qui, lorsqu'il a perdu son parent ou
« un ami, ne sache quels devoirs il a à remplir. Il n'est
« pas nécessaire que nous fassions des lois à ce sujet. Je
« demande la question préalable sur le projet pré-
« senté. »

Le renvoi à la commission fut adopté.

Nous passons sous silence les discours que prononça le
citoyen Dauberménil, les 5 thermidor et 17 floréal an IV,
dans le but de faire instituer des fêtes funèbres en l'honneur des Mânes des défenseurs de la patrie, et nous arri-
vons aux discours que les citoyens Rœdérer et Legouvé
lurent à l'Institut vers la même époque.

2° *L'Institut de France. Discours des citoyens Rœdérer
et Legouvé.* — L'Institut, que Napoléon appelait *un foyer
d'athéisme et de science*, ne resta pas en dehors du mouvement de protestation générale qui se manifestait à l'é-
gard du mode de sépulture, alors en usage. Deux de ses
membres, les citoyens Rœdérer et Legouvé, fixèrent l'attention des esprits, par les travaux qu'ils publièrent, l'un
en prose, et l'autre en vers, sur la question des honneurs
funèbres.

Le mémoire du citoyen Rœdérer (1) se recommande autant par le fond que par la forme. Le titre seul donne déjà un avant-goût de son contenu. Le voici dans sa simplicité : *Des institutions funéraires convenables à une République qui permet tous les cultes, mais qui n'en adopte aucun.* Tout est pesé et étudié dans ce titre ; le *mais* restrictif vaut à lui seul un chapitre. L'orateur y déploie ce talent de souplesse et de flair politique qui lui permit de toujours gagner les hauteurs, au milieu des orages, et d'y occuper une place en évidence, sous tous les gouvernements. Tour à tour royaliste, sous Louis XVI, républicain, pendant la Révolution, athée à l'Institut, impérialiste, au Conseil d'Etat, il eut la gloire de mourir pair de France, sous la Restauration. Etant donné le caractère flexible de l'écrivain, on peut être assuré de rencontrer dans son mémoire, non pas, sans doute, le fruit d'une conviction personnelle, ce qui eût été difficile ou dangereux, mais le reflet fidèle des idées que l'opinion publique cotait alors, avec le plus de faveur. Avant tout, il fallait être de son temps, c'est évident. Nous retrouverons plus tard le même homme, chef de section au Conseil d'Etat, sous l'Empire, et collaborant, avec la même complaisance de convictions, au décret réparateur du 23 prairial an XII, sur les sépultures chrétiennes.

Le mémoire que nous avons sous les yeux n'est pas un coup d'encensoir vulgaire aux théories philanthropiques du Directoire. En qualité de membre de l'Institut, le citoyen Rœdérer se préoccupa d'arriver au même but, mais par un sentier à part qu'il se chargea de découvrir, pour son usage personnel. L'auteur s'adresse les quatre questions suivantes : 1° Une nation doit-elle avoir des institutions

(1) Séance générale du 15 messidor, an IV.

funéraires ? — 2° Quels en sont les fondements naturels ? — 3° Quels objets doivent-elles embrasser ? — 4° Sur quels principes politiques les établir ?

La réponse à la première question ne saurait être douteuse.

Sur la seconde, l'auteur déclare ne vouloir rien puiser dans l'expérience des faits historiques, chez les peuples de l'antiquité. Le seul livre qu'il veut consulter, c'est le livre de la nature. Or, dit-il, de tous les êtres animés l'homme est le seul dont la mort altère la physionomie. Voyez un animal qui est mort: il semble dormir, tandis que le visage de l'homme, dans le cercueil, exprime toujours une contraction pénible, qui est l'indice infaillible des souffrances morales et physiques qu'il endure, de son attachement à la vie et de la soif d'immortalité qui le tourmente ici-bas. Voilà un principe physique, ajoute l'écrivain, qui doit servir de base aux institutions funéraires d'un peuple. En les établissant, il convient de tenir compte de l'appréhension de la mort qui est naturelle à l'homme, d'en rechercher la cause, afin d'en prévenir les effets. La cause de cette appréhension de la mort, c'est l'indifférence générale des citoyens pour la mémoire de ceux de leurs parents qui quittent la vie et la privation de l'immortalité qui est un besoin de l'esprit humain. Pour prévenir ces inquiétudes, qui se traduisent par des phénomènes physiques, il ne faut pas des apothéoses, mais seulement la douceur des souvenirs tendres et reconnaissants, une mélancolie sereine et non de la fumée, des larmes et des regrets sincères, et non l'adoration. « Ne « mettons pas la liberté et l'égalité sous la protection de « l'orgueil, dit le modeste Rœdérer ; le républicain doit « être poussé aux actions du grand homme, par le senti- « ment de l'homme bon, et je dirai volontiers *du bon*

« *homme...* » De là l'écrivain conclut à la création des *sépultoires*. Qu'entend-on par sépultoires? — Le mot et l'idée sont une invention de l'auteur qui redoutait les sentiers battus et la fumée de l'encens. Les sépultoires sont des lieux de sépulture riants, dans lesquels errent les âmes des citoyens vertueux, au milieu de frais bosquets, des fleurs, du chant des oiseaux et de toutes les richesses que la nature prodigue à ses amants. L'air et la lumière doivent y entretenir la vie, pendant l'infinité des siècles. Voilà pour l'homme juste. Quant aux méchants, le citoyen Rœdérer leur réserve un enfer qui fait regretter la Bastille. On y trouve des rochers arides, effrayants, des cavernes sépulcrales, autour desquelles voltigent des vautours, emblêmes du remords. Le contraste est vigoureusement ménagé, mais quand on quitte les hauteurs poétiques auxquelles s'élève l'auteur pour redescendre sur le domaine des choses pratiques, on croit sortir d'un songe, tant l'impression qui en résulte est légère et négative. Tel est l'ordre d'idées dans lequel est conçu ce mémoire, ou plutôt ce tour de force de l'esprit philanthropique. Qu'en résulta-t-il? — Au point de vue pratique, rien. Cet écrit ne fit que passer. Il glissa comme un faible nuage sur un ciel pur. Au point de vue privé de l'auteur, il lui valut les applaudissements faciles de la galerie dont il caressait les idées. Les journaux, le *Moniteur* (1), l'*Historien*, en firent l'éloge et on en parla beaucoup. Le but était donc atteint ; n'allons pas au delà de la pensée de l'écrivain.

Le 5 vendémiaire, an V, le citoyen Legouvé fixa, à son tour l'attention de l'Institut par son *Poème sur les sépultures*, qui est à la fois la véhémente critique des violations des sépultures de St-Denis et un hommage rendu aux

(1) 24 thermidor, an IV, page 1175.

théories philanthropiques du milieu dans lequel il vivait. Ce poème se trouve dans le *Recueil des Mémoires de l'Institut*. Nous n'en citerons que quelques passages, pour donner une idée de l'esprit dans lequel il a été conçu :

> Où sont ces vieux tombeaux et ces marbres antiques,
> Qui des temples sacrés décorent les portiques ?
> O forfait!... ces brigands, dont la férocité
> Viola des prisons l'asile épouvanté,
> Coururent, tout sanglants, de nos aïeux célèbres
> Profaner, mutiler les monuments funèbres
> Et commettre, à la voix d'un lâche tribunal,
> Sur ces cadavres même un autre assassinat.
> Gloire, talent, vertu, rien n'arrête leur rage...

Ailleurs, le poète sacrifie aux idées de son temps.

> De la religion gardons l'humanité.
> Barbares, qui des morts bravez la majesté,
> Éloignez ces flambeaux, ces ornements, ces prêtres
> Dont le faste, à la tombe, escortait nos ancêtres.
> . . . .
> . . . . . A nos regrets sachons prêter des charmes,
> Rendons les fleurs, les bois confidents de nos larmes.
> Dans les fleurs, dans les bois, du sort bravant les coups,
> Nos parents reviendront converser avec nous.

Sous une forme plus naturelle que le langage composé du citoyen Rœdérer, le poème des sépultures n'est que le reflet des utopies de ce dernier écrivain. Par ces divers travaux, l'Institut acquit, aux yeux du Directoire, un certain relief qui ne tomba pas de si tôt. Sous le gouvernement du Consulat on s'en souvenait encore. Constatons, cependant, que l'Institut, comme le Conseil des Cinq-cents, n'avait su que montrer le mal sans en trouver le véritable remède.

3° *La presse, les journaux, les écrivains, projet de crémation.* — Nous aurions fort à faire s'il nous fallait résumer tous les écrits qui furent publiés, toujours dans le même ordre d'idées, pendant cette période de temps. Signalons seulement, pour mémoire, le discours prononcé au Lycée des arts, le 15 thermidor, an IV, par le citoyen *Mulot* (1), ex-curé ; les articles publiés par les citoyens *Jourdan* et *Trouvé*, dans le *Moniteur* (2), à l'effet de patronner le projet de création *des bois sacrés*, pour cimetières ; les projets des citoyens *Giraud* et *Molinos*, architectes à la Préfecture de la Seine, sur la *crémation* (3) *des corps ;* les beaux vers de Delille (4), ce poète si chrétien, qui refusa d'entrer à l'Institut, à côté des Rœdérer, des Chaptal, etc... et dont le langage convaincu s'écarte, autant par le fond que par la forme, des conceptions de l'esprit, à cette époque. En voici un court échantillon :

> Mais du sein de la nuit et du fond du tombeau
> Un cri religieux, le cri de la nature,
> Vous dit : Pleurez, priez sur cette sépulture ;
> Vos parents, vos amis, dorment dans ce séjour,
> Monument vénérable et de deuil et d'amour.
> . . . .
> Ainsi prêtant sa force au saint nœud qui nous lie,
> *Le respect pour les morts gouverne encor la vie.*

Citons, enfin, l'ouvrage du citoyen *Coupé*, sur les sépultures : « Comment, s'écria-t-il, a-t-on pu donner, à la « mort, le drap tricolor ? Que le défenseur de la patrie, « le marin, sur son bord, couvre le corps de son camarade « du drapeau tricolor, c'est le sien ; mais que le voile tri- « color soit étendu sur une vieille femme, sur le mort des « boutiques et des carrefours, c'est la chose la plus dépla- « cée. A-t-on voulu prodiguer ces couleurs, les avilir, les « rendre funèbres, ou n'a-t-on été qu'extravagant ?... »

Telle est l'avalanche de plaintes, de réclamations, de dis-

---

(1) Discours du citoyen Mulot, ex-curé de St-Victor. Paris, an IX. — (2) 26 germinal, an III, — 18 messidor, an IV. — (3) *Les tombeaux ou essais sur les sépultures.* — (4) *L'Imagination.*

cours, de mémoires, de projets et de propositions plus ou moins négatives qui surgirent, dans le court espace de deux ou trois ans, sur la question des devoirs funèbres.

4° *Préfecture de la Seine.* — Qu'en résulta-t-il, à la fin? On s'attendait à une loi, il ne parut qu'un modeste arrêté du Préfet de la Seine, en date du 18 thermidor, an IV, qui donna un commencement de satisfaction à l'opinion publique. Signalons, dans cet arrêté, les trois améliorations suivantes :

1° La substitution du drap mortuaire au drap tricolore ;

2° L'adoption d'un tarif de perception de dix francs, pour les enfants, et de vingt francs, pour l'enterrement des adultes. Le tarif ne pouvait être taxé d'exagération, mais cette modestie, dans les frais de sépulture, était de rigueur, d'après le député Baraillon, pour faire germer la vertu sur le sol de la République.

3° La présence à tous les convois d'un inspecteur, vêtu d'une houppe noire et d'une capote bleue.

5° *Nouvelles plaintes au Conseil des Cinq-cents.* — *Discours des citoyens Lafargue, Thiessé et Jean Debry.* — A la suite d'un silence de courte durée, les plaintes s'élevèrent de nouveau de tous les côtés à la fois. Malgré le médiocre résultat obtenu par les orateurs du Conseil des Cinq-cents, quelques députés crurent devoir prendre de nouveau la parole, pour se soustraire aux reproches d'incurie qui leur arrivaient de toute part. Dans la séance du 14 frimaire (1), an VII, le citoyen *Lafargue* réclama, avec énergie, contre le silence des lois nouvelles sur les sépultures, contre la désuétude dans laquelle étaient tombées les lois antérieures sur les cimetières. « *Un spectacle hideux* « *et immoral* frappe, depuis trop longtemps, les regards du

___
(1) *Moniteur*, an VII, frimaire.

« peuple, dit-il. L'état civil des familles et leur fortune sont
« menacés,... enfin, la plus naturelle des institutions sem-
« ble être proscrite par nous. L'anarchie est telle qu'il y a
« des lieux de sépultures où les cadavres effleurent le sol
« et deviennent la proie ou le jouet des animaux. J'ai vu
« une mère disputant le cadavre de son enfant à un pour-
« ceau. *Il est temps que des Français cessent d'être jetés à
« la voirie...* »

Le conseil chargea une commission de préparer un rapport sur les inhumations. Le rapport n'arrivant jamais, le
citoyen *Thiessé* (1) prend, à son tour, la parole, dans la
séance du 9 messidor suivant. « Représentant du peuple,
« dit-il, je n'ai pas besoin de vous dire que la morale pu-
« blique vous accuse de ce délaissement honteux, auquel
« nous abandonnons les tristes restes de l'humanité... Ah !
« sans doute le temps n'est pas loin où nous verrons un
« père, un fils, une épouse, un ami accompagner à leur
« dernière demeure celui qui était l'objet de leur plus ten-
« dre affection... » Il n'y avait pas moins de cinq ans que
les députés formulaient le même vœu. Or, en l'an VII,
comme en l'an III, c'étaient toujours les mêmes tristesses
qui affligeaient le regard.

Pour en finir, citons un dernier échantillon des efforts
tentés par les législateurs de l'époque, pour mettre un terme
à cet humiliant défilé des cadavres, dans les rues de Paris.
C'est le citoyen Jean Debry qui prend la parole, dans la
séance du 7 fructidor, an VII. « Citoyens, dit-il, nous avons
« perdu un de nos collégues, le citoyen Le Carlier, député
« aux Auciens. Si, comme cela devrait être, l'usage était,
« dans l'un et dans l'autre Conseil, de consacrer quelques
« instants à la commémoration de ceux que le sort nous

(1) *Moniteur*, an VII, page 1232.

« enlève, je vous parlerais de Le Carlier. Mais je me tais,
« parce qu'aucun usage n'est établi à ce sujet. Je n'en
« puis faire autant sur les formes et sur les accessoires de
« l'inhumation... Les détails que je pourrais vous donner
« sur cet acte instructif et consolateur, et que vous confir-
« meraient mes collègues, révolteraient votre sensibilité,
« et j'ai besoin de penser à ce que vous ferez, pour écar-
« ter l'idée de ce que j'ai vu.

« Représentants, un peuple vit d'institutions, plus en-
« core que de constitution... Nos pratiques funéraires ac-
« cusent l'état actuel de la législation. Nous en avons été,
« hier les témoins. Elle est barbare cette froide insou-
« ciance qui ne laisse voir qu'un peu de poussière dans
« un père, dans un ami qui n'est plus. Elle semble placer
« au pied du lit de l'agonisant la cupidité de l'égoïsme ;
« elle chasse cette consolante illusion qui émousse le trait
« de la mort. *Elle est impolitique* cette négligence indé-
« cente avec laquelle la dépouille mortelle arrive à son
« dernier asile. Certes, il y a un milieu, entre le faste du
« catholicisme et ce cruel abandon. Craignez les tentatives
« qui pourraient être faites, soit pour ramener le peuple
« à ses anciens préjugés, soit pour en donner d'autres,
« également destructifs de l'ordre actuel. *Exposé à l'ac-*
« *tion des courants divers, si votre vaisseau n'est pas for-*
« *tement assuré, il est impossible qu'il ne dérive.* »

Le citoyen Debry avait dit vrai. Ce fut la dernière fois
que le conseil des Cinq-cents retentit des plaintes de ce
genre, mais les paroles de l'orateur avaient été prophéti-
ques. Le vaisseau sombra en effet sous le coup de vent du
18 Brumaire, et peu de temps après, les destinées de la
France se trouvaient placées entre les mains du général
Bonaparte.

§ 4. Les sépultures sous le Consulat.

Pour sortir de l'impasse dans lequel il se trouvait engagé, le pays avait besoin d'un pilote expérimenté, énergique et possédant une profonde connaissance des hommes et des choses. Les esprits, engourdis par dix années d'un régime avilissant, ne savaient plus oser. Les uns étaient gênés par leurs antécédents politiques, les autres retenus par les incertitudes d'une situation pleine de périls, un certain nombre, trop imbus des doctrines subversives de la Révolution, presque tous, attachés, par quelque lien secret, au maintien du *statu quo*, dont ils ne se dissimulaient pas les dangers. Ce n'est donc pas de leur côté que pouvait venir l'initiative d'une restauration sociale. Le jeune vainqueur des Pyramides était bien l'homme de la situation. Libre de toute attache politique, doué de cet esprit pénétrant, ferme et résolu qui fonde les grandes choses, il embrassa, du premier coup d'œil, toute l'étendue du mal dont souffrait le pays et ne tarda pas à être fixé, sur le remède qu'il convenait d'appliquer.

Spectateur attentif et muet de tous les excès de la Révolution, il arrivait au pouvoir avec la conviction toute faite que les débordements de l'impiété et de l'athéisme étaient la source principale de tous les malheurs de la patrie. Il ne s'en cachait pas du reste autour de lui. « *Les esprits métaphysiques ont tout détruit en France* », disait-il un jour à Monge et autres savants sceptiques, dont il apréciait le talent, mais dont il condamnait les théories subversives.

Aussi, sa première pensée fut-elle de hâter, autant que possible, le rétablissement de l'ancien culte catholique et de rappeler de l'exil ces prêtres respectables, dont l'absence se faisait si cruellement sentir, au milieu des populations égarées.

Son plan une fois arrêté, il se garda bien d'en compromettre le succès par une précipitation mal inspirée. En tacticien habile, il commença par sonder le terrain de l'opinion publique, afin de s'assurer une forte base d'opération. A la suite de cette premièrere connaissance, dont le résultat dépassa toutes ses espérances, il prépara ses batteries, et bientôt après il engageait avec l'hydre révolutionnaire ce duel à mort dont il sortit vainqueur.

Personnellement hostile aux menées des factions démagogiques, il détestait surtout les institutions qui se ressentaient de leur passage au pouvoir. Le hideux spectacle des funérailles civiques avait, de tout temps, soulevé son indignation. Aussi, c'est par ce côté qu'il entra en lutte avec eux. La question des honneurs funèbres fut donc comme la pierre de touche dont il se servit pour étudier les dispositions des esprits. Trois circonstances qu'il fit surgir à propos, *les obsèques du pape Pie VI*, *la mort de Washington* et la *translation solennelle aux Invalides des cendres de Turenne*, vinrent seconder ses desseins.

1° *Obsèques du pape Pie VI, à Valence.* — Le premier Consul ayant appris que le corps du pape Pie VI était encore à Valence, relégué au fond d'une sacristie, et que, depuis six semaines, il attendait la sépulture, prit, à la date du 9 nivôse an VIII, (1) (30 décembre 1799), un arrêté ainsi conçu :

« Les Consuls... considérant que le corps de Pie VI est
« depuis 6 mois en dépôt, dans la ville de Valence, sans
« qu'il lui ait été accordé les honneurs de la sépulture ;
« Que si ce vieillard, respectable par ses malheurs, a

(1) Thiers. *Consulat et Empire*, page 124. vol. 1.

« été un moment l'ennemi de la France, ce n'a été que
« séduit par les conseils des hommes qui environnaient
« sa vieillesse ;

« Qu'il est de la dignité de la nation française et con-
« forme à son caractère de donner des marques de con-
« sidération à un homme qui occupa un des premiers
« rangs sur la terre..., arrêtent etc. » Suivent les dispositions qui ordonnent à la fois des honneurs funèbres pour
le Pontife et un monument qui fasse connaître la dignité
du prince enseveli.

Cette démonstration hardie produisit sur les esprits
un effet extraordinaire. On accourut en foule à Valence,
pour assister à cette manifestation religieuse. Les funérailles furent magnifiques et le peuple commença, dès ce
jour, à entrevoir la fin de bien des maux.

2° *Mort de Washington.* (1) — Au mois de mars 1800,
le général Bonaparte adressait aux troupes l'ordre du jour
suivant : « Soldats, Washington est mort !.... ce grand
« homme s'est battu pour la tyrannie ; il a consolidé l'in-
« dépendance de sa patrie. Sa mémoire sera toujours chère
« au peuple français, comme à tous les hommes libres des
« deux mondes, et spécialement aux soldats français qui,
« comme lui, se battent, pour la liberté.... » En conséquence dix jours de deuil furent ordonnés. Ce deuil devait
consister en un crêpe noir suspendu à tous les drapeaux.
Les 96 drapeaux conquis en Égypte n'ayant pas encore été
présentés au Gouvernement, le premier Consul profita de la
circonstance pour faire coïncider cette présentation avec le
couronnement du buste du héros d'Amérique, sous le
dôme des Invalides. Berthier reçut ces drapeaux, au nom
du premier Consul, ayant à ses côtés deux invalides cen-

(1) Thiers. *Consulat et Empire*, vol. 1. page 220.

tenaires, et en face, le buste de Washington. M. de
Fontanes prononça l'éloge funèbre de l'illustre défunt, au
milieu d'un concours extraordinaire. Après ce discours on
attacha un crêpe à tous les drapeaux, et la France fut censée
en deuil. « Que manquait-il à cette pompe, écrit M. Thiers,
« pour qu'elle eût la grandeur de ces scènes funèbres où
« Louis XIV venait entendre l'éloge de ses guerriers de
« la bouche de Fléchier ou de Bossuet?.. Il y manquait
« ce que le plus grand des hommes n'y pouvait mettre
« lui-même, il y manquait la Religion, non pas celle que
« l'on s'efforce d'avoir, mais celle que l'on a, et sans
« laquelle, les morts sont toujours froidement célébrés, il
« y manquait le génie de Bossuet et plus de sincérité. »

3° *Translation des cendres de Turenne aux Invalides.*
— Retenus par un mouvement d'admiration involontaire,
les violateurs des caveaux de St-Denis avaient respecté le
corps de Turenne, que la prévoyance du savant archéologue Lenoir fit déposer, plus tard, dans le Musée des Petits-
Augustins, où il se trouvait encore en l'an VIII. Napoléon conçut le projet de le faire transporter, en grande
pompe, sous le dôme des Invalides, afin de donner à la
ville de Paris et à la France un exemple éclatant de réparation sociale. Il choisit, pour cette translation, le dernier
jour complémentaire de l'an VIII, qui clôturait le XVIII°
siècle. En même temps, comme pour unir les gloires du
présent avec les gloires du passé, il arrêta que l'on pose-
rait, ce jour là, la première pierre des monuments funèbres destinés à Kléber et à Desaix. En l'absence de la religion, dont le vide est immense dans les fêtes publiques, il
voulait y suppléer, en donnant à cette solennité un caractère de gravité et de moralité que n'avaient pas les précédentes.

Au jour désigné, les cendres du guerrier chrétien étaient

deposées sur un char magnifique, attelé de quatre chevaux.
Les cordons du char étaient tenus par quatre vieux généraux mutilés au service de la République. Tout autour du
cercueil, marchaient les invalides et quelques-unes des
belles troupes de l'époque. Toutes les autorités civiles, ju-
diciaires, militaires et administratives formaient le cortége,
revêtues de leurs plus beaux uniformes. Cet imposant défilé traversa les rues de la capitale et arriva, au milieu d'un
immense concours de population, sous le dôme des Invalides, où l'attendait le futur empereur, entouré des délégués de tous les départements et des dignitaires qui composaient sa maison. Le corps fut placé sur son catafalque,
et le ministre de la guerre, Carnot, prononça, à cette occasion, un discours très-digne et parfaitement en rapport
avec la gravité des tristes souvenirs qu'il rappelait. On des-
cendit ensuite le cercueil dans le monument qui lui était
destiné et où il repose encore aujourd'hui.

L'effet produit par ces trois cérémonies funèbres fut immense. Napoléon était suffisamment édifié, par ce qu'il
venait de voir, sur le besoin qu'éprouvait la société de revenir à l'ancien culte de ses pères. Fort de l'adhésion des
masses, il alla désormais droit au but et, dès ce moment, il
s'occupa d'arrêter les premières bases du Concordat. Pour
faire aller de front la question religieuse et la question civile, il chargea son frère Lucien, alors ministre de l'intérieur, de préparer, de son côté, les éléments d'une loi générale sur les sépultures, et d'en faire coïncider l'adoption,
avec la restauration du culte. Afin que cette loi fût en parfaite harmonie avec les besoins de l'époque et le véritable
sentiment des populations, il exprima le désir que l'on as-
sociât à son élaboration, non plus les députés du pays,
dont il connaissait l'indifférence et le scepticisme sur cette
matière, mais, autant que possible, chaque citoyen. A cet

12

effet, le Gouvernement invita l'Institut à ouvrir un concours
public sur la question des sépultures, d'après un programme rédigé par le ministre de l'intérieur.

4° *Concours public ouvert à l'Institut, par le Gouvernement, sur un projet de Règlement relatif aux sépultures.*
— En l'an IX, le Gouvernement transmit son programme
à l'Institut. En voici la teneur, d'après le mémoire du citoyen Mulot, l'un des lauréats du concours :

QUELLES SONT LES CÉRÉMONIES A FAIRE POUR LES FUNÉRAILLES ET LE
RÈGLEMENT A ADOPTER POUR LE LIEU DE LA SÉPULTURE.

... Les auteurs voudront bien faire attention aux différents points
compris dans la question proposée par le Gouvernement.

Ce sont, d'abord, *les cérémonies à faire pour les funérailles*, ce
qui se rapporte à tous les détails qui suivent le trépas, tels que peuvent être l'exposition du corps, la proclamation de décès, l'invitation et le rassemblement des personnes qui accompagnent le corps,
la manière dont il sera transporté d'un lieu à un autre.

La seconde partie de la question, savoir : *le règlement à adopter
pour le lieu de la sépulture*, comprend le choix et l'indication, soit
des locaux où les corps pourront être déposés momentanément, pour
être transportés, ensuite, dans les lieux que leur destination et l'é-
tendue qui leur est nécessaire obligeraient à porter plus loin des
habitations, soit des locaux destinés à être la dernière demeure des
défunts. La manière dont ces locaux doivent être disposés pour ne
pas nuire à la salubrité des habitations, celle dont ils doivent être
décorés, pour atteindre une partie du but moral que les institutions
funèbres se proposent, font partie des objets que l'on aura à examiner.

Le sujet proposé doit être traité d'une manière générale qui puisse
s'appliquer sur tous les points de la République.

Les cérémonies funéraires n'étant considérées que relativement
à un acte civil, il ne doit y être introduit aucune forme qui appar-
tienne à un culte quelconque....

Le 15 vendémiaire de la même année, l'Institut était
appelé à se prononcer sur le mérite des trente-huit mémoires qui lui avaient été adressés. Nous en avons lu quel-

ques-uns et notamment ceux qui furent l'objet d'une distinction honorifique. Quant à la forme, ils se ressentent
de ce goût fade, incolore et composé qui est particulier au
Directoire. Quant au fond, on y trouve quelques indications instructives sur les rites funèbres des anciens et un
commencement de retour vers les saines doctrines du
Christianisme. Mais ce concours ne produisit pas le résultat attendu. Les auteurs y sacrifient encore trop volontiers à ce culte folâtre de la nature qui, sous une apparence de sensibilité, avait desséché et corrompu tous les
cœurs.

Le mémoire du citoyen Amaury-Duval partagea le prix
du concours avec le mémoire du citoyen Mulot. Le citoyen
Girard fut gratifié d'une mention honorable. Un mot sur
chacun de ces trois écrivains.

Le premier, antiquaire, journaliste parfois, et auteur
d'un ouvrage en quatre volumes sur les arts, présenta le
parallèle des sépultures chez les anciens et chez les modernes, et, pour éviter la monotonie, il adopta la forme
dialoguée. Son travail forme un petit volume qui a été publié sous le titre de : *Sépultures des anciens et des modernes.*

Le second, ex-législateur, ex-curé de St-Victor, à Paris,
et membre de la Société des Arts, adopta la forme d'un
discours ordinaire. Voici un échantillon de son style. « Il est
» donc vrai, dit-il, qu'un ministre, autant ami de l'humanité
« que des arts, *tourmenté du besoin généreux de créer des
« institutions,* a fait au premier corps savant de France,
« la *douce* invitation de nous appeler à traiter cette ques-
« tion..... Oh ! que mon âme a été *délicieusement* affectée
« quand j'ai lu, dans nos papiers publics, l'annonce du
« concours. La *fraîcheur de la nuit, la rosée du matin,*
« ne font pas plus de bien à *l'herbe desséchée de nos prai-*

« *ries*, que cette nouvelle n'en a fait à mon cœur !... » (1)

Quant au citoyen Girard, qui signe son opuscule : *L'au-teur de Praxile*, sa préoccupation dominante est de porter « un jour philosophique dans les tombeaux, de faire ser- « vir le flambeau funéraire à éclairer la raison des peu- « ples, à dissiper les vains fantômes dont la superstition « fait le cortége ordinaire des morts... (2) » On devine le « reste. En résumé, le Gouvernement recueillit les pré-cieux éléments que pouvaient renfermer ces divers mémoi-res, mais il n'y trouva pas ce qu'il y cherchait. Les auteurs avaient-ils voulu complaire aux juges du concours, en abondant dans le sens des idées philanthropiques qui étaient si chères à ces derniers, ou leur langage était-il le fruit d'une conviction personnelle? on ne saurait le dire. Ce qui est certain, c'est que le résultat ne répondit pas à l'attente du premier Consul.

Flatté de l'attention dont il venait d'être l'objet de la part du Gouvernement, dans cette circonstance particu-lière, l'Institut eut à cœur de justifier la haute considération dont il jouissait, en donnant à la société un salutaire exemple de respect envers les morts. A l'occasion du décès du citoyen de Wailly, il prit un arrêté, par lequel *il obligeait tous ses membres à assister aux obsèques d'un confrère décédé*. Cette détermination, qui nous paraîtrait si natu-relle et si ordinaire aujourd'hui, fut très-remarquée à l'épo-que où elle fut prise. Voici en quels termes le citoyen Baudin rendait compte, à ses collégues, de l'effet produit, dans le public, par la première sortie de l'Institut, aux funérailles de de Wailly : « Dans le très-long espace qu'il nous a fallu

---

(1) Discours qui a partagé le prix proposé, etc., par Mulot. Paris, an IX, page 2. — (2) *Les tombeaux, ou l'influence des institutions funèbres sur les mœurs*, par Girard. Paris, an IX, page 37.

« traverser, à l'heure où la circulation est la plus active,
« vous avez vu les passants interrompre leur marche, pour
« considérer la vôtre, les voitures s'arrêter, les ouvriers,
« les marchands, les citoyens de tout état, sortir des bou-
« tiques, se découvrir, se demander d'où provenait cette
« suite nombreuse. Vous avez entendu des hommes et
« des femmes s'écrier successivement : *Il y a longtemps*
« *que nous n'en avions tant vu.... A la fin, en voilà un*
« *qui a trouvé des parents.... Celui-là, du moins, on en*
« *tient compte.* Ces discours sont les indices certains d'un
« sentiment précieux que nous nous permettrons d'appeler
« *la soif de la morale.* »

CHAPITRE IV.

TROISIÈME PÉRIODE

CONCORDAT

ALLIANCE DE LA LOI CIVILE AVEC LA LOI RELIGIEUSE

(1801 — 1874)

Le **26** messidor, an IX, le Pape et le premier Consul arrêtèrent, d'un commun accord, les bases d'une convention qui consacrait le rétablissement du culte catholique et réglait les rapports entre l'Église et l'État. Cette Convention mémorable est connue, dans l'histoire, sous le nom de *Concordat de* 1801, et les articles organiques en ont été reproduits par la loi du 18 germinal an X (8 avril 1802).

Désirant inaugurer dignement ce retour de la France à l'ancien culte de ses pères, Bonaparte en fit coïncider la consécration avec les fêtes de Pâques de l'année 1802. Ce jour-là un *Te Deum* solennel retentissait sous les voûtes de Notre-Dame, en présence du premier Consul radieux et triomphant, de tous les hauts fonctionnaires de l'État, de toutes les autorités civiles et militaires qui formaient son escorte d'honneur, et d'un immense concours de population venue de tous les pays pour voir le

grand homme, pour le remercier et le bénir. Rarement
le beau cantique de St Ambroise se fit entendre dans des
circonstances aussi grandes et aussi solennelles. Au sortir
de l'immense tempête de l'esprit humain, qui avait failli
l'engloutir, la France de St Louis et de Charlemagne se
trouvait encore au pied des saints autels, le front incliné
devant le Dieu des batailles, le cœur ému et repentant.
Quel beau spectacle pour l'Europe et quelle belle page
dans la vie de ce jeune conquérant qui se révélait au monde
par des instincts pleins de grandeurs! De toutes les gloires
qui remplirent sa laborieuse carrière de monarque et de
soldat, il n'en est pas de plus pure et de plus entière que
celle qu'il recueillit dans cette circonstance. Aussi, lorsque,
quinze ans plus tard, la main de Dieu s'appesantit sur lui,
la Providence permit qu'un ministre du culte catholique
le consolât, dans son exil sur la terre étrangère, et l'as-
sistât à ses derniers moments.

S'il avait écouté les conseils des personnes qui composaient son entourage, le premier Consul se serait peut-
être déclaré le chef d'une nouvelle religion. Mais en restant dans son vrai rôle, il se montra plus grand et échappa
au ridicule qui, dans un pays comme la France, ne pouvait manquer de s'attacher au titre de Consul-Pontife ou
d'Empereur-Pape. Il avait assisté de trop près à toutes les
péripéties de la Révolution pour en méconnaitre les enseignements. A ses yeux il n'y avait qu'un seul législateur dans les temps modernes, l'expérience. Il la consulta
souvent, et c'est aux conseils qu'il en reçut qu'il fut redevable de ses meilleures institutions.

Mais, la religion une fois rétablie, il fallait aviser aux
moyens d'en assurer l'exercice et pourvoir tant à la subsistance de ses ministres qu'aux besoins matériels du culte. Le
premier Consul se trouvait ici en présence des plus graves

difficultés. L'État, détenteur des biens confisqués par la
Révolution, ne pouvait se soutraire à la nécessité d'une
réparation légitime, en prenant à sa charge les dépenses
auxquelles les revenus de ces biens avaient pour objet de
subvenir. D'un autre côté, l'État était loin d'être riche.
Les finances publiques avaient autant de besoin de se re-
faire que les idées et les mœurs. Comment suffire à tant
de nécessités, comment faire face à des exigences aussi
nombreuses et aussi variées? Pour résoudre la difficulté
le premier Consul commença par la diviser. Le Gouvernement avait confisqué les biens du clergé, dit-il, mais les
Communes ayant pris part au partage des dépouilles des
églises, il était rationnel de les associer à l'acte de réparation auquel le clergé pouvait légitimement prétendre.
Il fut donc arrêté que l'État ferait les frais de traitement
du clergé et que les Communes subviendraient,elles-mêmes,
aux dépenses matérielles du culte ou de la fabrique. Il
combina, dans ce sens, les diverses lois qui furent successivement publiées et que nous allons rapidement examiner
dans les deux paragraphes suivants :

§ 1. Lois réparatrices à l'égard du clergé.

Le premier acte de cette politique réparatrice fut la
promulgation de la loi du 18 germinal an X dont les articles 64, 65, 66, 67 et 68 déterminent le traitement des
ministres du culte. La position que leur assurait le gouvernement était loin d'être brillante, mais si le premier
Consul ne se montra pas d'une générosité plus grande, on
doit en rechercher la cause, non dans sa volonté, mais dans
la pénurie des moyens dont il disposait. D'ailleurs, il ne
tarda pas à compléter, par des dispositions mieux réfléchies,

ce premier acte d'une organisation qui n'était pas exempte de difficultés.

Nous passons sous silence les décrets rendus peu de temps après, en faveur des cardinaux, des évêques, des chanoines, des séminaires, des vicaires-généraux et des aumôniers; mentionnons seulement, pour mémoire, les mesures légales suivantes.

1° Arrêté du 27 brumaire an XI, sur le traitement des ecclésiastiques, sur les promotions de curés de 1re et 2e classes, et le cumul, par les curés septuagénaires, du traitement avec les pensions.

2° Décision du 7 ventôse an XI, sur le traitement et les frais d'installation des cardinaux.

3° Arrêté du 14 ventôse an XI, sur le traitement des vicaires-généraux et des chanoines.

4° Loi du 23 floréal an XI, qui permet les dons testamentaires en faveur des ministres du culte.

5° Arrêté du 11 fructidor an XI, sur le traitement des vicaires chapelains et aumôniers attachés aux hospices.

6° Décret du 21 prairial an XII, sur la nouvelle circonscription des succursales et sur le traitement des desservants.

7° Loi du 28 ventôse an XII, sur les séminaires métropolitains.

8° Loi du 23 prairial an XII, sur les sépultures, art. 20 et 23.

9° Décret du 3 nivôse an XIII, sur la circonscription des succursales et sur le traitement des desservants et vicaires.

10° Décret du 23 nivôse an XIII, sur les frais de bulles d'institution des archevêques et évêques.

11° Décret du 13 thermidor an XIII, sur le prélèvement du sixième des chaises et bancs, en faveur des prêtres âgés ou infirmes, etc., etc., etc.

Pour juger de l'accroissement successif qu'a subi le traitement du clergé, depuis l'an X jusqu'en 1870, il nous suffira de dire que le budget des cultes, qui n'était que de 4 millions, en 1803, arrivait au chiffre de 17 millions, en 1813, de 24 millions, en 1820, de 38 millions, en 1830, de 41 millions, en 1850, et de 54 millions, en 1870.

A la suite de ces indications sommaires nous passons à l'examen des lois et décrets qui concernent les fabriques, dont la reconstitution et les intérêts font l'objet principal de cette étude.

§ 2. Lois réparatrices en faveur des fabriques.

Ces lois sont de deux sortes : les unes sont relatives au *rétablissement et à la reconstitution*, d'abord provisoire, et ensuite définitive, des fabriques, et les autres aux *ressources qu'on leur assura* pour subvenir convenablement et décemment aux besoins du culte. Nous allons présenter, dans leur ordre chronologique, l'exposé des lois, décrets, arrêts et règlements qui ont été rendus, à ce double point de vue.

1° *Loi du 18 germinal an X.* — L'article 76 de cette loi porte ce qui suit : « Il sera établi des fabriques pour « veiller à l'entretien et à la conservation des temples et « pour l'administration des aumônes. »

S'autorisant de ces dispositions, les évêques s'empressèrent de reconstituer les conseils de fabriques, d'après les bases des anciens règlements. Quelques préfets, par trop ombrageux, croyant apercevoir des inconvénients dans ce

---

(1) Les lecteurs trouveront le texte de ces pièces dans la septième Partie de l'ouvrage.

retour aux anciens usages, en avisèrent le Gouvernement, après avoir préalablement contesté, aux administrations diocésaines, le pouvoir qu'elles s'arrogeaient. Le Gouvernement ne partagea pas les susceptibilités de ces préfets et confirma l'article 76 de la loi de germinal, par l'arrêté ci-après :

2° *Arrêté du 9 floréal an XI.* — Cet arrêté non-seulement reconnut aux supérieurs des diocèses le droit de reconstituer les fabriques, mais leur en fit en quelque sorte une obligation. Toutefois, les règlements faits par eux, à ce sujet, ne devaient être que provisoires. Le gouvernement ne s'en tint pas là. Le 18 germinal de la même année, il prenait un autre arrêté, en vertu duquel il autorisait les Conseils généraux des départements à voter les fonds qu'ils jugeraient nécessaires pour augmenter le traitement des évêques, pour subvenir aux frais de réparations des églises cathédrales, et à l'achat des objets nécessaires au culte. L'article 2 du même arrêté autorisait pareillement les Conseils municipaux à voter les mêmes dépenses pour les curés, vicaires et desservants, ou pour les besoins du culte, dans les paroisses.

3° *Arrêté du 7 thermidor an XI.* — Telle était la pauvreté des églises, qu'en dehors des aumônes ou du produit des chaises ou des quêtes, les fabriques n'avaient, comme ressource effective, que l'allocation volontaire des municipalités, qui ne l'accordaient pas toujours. Pour faire cesser cet état de vassalité des fabriques à l'égard des communes, le premier Consul prit l'arrêté du 7 thermidor qui restituait à ces établissements religieux tous les biens des fabriques qui n'avaient point encore été vendus.

Mais l'article 3 de cet arrêté, en confiant à des marguilliers, nommés par le préfet, l'administration des biens restitués, créait, au sein des églises, un système de dualité très·fâcheux qui fit naître des rivalités regrettables, auxquelles le décret du 30 décembre 1809 mit heureusement un terme.

De plus, cet arrêté ne produisit pas les résultats que l'on espérait, car le nombre des immeubles confisqués et non vendus était tout à fait insignifiant.

Le premier Consul tourna ses regards d'un autre côté. Il y avait longtemps que la question des sépultures fixait son attention. Elle était encore en réserve. Avant de la trancher, il voulut en combiner les dispositions de façon à pouvoir, par un seul et même décret, donner satisfaction à plusieurs interêts à la fois. Fidèle à son habitude de prendre plutôt conseil de l'expérience que de son entourage, il entrevit, dans cette question, un moyen assuré *de procurer aux fabriques une source importante de revenus,* de *doter le public d'une loi convenable* dont le besoin se faisait impérieusement sentir, et, en troisième lieu, de *dégrever les budgets municipaux de la lourde charge de pourvoir constamment aux besoins ordinaires du culte.* Son idée une fois arrêtée, il chargea le ministre de l'intérieur d'en dresser un projet et de le présenter à la discussion du Conseil d'État.

4° *Décret organique du 23 prairial, an XII, sur les sépultures.* — L'incendie des archives du Conseil d'État ne nous a point permis de prendre connaissance de la discussion dont le projet de loi fut l'objet, au sein de la section de l'intérieur. La perte de ces documents est d'autant plus regrettable, qu'il n'y a pas de meilleur guide, dans l'étude des lois, que la lecture des motifs qui ont présidé à leur confection. Nous suppléerons à l'absence de ces documents précieux, par les rares extraits qu'en ont donnés quelques auteurs, et par les aperçus historiques qu'il nous a été possible d'en recueillir à diverses sources.

Le projet fut rédigé et présenté à la section de l'intérieur par Chaptal, alors ministre de l'intérieur. La section était présidée par le citoyen Rœdérer et comptait, parmi ses membres, les citoyens Crétet, Fourcroy, de Ségur et Raynaud St-Jean-d'Angely. Le jurisconsulte Portalis y assistait, en qualité de chargé des affaires ecclésiastiques. A l'exception de ce dernier, aucun des conseillers que nous venons de nommer n'était sympathiquement porté, par le courant de ses convictions personnelles, en faveur des églises et des fabriques. Cependant, ils ne leur étaient pas systématiquement hostiles. D'ailleurs, au-dessus d'eux planait la volonté du premier Consul, qui cédait parfois sur les questions de détail, mais qui était inflexible sur les principes. Le ministre de l'intérieur ne cachait pas ses préférences. Nous lisons, dans une lettre par lui adressée aux préfets, le 8 messidor, an XII, qu'il avait cru devoir s'opposer à la création du monopole des pompes funèbres, en faveur des fabriques, et en faire bénéficier les pauvres des hôpitaux, mais que le Gouvernement ne prit pas son avis en considération. Telle était la disposition d'esprit du rédacteur du projet. Nous connaissons déjà quelles étaient les théories philanthropiques du citoyen Rœdérer, au sujet des *sépultoires*. Nous nous contenterons d'ajouter qu'il ne fut pas l'un des moins zélés de ceux qui s'efforcèrent de dissuader le premier Consul de son projet de restauration du culte (1). Le citoyen Fourcroy était un conventionnel. Le citoyen Crétet avait siégé, pendant le Directoire, au Conseil des anciens. Les citoyens Raynaud et de Ségur suivaient le courant de l'époque qui, chez les hauts fonctionnaires, n'é-

(1) Thiers. *Consulat*, vol. 3.

tait pas toujours favorable aux idées religieuses. Portalis nous l'apprend lui-même, dans quelques-unes des lettres qu'il adressait au ministre de l'intérieur (1). Voilà le milieu dans lequel devait être discutée la pensée lumineuse du premier Consul sur les sépultures.

Le projet présenté par Chaptal comprenait deux ordres d'idées bien distinctes : 1° le règlement des lieux de sépulture ; 2° le règlement des convois funèbres et des inhumations.

Le règlement relatif aux cimetières est en partie calqué sur la Déclaration du Roi, du 10 mars 1775, et en partie inspiré sur les diverses lois qui furent promulguées ou seulement projetées sous la Révolution. Il nous serait facile de marquer l'origine et le point de départ des articles qui composent les titres I, II, III et IV. Mais cela nous entraînerait dans de trop longs développements. Arrêtons-nous seulement aux articles 15 et 19, qui ont été la source de si graves difficultés.

L'article 15 était ainsi conçu, dans le projet primitif du ministre de l'intérieur : « Les lieux consacrés aux inhu-« mations seront bénits par les ministres du culte. » Cette rédaction ne fut pas adoptée par la section qui, dans son rapport, y substitua celle-ci : « Les lieux de sépulture de-« meureront à la charge et seront la propriété des com-« munes. Ils n'appartiendront exclusivement à aucun « culte, ils seront soumis seulement à l'autorité, police « et surveillance de l'administration. » On préféra cette rédaction, dit le rapport de M. de Ségur, parce que la bénédiction rendrait les catholiques seuls propriétaires des cimetières, ce qui est contraire au système de tolérance établi par les lois nouvelles, qui protégent également tous

(1) L'abbé Vouriot. *Manuel des Conseils de fabriq.* Introduction.

les cultes. Cependant, comme la religion catholique exige
que la terre où l'on inhume soit bénite, les prêtres de cette
religion pourront bénir chaque fosse, à chaque inhumation (1). L'assemblée générale du Conseil d'État n'adopta
aucune de ces deux rédactions. Elle crut qu'il y avait moyen
de concilier la pensée du projet avec celle de la section, en
créant un cimetière spécial et réservé pour chaque culte.
De là l'article 15 du décret de prairial, dont on a si souvent méconnu les prescriptions.

L'article 19 portait primitivement le numéro 16 dans le
projet et était ainsi conçu : « Les ministres du culte ne
« pourront, en aucun cas, et sous quelque prétexte que
« ce puisse être, refuser leur ministère pour l'inhumation
« du corps des individus décédés dans la religion catholi-
« que, apostolique et romaine. » Le Conseil d'État recula
devant cette rédaction. Le conseiller Portalis, chargé des
affaires du culte, insista vivement pour la suppression radicale de cet article du projet, disant qu'il ne pouvait que
faire naître des désordres ; qu'il touche à un point délicat,
sur lequel le Gouvernement doit exercer une utile influence, mais qu'il ne convient pas d'en parler dans une
loi. Quelques conseillers partagèrent son avis, observant,
avec raison, que l'on doit laisser au prêtre la faculté de refuser son ministère à l'individu dont la vie et la mort n'ont
été qu'un long blasphème contre l'Église. D'ailleurs, ajou-
tait-on, le refus de la sépulture ecclésiastique, qui enta-
chait autrefois les familles, ne présentait plus, après la Révolution, le même caractère. Le Conseil d'État ne se ran-
gea ni à l'avis du projet, ni à l'avis de Portalis. Comme
pour l'article 15, il choisit un moyen terme et, de sa pen-

(1) C'est ainsi que procède aujourd'hui le clergé de Paris, dans
les inhumations catholiques.

sée, sortit cet impuissant article 19, qui n'a produit que
du scandale et n'a jamais été exécuté. Le Gouvernement,
après avoir eu le triste mérite de le mettre au jour, eut,
plus tard, le déboire de le désavouer publiquement, par
des lettres tortueuses qui dissimulent très-mal son mouvement de retraite. Comment expliquer la ténacité du Conseil
d'État au maintien de cet article ? — Chez quelques-uns
de ses membres, comme chez l'auteur du projet primitif,
on peut y voir le résultat des idées de prévention qu'ils
nourrissaient secrètement contre les choses de la religion.
Chez les autres, et peut-être même chez le premier
Consul, l'article 19 cache le désir violent de mettre brusquement un terme au scandale des funérailles civiques.
Nous verrons en effet ci-après que, par un décret du 16
juillet 1806, l'Empereur obligea les parents ou amis des
défunts à observer, pour l'enterrement, les rites du culte
auquel le mort avait appartenu de son vivant sauf le cas
où, par acte de dernière volonté, il aurait formellement exprimé le contraire, ce qui devait être préalablement déclaré
à l'état civil. En rapprochant ces deux décrets on voit, en effet,
qu'ils semblent se compléter l'un par l'autre, les familles
devant en principe toujours appeler un prêtre aux funérailles, et le prêtre ne pouvant, en aucun cas, se refuser à
leur appel. L'article 19 peut donc être considéré comme
un effet de la réaction vive et irréfléchie qui s'opérait, contre un système de sépulture généralement détesté.

Le titre V du décret de prairial fonde le monopole des
pompes funèbres, en faveur des fabriques. La réalisation de
cette pensée du premier Consul, rencontra autour de lui
de nombreuses résistances. Les uns lui disaient qu'il devait
rester en dehors des affaires du culte et répondre par l'indifférence à toutes ces questions, laissant à chacun la liberté
d'agir, selon sa conscience. Mais comment rester indiffé-

rent sur cette question, objectait le premier Consul, quand
on venait de voir, quelques jours auparavant, le peuple en-
vahir, par force, une église et menacer de la saccager, parce
que le clergé avait refusé la sépulture ecclésiastique à une
actrice chérie (1) du public? comment rester indifférent
quand le pays l'était si peu? Les autres combattaient l'idée
d'un monopole qui allait de nouveau enrichir les églises. Le
futur empereur sut vaincre leurs scrupules par des arguments décisifs. En admettant, observa-t-il, que l'État ne se
préoccupât nullement de faire vivre les prêtres auxquels la
Révolution avait pris la dotation territoriale, d'assurer aux
églises les ressources exigées, par l'exercice du culte, il
fallait, au moins, souffrir que le clergé réorganisât, à titre
de contributions volontaires, un vaste système d'impôt, dont
le produit s'élèverait à trente ou quarante millions, et dont
la distribution appartiendrait à lui seul, peut-être à une
autorité étrangère, et peut-être même irait un jour, à l'insu
du Gouvernement, alimenter, en Vendée, la guerre civile. Le Gouvernement aurait été bien forcé alors de sortir
de son inaction et il ne lui restait, dans ce cas, que le droit
de se faire obéir, sans avoir celui de se faire aimer. Il valait
donc bien mieux attacher le clergé au Gouvernement, l'associer à ses intentions réparatrices, que de l'isoler, en le li-
vrant à ses seules ressources. L'idée du premier Consul
prévalut, sans peine, mais, sous le voile d'une générosité qui
n'était que justice, il est facile d'apercevoir la pensée de
méfiance qui animait les auteurs de la loi. L'article 23 en
porte l'empreinte visible: « L'emploi des sommes provenant
« de l'exercice de ce droit, dit cet article, sera consacré...
« Cet emploi sera *réglé* et *réparti, sur la proposition du*
« *conseiller d'Etat*, chargé des affaires concernant les

(1) Thiers. *Consulat*, vol. 3. Liv. 12.

« cultes, et *d'après l'avis des Evêques et des Préfets.* » Il résulte de ces dispositions, que le Gouvernement avait l'intention de former un fonds commun, à l'aide du produit général des pompes funèbres et d'y puiser, pour subvenir aux besoins du culte, d'après les demandes des évêques et des préfets. Cette idée n'eut pas de suite. Les prescriptions de cet article furent annulées, par le décret du 30 décembre 1809. Aujourd'hui, l'article 23, n'a d'autre valeur que celle d'un souvenir.

L'article 20, consacre le principe de la gratuité des funérailles chrétiennes, dont nous avons parlé dans le Chapitre II.

L'article 25 est en partie abrogé par l'article 7 du décret du 18 mai 1806, parce qu'il laissait, aux Conseils municipaux, une telle latitude, en matière d'élaboration de tarifs, que le monopole des Pompes funèbres pouvait fort bien se réduire à un chiffre voisin de zéro, suivant le caprice des administrations municipales.

L'article 24 est incomplet. En faisant inhibition et défense aux personnes autres que les administrateurs des églises d'exercer le privilége des Pompes funèbres, cet article ouvre deux moyens de répression : 1° *une peine ;* 2° *une réparation pécuniaire.* La réparation pécuniaire ne pouvait que rester subordonnée à la gravité du préjudice éprouvé par les intéressés. Quant à la peine, il convenait d'en déterminer la nature. Le silense de la loi sur ce point est cause que cet article n'est pas observé comme il devrait l'être. On y supplée, dans la pratique, par l'application de l'art. 471, n° 15 du Code pénal, mais il est bien rare qu'on y ait recours.

L'article 22 laisse aux fabriques la faculté d'exploiter ou d'affermer leur monopole, *sauf l'approbation des autorités civiles sous la surveilance desquelles elles sont pla-*

cées. Cet article accuse, comme l'art. 23 et comme l'art. 25 l'idée fixe qui animait les législateurs de rattacher, par toute sorte de liens, l'action des fabriques à celle du Gouvernement; de suivre tous leurs mouvements et d'observer tous leurs gestes. Toujours cette soif de contrôle qui tient de la méfiance. N'en soyons pas surpris, et rappelons-nous que l'on n'était encore séparé que par quelques années de l'époque où il n'y avait ni culte, ni religion. Mais ici la loi consacre une anomalie, pour ne pas dire une absurdité. En effet, l'article 22 investit les fabriques d'un monopole rigoureux, et leur laisse le choix dans le mode d'exploitation. Le droit existant par lui-même, pourquoi en subordonner la jouissance à l'approbation des autorités civiles? — Quand il y a mise en adjudication l'approbation du cahier des charges se conçoit, mais lorsque les fabriques exercent directement leur privilége, à quoi s'applique l'approbation? — D'abord, peut-on la leur refuser? — Nullement, car l'article 24 ne reconnaît qu'aux fabriques le droit de jouir dudit privilége. Peut-on seulement contrarier le choix fait par elles, entre tel ou tel mode d'exploitation? — Pas davantage, car l'article 22 leur garantit le droit d'option en termes formels. Alors quelle est la valeur d'une approbation que l'administration n'est pas libre de refuser? — Telle est la question que l'on s'adresse en lisant cet article. La seule manière de l'interpréter est de donner au mot *approbation* le sens du mot *déclaration*, car la formalité à laquelle les fabriques sont soumises, de ce chef, ne paraît pas avoir d'autre caractère. Ici le but a donc été dépassé; il ne s'agit que d'y revenir.

Tel est, au point de vue général, le décret du 23 prairial an XII. Ce décret, basé sur la réalisation de cette pensée chrétienne et libérale que *le riche doit payer pour le pauvre*, est considéré, à juste titre, comme le premièr monument législatif qui ait été promulgué sur les sépultures. En tenant compte du milieu, encore agité, dans lequel il fut élaboré, et des difficultés véritables que présentait un travail de cette importance, on est obligé de ne pas se montrer trop rigoureux sur les graves imperfections que l'on y observe. La pensée était bonne et le mouvement généreux ; d'ailleurs, si le texte n'a pas subi encore les correctifs dont il est susceptible, hâtons-nous de dire qu'à la suite d'une courte expérience, la doctrine et la jurisprudence en ont amendé les dispositions, qui pourraient devenir une source d'embarras ou de conflits. C'est regrettable, sans doute, que la loi ne soit pas en parfaite conformité avec les décisions qui l'expliquent, mais espérons qu'il n'en sera pas toujours ainsi.

Le 8 messidor, an XII, le Ministre de l'intérieur adressait aux préfets une lettre circulaire pour leur expliquer les prescriptions du décret de prairial. Nous en donnons un extrait aux pièces justificatives, dans la septième partie.

Il était difficile de tout prévoir dans un premier décret. Les omissions et les imperfections s'en manifestèrent, avec la pratique, mais nous devons rendre cette justice au Gouvernement, qu'il s'empressa de réparer ces lacunes, au fur et mesure qu'il en reconnaissait la nécessité. La circulaire du 26 thermidor an XII, le décret du 4 thermidor an XIII, les décrets du 15 mai 1806 et 26 décembre 1813, etc., sont autant de mesures prises, dans le but de compléter le décret de prairial.

5° *Circulaire du* 26 *thermidor au XII.* — *Transports extérieurs.* — Cette circulaire détermine les mesures de salubrité à prendre, dans les cas où un corps doit être transporté hors la commune. Nous en donnons une copie dans la septième partie.

6° *Décret du 4 thermidor an XIII.* — *Levée des corps.*

— Afin de prévenir les inconvénients résultant des inhumations précipitées, le Gouvernement promulgua ce décret, qui s'adresse autant aux communes qu'au clergé et aux familles. Les lecteurs en trouveront le texte aux pièces justificatives.

7° *Décret du* 10 *février* 1806. — *Culte israélite.* — Le culte israélite n'ayant pas été compté au nombre des cultes reconnus et salariés par l'État, le décret du 10 février 1806 stipula que les dispositions des articles 22 et 24 du décret du 23 prairial an XII, n'étaient pas applicables aux personnes décédées dans cette religion. Mais la loi du 8 février 1831 assimila plus tard le culte israélite aux autres religions et abrogea le décret du 10 février 1805.

8° *Décret organique du* 18 *mai* 1806 *sur les Pompes funèbres.* — Ce décret confirma celui de prairial et en réglementa les prescriptions dans un sens plus précis, plus large et plus simple, au point de vue pratique. On a prétendu qu'il annulait celui de l'an XII, dans les dispositions qu'il n'avait pas reproduites. Cette doctrine, admise un instant par la Cour de cassation, a compté un certain nombre de partisans aussi éclairés que convaincus. Mais elle ne subsista pas longtemps. Il est généralement reconnu aujourd'hui que le décret de 1806 renferme toutes celles des dispositions du décret de prairial, qu'il n'abroge pas explicitement. L'article 7 annule l'article 25 du décret de prairial, en ce qui concerne l'élaboration des tarifs. L'article 11 rectifie l'article 21 de ce dernier décret relativement à la fixation du mode de transport.

Le décret de 1806, quoique plus explicite que celui de l'an XII, n'est pas cependant exempt de reproches. L'art. 8, notamment, a été très-vivement critiqué, parce qu'il ne dit pas si la réunion des fabriques, dans les grandes villes est obligatoire, dans tous les cas, ou seulement lorsqu'il il y a mise en adjudication du service. L'article 14 semble confirmer cette dernière interprétation, qui aurait besoin d'être mieux précisée.

On a également critiqué le manque de concordance qui existe entre la rubrique des titres et le contenu des articles classés à la suite. Ainsi le titre II porte pour en-tête : *Service pour les morts dans les églises.* D'après cette indication, il semble qu'on ne devrait trouver, dans les articles 4, 5, 6, 7 et 8, que des dispositions relatives au service intérieur des églises. Mais il n'en est rien. L'art. 7 dit très-bien : « Les fabriques feront par elles-mêmes...
« toutes les fournitures nécessaires au service des morts
« dans les églises *et toutes celles qui sont relatives à la*
« *pompe des convois,* (c'est-à-dire, du cortége). Elles dresse-
« ront à cet effet..... » En matière d'élaboration des tarifs, cette confusion a soulevé de très-vives contestations, entre les communes et les fabriques.

Le titre III, relatif *au transport* présente le même défaut d'harmonie, car il y est question des cimetières, des dépositoires, en même temps que du transport.

Ces vices de rédaction ou de classification rendent l'intelligence du décret de 1806 plus difficile qu'on ne pense. Heureusement que l'interprétation en est rendue plus facile par les commentaires de la doctrine et de la pratique administrative.

9° *Décret du 16 juillet 1806.* — *Funérailles civiques.* Le Premier Consul avait espéré que le retour des populations aux anciennes institutions funèbres mettrait un terme aux indécentes exhibitions de cadavres auxquelles la Convention avait donné le nom de *funérailles civiques.* Il y tenait, non-seulement au point de vue de la civilisation chrétienne, qu'un tel spectacle offensait, mais aussi, pour ne plus avoir sous les yeux cet odieux souvenir d'une époque qu'on ne saurait trop oublier. Il se trompait. Il restait toujours, dans les bas-fonds de la société, une classe de personnes qui, ne pouvant exprimer autrement leurs regrets pour l'ère des débordements populaires, et leur haine envers celui qui les avait écrasés, étaient heureux de protester contre l'ordre de choses nouveau, par une coutume empruntée à l'ordre de choses passé. Devenu empereur, Napoléon résolut de couper court à ces dernières réminiscences de la Révolution. Le 16 juillet 1806, il décréta : « que tout individu devait « être enseveli, suivant le rite du culte qu'il avait professé toute sa vie, à moins qu'il n'eût formellement « demandé le contraire, par acte de dernière volonté, ce « qui devait être explicitement et préalablement déclaré à « la mairie. »

Cette formalité gênante, sans porter atteinte au principe de la liberté de conscience, ralentit considérablement le zèle des manifestants, qui, par prudence ou par frayeur, finirent par se conformer au droit commun.

10° *Décret constitutif des fabriques du 30 décembre* 1809. — Une expérience de quelques années avait permis au Gouvernement d'arrêter, avec toute la maturité de réflexions désirables, un règlement définitif pour les fabriques. Le provisoire dans lequel ces établissements religieux avaient vécu jusqu'alors, ne pouvait plus se soutenir, sans de graves inconvénients. Pour avoir été plus tardive, la loi du 30 décembre 1809 n'en fut que meilleure, car on la considère comme un chef-d'œuvre d'organisation administrative. Elle fait le plus grand honneur au successeur de Portalis, le comte Bigot de Préameneu, qui y consacra tous ses soins. Nous n'avons pas à nous étendre beaucoup sur les dispositions qu'elle renferme et qui ne se rattachent qu'indirectement à l'objet principal de cette étude. Mentionnons seulement les articles 36 et 37, qui déterminent les recettes et les dépenses des fabriques, et l'article 42 qui impose aux communes l'obligation de suppléer à l'insuffisance des revenus des fabriques, pour les charges portées à l'article 37. L'article 99 ajoute : « Si les revenus communaux sont insuffisants, le Conseil « délibèrera sur les moyens de subvenir à cette dépense, « selon les règles prescrites par la loi. »

La loi du 14 février 1810 détermina, dans le principe, quelles étaient les formes à suivre, par les communes qui sont obligées de s'imposer extraordinairement, pour venir en aide aux fabriques.

Cette loi a été abrogée par celle des finances du 15 mai 1818, dont les dispositions se trouvent aujourd'hui résumées dans l'article 42 de la loi municipale du 18 juillet 1837, qui sert encore de règle dans les cas de ce genre.

En intéressant les communes à la bonne administration des biens des fabriques, le législateur a assuré à celles-ci, d'abord, des ressources positives et, ensuite, le concours des autorités municipales, dans l'examen des questions qui concernent le culte. La solidarité des intérêts est toujours un puissant auxiliaire, en cas de divergence ; au besoin elle est un frein contre de dangereux empiétements.

11° *Décret du 18 août 1811.* — *Pompes funèbres de la ville de Paris.* — Le décret du 18 août 1811, qui régit le service des Pompes funèbres de la ville de Paris, n'est qu'un décret d'*intérêt local.* Nous en parlons cependant, non pas à cause de l'importance qu'il a en réalité, mais uniquement à cause de l'importance qu'on lui attribue très-mal à propos. Dans un mémoire très-remarqué et non moins remarquable de l'honorable M⁰ Piet, avocat au Conseil d'État, ce décret est considéré comme organique et présentant un caractère d'intérêt

général, tout comme celui du 18 mai 1806. La même
opinion a été émise et soutenue par un certain nombre
d'auteurs. Or, hâtons-nous de dire que la portée de ce
décret a été surfaite, et qu'il n'a d'autre objet que d'appliquer, à la ville de Paris, les lois générales du 23 prairial
an XII et 18 mai 1806. Comme preuve, il suffira de rappeler ici les paroles du rapporteur du décret, dans la section du Conseil d'État. Voici en quels termes s'exprimait
M. Fiévé, l'auteur du rapport : « La section de l'Intérieur,
« en présentant le projet de décret suivant, remarque
« avec satifaction, qu'il ne contient aucune disposition
« nouvelle, qu'il n'est que le développement de la loi de
« 1806 dont l'exécution est enfin assurée, telle que Votre
« Majesté l'avait d'abord conçue et ordonnée. »

Attentivement examiné, le service des Pompes funèbres
de la ville de Paris est loin cependant, d'être l'expression
fidèle et exclusive des lois relatives aux inhumations. Sur
plus d'un point on ne peut s'empêcher d'y reconnaître
des innovations, que nous appelerons regrettables, d'abord,
parce qu'il serait difficile de les justifier en droit, et, ensuite, parce qu'elles sont d'un fâcheux exemple pour la
province qui les croit légales et les imite. Toutes ces innovations, bien que consacrées par l'usage, n'ont ni le
caractère, ni l'importance d'une loi générale qui s'impose
aux villes des départements. Si elles ne constituent pas
déjà un abus véritable, elles ont encore moins la force
voulue pour constituer une législation spéciale, qui ne serait que l'extension des décrets de prairial et de 1806.
Nous y reviendrons plus loin.

12° *Décret du 26 décembre 1813. — Partage de la
cire des convois.* — La question du partage, entre le Clergé
et la Fabrique, de la cire qui a servi aux enterrements
n'avait pas été traitée, dans les règlements antérieurs sur

les Pompes funèbres. Le Gouvernement recevait, à ce sujet, des évêques et des préfets un grand nombre de réclamations. Pour y mettre un terme, l'Empereur se fit présenter un rapport motivé, sur cette question, par le ministre des cultes, le comte Bigot de Préameneu et, le 26
décembre 1813, il rendit un décret qui traçait, au clergé
et aux fabriques la règle qu'ils auraient à suivre pour
effectuer ce partage à l'avenir.

Ce dernier acte du Gouvernement clot la série des décrets rendus sous l'Empire et le Consulat, en matière
de sépulture. On peut même dire qu'aucune autre loi organique n'a été publiée, depuis, sur la même question.

Il convient cependant de citer, à titre de simple indication, les décisions suivantes qui touchent plutôt à la
forme qu'au fond de la question, mais qu'il importe cependant de connaître.

13° *Décret du 25 mars 1852. — Décentralisation administrative. —* Ce décret porte, à l'art. 1*, que les tarifs
de pompes funèbres seront désormais soumis à l'approbation de l'autorité préfectorale, à laquelle ledit décret
donne qualité pour cela. Ce décret, comme les précédents,
figure à la septième partie de ce volume.

14° *Décret du 21 mars 1852. — Sociétés de secours
mutuels. —* Dans les villes où il existe une taxe municipale pour les convois funèbres le décret du 26 mars
1852 accorde une remise des deux tiers de ladite taxe,
en faveur des sociétaires décédés. Cette question se trouve
traitée, avec quelques développements, dans le chapitre
suivant. Nous y renvoyons le lecteur.

15° *Décret du 16 mars 1852. — Aumôniers des dernières prières. —* L'éloignement des cimetières, dans les
grandes villes, ne permettant pas au clergé d'y accompagner les corps des décédés et, de réciter sur les bords

de la fosse, les dernières prières de l'Église, l'Empereur institua un certain nombre d'aumôniers préposés à la réception religieuse des morts qui arrivent dans les cimetières de Paris, et les chargea de remplir, au moment de l'inhumation, les derniers devoirs de l'Église.

16° *Loi du 24 juillet 1867 sur les communes.* — L'article 16 de ce décret annule, pour les grandes villes dont le revenu est de trois millions, les dispositions du décret du 25 mars 1852, sur la décentralisation, et stipule que les tarifs et traités de pompes funèbres, dans lesdites localités, seront de nouveaux soumis à l'homologation du du Chef de l'État.

On pourrait ajouter à cette nomenclature l'ordonnance royale du 6 décembre 1843, sur les lieux de sépulture et la circulaire explicative du 30 décembre, même année ; mais cette ordonnance fera l'objet d'une étude spéciale, dans un autre ouvrage consacré aux cimetières.

Mentionnons encore, pour mémoire, la loi du 13 avril 1861 sur la décentralisation administrative, dont l'art. 1er, n° 13, confie aux préfets le soin d'autoriser les transports de corps hors la commune et à l'étranger, et, comme se rattachant à la même question, les circulaires ministérielles des 10 mars 1856 et 28 janvier 1857 dont nous donnons une copie aux pièces justificatives. La lecture de l'ouvrage fera mieux connaître les autres documents dont nous ne parlons pas ici, pour mieux les examiner ailleurs.

§ 3. — Conclusion de la première partie.

La conclusion de cette première partie se dégage d'elle-même. Nous la résumons en disant que le monopole des Pompes funèbres est un monopole nécessaire et d'intérêt général, qui trouve sa justification :

1° *Dans l'histoire des peuples les plus célèbres de l'antiquité, les Égyptiens, les Grecs et les Romains.*

2° *Dans le caractère de réparation sociale qui lui est propre.* — Les églises, dépossédées par la Révolution de leur dotation territoriale et d'un revenu annuel que l'on estime à 150 millions, avaient droit à une indemnité, et c'est pour réparer ce grand acte de spoliation inique, qu'on leur a accordé un privilége qui subvient aux besoins des fabriques et dégrève, en même temps, les budgets municipaux d'une allocation annuelle pour les frais du culte.

3° *Dans la pensée profondément libérale qui a présidé à son institution.* — On a comparé, avec raison, ce monopole à un *impôt somptuaire*, qui ne pèse que sur les familles qui, voulant faire oublier le caractère d'égalité que la mort imprime à tous ceux qu'elle frappe, font du luxe jusque sur le seuil de la tombe. *Impôt facultatif*, mais onéreux à ceux qui ne redoutent pas d'acheter, à ce prix, la vaine satisfaction d'un orgueil qui devrait s'arrêter aux limites de la vie. Pour en faire pardonner le fastueux étalage, la loi a voulu que le produit qui en découle soulageât la misère du pauvre, pourvût à leur sépulture gratuite et servît à l'entretient du culte.

4° *Dans une pensée de convenances sociales.* — L'esprit ne saurait se faire à l'idée de trafic, sur une question qui touche, de si près, aux sentiments les plus respectables et les plus chers au cœur de l'homme. Quand la mort a étendu son voile de deuil sur une famille, la pensée des parents redoute les bruits de la terre et les regards se portent plus volontiers vers les sublimes consolations que la Religion peut seule donner. Ah ! si, dans ces moments de douleur et de larmes, une main généreuse laisse tomber une offrande, dans le sein de l'Église, qu'on

ne la regrette pas, car ces biens, suivant le langage du
cardinal Gonzalvi, à l'époque du Concordat, ne sont que
l'expression spontanée des vœux des fidèles, le patrimoine
des pauvres et le sacrifice des pécheurs, *vota fidelium,
patrimonium pauperum, sacrificia peccatorum.*

TRAITÉ DE LÉGISLATION

SUR LES

POMPES FUNÈBRES

DEUXIÈME PARTIE
ÉTENDUE DU MONOPOLE

Les priviléges sont de droit étroit et doivent résulter d'une concession expresse et licite, ou des dispositions textuelles d'une loi.

En cas de doute ou de difficulté sur le sens qu'il convient d'attribuer à cette loi, ou consulte la jurisprudence, qui en est le commentaire le plus naturel et le plus autorisé.

La marche que nous nous proposons de suivre, dans l'examen de cette deuxième partie, sera donc la suivante :

Sous le titre premier, nous aurons à définir, d'après le texte légal, le principe générateur du monopole des Pompes funèbres, tel qu'il doit être entendu et appliqué.

Sous le titre deuxième, nous présenterons la justification de ce même principe, en nous appuyant sur les décisions rendues dans les questions susceptibles de controverse et qui ont déjà donné lieu à de sérieuses contestations entre les fabriques, les municipalités ou les particuliers.

TITRE PREMIER

Le privilége des fabriques, en matière de Pompes funèbres, s'étend aux trois objets suivants :

1° Aux inhumations ;

2° Aux exhumations ;

3° Aux services commémoratifs.

CHAPITRE Ier

DES INHUMATIONS

§ 1. Définition du principe.

Deux décrets ayant force de loi servent de base au monopole des Pompes funèbres. Ce sont : 1° le décret du 23
prairial, an XII et 2° le décret du 18 mai 1806.

Le premier fonde le monopole, le deuxième en confirme
les dispositions et en réglemente l'application, dans un sens
plus pratique et plus favorable aux fabriques.

Le décret de prairial s'exprime dans les termes suivants :

Art. 22. « Les fabriques des églises et les consistoires
« jouiront seuls du droit de fournir les voitures, tentures

« et ornements et de faire généralement toutes les four-
« nitures quelconques nécessaires pour les enterrements
« et pour la décence ou la pompe des funérailles.

Art. 24. « Il est expressément défendu à toutes person-
« nes, quelles que soient leurs attributions, d'exercer le
« droit sus-mentionné, sous telles peines qu'il appartien-
« dra, sans préjudice des droits résultant des marchés
« existants.

Art. 25. « Les frais à payer, par les successions des
« personnes décédées, pour les billets d'enterrements, le
« prix des tentures, les bières et le transport des corps,
« seront fixés par un tarif, proposé par les administrations
« municipales et arrêté par les préfets. »

Le décret du 18 mai 1806, s'exprime ainsi qu'il suit au
titre 2, article 7 : « Les fabriques feront, par elles-mêmes
« ou feront faire, par entreprise aux enchères, toutes les
« fournitures nécessaires au service des morts, dans l'inté-
« rieur de l'église et toutes celles qui sont relatives à la
« pompe des convois, sans préjudice aux droits des entre-
« preneurs qui ont des marchés existants.....

« Elles dresseront, à cet effet, des tarifs et tableaux gra-
« dués par classes ; ils seront communiqués aux conseils
« municipaux et aux préfets, pour y donner leur avis, et
« seront soumis, par notre ministre des affaires ecclésias-
« tiques, pour chaque ville, à notre approbation. Notre
« ministre de l'intérieur nous transmettra pareillement, à
« cet égard, les avis des conseils municipaux et des pré-
« fets. »

Telles sont les prescriptions légales qui fondent, en faveur des fabriques, le privilège tant *contesté* des pompes
funèbres. La rédaction de ces décrets ne saurait en être
plus claire et plus explicite. En vérité, on a de la peine à
concevoir qu'une règle aussi précise et d'une interprétation

14

si facile ait soulevé tant de divergences et de difficultés.

Le principe posé, nous devons en tirer les conséquences qui en découlent naturellement.

Qu'entend-on, d'abord, par *l'inhumation*, et quelle est l'extension qu'il convient de donner à ce mot?

L'inhumation peut être entendue dans un sens *général*, et dans un sens *restreint*. Dans le sens général, elle est synonyme de funérailles et de sépulture ; dans le sens restreint, elle caractérise spécialement le dépôt d'un corps dans la fosse ou dans le tombeau.

Prise dans le premier sens, l'inhumation comprend les cinq opérations suivantes : 1° *La levée* du corps et le cérémonial qui a lieu au domicile mortuaire. 2° *Le cortége* funèbre, de la maison à l'église. 3° *L'absoute* ou cérémonie religieuse. 4° *La conduite* du corps depuis l'église jusqu'au cimetière. 5° *La sépulture* proprement dite.

Dans la pratique, ces cinq opérations ont été confondues dans les deux dénominations suivantes qui les comprennent toutes : *service extérieur* et *service intérieur*. Le service extérieur a pour objet le transport et la partie du convoi funèbre qui s'effectue, à ciel ouvert, sur la voie publique, c'est-à-dire, sur le terrain exclusivement soumis à la police et surveillance immédiates de l'autorité municipale. Le service intérieur représente la partie de la cérémonie funèbre qui est célébrée dans l'enceinte de l'église ou de la maison du défunt.

Cette double distinction est essentielle en matière d'élaboration de tarifs. Outre qu'elle est prescrite par la loi, on peut encore en considérer l'observation comme un moyen assuré de prévenir un grand nombre de difficultés.

§ 2. Conséquences qui en découlent. — Nomenclature des objets qui tombent sous les coups du monopole.

A chacun des deux services que nous venons de désigner correspond une série de fournitures particulières, qui sont frappées de monopole et dont nous donnons la nomenclature ci-après, à titre de simple indication, en prenant pour base les besoins probables d'une ville de premier ordre.

1° *Service intérieur*. — Les fournitures du service intérieur, sont de deux catégories. Les unes sont relatives à *l'église*, et les autres, à la *maison*. Dans quelques localités, on a arbitrairement restreint le service intérieur aux objets qui servent à l'église, et on a incorporé dans le service extérieur les diverses fournitures du domicile mortuaire. Cette manière d'interpréter le décret de 1806 s'explique, sans doute, par le désir de faire concorder les mots de *service intérieur et de service extérieur* avec la nature des objets qu'il convient d'y rattacher, au point de vue purement logique. Ainsi, il est évident que les draperies que l'on place aux portes des maisons et des églises sont plutôt des fournitures extérieures qu'intérieures; mais la loi est précise sur ce point. L'article 7 du décret de 1806, a compris, dans le service intérieur, la généralité des fournitures de pompes funèbres, sauf les restrictions apportées par le titre III, en ce qui concerne spécialement le transport et les accessoires qu'il comporte.

Ce point arrêté, quelles sont les fournitures de la maison? On en distingue trois sortes: 1° les unes sont relatives à l'ornementation de la porte ou de la façade; telles sont les tentures, draperies, emblèmes, écussons, armoiries ou initiales, etc. etc. ; 2° les autres servent à l'ornementation intérieure ; ce sont les chambres ardentes, les lits de parade, la cire, les chandeliers, bénitier, crucifix, draperies, escabeaux, etc. etc. ; 3° les circulaires ministérielles rattachent encore, aux fournitures de la maison, les billets de décès et les tapis de table.

Les fournitures *à l'église*, sont les suivantes : 1° *décoration* du portail extérieur ou de la façade, sur le même modèle que la décoration de la maison ; 2° *draperies intérieures*, colonnes, pourtour, litre, croix du fond, chœur, etc. ; 3° *catafalque* avec tous les accessoires qu'il comporte, tels que gradins, chandeliers, lampes ardentes, dôme à colonne, baldaquin à la voûte, armoiries, chiffres, etc. ; 4° *fauteuil, chaises*, prie-dieu, avec ou sans housses en drap noir galonné et frangé ; 5° *lustres* suspendus à la voûte ; 6° *orgue, chantres, bas-chœur*, maîtrise, etc. ; 7° *ornements à l'autel*, parements, gradins, chandeliers, cire ou lampes ardentes ; 8° *ornements sacerdotaux* de première, deuxième ou troisième classes ; 9° *sonneries* et *glas* funèbres ; 10° *appariteur* ou maître des cérémonies, etc. etc.

2° *Service extérieur* : — Le service extérieur comprend trois objets : 1° le cortége ; 2° la conduite ; 3° la sépulture.

Les fournitures du cortége, sont : 1° *Les corbillards, brancards, bretelles, comètes, barres ornées*, et en un mot, tout appareil servant au transport des corps, ainsi que les *draperies* et décorations dont on a l'habitude de les orner, y compris les *couronnes* en fleurs artificielles ou naturelles. 2° *Les poêles d'honneur* à quatre ou six cordons, y compris les *gants* et les *crêpes* que l'on fixe au bras. 3° Les *couvertures de tambour, pièces de deuil pour clairons, drapeaux* ou trophées, *cheval de bataille* conduit par des valets de pied, *coussin en velours*, pour recevoir les décorations et costume de deuil pour l'employé qui porte le coussin, *croix de la Légion d'honneur* et emblèmes militaires, etc. 4° *Voitures de deuil* drapées ou non drapées, avec ou sans caparaçons pour les chevaux. 5° *Luminaire, cire, flambeaux,* torches, portés par les personnes de la suite, le clergé, les œuvres de charité ou les communautés religieuses, les cercueils, bières, etc. etc.

Lorsque le cimetière est situé à une certaine distance des habitations, l'accompagnement du corps par le clergé, par la famille et par les personnes de la suite, après l'absoute, a lieu ordinairement en voitures. Cette conduite nécessite un surcroît de dépenses et de fournitures qui font également partie du monopole.

La sépulture donne lieu au dépôt du corps, soit dans un *caveau* ou dans une *concession de famille,* soit dans la *fosse commune.* Les travaux de creusements, d'ouverture et de fermeture de fosses ou de caveaux relèvent directement de la police et surveillance des autorités municipales, mais les bénéfices en profitent aux fabriques. Le tarif du service extérieur doit en prévoir la dépense.

Tel est l'ensemble des fournitures auxquelles s'étend le privilège des pompes funèbres, en matière d'inhumation. Nous reviendrons sur cette nomenclature, dans la quatrième partie. Examinons ce qu'il en est des exhumations.

CHAPITRE II

On a souvent contesté aux fabriques le droit de procéder aux exhumations, à l'exclusion de toute autre entreprise particulière. Dans un grand nombre de localités,
l'indifférence des fabriques et des autorités municipales
ont laissé tomber l'exercice de ce droit dans le domaine
public. Pour justifier ces empiétements on cite quelques
décisions anciennes. Mais la jurisprudence est fixée aujourd'hui. Bien que les décrets organiques du 23 prairial
an XII et 18 mai 1806 ne désignent pas expressément les
exhumations et réinhumations des corps, parmi les objets
des pompes funèbres réservés aux fabriques et consistoires, il est admis et jugé qu'on ne saurait les détacher
du monopole. Nous indiquerons, ci-après, dans le chapitre 4, quelles sont ces décisions.

Les fabriques ont donc qualité pour demander à l'autorité municipale de faire figurer, dans le tarif des fournitures dont l'élaboration lui appartient, tout ce qui
se rattache aux exhumations, réinhumation et transport
des corps. Ordinairement, on distingue, dans ces sortes
d'opérations, 1° *l'exhumation proprement dite*, c'est-à-

dire, le déplacement du corps d'un endroit dans un autre et 2° *les fournitures* que nécessite ce déplacement. L'exhumation seule donne lieu à la perception d'un *droit fixe*, qui varie suivant l'âge ou l'état du corps des défunts. Quant aux fournitures, elles sont déterminées, soit par les règlements de police qui régissent les exhumations et les transports de corps, en dehors de la commune, soit par les familles. Indiquons parmi les premières, les *cercueils en plomb ou en chêne* ayant les épaisseurs règlementaires, les *désinfectants* qui doivent y être enfermés et les *cercles en fer* et à écrou qui les consolident à l'extérieur, et, parmi les autres, les corbillards, les voitures, les accompagnateurs, les porteurs et les garnitures de cercueil, les plaques, poignées, etc.

Toutes ces fournitures tombent sous les coups du monopole, et ne doivent être faites que par les fabriques ou leurs ayant droit. Nous présenterons, dans le titre II, l'indication des autorités qui consacrent cette doctrine.

CHAPITRE III

La célébration des services funèbres commémoratifs de neuvaine, de sortie de deuil, de bout de mois, de bout de l'an, et en général tous les services anniversaires ou autres rentrent dans le principe que nous venons de poser au sujet des inhumations et des exhumations. Les fabriques seules ont le droit exclusif de fournir les objets qui peuvent être demandés par les familles pour en rehausser la pompe. Peu importe que le service soit célébré, dans la paroisse, ou dans les chapelles qui en dépendent. Le droit est le même ; la fabrique doit toujours faire les fournitures et en bénéficier. Elle peut, cependant, déléguer son droit moyennant une indemnité ; mais si l'on procède sans sa participation et à son insu, celle-ci est fondée à réclamer une réparation, pour le préjudice qu'elle éprouve. D'où il suit que les communautés religieuses, les œuvres de charité ou de bienfaisance, les confréries et autres associations qui ont une chapelle à leur service s'exposent à une demande de dommages intérêts, de la part des fabriques, en procédant en dehors de leur adhésion expresse ou au moins tacite. Il en est de même des cercles, des sociétés philantropiques, des corporations d'hommes ou de femmes, des administrations municipales, diocésaines, préfectorales et même ministérielles ; il leur est défendu de se concerter avec des tapissiers ou décorateurs pour la célébration d'un service quelconque sans, au préalable, en avoir obtenu le consentement de la fabrique ou s'être entendu avec elle.

Il en était autrement' avant la Révolution, les communautés religieuses ayant alors qualité pour exercer les attributions qui caractérisent le service paroissial.

Le droit nouveau est basé sur les lois qui fondent le monopole et notamment sur l'article 7 du décret du 18 mai 1806. La jurisprudence et le gouvernement sont fixés sur ce point par de nombreuses décisions que nous ferons connaître au titre II ci-après.

Pour être complet, un tarif de pompes funèbres doit donc comprendre, non-seulement les inhumations et les exhumations, mais encore les services commémoratifs. Les fournitures en sont à peu près les mêmes que celles du service intérieur.

TITRE DEUXIÈME

DOCTRINE ET JURISPRUDENCE

OU CONFIRMATION DU PRINCIPE LÉGAL DU MONOPOLE PAR LES
DÉCISIONS DES TRIBUNAUX, DANS LES QUESTIONS QUI ONT ÉTÉ OU
PEUVENT ÊTRE L'OBJET D'UNE CONTESTATION

———

Aucune législation ne paraît plus simple au premier aspect, et d'une application plus facile que celle dont nous venons de définir le principe. Que peut-il y avoir d'embarrassant, en effet, dans la mise à exécution d'une prescription légale que l'on peut résumer dans ce peu de mots : les fabriques des églises et les consistoires auront seuls le droit de fournir, par privilége et à l'exclusion de tous autres, la généralité des objets nécessaires, soit à la pompe, soit à la décence des funérailles et des enterrements ? Telle est la question que l'on s'adresse, lorsque, pour la première fois, on jette les yeux sur les décrets qui consacrent le privilége. Il n'est que trop vrai cependant, nous en appelons à l'expérience des hommes pratiques qui ont écrit sur la matière, que, de toutes les parties de la législation administrative, il n'en est aucune qui ait donné lieu à plus de questions, de contestations et de conflits. « Pour s'en convaincre, « dit M. Nègon de Berty, il suffit de compulser les dé-

« cisions ministérielles, les arrêts des cours et de la cour
« de cassation, les circulaires et les avis du conseil d'É-
« tat...... Le nombre incalculable de décisions rendues sur
« la matière est à la fois la preuve des imperfections ou
« des lacunes de la législation, et de l'intérêt qui s'atta-
« che aux deux objets les plus chers au cœur de l'homme :
« la religion et la famille. (1) »

Afin de mieux fixer nos idées sur les divers points de
droit ou de doctrine dont l'application présente des difficultés, nous avons groupé, dans les quatorze chapitres
suivants, l'ensemble des objections qui peuvent être faites
contre la saine interprétation des décrets constitutifs du
monopole.

---

(1) Nous citons d'autant plus volontiers le témoignage de cet auteur, qu'en sa double qualité d'ancien chef de division au ministère des cultes et de rédacteur en chef du *Journal du Conseil des
Fabriques*, il est en mesure d'en juger. M. Nigon de Berty a écrit,
sur cette question, un excellent résumé auquel nous nous plaisons
à rendre l'hommage qu'il mérite.

CHAPITRE Ier

DE LA CIRE

QUI DOIT LA FOURNIR ? — QUI EN BÉNÉFICIE ? — QUELLE QUALITÉ EMPLOYER ? — QUAND DOIT-ELLE BRULER ? — DE QUELS IMPOTS EST-ELLE PASSIBLE ?

La cire est une fourniture exceptionnelle, sur laquelle les fabriques réalisent un double bénéfice savoir : 1° celui de l'achat à la vente, et 2° celui de la reprise des retours, c'est-à-dire de la cire qui n'a pas été brûlée aux funérailles. A raison de cette particularité, le droit des fabriques a été souvent méconnu ou contesté. D'autres difficultés ont également surgi, au sujet de la qualité de la cire, du délai pendant lequel elle doit brûler, et des impôts dont elle est passible, d'après la loi du 30 décembre 1873. Nous allons reprendre ces diverses questions et y répondre, avec le plus de précision qu'il nous sera possible.

§ 1. Qui doit fournir la cire ?

L'article 22 du décret du 23 prairial ne devrait laisser aucun doute sur ce point. Il est rédigé en termes assez affirmatifs pour que le droit absolu des fabriques ne puisse être l'objet d'une contestation. Nous répondrons donc, sans hésitation, que la fabrique seule a qualité pour vendre, soit directement, soit par l'intermédiaire des tiers subrogés à ses droits, la cire que les familles ont l'habitude de faire brûler aux enterrements, convois ou services funèbres. Il en est ainsi même lorsque le silence des tarifs, sur cette fourniture, ferait supposer, chez les fabriques, l'intention de ne pas vouloir profiter des avantages de leur droit. Nous regrettons de ne pouvoir, en cela, partager l'avis émis par le Bulletin des Lois civiles (1) ecclésiastiques qui pense que « dans les paroisses, « où le tarif ne s'explique point, sur cette fourniture, et « où rien n'est prévu à cet égard, les parents sont bien « certainement libres de fournir la cire qu'ils désirent « qu'on emploie. » Cette doctrine a contre elle, la jurisprudence de la cour de cassation (2) qui, depuis plus de cinquante ans, est fixée sur l'importance qu'il convient d'attribuer aux tarifs des pompes funèbres, sur les conséquences que l'on doit tirer de leur absence, et sur les moyens qu'ont les familles d'y suppléer. Nous nous réservons de traiter cette question, avec le développement qu'elle comporte, dans la quatrième partie, car elle est, pour les fabriques, d'une importance capitale. Nous nous bornons à constater, ici, que la loi et la jurisprudence sont d'accord pour assurer, aux fabriques des églises, la plénitude de leurs droits sur cette fourniture, abstraction faite du tarif.

Avant la Révolution, le droit des fabriques n'était pas aussi étendu. Il résulte d'un arrêt de la Cour du Parlement de Paris, en date du 10 décembre 1784, que la fourniture de la cire appartenait au domaine public et qu'elle

---

(1) Vol. 2. page 45. — (2) Arrêt du 27 août 1823. — Laballe et Fab. de Ste Valère.

pouvait indistinctement être faite par les familles ou par la paroisse, au gré des parents.

§ 2. Qui bénéficie des retours ?

Pour répondre à cette question, il importe de distinguer entre la cire qui est portée aux enterrements, par le clergé, la cire qui brûle à l'autel, au catafalque ou autour du corps, la cire qui est portée par les membres des communautés religieuses, des œuvres de charité, des confréries ou autres, la cire que portent les parents ou amis du défunt au cortége, la cire des annuels et la cire qui est employée aux services funèbres commémoratifs.

1° *Cire portée par le clergé aux enterrements.* — Cette cire appartient en toute propriété à ceux qui la portent. Ainsi le prescrit l'article premier du décret du **26** décembre **1813**. On la considère comme un jeton de présence attaché à l'assistance des prêtres au convoi. Si donc un vicaire ou un curé se faisaient remplacer à un enterrement, le prêtre qui occuperait leur place ne profiterait pas de leur traitement, mais bénéficierait de la cire portée par lui.

2° *Cire qui brûle autour du corps ou sur les autels.* — D'après le même article du décret du **26** décembre **1813**, cette cire est partagée, par égales parts, entre le clergé et la fabrique. Les cierges du catafalque et tous ceux qui sont allumés autour du cercueil, pendant la cérémonie de l'absoute, doivent donc rester à l'église, peu importe qu'ils soient placés sur des chandeliers, sur des porte-flambeaux, ou tenus à la main, par les assistants. Le *Journal des conseils de Fabriques* (1), cite une sentence

(1) 24 mai 1869, vol. 18. page 189.

du juge de paix du canton des Ponts-de-Cé (1) qui condamne au paiement d'une indemnité de quatre francs, envers la fabrique de cette localité, une personne qui avait refusé d'abandonner, à la paroisse, le cierge qui brûlait autour du corps pendant l'absoute. Dans un certain nombre de diocèses, la cire revenant au clergé, dans le partage dont nous parlons, forme un fond commun, dont le produit est réparti, à la fin de chaque mois, entre les divers membres du personnel ecclésiastique des paroisses, d'après les proportions arrêtées entre eux ou déterminées par l'évêque.

3° *Cire portée par les communautés religieuses, les œuvres*, etc. — La loi est muette sur la question de savoir à qui doivent appartenir les cierges portés aux convois funèbres, par les membres des communautés religieuses, des œuvres de charité ou de bienfaisance, des confréries, des enfants de chœur, chantres, etc. Les avis sont partagés. D'après les uns, la loi ne distinguant pas, on doit expliquer le droit commun et verser cette cire dans la masse partageable entre la fabrique et le clergé. D'après les autres, en présence du silence de la loi sur ce point, on doit ou appliquer le droit ancien, ou prendre conseil des intentions de la famille. Sous l'ancien droit, la coutume locale servait de règle en pareil cas. En général, il était de principe que la cire appartenait à celui qui la portait. Cette pratique, même aujourd'hui paraît être la plus acceptable. Tel est l'avis de M. de Champeaux et de la plupart des auteurs qui ont écrit sur cette question ; tel est, en même temps, l'usage adopté dans un grand nombre de localités.

4° *Cire des services funèbres commémoratifs, chapelles ardentes*. — On doit assimiler la cire qui brûle à l'occasion de ces services à celle des convois funèbres. Il s'agit, dans un cas comme dans l'autre, d'un article de percep-

(1) Du 24 mai 1869.

tion qui tombe sous les coups du monopole. Régies par le même principe constitutif, les fournitures relatives aux funérailles comme celles qui concernent les services commémoratifs ne sauraient obéir à des dispositions différentes, sur le point spécial qui nous occupe. De même que le privilége des fabriques, sur les services funèbres, est une conséquence forcée des lois organiques sur les sépultures, bien que ces lois n'en fassent pas mention en termes précis et formels, de même, en ce qui concerne le partage de la cire, le décret de 1813 doit servir de règle aux funérailles comme aux anniversaires et aux services commémoratifs. Cette opinion est d'ailleurs généralement adoptée et n'a été, que nous sachions, l'objet d'aucune contestation sérieuse.

5° *Cire des annuels.* — L'article 76 du décret du 30 décembre 1809, attribue, à la fabrique exclusivement, la cire offerte par les familles, à l'occasion des annuels. Le trésorier est tenu de les porter parmi les recettes en nature.

6° *Cire portée par les parents ou amis au convoi.* — L'intention des familles doit être la seule règle en pareil cas. Tout ce que la fabrique peut exiger, c'est que cette cire soit vendue par elle à la famille. Cependant si, après avoir brûlé au convoi, les cierges dont nous parlons, étaient placés autour du corps, pendant l'absoute, la fabrique serait en droit d'en réclamer les restes.

Le meilleur commentaire que l'on puisse lire du décret du 26 décembre 1813, sur le partage de la cire, est certainement le rapport présenté à l'Empereur par le comte Bigot de Préameneu, ministre des cultes. Nous en donnons une copie aux pièces justificatives, d'après le *Journal des conseils de Fabriques.* (1)

Un point reste à fixer. Les règles tracées par le décret

(1) Vol. 3. Ire Série, page 261.

de 1813 doivent-elles être généralement et rigoureusement observées? — L'affirmative ne saurait être douteuse.
On en trouve la confirmation dans une lettre adressée par
le ministre des cultes, à l'évêque d'Agen, le 31 mars
1837, pour lui recommander l'application des principes
sus-énoncés. Toutefois, le même ministre admet une exception, en faveur des diocèses, dont les règlements particuliers, quoique contraires aux prescriptions dudit décret,
auraient été cependant approuvés par le Gouvernement.
En d'autres termes, le décret de 1813 est obligatoire,
mais *secundum quid*, c'est-à-dire, selon qu'il plaît ou
non au chef de l'Etat d'y déroger, dans tel ou tel cas particulier, et en faveur de tel ou tel diocèse. Mgr Affre en
fournit un exemple, dans son *Traité d'administration tem-*
porelle des paroisses. Le tarif des oblations du diocèse
d'Amiens, dit-il, a été approuvé par une ordonnance royale
du 9 octobre 1835, et porte les dispositions suivantes :
« Le reste de la cire offerte par les familles sera partagé
« ainsi qu'il suit : 1° dans les églises des villes, le curé
« aura la moitié et la fabrique, l'autre moitié ; — 2° dans
« les églises de la campagne, le curé ou desservant aura
« les *deux tiers* et la fabrique, un tiers... » On base
cette doctrine sur un principe général de notre droit public, concernant l'abrogation des lois et décrets de l'Empire et, notamment, sur la jurisprudence de la Cour de
cassation (1), qui a reconnu que lorsque ces décrets sont

(1) Le Procureur-général Dupin l'affirme, dans le requisitoire
prononcé, à la Cour, avant l'arrêt du 18 mars 1835. « La Cour a
« décidé, dit-il, que lorsque des dispositions qui n'appartiennent
« qu'au domaine de la loi, ont été établies par de simples décrets
« non attaqués comme constitutionnels, ces dispositions, bien que
« vicieuses, dans leur origine, sont devenues obligatoires et doi-
« vent continuer à recevoir leur exécution. »

15

TRAITÉ DE LÉGISLATION

226

purement réglementaires, ils peuvent être modifiés ou abrogés par ordonnance.

Nous ignorons quels ont été les motifs qui ont engagé le Gouvernement à faire ainsi fléchir une loi d'intérêt général, en faveur d'un intérêt privé, mais nous n'hésitons pas à dire que cette façon de procéder est injustifiable, en droit et déplorable dans ses conséquences.

Elle est d'abord injustifiable en droit. En effet, les cierges qui ont servi aux enterrements appartenant, par moitié, à la fabrique et au clergé, il ne saurait dépendre de la seule volonté de l'évêque, de priver la fabrique de la part qui lui est légalement due, dans ce partage. Le consentement de la fabrique ne serait même pas une raison suffisante pour justifier cette dérogation au principe général, car la fabrique, on ne doit pas l'oublier, n'a pas la *propriété* des revenus que la loi lui accorde, mais seulement l'*administration*. D'après l'article premier du décret de 1809, les fonctions de marguillier se réduisent aux deux points suivants : — 1° à *percevoir* les revenus ; — 2° à les *employer* à l'acquit des charges de la fabrique, d'après la nomenclature qu'en donnent les articles 37, 38 et suivants du même décret. Or, non-seulement l'abandon au clergé de la cire qui a servi aux enterrements n'est pas prévu par lesdits articles, mais il est, en outre, défendu par les lois, comme constituant une véritable libéralité, une aliénation gratuite qui excède les pouvoirs des mineurs, et au sujet de laquelle le trésorier pourrait être recherché, si l'autorité municipale s'en prévalait pour refuser à la fabrique une allocation demandée. Nul ne peut disposer d'un bien qui ne lui appartient pas. Pour se dessaisir légalement, en faveur d'un tiers, d'une portion de ses revenus, la fabrique doit donc exiger une compensation. On admet cependant, ou plutôt, on tolère, qu'a-

près avoir satisfait aux charges portées dans l'article 37,
la fabrique a qualité pour accorder aux vicaires un supplément de traitement. Mais cette faveur est essentiellement
facultative, c'est-à-dire, révocable, n'engageant en rien
l'avenir et, de plus, elle s'explique par l'état prospère et
florissant des finances de la fabrique. Nous traiterons dans
l'un des chapitres suivants la question de savoir si le
clergé peut se prévaloir de l'article 23 du décret de prairial pour prélever à son profit, une portion quelconque du
produit des Pompes funèbres (1).

Nous avons dit que cette doctrine est, en outre, déplorable dans ses conséquences. En effet, si l'on admet des
dérogations de ce genre à une loi générale, on ébranle
l'édifice et on multiplie les difficultés déjà inhérentes à la
législation des Pompes funèbres. Avec ce système, il n'y a
plus d'unité possible ; on retombe dans les obscurités du
passé, dans la confusion, et on favorise les procès.

§ 3. Quelle qualité de cire doit-on employer ?

En principe, la cire pure d'abeille, est prescrite par les
rites de l'Église pour la célébration des cérémonies du
culte. On tolère, cependant, le mélange de la cire avec une
certaine quantité de stéarine. A Marseille, la cire employée
aux funérailles est composée d'une égale partie de chacune
de ces deux matières. Dans certaines paroisses de la banlieue on ne se sert même que de flamberges en stéarine de
choix. Cette dérogation aux prescriptions de l'Eglise a été
autorisée, en 1843, par la Congrégation ordinaire des Sacrés Rites, sur la demande des fabricants de bougies de
cette localité, dans l'intérêt de leur commerce. Toutefois,

(1) Voir le Chapitre XI ci-après.

cette autorisation est restreinte aux cérémonies religieuses autres que celles du sacrifice de la messe. La cire d'abeille doit seule être employée à l'autel pour la célébration des saints mystères.

Les fabriques étant exclusivement chargées de fournir la cire aux familles, il leur est facile de choisir elles-même la qualité qui leur paraît la plus convenable et la plus en rapport avec les circonstances. C'est une question que le tarif doit prévoir.

Quand elles ne fournissent pas elles-mêmes ou quand elles ont délaissé cette fourniture au domaine public, il leur appartient de refuser ou de ne pas employer, aux funérailles, la cire qui serait d'une qualité trop grossière. En ce cas, ni les fabriquants, ni les familles, ne sauraient être fondées à réclamer contre les exigences du curé. Le *Journal des Conseils de Fabriques* (1), cite, à l'appui de cette doctrine, une lettre du ministre des cultes, du 23 septembre 1869, qui rejette, dans le sens que nous venons d'indiquer, la réclamation d'un fabricant de cire de la ville de Metz.

§ 4. Quand doit-elle brûler ?

La lumière qui brille dans les cérémonies du culte est une lumière symbolique, qui a toujours été chère à l'Église. Elle est l'image de la foi qui brille dans les cœurs et le caractère distinctif des funérailles catholiques. Elle éclaire l'homme au baptême, pendant la vie et à l'heure de la mort. Autour du cercueil, elle est comme la représentation vivante de l'âme absente. Aussi, doit-elle briller à la sépulture du pauvre, comme aux obsèques du riche. Dans le premier cas, c'est l'église qui en fait la dépense ; dans le

(1) Vol. 19. page 247.

second, c'est la famille. Une cérémonie funèbre sans lumière serait aussi contraire à la loi qu'à l'esprit du Christianisme.

A quel moment doivent brûler les cierges? Rien n'est écrit à ce sujet, mais il ressort évidemment de la pensée qui a inspiré cette pieuse coutume que *là où est le corps, là doivent briller les flambeaux*. La famille ayant acquis la propriété de la cire, on ne saurait lui contester le droit de la faire brûler partout où se trouve le corps. Il est assez rare, cependant, que les cierges soient allumés pendant le cortége, mais à l'église, c'est en quelque sorte une obligation. Quand les parents n'ont pas les moyens d'en faire la dépense, il est au moins convenable qu'une lumière brûle sur l'autel, aux frais de la fabrique, qui doit s'en faire un devoir.

On s'est demandé quelquefois si la cire qui a déjà servi à un enterrement ne pourrait pas être utilisée, par la famille, quelques jours après, pour la célébration d'un service funèbre. La négative ressort des dispositions générales de la loi. Si une telle coutume prévalait, on arriverait à cette singulière conséquence que les convois des classes inférieures seraient plus productifs, en cire, que les convois qui sont suivis d'un service commémoratif.

§ 5. Impôts et patente.

L'article 9 de la loi du 30 décembre 1873, sur les matières premières, a fait naître quelques difficultés. On s'est demandé si le droit de consommation établi par cette loi sur l'acide stéarique et autres matières à l'état de bougies ou de cierges, doit être payé par la fabrique, ou si celle-ci, après l'avoir payé au fabricant, peut s'en faire rembourser le montant aux familles, nonobstant le chiffre porté au tarif pour cet article. La réponse à cette question se trouve dans la lecture de la loi. En effet, aux termes de l'article 9, il s'agit ici d'un droit de consommation. Or, le consommateur, dans les funérailles, c'est la famille. C'est donc sur elle que doit peser l'impôt. Le tarif ne saurait être un obstacle, car il est facile de faire figurer, sur les mémoires des frais funéraires, la dépense de la cire, au prix déterminé par le tarif, et de compter séparément, sous la rubrique de *timbre et impôts*, un supplément en rapport avec le nouveau droit. C'est ainsi qu'ont procédé les fabriques de diverses villes, et notamment celles de Marseille.

Quant à la cire des retours, elle est passible d'un droit lorsque les fabriques la revendent aux fabricants, pour être refondue à nouveau. Mais en ce cas, l'impôt ne pèse pas sur la totalité des cierges revendus, car il arriverait que la même matière, fondue et refondue plusieurs fois, produirait au trésor une somme supérieure à la valeur de l'objet. Le droit ne porte alors que sur les déchets, c'est-à-dire, les débris. Telles sont les instructions que l'administration supérieure des contributions indirectes a fait parvenir aux fabriques de la ville de Marseille (1).

Il est généralement admis, aujourd'hui, que les fabriques qui exploitent elles-mêmes le monopole des Pompes funèbres sont dispensées de l'impôt de la *patente*. Nous pouvons citer deux arrêtés rendus en ce sens, par le Conseil de Préfecture des Bouches-du-Rhône, en date du 26 septembre 1861 et 22 février 1862. Nous en donnons la teneur dans la troisième partie, titre III.

(1) D'après une autre opinion, l'impôt devrait peser sur la totalité des cierges revendus pour être refondus. La loi ne distinguant pas, cette solution, quoique très-rigoureuse, serait encore la plus logique en droit, nonobstant la dérogation locale dont nous venons de parler.

CHAPITRE II

LETTRES ET BILLETS DE DECÈS

QUI DOIT LES FOURNIR ET LES DISTRIBUER ? — INSERTIONS DANS
LES JOURNAUX — BILLETS DE NEUVAINES — BILLETS
DES SOCIÉTÉS, CONFRÉRIES ET OEUVRES DE CHARITÉ

Les fabriques des églises et les consistoires ont seuls le
droit de fournir, à l'exclusion de tous les autres, les billets
de décès et d'enterrements. Ce droit est aujourd'hui à
l'abri de toute contestation sérieuse. Il résulte, non-seulement des dispositions générales des articles 22 et 24 du
décret de prairial, qui fonde le privilége des Pompes funèbres, mais encore des termes de l'article 25, qui vise
spécialement les *billets d'enterrement*, comme pour les
rattacher plus intimement au principe générateur du monopole. La jurisprudence qui avait été, tout d'abord, si
incertaine et même si contraire à cette doctrine, s'y est
définitivement ralliée, par un grand nombre de décisions
récentes, qui ne laissent plus aucun doute sur la véritable
pensée de la loi. A l'aide des éléments qui leur sont
fournis, dans ce chapitre, nous sommes persuadés qu'il ne
dépend, actuellement, que de la volonté des fabriques et
consistoires de faire cesser, au plustôt, toutes les atteintes

qui seraient portées à leur droit sur ce point. On ne saurait trop les engager à entrer résolument dans cette voie ; car, en abandonnant plus longtemps, au domaine public, une fourniture lucrative, elles s'exposent doublement. D'abord elles manquent au premier de leurs devoirs qui consiste à créer des ressources aux églises et à en faire un emploi sagement entendu, et ensuite, elles fournissent, aux communes, un prétexte légitime de refuser ou de réduire les demandes de secours qui leur sont adressées pour les besoins du culte, ainsi que les y autorisent les instructions ministérielles.

Afin de mieux fixer les fabriques sur l'étendue de leurs droits, en matière de billets de décès, et pour mieux les mettre en garde contre les objections, plus spécieuses que fondées, qui ont été déjà soulevées, par les adversaires du monopole, et qui pourraient l'être de nouveau, nous allons présenter un exposé général de la jurisprudence suivie sur cette question, depuis l'an XII jusqu'à ce jour.

Nous distinguerons, à cet effet, deux époques dans la jurisprudence : l'*ancienne* et la *nouvelle*. L'ancienne est spéciale aux vingt premières années qui suivirent la promulgation des décrets organiques sur les sépultures ; la nouvelle est postérieure et conçue dans un ordre de pensées tout à fait contraire. L'une et l'autre méritent également d'être connues.

§ 1. Jurisprudence ancienne.

Le décret du 18 août 1811, qui organise le service des Pompes funèbres de la ville de Paris, a été bien des fois une cause de discorde, non-seulement pour les fabriques de la capitale, mais encore pour les fabriques des villes de province. Son interprétation a donné lieu à des confusions regrettables, qui ont, pendant quelques temps, troublé ces établissements religieux, dans la paisible jouissance de leur monopole. C'est à l'article 5 de ce décret que l'on attribue les premiers errements de la jurisprudence civile et administrative, sur la question des billets de décès. Voici en quels termes est conçu cet article : « L'adjudication comprendra le *droit exclusif de louer et de fournir les objets indiqués dans le tableau de toutes les classes*, sauf les « ornements que les fabriques sont dans l'usage de se réserver... » Pris à la lettre, cet article ne donne, dit-on, à l'adjudicataire subrogé aux fabriques de Paris, que le droit de fournir les objets obligatoires, compris dans les tableaux par classes, du tarif annexé audit décret de 1811. Quant aux fournitures facultatives, et notamment aux billets d'enterrements, *qui par leur nature sont toujours facultatifs*, l'adjudicataire ne peut s'en attribuer le monopole. Ses droits, à ce sujet, n'excédaient pas ceux des industriels ordinaires qui, concurremment avec lui, ont la faculté de les fournir aux familles. La mention des billets d'enterrement au tarif des articles supplémentaires n'avait donc pas pour objet de réserver cette fourniture aux fabriques, mais uniquement de garantir les parents des défunts, contre les taxations arbitraires de toutes les personnes qui faisaient le commerce de ces sortes d'imprimés. Ainsi, d'après cette doctrine, le tarif des articles obligatoires aurait été élaboré pour l'entrepreneur des fabriques spécialement, et le tarif des articles facultatifs aurait été dressé pour tous les autres fournisseurs d'objets de Pompes funèbres en général.

Tel est le sens que l'on donna, dès le principe, à l'article 5 du décret de 1811.

Quelque surprenante et quelque illogique que paraisse cette singulière interprétation des décrets relatifs aux sé-sépultures, elle a été plusieurs fois consacrée par la jurisprudence et par l'autorité souveraine de la Cour de cassation. De Paris elle s'est ensuite étendue dans la province, où elle a, en quelque sorte, fait école pendant longtemps. Parmi les nombreuses décisions qui ont été rendues, en conformité de cet ordre d'idées, nous ne citerons que les suivantes, qui nous paraissent suffisamment caractéristiques.

1° *Arrêté du Conseil de Préfecture de la Seine du* 2 *décembre* 1812. — Dès l'année 1812, le sieur Labalte, entrepreneur adjudicataire des fabriques de Paris, s'étant aperçu de la brèche importante que l'article 5 du décret de 1811 ouvrait à son entreprise, s'adressa au Conseil de Préfecture de la Seine pour faire cesser un état de choses qui était aussi nuisible à ses intérêts que préjudiciable aux églises. Mais ce tribunal administratif rejeta dans les termes suivants, l'objet de sa demande : « Attendu, qu'il « résulte de ces dispositions (article 5 de 1811) que « l'entreprise adjugée au sieur Labalte ne consistait que « dans les fournitures des objets désignés dans chaque « classe du service extraordinaire pour laquelle il aurait « un droit exclusif ; — que tout ce qui était demandé « par les familles hors de ces classes et par supplément « n'appartenait pas à l'entreprise, renvoie, etc... »

2° *Jugement du tribunal civil de Paris du* 21 *janvier* 1813. — Espérant être plus heureux du côté des tribunaux civils, le sieur Labalte introduisit une instance, devant la juridiction ordinaire, contre les imprimeurs de billets de décès. Mais le tribunal civil de Paris confirma la sentence des juges administratifs, en se basant sur ce que « l'article 5 du décret du 18 août 1811 n'attribuait « à l'adjudicataire le droit exclusif que pour la fourniture « des objets qui sont mentionnés dans les six classes d'en- « terrements portées au tarif... »

Le sieur Labalte dut donc subir une situation qu'il n'avait pas prévue, mais qu'il ne pouvait empêcher.

3° *Jugement du tribunal civil de Rouen du* 16 *octobre* 1814. — Le 23 juin 1813, une sentence du juge de paix de Rouen condamnait le sieur Hébert, menuisier, à une amende de 25 francs pour avoir fourni un cercueil au préjudice du sieur Bouveret, entrepreneur des Pompes funèbres de cette ville. Le sieur Hébert ayant appelé de cette sentence, le tribunal civil de Rouen rendait, le 16 octobre 1814, un jugement infirmatif, basé sur ce que la fourniture des cercueils n'était pas mentionnée dans les tableaux des classes. « Attendu, dit le jugement, « qu'aucune loi ni règlement n'a accordé au sieur Bouve- « ret le privilége exclusif de fournir le cercueil des per- « sonnes décédées; que les lois et arrêtés dont il se pré- « vaut lui confèrent seulement la faculté de transporter « les corps et de fournir les tentures, ornements et au- « tres choses relatives à la pompe des convois ; que l'on « ne peut pas faire résulter le privilége réclamé par le « sieur Bouveret du tarif qui fixe le prix de la cire et des « cercueils... »

4° *Arrêt de la Cour de cassation du* 27 *novembre* 1816. — Le sieur Bouveret s'étant pourvu en cassation pour violation du décret du 23 prairial an XII, la Cour suprême rejeta son pourvoi par les motifs suivants : « Attendu qu'un privilége est de droit étroit ; qu'il doit « résulter d'une concession expresse et licite, ou de la « disposition textuelle d'une loi ; — attendu que les lois « et arrêtés invoqués par les demandeurs ne confèrent « pas expressément le droit exclusif qu'ils réclament, re- « jette... »

5° *Influence de cette doctrine sur les tarifs de diverses villes.* — Ainsi que nous venons de le dire plus haut,

cette jurisprudence ne s'arrêta pas à Paris. On en ressentit les fâcheux effets dans la province. Nous lisons dans un grand nombre de tarifs de Pompes funèbres que le privilége des fabriques est limité aux articles obligatoires qui composent les classes de convois. Quant aux articles facultatifs, il est stipulé, en termes formels, qu'ils ne cessent d'appartenir au domaine public. Citons, en passant, les villes de Montpellier, de Marseille, d'Orléans et même de Paris. Nous lisons dans un ancien tarif de Montpellier, approuvé par décret en date du 4 janvier 1849, la clause suivante : « Les familles pourront se pro-
« curer, comme elles l'entendront, les objets énoncés au
« présent tarif, comme facultatifs... » Les lettres de faire part y figurent, en effet, sous le n° 19. Le tarif de la ville d'Orléans portait autrefois une clause à peu près semblable, au § 2 de l'article 3, au sujet des cercueils. A Marseille, il en était de même. A Paris, l'article 31 du cahier des charges de 1859 constitue une atteinte non moins grave aux droits des fabriques, qui semblent tenir leur privilége du bon plaisir du préfet de la Seine, plutôt que des énonciations très-formelles de la loi.

Nous n'avons pas à insister davantage sur les graves conséquences qu'entraînait, pour les fabriques, une jurisprudence aussi contraire à l'esprit qu'à la lettre des lois organiques sur la matière. Elle est, du reste, abandonnée aujourd'hui. Nous n'en parlons ici qu'à titre d'indication pour le lecteur.

§ 2. Nouvelle jurisprudence.

Cette manière d'interpréter le décret organique de l'an XII, ne fut pas de longue durée. L'expérience en fit bientôt reconnaître les graves inconvénients. Dès l'année

1823, la Cour de Cassation s'en écartait ouvertement, par un arrêt important qui n'a jamais été assez remarqué, car il fixe le point de départ d'une jurisprudence nouvelle, à laquelle le Gouvernement et les tribunaux se rallièrent plus tard, par un certain nombre de décisions que nous allons examiner ci-après.

1° *Arrêt de la Cour de cassation du* 27 *août* 1823. — En 1811, le sieur Labalte, entrepreneur des Pompes funèbres de la ville de Paris, fut appelé par le duc de Bourbon à subvenir à tous les apprêts des obsèques du prince de Condé. Un certain nombre des objets fournis à cette occasion n'étant point portés au tarif, le sieur Labalte crut devoir s'en approprier tous les bénéfices à l'exclusion des fabriques. A l'appui de ces prétentions, il faisait valoir les deux considérations suivantes : 1° La jurisprudence et la doctrine sont d'accord, disait-il, pour reconnaître à toute sorte de personnes, indistinctement, le droit de fournir, sans privilége et, par suite, sans retenue, au profit des fabriques, les objets qui figurent au tarif, dans la nomenclature des articles *facultatifs*, c'est-à-dire en dehors des tableaux des six classes de convois qui composent le service extraordinaire *obligatoire*. Les fabriques étant sans action, dans ce cas, pour exiger de tous les autres fournisseurs ordinaires, une portion des bénifices, par eux réalisés sur ces objets, quelles raisons pouvaient-elles avoir de se montrer plus rigoureuses, à l'égard de leur entrepreneur spécial, dans des circonstances tout à fait identiques ? — 2° Puisque telle était la jurisprudence au sujet des articles facultatifs portés au tarif, *a fortiori* devait-il en être de même, à l'égard des articles facultatifs que le tarif passait sous silence, comme dans l'espèce.

Ainsi qu'on le voit, le langage du sieur Labalte n'était que la consécration logique des sentences précédemment rendues contre lui. Mais l'entrepreneur des fabriques jouait du malheur. Après avoir inauguré, à ses risques et périls, l'ancienne jurisprudence, il eut la mauvaise fortune de la voir condamner au moment où il se disposait à en invoquer les bénéfices. Le 11 mars 1820, le tribunal civil de la Seine condamnait le sieur Labalte à payer à la fabrique Sainte-Valère la remise de 50 0|0 sur tous les objets par lui fournis et portés au tarif de 1811, sans distinction. — Quant aux objets non portés au tarif, le sieur Labalte fut déchargé de la remise. Sur l'appel de la fabrique, la Cour royale de Paris étendit la condamnation aux objets non prévus par le tarif précité. Voici, en quels termes, la Cour rendit sa sentence : « Considérant que les fabriques ont le « droit exclusif de faire toutes les fournitures pour la « pompe des funérailles ; — que le sieur Labalte jouit « de ce droit, comme fermier... Que, par suite, nul ne « peut concourir avec lui, à ce genre de fournitures ; « *que le tarif n'oppose aucune limite à son privilége ;* « que lorsque, sur la demande des familles, la location « excède et le tarif et la qualité des fournitures prévues « pour les cas ordinaires, il n'agit pas moins comme ayant « seul le droit de fournir, à l'exclusion de tous les autres ; « qu'il ne peut invoquer la qualité de fournisseur parti- « culier et faire ainsi fraude à son bail, au préjudice des « fabriques qu'il représente ; que ce bail, dans la fixation « du fermage à moitié des recettes, ne fait pas exception « du cas où de plus grandes pompes, de plus forts prix « de location sont demandés ; qu'il en résulte que le « fermier ne doit faire aucune recette provenant de son « exploitation, sans payer le fermage proportionnel..... « condamne le sieur Labalte a payer à la fabrique 50 0|0 « sur les sommes dont la condamnation est prononcée « ci-dessus contre le duc de Bourbon... » (Arrêt du 9 février 1821).

Sur le pourvoi du sieur Labalte, la Cour de cassation confirma, ainsi qu'il suit, l'arrêt de la Cour d'appel de Paris : « Attendu..... que le service des inhumations de « la ville de Paris appartient aux fabriques et consistoi-« res ; que, par le bail, le sieur Labalte a été revêtu de ce « privilége et, par conséquent, du droit exclusif de faire, « moyennant la remise portée par cet acte, *non-seulement* « *les fournitures comprises dans le tarif, mais générale-* « *ment toutes celles qui peuvent être requises, quoique* « *non mentionnées dans le tarif ;* que, par conséquent, il « doit la remise sur les unes et sur les autres, sans excep-« tion ; — qu'en le jugeant ainsi, l'arrêt n'a fait qu'une « juste application du bail et des lois sur la matière ; — « Attendu, enfin, qu'il appartient aux juges d'apprécier, « d'après leurs lumières et leur conscience, les fournitu-« res en question, et, qu'en les évaluant, ils n'ont contre-« venu à aucune loi..... rejette, etc... »

Quoique condamné, le sieur Labalte n'en dut pas moins se féliciter de ce retour bien marqué de la jurisprudence vers une interprétation plus saine et plus large des lois sur la matière. Ce qu'il perdait, dans cette circonstance particulière, devait être amplement compensé par les avantages qui en résultaient, au point de vue général, soit pour lui, soit pour les fabriques.

Les deux arrêts que nous venons de citer touchent plutôt à l'ensemble des questions de Pompes funèbres qu'à la question spéciale des billets de décès, mais cette dernière fourniture y est implicitement comprise, car, ainsi que nous l'avons déjà fait observer, les billets de décès sont, par leur nature, des articles essentiellement facultatifs. Ces mêmes arrêts posent le principe, nous allons en présenter l'application, au point de vue particulier du sujet qui fait l'objet de ce chapitre.

2° *Décision du ministre des cultes du 4 novembre* 1835. — Consulté par le Préfet de la Drôme sur la nature des droits qu'avaient les fabriques relativement aux billets d'enterrement, le ministre des cultes répondit par la décision suivante, qui s'adressait en même temps à tous les représentants du pouvoir Central dans les départements « Aux termes des articles 22 et 24 du décret de prairial, « les fabriques ont seules le droit de faire toutes les fourni- « tures nécessaires pour les enterrements et il est dé- « fendu à toutes personnes quelconques de se substituer « aux droits des fabriques, autrement qu'au moyen d'un « affermage consenti par ces établissements. Il résulte, « en outre de l'article 25 que les billets fournis, dans de « semblables occasions, font partie des fournitures attri- « buées aux fabriques. Ils ont été constamment com- « pris dans les tarifs particuliers, approuvés pour diver- « ses communes et, notamment, pour la ville de Paris.

« A la vérité, il n'a été approuvé pour la ville de R*** « aucun règlement concernant les fournitures de l'espèce, « *mais il n'est point prouvé que l'exercice du droit des* « *fabriques ait été subordonné à la confection de sembla-* « *bles tarifs.* Elle semble, dès lors, pouvoir soutenir ses « prétentions contre le sieur C*... »

3° *Jugement du tribunal civil du Hâvre du 3 juillet* 1861. — *Consultation Le Berquier.* — Le sieur Rocquencourt, imprimeur, s'était attribué, au préjudice des fabriques du Hâvre, le droit de fournir, conjointement avec elles, les billets d'enterrements. Actionné, à raison de ce fait, devant le tribunal de cette ville, il fut condamné à cesser cette fourniture illicite, sous peine de dommages et intérêts, au profit des fabriques. Nous ne reproduisons pas ici la sentence des juges, mais nous citerons ci-après l'arrêt intervenu sur l'appel du sieur Rocquancourt, arrêt qui confirme et développe le jugement en première instance du tribunal du Hâvre.

Au préalable, nous dirons quelques mots de la consultation remarquable que le sieur Rocquaucourt alla demander à l'un des avocats les plus éminents du barreau de Paris, Me Le Berquier, dans le but de mieux soutenir son appel devant la cour de Rouen. La persistance que déploya le défenseur, dans cette circonstance, pour faire triompher ses prétentions, le retentissement peu ordinaire qu'obtint la consultation qu'il provoqua et les secrètes espérances que fondent, encore aujourd'hui, certains imprimeurs, sur le contenu de ce document, pour disputer aux fabriques le monopole de billets de décès, nous font un devoir d'en parler.

Le doute sur la question naît, dit-on, des dispositions mêmes des textes des lois qui régissent les sépultures. L'art. 22 du décret de prairial investit les fabriques du droit de faire « *toutes les fournitures quelconques* NÉ-« CESSAIRES *pour les enterrements.....* » L'art. 25 ajoute : « *les frais à payer par les successions pour les* « *billets d'enterrement,* etc. » Il semble résulter de la combinaison de ces dispositions légales que les billets de décès doivent être *nécessairement* fournis par les fabriques. Sous l'empire du décret de prairial cette doctrine ne pouvait faire l'objet d'un doute sérieux. Mais le décret postérieur du 18 mai 1806, a créé, ajoute-t-on, un nouvel ordre de choses. Ce dernier décret doit être regardé, comme le correctif de celui de l'an XII, qu'il abroge dans toutes les prescriptions qu'il ne reproduit pas. La lecture de l'art. 7 suffit, au besoin, pour s'en convaincre. Or, d'après cet article, les billets de décès continuent-ils à être une fourniture *nécessaire* au service des morts dans l'intérieur des églises, ou à la pompe des convois ?

16

— Peut-on dire que le législateur ait persisté à les considérer comme tels? — Nullement, répond Mᵉ Le Berquier. On en trouve la preuve dans ce qui s'est passé en 1811, lorsque l'on a dressé le tarif des Pompes funèbres de la ville de Paris. Ce tarif loin de considérer les billets de décès comme une fourniture *nécessaire* les a au contraire classés au rang des articles *facultatifs* que les familles sont libres d'ajouter, comme supplément, à la suite des tableaux dressés pour les 6 classes de convois. D'où la conclusion que les fabriques ne sont plus privilégiées, pour cet objet, comme elles le furent dans l'intervalle de temps qui sépara la promulgation des décrets du 23 prairial an XII et 18 mai 1806. A l'appui de son avis, Mᵉ Le Berquier citait le rapport présenté au Conseil d'Etat par M. Fiévé, au nom de la section de l'Intérieur, sur le décret du 18 août 1811. Nous avons fait connaître plus haut (1), en quels termes l'honorable rapporteur que nous venons de nommer affirmait que le décret de 1811 n'était que la consécration pratique de celui de 1806 auquel il ne dérogeait en rien. Nous avons dit également (2) comment l'art. 5 de ce même décret de 1811 ouvrait une brèche aux droits des fabriques dont il circonscrivait le monopole aux seuls articles obligatoires qui composent les classes. En invoquant cette autorité, Mᵉ Le Berquier voulait engager de nouveau la jurisprudence dans la voie tortueuse et illogique d'où elle était sortie, à la suite d'une courte expérience. Son raisonnement très-subtil et séduisant, jusqu'à une certaine mesure, n'était basé, en définitive, que sur une antithèse de mots, sur la difficulté plus apparente que réelle de faire concorder l'article 22 du décret de prairial, qui vise les *fournitures nécessaires*, avec le caractère exclusive-

(1) 1ᵉ Partie, titre II, chap. 4. — (2) 2ᵉ Partie, titre II, ch. 2.

ment *facultatif* des billets de décès. Un certain nombre
d'avocats distingués du barreau de Paris (1) partagèrent
ses illusions, sur ce point, et adhérèrent à la consultation de leur confrère.

En se prononçant sur cette question délicate la cour de
Rouen jugeait donc, du même coup, le système innové par
M. Fiévé, et l'arrêt à intervenir ne devait plus être un arrêt
d'espèce mais, un arrêt de principe.

4° *Arrêt de la cour de Rouen du* 30 *janvier* 1862. —
Voici en quels termes la cour d'appel repoussa cette doc-
rine restrictive et illogique : « La Cour, attendu qu'aux ter-
« mes de l'article 22 du décret du 23 prairial an XII les
« fabriques des églises et les consistoires jouissent seuls du
« droit de fournir les voitures, tentures et ornements, et de
« faire généralement toutes les fournitures quelconques
« nécessaires pour les enterrements et pour la décence ou
« la pompe des funérailles ; — attendu que de la généralité
« même de ces expressions il résulte pour les fabriques
« et consistoires le droit exclusif de faire *toutes les four-*
« *nitures* qui ont trait aux enterrements *sans qu'il y ait*
« *lieu de distinguer entre celles qui sont absolument in-*
« *dispensables et celles qui, ne l'étant pas, se rapportent*
« *néanmoins à ce service public ;* — que les billets d'en-
« terrement, ainsi que l'indique leur dénomination même,
« rentrent dans cette classification générale, puisqu'ils sont
« fournis pour appeler aux enterrements les personnes
« que la parenté, l'amitié ou les bienséances y font con-
« vier par la famille, lors même qu'on ne considérerait pas,
« en outre, ce concours, comme tenant à la décence et
« ajoutant à la pompe des funérailles ; — attendu que

(1) MM. Hebert, Léon Duval, Dufaure, Victor Lefranc, Allou,
Gaudry, Le Hureau, Em. Leroux, Lacan, Berlin et Reverchon.

« l'article 25 de ce même décret pour obvier à l'abus pos-
« sible du privilége des fabriques, prescrit de dresser des
« tarifs destinés à fixer les prix des objets à fournir par elles
« et qu'au premier rang de ces objets il indique les billets
« d'enterrement ; — que cette énonciation n'est ni faite au
« hasard ni étrangère à l'art. 22, un tarif étant néces-
« saire seulement pour régler le prix des choses dont la
« fourniture est privilégiée, tandis que la concurrence qui
« naît naturellement de la liberté du commerce invoquée
« par les appelants, amène au contraire nécessairement le
« meilleur marché possible dans les choses qu'il est loisi-
« ble à tous de fournir ; — attendu que le décret du 18
« mai 1806, rendu pour assurer l'exécution et le dévelop-
« pement des règles posées par le décret du 23 prairial
« an XII, ne contient aucune dérogation explicite à ces
« règles ; — attendu que le décret du 18 août 1811,
« quoique relatif exclusivement au service des inhuma-
« tions à Paris, contient la démonstration de cette vérité, en
« ce qui concerne les billets d'enterrement ; — qu'en effet,
« après avoir réglé le service ordinaire, applicable à tous les
« convois et du service extraordinaire divisé en 6 classes,
« il établit un service supplémentaire pour les objets non
« déterminés dans la distribution des classes, c'est-à-dire
« des objets que les familles peuvent demander ou ne pas
« demander mais qui, lorsqu'ils sont demandés, doi-
« vent être fournis exclusivement par l'entreprise ; —
« attendu que s'il s'est rencontré des tarifs où ne figu-
« raient pas les billets d'enterrement c'est parce que les
« fabriques n'avaient pas réclamé leur privilége, nette-
« ment établi par ces textes ; — attendu que les articles
« 7 et 18 du cahier des charges des Pompes funèbres de
« la ville du Hâvre, dressé en exécution des décrets de
« prairial an XII et mai 1806, et approuvé par le Préfet

« du département de la Seine-Inférieure, comprennent,
« dans le tarif, sous le nom de *billets de mort*, les billets
« d'invitation aux enterrements et enlèvent, par là même,
« à tous les autres que les adjudicataires de l'entreprise
« Langlé et Cie, le droit de faire ces fournitures. — Par
« ces motifs, confirme..... »

5° *Jugement du tribunal civil de Cambrai du 19 décembre* 1866. — L'arrêt de la cour de Rouen produisit
la meilleure impression sur l'esprit des membres des Conseils de Fabrique. Enhardies par le succès si complet
que venaient d'obtenir les paroisses de la ville du Hâvre,
les fabriques de Cambrai et de Toulouse résolurent de
revendiquer, à leur tour, devant les tribunaux, la pleine
jouissance de leurs droits sur la même fourniture. Voici
en quels termes le tribunal de Cambrai formula sa sentence : « Attendu que, prises à la lettre, ces expressions :
« *les fournitures nécessaires*, pourraient donner lieu de
« penser qu'il faut établir une distinction entre elles et que
« le privilége consacré par l'art. 22 ne s'applique qu'aux
« fournitures indispensables ; que, dès lors, il ne s'étend
« pas aux billets d'enterrement ; — attendu que le texte
« de l'art. 25 prohibe formellement une pareille interpré-
« tation ; — attendu que le défendeur en imprimant des
« billets d'enterrement ou de faire part, sans y avoir été
« autorisé par qui de droit, *a causé à la fabrique métro-
« politaine N.-D. de Cambrai un préjudice dont il doit
« réparation* ; — attendu que le tribunal possède les élé-
« ments nécessaires pour faire fixer la quotité des domma-
« ges et intérêts ; — vu les art. 22 et 25 du décret du 23
« prairial an XII, 7 du décret du 18 mai 1806 et 382
« du code Napoléon, le tribunal adjuge les conclusions de
« l'exploit introductif d'instance en fixant les dommages
« et intérêts à la somme de 50 francs.... »

Deux particularités sont à relever dans ce jugement. D'une part, le droit reconnu aux fabriques de demander une réparation pécuniaire aux personnes qui feraient, concurremment avec elles, la fourniture des billets de décès, et, d'autre part, le soin avec lequel le tribunal de Cambrai s'efforce de faire disparaître la différence que l'on persistait à vouloir maintenir entre les articles des Pompes funèbres considérés comme *indispensables* et les articles *facultatifs*. Ainsi, loin de se démentir, la jurisprudence allait en s'affermissant de plus en plus. Nous en fournissons une nouvelle preuve dans l'arrêt suivant, rendu par la cour de Toulouse.

6°. *Arrêt de la Cour de Toulouse du* 27 *décembre* 1867. — Sur la demande de la fabrique de Saint-Étienne le tribunal de première instance de Toulouse condamnait le nommé Querre, imprimeur, à payer aux administrateurs de cette paroisse une somme de dommages et intérêts, à titre de réparation, et lui faisait inhibition et défense de faire désormais, au préjudice de la même fabrique, la fourniture des billets de décès.

Sur l'appel du défendeur, la cour de Toulouse rendit l'arrêt suivant : « Attendu que, dans un intérêt d'ordre « public, et pour faciliter aux familles l'accomplissement « de leurs plus douloureux devoirs, il était indispensable « de réglementer les dépenses nécessaires ou relatives au « cérémonial des funérailles, qui ne pouvait être aban- « donné aux caprices des vanités humaines ou aux abus « de la spéculation ; — attendu que c'est à cette pensée, « éminemment morale et sociale, que le législateur du 23 « prairial an XII a obéi, alors qu'il a monopolisé, en faveur « des fabriques, les diverses fournitures que ce cérémonial « nécessitait, et qu'il les a tarifées de manière à les ren- « dre accessibles à toutes les positions sociales ; — attendu

« que les termes de l'art. 22 du décret de l'an XII sont es-
« sentiellement démonstratifs et qu'il en résulte que le lé-
« gislateur a voulu investir les fabriques, auxquelles, d'ail-
« leurs, des charges considérables étaient imposées, du
« droit de faire seules toutes les fournitures commandées
« par la décence et la pompe des funérailles ; — attendu
« que les billets d'enterrement forment une partie inté-
« grante de ces fourniures, car ils ont pour objet de con-
« vier aux obsèques les parents, les amis, les étrangers
« à la famille, ceux enfin qui se font un pieux devoir d'y
« assister ; — attendu que les billets d'enterrement n'ont
« pas été omis dans le décret du 23 prairial an XII, car
« ils sont expressément tarifés dans l'art. 23 où ils figu-
« rent avant les tentures, la bière et le transport du corps ;
« — attendu qu'en tarifant ainsi les billets d'enterrement
« et en les plaçant à côté des cercueils, le législateur de
« l'an XII a clairement indiqué qu'à ses yeux les billets
« d'enterrement constituaient des fournitures nécessaires,
« virtuellement comprises dans le monopole concédé aux
« fabriques, dont la responsabilité morale offrait d'ailleurs
« toutes garanties; — attendu que l'art. 7 du décret du
« 18 mai 1806 est venu confirmer l'étendue de ce mo-
« nopole, en accordant aux fabriques, le droit de faire par
« elles-mêmes ou par entreprise aux enchères, toutes les
« fournitures nécessaires au service des morts, dans l'inté-
« rieur de l'église, et toutes celles qui sont relatives à la
« pompe des convois ; — attendu que la même généralité
« de concessions se rencontre dans le décret du 18 août
« 1811 qui, quoique spécialement fait pour la ville de Pa-
« ris, n'en a pas moins interprété et sanctionné les prin-
« cipales dispositions des décrets de l'an XII et de 1806 ;
« — ..... attendu que l'arrêté du maire de Toulouse, en
« date du 4 mars 1865, approuvé par le préfet le 6 du

« même mois, a réservé aux fabriques de la ville toutes
« les fournitures généralement quelconques, portées dans
« le tarif comprenant les lettres imprimées, et que c'est
« en exécution de cet arrêté que la fabrique de Saint-
« Étienne a fait imprimer et distribuer les billets d'enter-
« rement ; — attendu que l'appelant semble avoir lui-
« même reconnu les droits exclusifs de la fabrique, car,
« pendant plus d'une année, il a été le distributeur salarié
« des billets d'enterrement qu'elle lui fournissait....

« Sur la demande reconventionnelle de 10,000 francs
« de dommage et intérêts formée par le sieur Querre ; —
« attendu que la fabrique de Saint-Étienne n'a pas été
« autorisée à plaider sur cette demande ; que l'autorisa-
« tion qui lui fut accordée le 16 janvier 1867 ne se rap-
« portait taxativement qu'aux billets d'enterrement ; que
« cette autorisation ne saurait être étendue aux billets de
« neuvaine et d'anniversaire dont le sieur Querre se
« plaint que la fabrique ait fait illégalement opérer l'im-
« pression et la distribution......

« Par ces motifs.... la cour.... démet le sieur Querre
« de son appel contre le jugement du 15 juin 1867 ; ce
« faisant, dit et déclare que l'impression et la distribution
« des billets d'enterrement sont dans le domaine exclusif
« de la fabrique de Saint-Étienne ; fait inhibition et dé-
« fense au sieur Querre de ne plus, à l'avenir, la troubler
« dans l'exercice de ce privilége ; et pour le trouble qu'il
« a apporté, le condamne à 25 francs de dommages-inté-
« rêts envers le sieur Rentet, trésorier de la fabrique. »

Les textes que nous venons de citer ne peuvent laisser
aucun doute sur la question de savoir à qui appartient la
fourniture exclusive et privilégiée des billets de décès.
Le chemin est tout tracé pour les fabriques ; elles n'ont
qu'à s'y engager, persuadées d'avance que le succès ne

peut que répondre aux efforts qu'elles feront pour rentrer dans la pleine possession de leurs droits, même en l'absence d'un tarif légal.

§ 3. Des avis de décès dans les journaux.

On s'est demandé quelquefois si la convocation aux funérailles, faites par des avis de décès insérés dans les journaux, ne constituait pas une violation au principe constitutif du monopole des Pompes funèbres. Ces convocations tiennent lieu, en effet, de lettres de décès et présentent l'avantage d'être moins coûteuses.

Cette question ne nous paraît pas devoir être l'objet d'un examen bien attentif, car les avis de décès donnés par la voie des journaux sont loin d'avoir le caractère d'une lettre envoyée à domicile et de fixer l'attention du public, au point que l'on suppose. On ne saurait nier cependant que, pour un grand nombre de familles, ce moyen de convocation a pour objet de suppléer au mode ordinaire et que, dans une certaine mesure, il occasionne un préjudice aux fabriques. Ce préjudice, peu appréciable aujourd'hui, peut devenir plus sérieux dans l'avenir, par suite de l'extension toujours croissante que les feuilles publiques sont en voie d'acquérir. En ce cas, les fabriques auraient à examiner s'il ne conviendrait pas d'exiger des administrateurs de ces journaux que l'avis de décès passât sous silence l'heure à laquelle le convoi funèbre doit avoir lieu, afin que cet avis ne devint pas une lettre d'invitation déguisée.

§ 4. Des billets de neuvaine et d'anniversaire.

Le privilége dont jouissent les fabriques au sujet des billets d'enterrement ne saurait être étendu aux billets de neuvaine ou d'anniversaire. Les monopoles étant de droit étroit, on ne peut leur donner une extension qu'ils ne comportent pas en termes précis. Il est regrettable que l'arrêt de la cour de Toulouse dont nous avons parlé ci-dessus ne se soit point prononcée sur cette question. Il est très-douteux cependant qu'il l'eût résolue en faveur des fabriques, bien qu'au fond il s'agisse d'une fourniture qui parait être un accessoire des services funèbres commémoratifs.

§ 5. Billets de convocation pour sociétés, confréries, œuvres et corporations.

Les prohibitions formulées par l'art. 24 du décret de prairial, au sujet des fournitures de Pompes funèbres s'étendent également à toutes les corporations religieuses, civiles ou philantrophiques qui ont l'habitude d'assister, en corps, aux funérailles d'un confrère décédé. Ces sociétés ne sont pas plus favorisées que les simples particuliers. La loi s'applique aussi bien à ceux-ci qu'à celles-là. Dans un cas comme dans l'autre, les fabriques ont seules le droit exclusif de fournir les lettres ou billets de décès et il est en leur pouvoir de s'opposer à toutes les atteintes qui pourraient être portées à leur privilège, quel que soit le caractère des personnes qui empiétent sur leurs attributions. Dans les grandes villes, où l'esprit d'association est très-développé, les fabriques sont plus exposées que dans les petites localités à voir leurs droits méconnus sur ce

point. Mais il ne dépend que de leur volonté de faire cesser les abus existants et d'en prévenir le retour. Si elles
ne veulent pas se montrer trop rigoureuses, de crainte
d'encourir le reproche de fiscalité, elles pourront combiner un moyen qui leur permette de rester en possession
de leur privilége, tout en abandonnant une partie des
bénéfices en faveur de telle ou telle association qui leur
semblerait en être digne, par le caractère de son institution. Les fabriques feront bien de prévoir, dans leur
tarif de Pompes funèbres, une classe de billets à très-bas
prix qui puisse être accessible aux bourses les plus mo-
destes. Dans quelques localités, on a jugé à propos de con-
céder aux sociétés le droit de faire imprimer et distribuer
elles-mêmes leurs billets de convocation, moyennant une
légère redevance payée à la fabrique. Cette manière de
procéder parait beaucoup plus simple et plus commode,
mais elle présente l'inconvénient d'habituer peu à peu les
sociétés à considérer cette faveur comme un droit et d'engager l'avenir. Il serait préférable de laisser la fabrique
en possession de son droit, sauf à celle-ci à consentir,
suivant les circonstances, les réductions qu'elle jugerait à
propos.

CHAPITRE III

LIBRES PENSEURS, CULTES DISSIDENTS ET NON SALARIÉS PAR
L'ÉTAT, NÉS-MORTS
QUI DOIT FAIRE LES FOURNITURES DE POMPES FUNÈBRES

§ 1. Libres penseurs.

Les enterrements des libres penseurs occupent aujour-
d'hui une place importante dans les questions de Pompes
funèbres.

Le mépris et le silence sont assurément la meilleure
réponse qu'il conviendrait d'opposer aux étranges aberra-
tions d'une classe d'individus qui se jouent impunément de
tout ce qu'il y a de respectable et de sacré dans le cœur
de l'homme, et dont le moindre défaut est de n'être *ni
libres ni penseurs.*

Ont-ils, en effet, le droit de se dire *penseurs,* ces
hommes qui, semblables à des oiseaux de proie, s'en vont
à la recherche des cadavres que les surprises de la misère
ou de l'ignorance font tomber entre leurs mains, pour s'en
faire un drapeau, qui, par leurs actes, proclament hautement la suprématie de la matière sur l'esprit, et par leur
conduite sont un objet de honte pour la civilisation?

Quant aux malheureux qui servent de prétexte à ces

indécentes manifestations, l'enfant dont le cœur n'a palpité que quelques heures, l'épouse chrétienne à laquelle un mari brutal a refusé les secours de la religion, l'infortuné en délire, dont la dépouille mortelle a été achetée d'avance au prix d'un morceau de pain jeté à sa famille, font-ils réellement acte de liberté? Ah ! s'il était permis de soulever le voile qui cache, aux regards de la foule, toutes les manœuvres à l'aide desquelles les exploiteurs de cadavres opèrent leurs recrutements, que de tristes pages ne pourrait-on pas ajouter au livre d'or de la libre pensée? Plus logiques que leurs paroles, quels terribles démentis les faits n'opposeraient-ils pas à leurs absurdes prétentions ! Ce que l'on en sait déjà nous édifie suffisamment sur ce que l'on ignore encore. (1)

Qu'il nous soit donc permis de le leur dire ici : Vous n'êtes que des ouvriers de mensonge et de négation. Non, la pensée ne saurait habiter dans les bas-fonds d'un matérialisme humiliant. Fille de la divinité, elle plane au dessus des intelligences, et si jamais vous parveniez à la faire descendre des hauteurs où elle réside pour la rendre complice des enfouissements civils, ce ne serait pas assurément pour accroître le domaine de son indépendance, mais pour en faire l'esclave de la plus abjecte des tyrannies. Votre condamnation est écrite dans l'histoire, où vous n'avez laissé que des ruines et des victimes. Vous rappelez à la France les plus mauvais jours qu'elle ait connus et, aujourd'hui, comme en 93, tout homme de cœur peut vous dire, avec un sentiment de légitime fierté, auquel vous ne pouvez prétendre: on inhume un chrétien, on ne cache dans la terre que le cadavre des animaux privés de raison.

---

(1) Lire, à ce sujet, la discussion qui a été engagée au sein de l'Assemblée nationale, le 24 juin 1873, entre M. Baragnon et M. Le Royer !

Mais ni le mépris ni le silence ne sont une arme suffisante pour combattre les agissements de cette secte dangereuse. Il n'est pas sûr, d'abord, que le mépris qu'elle
soulève contrebalance suffisamment le mépris qu'elle ex-
hale envers les croyances de la partie la plus saine et la
plus nombreuse de la population. Quant au silence,
loin de le redouter elle le recherche, car son audace y
trouve un puissant élément de succès. Abritée derrière
le principe de la liberté de conscience, auquel elle ne
cesse d'insulter, elle n'est que l'instrument docile de cette
politique de décomposition internationale qui se répand
dans tous les pays, et qui, sous prétexte de prendre la défense du libre arbitre en péril, souffle la révolte dans tous
les cœurs : révolte contre le principe d'autorité, révolte
contre les croyances de tout un peuple, révolte contre les
lois qui garantissent la liberté individuelle des citoyens, qui
régissent le service des sépultures, qui assurent l'ordre et
la tranquillité dans toutes les localités, révolte, enfin, contre
l'ensemble des lois morales et civiles, qui sont la vie d'une
nation et le meilleur rempart qu'elle puisse opposer aux
égarements des passions humaines.

Pour arrêter les progrès de cette lèpre sociale, une attitude passive ne saurait donc convenir aux personnes qui
ont à cœur de soustraire la société à son influence perni-
cieuse. Le seul moyen d'empêcher qu'elle ne devienne
agressive et envahissante, c'est de ramener les pratiques
funèbres des libres penseurs à la stricte observation des
règles du droit commun, de dégager, autant que possible,
la question politique de la question spéciale des sépultures
et de ne leur reconnaître d'autre autonomie que celle à
laquelle ils peuvent rigoureusement prétendre, d'après l'é-
tat actuel de notre législation, et ce, nonobstant les mesures restrictives qui pourraient être prises, d'office par les

autorités locales, suivant les circonstances. Chacun est le maître, sans doute, de vivre ou de mourir, selon la nature des convictions qu'il lui plaît d'adopter, et même de n'en adopter aucune, si tel est son bon plaisir. Mais si la loi est sans action pour agir sur les consciences, elle a du moins le droit de surveiller les actes qui sont la manifestation extérieure des croyances, et d'empêcher que ces actes ne soient une cause de troubles ou une insulte aux convictions religieuses de la majorité des habitants. C'est ainsi, d'ailleurs, qu'on l'a entendu dans un certain nombre de localités, et c'est ainsi qu'il devrait en être partout.

Nous ne demanderons pas, avec un certain nombre de personnes, la suppression radicale de ce mode de sépultures. Le remède serait pire que le mal. Une mesure de ce genre serait la justification de la qualification de libres penseurs, que se donnent les partisans des enfouissements civils, qualification qui est aujourd'hui vide de sens. De plus, on retomberait sous les coups de l'art. 19 du décret de prairial, an XII, dont les dispositions ont été jugées inexécutables depuis longtemps, de telle sorte qu'à la violence exercée sur la conscience du prêtre s'ajouterait celle que l'on exercerait sur la volonté du défunt. L'empereur Napoléon Ier, dont nous avons fait connaître le profond mépris à l'égard des funérailles civiques, et qui les considérait comme deshonorantes pour la capitale, ne jugea pas à propos, cependant, d'user du pouvoir illimité dont il disposait pour en ordonner la suppression. Il préféra, avec raison, les soumettre à certaines mesures restrictives dont l'application devint si gênante pour les libres penseurs de l'époque, qu'ils finirent par se soumettre aux règles du droit commun.

Le même mal nous paraît devoir appeler le même remède.

Mais en quoi consistent les mesures restrictives dont il est ici question, et quelles sont les personnes qui, soit à un titre soit à un autre, ont qualité pour élever la voix contre les abus qu'entraineraient aujourd'hui les enterrements civils?

L'intérêt étant la mesure des actions, c'est l'intérêt qui doit nous faire connaître quels sont ceux qui peuvent intervenir dans les cas de ce genre, et quels sont les moyens que leur donne la loi pour faire respecter leurs droits.

Or, nous devons reconnaître quatre sorte d'intéressés, savoir :

1° Les parents et amis des défunts ;

2° Les membres du clergé ;

3° Les maires et, à leur défaut, les préfets ;

4° Les fabriques des églises.

Les parents du défunt et, au besoin, ses voisins et amis, ont qualité pour dévoiler toutes les manœuvres présentes ou antérieures qui auraient le caractère d'une violence exercée sur sa volonté, ou tendraient à surprendre sa religion et sa bonne foi, pour l'amener à souscrire à un engagement que la loi ne reconnaît pas, même lorsqu'il est imposé par le mari ou le conjoint survivant. En ce cas, une plainte directe à l'autorité judiciaire ou municipale suffit, suivant les circonstances, pour soustraire la dépouille mortelle du défunt aux mains des libres penseurs et pour la rendre aux ministres du culte.

Les membres du clergé pourraient se concerter avec les représentants de l'autorité municipale pour obtenir que l'on réservât, dans les cimetières, un emplacement qui ne fût pas consacré par l'Église, pour y enterrer les libres penseurs réellement dignes de ce nom. (1) Il ne dépend que

_____

(1) C'est ce qui a été fait déjà dans quelques-uns et notamment à Toulon et à Marseille.

de la volonté de l'administration municipale de souscrire à une demande de ce genre, qui ne devrait pas, cependant, être considérée comme un droit de la part du clergé, la loi de prairial n'établissant de distinction qu'entre les divers cultes reconnus. Le clergé paroissial a également qualité pour s'assurer si le défunt, jusqu'alors bon catholique, n'a pas été victime de quelque machination déloyale, au moment de la mort. Mieux que personne, le prêtre catholique peut, à ce sujet, fournir d'excellentes indications et contribuer, dans les limites de la prudence et des devoirs de son ministère, à éviter, à la famille du décédé, l'humiliation d'un enfouissement civil.

Les municipalités sont spécialement chargées de la police et de la surveillance des lieux de sépulture et de tout ce qui se rattache à la célébration des funérailles, sur la voie publique. A ce titre, il leur appartient de prendre, soit d'office, soit sur la réclamation des habitants, telles mesures qu'elles jugeraient convenables pour empêcher que les enterrements ne soient une cause de troubles, de désordre ou de scandale. A défaut, et en présence du refus répété de l'autorité municipale de remplir les obligations qui lui sont imposées, l'article 15 de la loi du 18 juillet 1837 donne aux préfets les pouvoirs nécessaires pour agir, au lieu et place des maires récalcitrants.

Quant aux fabriques, leur intervention, dans les enterrements des libres penseurs, s'explique par un autre ordre d'idées. Il ne s'agit, pour elles, que de revendiquer la fourniture exclusive et privilégiée de tous les objets nécessaires, soit à la pompe, soit à la décence des convois funèbres.

Pour ne pas nous écarter des questions qui font l'objet principal de la deuxième partie, nous nous bornerons à examiner, ici, ce qui se rattache aux intérêts des fabriques.

17

Dans la sixième partie, nous envisagerons la question des libres penseurs relativement au clergé, aux municipalités et aux particuliers.

Au sujet des fabriques, nous avons à nous demander : 1° s'il leur convient de réclamer la jouissance de leur monopole ; — 2° si elles en ont le droit, et sur quelles bases repose ce droit.

1° *Question de convenance.* — Nous connaissons un certain nombre de fabriques paroissiales qui se font un scrupule d'intervenir, en quoi que ce soit, dans les enterrements des libres penseurs, même pour mettre à leur service un matériel qui semble participer à la bénédiction que l'Église répand sur la dépouille mortelle de ses enfants. Il ne saurait rien y avoir de commun, dit-on, entre les catholiques romains et les libres penseurs, sur une matière aussi délicate. Que chacun s'organise, se suffise et s'administre comme il lui conviendra le mieux : la dignité de l'Église ne permet pas qu'il y ait solidarité d'intérêts entre les fidèles et ceux qui sont ses plus mortels adversaires. A l'appui de ce raisonnement, on cite l'exemple du clergé paroissial, sous l'ancien régime, et le refus qu'il opposait aux dons volontaires des personnes qui s'étaient séparées ouvertement de la communion catholique. Or, ajoute-t-on, quels motifs auraient aujourd'hui les églises, non plus pour accepter l'offrande spontanée de quelques chrétiens dissidents, mais pour contraindre les libres penseurs à contribuer, malgré eux, aux frais d'entretien d'un culte qu'ils ne reconnaissent pas ? A raison même de sa provenance, cet argent doit-il se trouver confondu avec les oblations des fidèles ? En d'autres termes, les nécessités budgetaires d'une fabrique doivent-elles être prises en considération, au point de forcer la main aux organisateurs des enfouissements civils ?

Pour répondre à cette question, une distinction préalable est nécessaire. Sous l'ancien régime, alors que les églises étaient pourvues de bénéfices et des autres revenus qui constituaient leur dotation territoriale, on conçoit aisément le refus qu'elles opposaient aux offrandes de ceux qui contrevenaient aux lois canoniques. Cette façon de procéder était conforme au véritable esprit de l'Église et aux usages du temps. Mais la Révolution a créé un ordre de choses nouveau, et a fait aux églises une position bien différente de ce qu'elle était autrefois. Après avoir confisqué les biens du clergé et des fabriques, l'État leur accorda, à titre de compensation, soit un revenu fixe, prélevé sur le trésor, soit un revenu éventuel, résultant de la concession de certains avantages, déterminés par les lois. Le monopole des Pompes funèbres n'a pas d'autre caractère que celui d'une réparation sociale. Si, dans la pratique, l'application rigoureuse du principe qui le constitue présente des inconvénients et fait peser sur les fabriques certains reproches de fiscalités, celles-ci ne sauraient s'en inquiéter, car elles ne peuvent assumer la responsabilité d'un état de choses qui leur a été imposé. La loi les absout d'avance. La question de convenance doit donc céder devant une question d'ordre public. Au besoin, on peut obliger les fabriques à intervenir dans les enterrements civils, sauf le cas, cependant, où elles jugeraient à propos de délaisser leur monopole au domaine public. Mais, si elles font tant que de l'exploiter, elles ne sont plus libres de transformer le service public que leur est confié en un service de fantaisie ou de préférences. L'autorité locale est en droit de pouvoir compter sur elles, comme, de leur côté, elles ont le droit de compter sur le concours de l'autorité. On doit distinguer, dans les convois funèbres, deux sortes de services, qui peuvent très-bien marcher de front ou séparément, ce sont le service *religieux* et le service des fournitures, que l'on pourrait appeler aussi service *civil* ou *municipal*, afin de mieux le distinguer du précédent. S'il plaît à certaines personnes de ne réclamer, pour leurs funérailles, que le service civil, en quoi les fabriques peuvent-elles en être blessées ? — Tertulien ne nous apprend-t-il pas que les premiers chrétiens se faisaient un devoir de rendre les honneurs de la sépulture aux païens, leurs persécuteurs ? — D'ailleurs, si le bénéfice réalisé sur les funérailles civiques paraissait embarasser les fabriques, il est facile de les tranquiliser, en leur disant que ce bénéfice sera d'abord assez mince et ensuite, que parmi les libres penseurs, comme parmi les catholiques, il y a des indigents dont l'inhumation doit être gratuite.

Mais la considération la plus concluante que l'on puisse faire valoir en faveur de l'inhumation des libres penseurs par les catholiques, c'est qu'en reconnaissant à cette secte le droit de s'administrer isolément, pour le service des sépultures, on lui fournit les moyens de posséder un matériel lui appartenant en propre, de procéder très-économiquement aux funérailles de ses corréligionnaires, en un mot, on contribue, indirectement, à lui assurer une certaine autonomie qui rentre dans ses vues et qui est loin de dégager la responsabilité des fabriques. Ne serait-il pas préférable de forcer les libres penseurs à se ranger au droit commun, sur ce point, et de leur enlever la satisfaction d'avoir un matériel dont la confection et la structure n'insultent pas moins aux regards que les autres détails de leurs scandaleuses manifestations ?

Ainsi donc, au point de vue des convenances, les fabriques sont couvertes par la loi, qui les oblige, et la loi, sous ce rapport, est d'accord avec le devoir qui leur défend de contribuer, par leur indifférence, à tout ce qui peut être une cause de progrès ou d'avantages pour les libres penseurs.

2° *Question de droit.* — On a contesté aux fabriques le droit exclusif de faire les fournitures nécessaires pour les enterrements civils. Dans certaines villes on ne s'est pas contenté de mettre en doute le droit des fabriques, on s'est entièrement substitué à leur lieu et place. Les libres penseurs y ont fait acte d'autorité, et se sont organisés de façon à se passer du concours des administrations de Pompes funèbres. Ils basent leurs prétentions sur le principe de liberté de conscience, qui les dispense de contribuer, malgré eux, aux frais d'entretien d'un culte qui n'est pas le leur.

Examinons, au point de vue légal, la valeur de cet argument.

Nous ne dirons rien des articles **22** et **24** du décret de prairial qui fonde le monopole des fabriques. Nous chercherons ailleurs la confirmation du principe que consacre ce décret. Nous la trouvons 1° dans le décret du **10** février **1806** et dans l'ordonnance du **8** février **1831**, relatifs au culte israélite. — 2° dans l'examen de ce qui se pratique pour la séparation des cultes, dans les cimetières, d'après l'article **15** du décret de prairial. — 3° Sur les décisions de la jurisprudence civile et administrative.

1° Le décret du **10** février **1806** est ainsi conçu : « *Article premier.* — Les articles **22** et **24**, titre III, de « notre décret sur les sépultures, rendu le **25** prairial « an XII, qui concerne les fabriques et les consistoires ne « sont pas applicables aux personnes qui professent en « France la religion juive. — *Article second.* — Notre « ministre de l'intérieur et des cultes sont chargés, etc... » — L'ordonnance du **8** février s'exprime ainsi qu'il suit : « *Article unique.* — A compter du **1er** janvier **1831**, les

« ministres du culte israélite recevront des traitements du
« trésor public... » — Il résulte de ces deux textes que,
quoique toléré, le culte israélite n'était pas salarié par
l'Etat en 1805; que, par suite, il ne pouvait bénéficier du
privilége octroyé le 23 prairial an XII, aux fabriques et
consistoires, au sujet des sépultures, et que, jusqu'en
1831, les funérailles des personnes décédées dans cette
religion, ne pouvaient être effectuées que par les soins des
administrations de Pompes funèbres, légalement consti-
tuées. Les libres penseurs n'étant que tolérés et non salariés par l'État, peuvent-ils réclamer plus de droit que
n'en possédait un culte aussi connu que le culte israélite,
dans la période de 1806 à 1831 ? — La négative ne saurait être douteuse.

2° L'article 15 du décret de prairial porte ce qui suit :
« Dans les communes où l'on professe plusieurs cultes,
« chaque culte doit avoir un lieu d'inhumation particu-
« lier ; et, dans le cas où il n'y aurait qu'un seul cime-
« tière, on le partagera par des murs, haies ou fossés, en
« autant de parties qu'il y a de cultes différents, avec une
« entrée particulière pour chacun, et en proportionnant
« cet espace au nombre d'habitants de chaque culte. » En
dehors des trois cultes qui ont le droit de bénéficier du
monopole des inhumations, pourrait-on en compter un
quatrième auquel les communes soient tenues d'appliquer
la distinction posée par l'article 15, que nous venons de
citer ? — Nous ne le pensons pas. Il suffit pour cela de
parcourir les cimetières des grandes villes. Qu'y trouve-t-
on ? — Un cimetière pour le culte catholique, un second
pour le culte protestant et un troisième pour le culte israélite. Quant aux défunts qui appartiennent à un culte autre
que l'un de ceux que nous venons de nommer, on les en-
sevelit dans le cimetière catholique, où l'on réserve, à cet

effet, un emplacement spécial, non bénit. Les nés-morts
sont-ils catholiques ? — Nullement, Cependant une décision du Conseil d'État leur assigne, dans les cimetières
catholiques, un endroit affecté à leur inhumation. Le ci-
matière catholique de Marseille ne renferme-t-il pas, pour
ce motif, un carré spécial aux Musulmans et aux Grecs
schismatiques ? — A Paris, on est allé plus loin encore :
on n'a pas même observé, pour les décédés protestants, la
distinction de l'article 15 du décret de prairial. Le même
tombeau et le même carré de sépulture reçoivent, indistinctement, la dépouille mortelle des personnes appartenant
soit à l'une, soit à l'autre de ces deux religions. Que conclure de là, sinon que, si pour le choix du lieu de la sépulture la loi n'admet d'autre distinction que celle qui
résulte de la différence des cultes reconnus et salariés, il
doit *a fortiori* en être de même, en ce qui concerne les
fournitures relatives à la décence ou à la pompe des convois.

3° La jurisprudence civile et administrative s'est d'ailleurs formellement prononcée sur ce point de droit. Nous
en citerons ci-après divers témoignages. A la suite des
troubles qui marquèrent les événements politiques de
1870 et 1871, les fabriques de la ville de Marseille se virent menacées dans la jouissance de leur privilége, par un
certain nombre d'industriels qui trouvaient moyen de
concilier leur haine envers les fabriques, avec le désir violent d'accroître leur fortune particulière. Un procès s'en
suivit, et pendant le cours de l'instance, l'occasion se présenta de soumettre à l'appréciation du tribunal, la question qui nous occupe en ce moment. Le nombre des enterrements civils étant de 25 par mois, soit de 300 environ
dans l'an, il valait la peine de provoquer une décision sur
ce point. Voici en quels termes les juges de première ins-

tance tranchèrent la difficulté, en faveur des fabriques :
« Attendu, en ce qui touche les *enterrements dits civils*,
« et ceux des *enfants morts-nés*, qu'ils rentrent dans les
« attributions de la régie des inhumations, de même que
« ceux des individus n'appartenant à aucun culte établi et
« reconnu en France, et des personnes auxquelles les cé-
« rémonies du culte sont refusées ; — qu'il ressort, en
« effet, des lois et règlements de la matière, que les fa-
« briques et les consistoires ont le droit exclusif de faire
« procéder aux inhumations et de fournir les voitures,
« moyens de transport et objets nécessaires aux Pompes
« funèbres, que les droits de la régie des inhumations, à
« cet égard, ont été reconnus par le jugement du 27 dé-
« cembre 1871, confirmé sur l'appel et ne pouvant plus
« être remis en question ; — Attendu, que la régie des
« inhumations de Marseille a été constituée en adminis-
« tration publique par le décret du 10 septembre 1808,
« conformément aux principes posés et aux règles éta-
« blies par celui de l'an XII ; qu'elle fonctionne sous la
« surveillance de l'autorité municipale, chargée de la po-
« lice des lieux de sépultures et des convois funèbres : —
« que des motifs d'ordre public, de décence et de salu-
« brité publique, ont fait attribuer à la régie un droit
« exclusif que nul ne peut partager avec elle, quelle que
« soit la nature du convoi, et qu'il y soit procédé avec ou
« sans l'assistance du clergé et le concours des cérémo-
« nies religieuses ; — Attendu que les consistoires jouis-
« sent du même privilége pour leurs coréligionnaires ;
« mais que pour tous ceux qui n'appartiennent point à
« leur culte, c'est la régie des inhumations, agissant
« comme administration publique et municipale, qui a
« l'obligation et le privilége de pourvoir au transport des
« corps et à la fourniture de tous les objets nécessaires à

« la pompe et à la décence des funérailles; qu'il suit de là
« que c'est à tort que les sieurs Audibert ou tous autres
« voudraient revendiquer le droit de faire procéder aux
« enterrements, dépourvus de tout caractère religieux et
« repousser l'action en dommages-intérêts de la régie ;
« etc., etc. (19 mars 1873).

Sur l'appel des sieurs Audibert, la cour d'Aix confirma, le 18 août de la même année, la sentence des premiers juges.

La jurisprudence administrative s'est également prononcée dans le même sens. Nous n'en donnerons, comme
exemple, que les deux témoignages qui suivent. Nous lisons dans l'ancien cahier des charges des Pompes funèbres de la ville de Paris la clause suivante, qui est homo-
loquée par le décret impérial du 4 novembre 1859 :
« Art. 39. — Les remises dues pour les convois des per-
« sonnes qui, sans appartenir au culte protestant ou au
« culte israélite, n'auront pas été, pour quelque cause que
« ce soit, présentés à l'église, seront versées, en totalité,
« au fonds catholique ; — les remises dues pour les per-
« sonnes appartenant aux cultes protestants non recon-
« nus par l'Etat seront attribuées aux consistoires protes-
« tants. » — Le règlement des Pompes funèbres de la
ville de Rouen porte une clause à peu près semblable :
« Pour l'inhumation des personnes professant une autre
« autre religion que la religion catholique, apostolique et
« romaine, le régisseur fera les mêmes fournitures et se
« conformera au présent cahier des charges, pour autant
« qu'il y aura lieu. »

D'après l'ensemble des diverses considérations qui précèdent, il ne saurait donc exister le moindre doute sur le
droit des fabriques et pareille matière. Quant à leur devoir, il nous semble également tout tracé, en présence des

menées envahissantes des libres penseurs. Pour prévenir
des difficultés, les fabriques agiront sagement, en insérant,
soit dans leurs tarifs, soit dans leurs règlements des Pompes funèbres, une clause qui réserve leurs droits relativement aux enterrements dépourvus d'un caractère religieux.

§ 2. Cultes dissidents, nés-morts.

Les développements dans lesquels nous sommes entrés,
au sujet des libres penseurs, nous dispensent de traiter,
avec les détails qu'elle comporte, la question des cultes dissidents et des nés-morts. Les principes que nous avons
invoqués contre les premiers s'appliquent également à
ceux-ci. Les autorités sur lesquelles nous nous sommes
basé sont aussi les mêmes; nous nous contenterons donc
de renvoyer le lecteur au § 1er de ce chapitre, dont le
contenu est d'une application générale.

CHAPITRE IV

Les inhumations et services funèbres des personnes décédées dans les hôpitaux, hospices, couvents, communautés religieuses et autres établissements publics, ont parfois donné lieu à des conflits regrettables, qui accusent presque toujours une connaissance très-insuffisante de la législation des Pompes funèbres. L'expérience a prouvé que les atteintes portées au monopole des fabriques ne viennent pas seulement des personnes connues par leur hostilité à l'égard de ces établissements religieux, mais encore de celles qui, par leur position ou par le caractère dont elles sont revêtues, semblent devoir être à l'abri d'un reproche de ce genre. Nous aurons plus d'une fois occasion d'en fournir la preuve. Or, il importe, tant au point de vue du bon ordre qu'au point de vue spécial de l'intérêt des fabriques, de préciser les limites qui séparent les droits de chacun. Dans ce but, nous avons à répondre aux deux questions suivantes :

1° Les fabriques ont-elles le droit exclusif de procéder aux inhumations des personnes décédées dans les hôpi-

taux, couvents et autres établissements civils ou religieux?
— 2° L'exercice de ce droit entraîne-t-il, pour les fabriques, l'obligation de prendre à leur charge la sépulture de
tous les décédés indigents, dans ces mêmes établissements ?

En principe, l'affirmative ne saurait être douteuse. Elle
résulte non-seulement des dispositions générales de la loi
de l'an XII, qui est conçue en termes suffisamment démonstratifs, mais encore des commentaires qu'en ont donné
les organes les plus autorisés du gouvernement. Cependant
il est admis que l'on peut déroger à ce principe, suivant
les circonstances, et en vertu d'une entente préalable entre les fabriques et les diverses autorités dont le concours
est requis en pareil cas.

Occupons-nous d'abord du principe ; nous examinerons
ensuite les exceptions.

§ 1. Sépulture des décédés indigents.

La sépulture gratuite des indigents est une des charges
attachées au privilége des pompes funèbres. Peu importe
que le défunt soit décédé chez lui ou dans un établissement hospitalier. La loi ne fait, à ce sujet, aucune distinction. Les fabriques ne peuvent donc se soustraire à l'obligation de subvenir aux dépenses qu'entraînent pour elles
l'inhumation de cette classe de décédés. Toute résistance
de leur part deviendrait inutile, car, au besoin, l'autorité
locale pourrait les y contraindre, sauf le cas d'insuffisance
de ressources dûment justifiée.

A l'appui de cette doctrine, on peut citer deux décisions
ministérielles rendues dans les circonstances suivantes.
Dans le courant de l'année 1846 le Bureau de bienfaisance
des Batignolles (Seine), était redevable au sieur Boisselet,

représentant de la fabrique paroissiale, de la somme de
401 francs, montant de la fourniture des bières faites à
l'établissement charitable. Jusqu'alors le Bureau de bienfaisance avait fidèlement payé les dépenses de cette nature, mais cette fois, il s'y refusa, disant que c'était
à la Commune qu'incombaient les frais de sépulture des
indigents. Celle-ci ne partagea nullement la manière de
voir du Bureau de bienfaisance et mit en cause la
fabrique, qui répondit, de son côté, qu'elle voulait bien
se charger des enterrements susceptibles de lui procurer
quelques bénéfices, mais non pas de ceux qui lui étaient
onéreux. Choisi comme arbitre, le préfet mit le Bureau
de bienfaisance hors de cause, et imputa à la fabrique le
paiement des 401 francs. Avant de statuer, le préfet de
la Seine avait cru devoir consulter le ministre de l'Intérieur, qui formula son avis ainsi qu'il suit : « ..... Le
« droit de procurer tous les objets nécessaires au service
« des morts dans l'intérieur des églises, et à la pompe des
« convois appartient aux fabriques. Comme elles perçoi-
« vent le prix de ces fournitures, à l'exclusion des com-
« munes et que ce prix est même hors de proportion avec
« la valeur réelle des objets livrés, il semble que, par une
« juste compensation, elles doivent être obligées de pour-
« voir gratuitement à l'inhumation des morts indigents.
« Cette obligation n'incomberait dès lors aux communes
« que dans le cas exceptionnel où les fabriques ne se trou-
« vant pas en mesure d'user du droit qui leur est attribué,
« les communes l'exerceraient en vertu de l'art. 26 du
« décret du 23 prairial an XII.... » — (12 mars 1850).
Le ministre des Cultes partagea l'avis de son collègue, le
ministre de l'Intérieur, dans une lettre, en date du 26 janvier 1850, qui est reproduite en entier, ainsi que la pré-

cédente, dans le 4ᵉ volume du Journal des Conseils de fabriques, 2ᵉ série, pages 293 et suivantes.

§ 2. Funérailles qui sont l'objet d'une perception.

Il est hors de doute que les fournitures faites pour les convois de ce genre rentrent dans les attributions des fabriques. Dans un excellent mémoire publié en 1861 par Mgr l'Evêque d'Angers, sous le titre : *Sépultures dans les Hôpitaux et Hospices*, nous trouvons deux décisions ministérielles, qui viennent à l'appui de cette doctrine. La première, en date du 10 novembre 1840, est une lettre adressée par le ministre de l'Intérieur à son collègue le ministre des Cultes. Nous en détachons le passage suivant :

« Le décret du 30 décembre 1809, par son article 36, a
« attribué aux fabriques, entre autres revenus, le produit
« des droits et oblations, et il ne saurait être question d'en
« faire profiter les hospices. Ces droits se rattachant aux
« services religieux qui rentrent exclusivement dans
« l'exercice du culte paroissial, et ne peuvent être célé-
« brés hors de l'église de la paroisse, qu'en vertu d'une
« dispense spéciale. Il en résulte que l'autorisation d'éri-
« ger une chapelle ou un oratoire dans une chapelle ou
« dans un hospice, doit être considérée comme un acte de
« concession fait par le gouvernement, pour la commo-
« dité particulière de cet hospice, mais qui ne saurait por-
« ter atteinte aux lois générales relatives à la constitution
« des fabriques et à l'attribution de leurs droits et reve-
« nus.... Mais, je ne pense pas qu'il en soit de même lors-
« qu'il s'agit du casuel provenant des troncs établis dans
« une chapelle d'hospice, de la location des bancs et chai-
« ses, et des quêtes faites pour les frais du culte. En effet,
« il n'est pas question, en ce cas, des frais qui se ratta-

« chent à l'exercice du culte paroissial, mais de produit
« et d'offrandes purement éventuels et dont la destination
« me paraît devoir être de pourvoir aux dépenses du culte
« spécialement exercé dans la chapelle..... »

La seconde décision est d'une date plus récente. C'est
une lettre du ministre des Cultes, en date du 15 juillet
1850. En voici le contenu : « ... Monseigneur, — Vous
« m'avez fait l'honneur de m'écrire, le 21 mai dernier,
« pour me demander 1° par qui, du curé de la paroisse ou
« de l'aumônier de l'établissement, doivent être faites les
« sépultures, dans les communautés religieuses et dans les
« hospices. 2° Si les art. 22, 23 et 24 du décret du
« 23 prairial an XII et les dispositions du décret du 11
« mai 1806 sont encore en vigueur. — La juridiction pu-
« rement spirituelle émanant de l'Evêque dans chaque dio-
« cèse, c'est à vous, Monseigneur, qu'il appartient de
« statuer sur les difficultés relatives au droit de présider
« à la cérémonie religieuse des sépultures, dans les com-
« munautés religieuses et dans les hospices. Je n'ai donc
« à m'occuper que de la question concernant les fournitu-
« res à faire pour les funérailles et les produits quelcon-
« ques à recueillir pour les fabriques.

« Elle se trouve résolue par les dispositions des deux
« décrets précités ; ces dispositions n'ont pas cessé d'être
« en vigueur ; elles concernent les droits des fabriques
« des paroisses où sont situés les hospices et les commu-
« nautés. L'autorisation d'ouvrir une chapelle, dans un
« hospice ou dans une communauté est, en effet, de la
« part du Gouvernement, un acte de concession bénévole,
« fait pour la commodité de cet établissement et qui ne
« saurait porter atteinte aux attributions et droits des fa-
« briques. Il faut donc, pour qu'une communauté ou un
« hospice puisse exercer légalement ces droits et attribu-

« tions qu'il y ait, soit une renonciation entière de la part
« de la fabrique de l'église dans la circonscription de la-
« quelle est placé cet établissement, soit un traité entre
« elles et l'administration charitable, sur les conditions aux-
« quelles elle croirait devoir subordonner sa concession. »

Nous reproduisons, d'après le *Guide des curés*, de M.
Dieulin, une 3ᵉ lettre ministérielle, se rattachant au même
ordre d'idées. Elle porte la date du 12 juillet 1843, et a
été adressée par M. le ministre de l'Intérieur à M. le Préfet de la Loire-Inférieure. En voici les passages substan-
ciels: « ..... J'ajouterai, écrit le ministre, qu'en principe
« et, d'après la jurisprudence en vigueur, les hospices
« n'ont pas le droit de profiter du produit des frais d'in-
« humation et des services funéraires, célébrés dans la
« chapelle de ces établissements.....

« Les décrets de prairial et 1806 ont attribué, aux fa-
« briques des églises paroissiales, le droit exclusif de faire
« les fournitures pour les inhumations, la pompe et la dé-
« cence des funérailles, et, d'un autre côté, le décret de
« 1809 comprend, par son art. 36, dans les revenus
« des fabriques, le produit des droits et oblations et celui
« des frais d'inhumation. Ces droits se rattachent aux ser-
« vices religieux qui rentrent exclusivement dans l'exer-
« cice du culte paroissial, et qui ne peuvent être célébrés
« hors de l'église de la paroisse qu'en vertu d'une dispo-
« sition spéciale. »

Tel est le principe qui consacre les droits des fabriques
vis-à-vis des hôpitaux et des communautés religieuses.
Nous avons ajouté, qu'en ce qui concerne la sépulture des
indigents, ce principe souffrait parfois des exceptions. Il
peut se présenter des cas, en effet, où la sépulture gratuite
des indigents est une charge tellement lourde pour les fabriques, dans la circonscription desquelles se trouvent les

hôpitaux, qu'il leur serait impossible ou bien difficile d'y pourvoir. On conçoit, dès lors, que la Commune s'impose un sacrifice pour rendre cette charge moins écrasante. A Marseille, la ville compte, aux fabriques, l'allocation de 3 fr. 25 ou 3 fr. 50 pour chaque inhumation d'indigent décédé dans les hôpitaux. Cette allocation n'a pas pour objet de couvrir les frais de sépulture, mais de les réduire d'autant. Le nombre des convois de ce genre varie entre les chiffres de 16 à 1800 par an, ce qui représente le quart environ de la mortalité générale, pour les catholiques seulement. A Paris, la ville prélevant une taxe, dite municipale, sur chaque enterrement du service extraordinaire, c'est à elle qu'incombe le soin de pourvoir à la sépulture des indigents. L'entrepreneur touche, à cet effet, l'indemnité de 5 francs par inhumation, somme relativement bien insuffisante. Les Communes seraient mal inspirées si elles se prévalaient des autorités que nous avons indiquées, dans le cours de ce chapitre, pour exiger des fabriques plus qu'elles ne sont en mesure de faire. En définitive, cet excès de sévérité pourrait retomber sur le budget municipal, c'est-à-dire, sur les habitants. Il sera donc toujours prudent de prendre conseil des circonstances, en même temps que de la loi.

CHAPITRE V

En thèse générale, tous les transports funèbres et les accessoires qui s'y rattachent sont frappés de monopole. Le décret de prairial est formel sur ce point. Cependant bien des objections ont été élevées, relativemement à l'application de cette règle légale. Qui oserait contester aux aux parents ou amis du défunt, dit-on, la satisfaction de porter, eux-mêmes, la dépouille mortelle de celui auquel on rend les derniers devoirs, de déposer sur son cercueil une couronne ou un bouquet, tressés par la piété filiale, par la reconnaissance ou par l'amitié ? Et lorsque, la cérémonie funèbre terminée, le corps doit être transporté à une certaine distance du cimetière paroissial, qui empêcherait les familles de confier ce transport supplémentaire à d'autres qu'aux fabriques ?

Nous allons répondre à chacune de ces trois questions.

§ 1. Transport par les parents ou amis.

Deux raisons peuvent engager les parents ou amis à porter eux-mêmes la dépouille mortelle du défunt. 1° une raison de convenance ou de *piété filiale*, — 2° une raison *d'économie*. Dans un cas comme dans l'autre, il semble que ce serait rigoureux de la part des fabriques d'y mettre empêchement. Soumise à l'appréciation du Conseil d'Etat, la question ne fut pas définitivement résolue. Mais l'avis qu'il émit à ce sujet peut s'interpréter dans un sens favorable aux familles. Voici, d'après Mgr Afre, en quels termes fut émis cet avis : « Quelques modérés que soient « ces droits, ils sont toujours onéreux pour la classe peu « aisée de la société ; dans plusieurs villes, les citoyens « de la même profession et, quelques fois, les individus de « la même famille désirent se rendre mutuellement les « derniers devoirs ; à l'avantage de prévenir des frais « onéreux, cet usage réunit celui de resserrer les liens de « l'amitié, entre les membres d'une famille ou d'une « cité.... »

Dans les petites localités, où les cimetières sont à proximité et où les fabriques n'ont pas les moyens de faire les frais du transport des corps, un usage de ce genre se conçoit aisément et ne saurait présenter que des avantages. Mais il ne saurait en être de même dans les grandes villes, où le service des Pompes funèbres doit fonctionner sur des bases fixes et régulières. En permettant aux personnes du cortége de porter, elles-mêmes, le cercueil, les fabriques assument la responsabilité des accidents et des désordres qui peuvent en résulter. Dès l'instant que le corps quitte la maison mortuaire il n'appartient plus à la famille, mais à l'état civil, qui le confie aux administrations des Pompes funèbres. Celles-ci ne devraient jamais s'en désaisir, car il est d'expérience que la piété filiale et la reconnaissance ne sont pas toujours le mobile de ces transports funèbres. N'a-t-on pas vu, en effet, des personnes assez osées pour obliger le prêtre et les gens de la suite à suivre un itinéraire tout différent de celui qui était réglé par la paroisse, et même pour porter le corps directement du cimetière, sans faire une station à l'église, contrairement aux vœux des parents ? N'a-t-on pas vu, aussi, des personnes présumant trop de leurs forces, et notamment les membres de certaines sociétés de secours mutuels, trop portés aux libations, laisser tomber, sur la voie publique, un cercueil qu'on n'aurait jamais dû leur abandonner? — N'a t-on pas vu, enfin, la dépouille mortelle d'un défunt devenir le prétexte d'une manifestation politique aussi indécente que deplacée? — Nous le répétons, dans les grandes villes, il y a des raisons d'ordre et de salubrité publiques qui s'opposent à un usage de ce genre. C'est regrettable sans doute, mais l'intérêt général le veut ainsi. La raison d'économie peut être sauvegardée, à l'égard des familles pauvres, moyennant un adoucissement qui pourrait leur être accordé, sur les prix du tarif. Les fabriques ne doivent pas ignorer que dans le cas où le corps serait porté par les personnes de la suite, elles sont tenues de le faire accompagner, par leurs agents, jusqu'au lieu de leur destination, même lorsque le prêtre aurait des raisons pour quitter le cortége, ou pour suivre un itinéraire différent. Le corps ne doit jamais être entièrement abandonné au caprice des gens de la suite. Les règlements des Pompes funèbres devraient prévoir les éventualités de cette nature et, dans le cas où l'autorité locale croirait pouvoir autoriser le transport à bras, par les amis ou parents du défunt, il serait sage de restreindre cette latitude au trajet qni sépare le domicile mortuaire de la paroisse.

§ 3. Couronnes et accessoires du transport.

La fourniture des couronnes et autres ornements que l'on a l'habitude de déposer sur les cercueils, pendant le cortége, tombent-ils sous les coups du monopole ? — Rigoureusement parlant, oui ; cependant, dans la pratique, il est rare que les fabriques se montrent très-exigeantes sur ce point. Une considération qui pourrait et devrait même les engager à être plus sévères en pareil cas, c'est qu'il arrive fréquemment, dans les grandes villes, que les plus riches couronnes figurent sur le cercueil des personnes dont la sépulture est entièrement gratuite : de telle sorte que, dénuée de ressources pour payer les frais d'un convoi de la dernière classe, la famille en trouve, cependant pour acheter un objet de luxe, dont la valeur réelle excède le prix de tout l'enterrement. Il est évident que cette façon de procéder est abusive et préjudiciable aux fabriques, et que l'abus n'existerait pas, ou serait moindre, si le même bureau faisait les fournitures de l'enterrement et la fourniture des couronnes.

Voici en quels termes s'exprime le tarif de la ville de Paris sur cet article de Pompes funèbres : « Objets supplémentaires : 1° *fournitures diverses ;* — fournitures d'une couronne et d'un bouquet, en fleurs d'oranger artificielles. pour les cinq premières classes, 12 francs ; — fourniture d'une couronne et d'un bouquet, en fleurs d'oranger artificielles, sans chaperon, pour les quatre dernières classes, 3 francs. »

Plusieurs autres villes font de cette fourniture un objet de perception et n'ont pas eu lieu de le regretter.

Ce que nous disons des couronnes s'applique également aux autres accessoires du transport, aux armoiries nobiliaires, chiffres du défunt, drapeaux, emblèmes et ornements qui figurent sur le cercueil ou sur le char funèbre. Nous ne parlons pas des draperies, des draps mortuaires, cercueils, poëles d'honneur et autres fournitures qui concourent au transport, parce que nous ne pensons pas qu'elles puissent être l'objet d'une contestation.

§ 3. Transports hors la commune.

Les dernières volontés des défunts ont été de tout temps considérées comme sacrées, et doivent être rigoureusement observées. Lorsqu'une personne, avant de mourir, a manifesté la pieuse intention de reposer dans le cimetère de son pays natal ou de toute autre localité éloignée, les parents et les exécuteurs testamentaires ne peuvent que se faire un devoir d'y obtempérer, dans la limite du possible, bien entendu.

En ce cas, quels sont les droits des fabriques ?

Disons, d'abord, que leur concours n'est pas seul requis pour les transports hors la commune. L'autorité municipale et l'autorité religieuse ont également à intervenir, le maire, pour sauvegarder les lois de l'hygiène et de la salubrité publiques, en même temps que pour constater l'identité du corps à transporter, et le curé ou l'évêque, pour attester que le défunt est mort dans le sein de l'Église. Mais nous renvoyons à la sixième partie tout ce qui se rattache aux formalités religieuses et civiles, usitées dans ces circonstances. Nous traiterons ici la question du monopole des fabriques seulement.

En principe, la fabrique a le libre exercice de son privilége, dans la limite de la circonscription paroissiale. Elle

y est sur son terrain naturel ; mais, au delà, son droit ex-
pire, sauf le cas où il ne s'agirait que d'un simple transit
sur la voie publique. En ce cas, rien ne s'oppose à ce que,
sur le désir de la famille, une voiture des Pompes funèbres effectue le transport, jusqu'aux barrières de la localité où l'inhumation doit avoir lieu. Toutefois, ce transport
d'une barrière à une autre n'est pas considéré comme une
dépendance du monopole. Il peut être opéré par les voitures de toute autre société industrielle, sans que les fabriques aient à s'en formaliser le moins du monde. Elles
tombent ici sur le terrain du droit commun, et la préférence dont elles sont l'objet a pour base, non plus le décret de prairial, mais la volonté des familles.

Il existe, à Paris, un certain nombre d'entreprises de
transports funèbres, pour les environs de la ville et pour
l'extérieur. Ces entreprises procèdent en concurrence avec
l'entreprise centrale des Pompes funèbres, spécialement
chargée de l'exploitation du monopole de l'an XII. Voici
en quels termes s'exprime l'article 2 du cahier des charges de cette dernière entreprise, au sujet des transports hors la ville : « En cas d'inhumation hors desdits ci-
« metières, et s'il y a convoi, les corps seront transpor-
« tés par les voitures de l'entreprise, jusqu'à la barrière.
« Le transport d'un corps, exhumé d'un des cimetières de
« Paris pour être réinhumé dans un autre cimetière de la
« même ville, se fera également par les voitures de l'en-
« treprise. Mais, si le transport a lieu de la maison mor-
« tuaire ou de l'église à la barrière, sans aucune cérémo-
« nie extérieure, et dans une voiture fermée, il peut être
« effectué librement par les familles, qui ont la faculté de
« faire usage du véhicule qui leur convient... »

La dernière partie de cet article nous paraît contestable. Si les fabriques ont eu la pensée de faire acte de

renonciation à leurs droits, nous n'avons rien à dire, mais si au contraire l'article 2 est un pis-aller, il nous paraît injustifiable en droit. De deux choses l'une : ou le transport effectué, dans le trajet de la maison à la barrière, est un transport funèbre ou il ne l'est pas. Si ce n'est pas un transport funèbre, qu'on veuille bien nous apprendre quelle est la désignation qu'il convient de lui donner ; si c'est un transport funèbre, quel est le texte de loi qui en fait une dérogation aux droits des fabriques ?

CHAPITRE VI

DES FUNÉRAILLES COMMANDÉES ET PAYÉES PAR L'ÉTAT,
DROITS DES FABRIQUES

Nous avons dit, dans la première partie, que l'Empereur avait établi deux dérogations au monopole accordé aux fabriques, par le décret de prairial : la première est relative aux consistoires israélites (décret du 10 février 1806), et la seconde est en faveur des membres décédés de la famille impériale (décret du 20 février 1806).

Ces dérogations sont restrictives et ne sauraient être étendues, par analogie ou par assimilitation, aux funérailles des maréchaux ou autres hauts dignitaires de l'État, que le décret du 7 mai 1852 met à la charge du Gouvernement. Même quand c'est le trésor qui paie, le privilége des fabriques n'en subsiste pas moins : il n'y a de changé que le nom du débiteur. Au lieu de traiter avec une famille, les fabriques traitent avec le ministre de la guerre.

Ce principe résulte des règles générales du décret organique de l'an XII et de diverses décisions du Conseil d'État, dont nous allons parler ci-après.

Dans le courant de l'année 1855, le ministre de la guerre conclut avec le sieur Pector, entrepreneur des

Pompes funèbres de Paris, un marché pour la célébration des obsèques des maréchaux Excelmans et Gérard.
Par ce marché, l'entrepreneur avait cru devoir déduire au
profit de l'État, le montant des remises que les fabriques
touchent, d'habitude, sur les convois funèbres. Les fabriques
frustrées introduisirent une action contre leur représentant, devant le Conseil de Préfecture de la Seine, qui, à la
date 8 février 1856, fit droit à leur demande en condamnant le sieur Pector à payer, avec ses deniers, le montant
des primes par lui retenues.

Ce dernier appela de cette sentence devant le Conseil
d'État, et demanda à être garanti contre l'action des fabriques par le ministre de la guerre.

Dans le cours des débats, le ministre de la guerre fit
valoir, à sa décharge, les considérations que, si les fabriques
peuvent opposer leur privilége aux familles des personnes
décédées, leur droit ne saurait aller jusqu'à prétendre que
l'exercice de ce privilége soit opposable au trésor, pour le
cas où l'État commande et paie les funérailles d'un citoyen
illustre, à titre de reconnaissance nationale.

Sans s'arrêter aux fins de non-recevoir opposées par le
ministre de la guerre, le Conseil d'État confirma, à la date
du 18 mars 1858, la décision du Conseil de Préfecture,
par trois décrets qui obligeaient le ministre de la guerre à
rembourser, au sieur Pector, les sommes que celui-ci était
tenu de payer aux fabriques, à titre de réparation. Nous
détachons du décret rendu relativement aux funérailles du
maréchal Excelmans le passage suivant : « Napoléon...,
« considérant que le cahier des charges dressé en vertu
« de ce décret (23 prairial an XII) et en exécution de
« l'ordonnance du 11 septembre 1842, n'a excepté de
« l'entreprise concédée au sieur Pector que les cérémo-
« nies funèbres concernant les membres de la famille ré-

« gnante ; qu'en mettant à la charge de l'État les funé-
« railles des maréchaux de France, notre décret du 7 mai
« 1852 n'a pas dérogé aux dispositions du décret susvisé
« du 23 prairial an XII ; qu'ainsi, c'est à tort que, dans
« le marché passé avec le sieur Pector, relativement aux
« fournitures à faire pour le convoi du maréchal Excel-
« mans, notre ministre, en stipulant que le prix de ces
« fournitures serait réglé, à forfait, à la somme de 7,200
« francs, a déduit, au profit de l'État, les remises payées
« ordinairement aux fabriques, et que cette stipulation n'a
« pu préjudicier aux droits des susdites fabriques ; —
« considérant qu'en faisant au sieur Pector la commande
« des fournitures nécessaires, notre ministre de la guerre
« a déclaré que ce convoi, ordonné par l'État, n'était sujet
« à aucune remise et que, par suite, les remises payées
« aux fabriques ont été déduites au profit de l'État ;
« qu'en ces circonstances, c'est à tort qu'en condamnant
« l'entrepreneur au paiement desdites remises, le Conseil
« de Préfecture n'a pas ordonné que notre ministre de la
« guerre serait tenu de lui en rembourser le montant,
« avec les intérêts tels qu'ils sont dus aux fabriques.....,
« décrète... article 2..., notre ministre de la guerre rem-
« boursera aux représentants du sieur Pector, le montant
« desdites remises avec les intérêts tels qu'ils sont dus aux
« fabriques... »

En 1869 et en 1870, le Gouvernement adopta une
marche différente au sujet des obsèques des maréchaux
Niel et Raynaud-de-Saint-Jean-d'Angely.

En ce qui concerne le maréchal Niel, l'Empereur, par
un décret en date du 16 août 1869, mettait à la charge
de l'État la dépense occasionnée par les funérailles, déduction faite des remises allouées aux fabriques, lesquelles
remises devaient être abandonnées au profit du trésor. La

dette de reconnaissance étant publique, on jugea à propos
d'y associer les fabriques.

Les obsèques du maréchal Raynaud-de-Saint-Jean-
d'Angely présentent une particularité plus remarquable
encore. Tout en privant les fabriques de leurs remises, le
décret du 5 février 1870 déclarait que l'État prendrait à
sa charge les dépenses occasionnées par les funérailles,
mais jusqu'à concurrence de la somme de 10,000 francs
seulement. Les frais funéraires s'étant élevés au chiffre de
30,000 francs, la famille du défunt paya, à l'entrepreneur
des Pompes funèbres, la bagatelle de 20,000 francs de
supplément.

Examinés attentivement, les deux décrets précités res-
semblent à une exploitation des fabriques, déguisée sous
le couvert d'une dette publique et nationale. Qu'elle a été, en
effet, la pensée du Gouvernement, dans ces deux circonstances, si ce n'est d'associer le pays à un deuil public et d'en
payer les frais, avec les deniers publics ? — Or, ce but
a-t-il été atteint ? — Nullement, car, dans le premier cas,
les fabriques y ont contribué pour les 3|5 de la dépense
totale, les remises qu'elles touchent de l'entrepreneur étant
du 60 0|0 environ, et, dans le second, l'Etat en a payé
1|6 à peine, tandis que les fabriques y ont contribué pour
les 3|5, et la famille, pour le restant. Dans ces conditions,
l'Etat peut-il se flatter d'avoir acquitté une dette publique, avec les deniers publics ? Ce serait sottise de le croire.
En définitive, les fabriques de Paris qui, en qualité d'administrations religieuses, sont déchargées de toute espèce
d'impôt, dans l'exploitation de leur monopole, ont plus
contribué, à elles seules, à la célébration gratuite des funérailles de ces deux maréchaux, que les 38 millions d'habitants que comptait le pays à cette époque. La contribution a été un peu forcée, il est vrai, mais c'est précisé-

ment parce qu'elle présente ce caractère, qu'elle doit parai-
tre singulière et même discutable. Un gouvernement s'ho-
nore-t-il beaucoup, en subvenant, avec les deniers d'autrui,
à une dépense qu'il considère comme sienne ? — Rien ne
nous autorise à croire que l'État et les fabriques aient des
intérêts mêlés, jusqu'au point d'acquitter, par moitié, une
dette publique. Après les prodigalités du Mexique, le
Gouvernement devrait se dispenser de puiser dans la caisse
des églises l'appoint qui lui était nécessaire pour parfaire
le chiffre de dépenses d'un convoi funèbre. On concevrait
à la rigueur qu'il en fut ainsi si les maréchaux Niel et
Saint-Jean-d'Angely avaient rendu aux fabriques des services signalés ; et encore, en ce cas, aurait-il été au moins
convenable de laisser aux fabriques le mérite de la sponta-
néité. Quand un chef d'État a porté aussi haut, en Europe,
le sentiment de sa puissance et de sa générosité, il doit
être assez riche pour payer, convenablement, la gloire de
ses grands hommes et de ses plus illustres serviteurs.

La jurisprudence consacrée par le décret rendu en
Conseil d'État, à l'occasion des funérailles des maréchaux
Excelmans et Gérard, le 18 mars 1858, nous paraît beaucoup plus digne et beaucoup plus conforme à la véritable
pensée du décret de prairial.

CHAPITRE VII

§ 1. Exhumations.

Dans un grand nombre de ville, les fabriques ne retirent aucun bénéfices des exhumations et réinhumations
de corps. Soit qu'il y ait incertitude sur la question de
droit, soit que les municipalités ou les prétentions de quelques intéressés y mettent obstacle, soit, enfin, que les fabriques n'en éprouvent ni le désir, ni le besoin, les opérations de cette nature sont improductives et délaissées au
domaine public.

Cependant, en droit, il est reconnu et jugé que les exhumations sont une dépendance du monopole des fabriques,
et que rien, si ce n'est l'indifférence de ces établissements
religieux, ne saurait les priver des bénéfices qui en résultent pour eux.

Il est vrai que les décrets organiques qui régissent les
sépultures, passent sous silence les exhumations et ne les
désignent pas d'une manière expresse, mais elles s'y
trouvent implicitement comprises, par la force de la logi-

que et par le caractère même qui s'attache aux transla-
tions de corps en général.

D'abord hésitante, la jurisprudence est aujourd'hui définitivement fixée sur ce point, par une série de décisions émanant de l'autorité administrative et judiciaire.

Parmi les actes émanant de l'autorité administrative,
nous pourrions citer les règlements et tarifs d'un grand
nombre de villes, où les exhumations sont l'objet d'une
mention spéciale, et figurent au nombre des articles exclusivement réservés aux fabriques. L'approbation du Gouvernement donne, à ces mêmes tarifs, un caractère de légalité, qui met à l'abri de toute discussion la question qui
nous occupe. Les articles 36, 39 et 48 du cahier des
charges de l'entreprise des Pompes funèbres de la ville de
Paris sont très-explicites à ce sujet. Nous en dirons autant
des tarifs de Pompes funèbres de la ville de Marseille,
tarifs approuvés par décret en date du 28 décembre
1872.

Parmi les décisions rendues par la juridiction civile,
nous indiquerons les trois suivantes, qui paraissent suffisamment concluantes.

Dans le courant de l'année 1856, le nommé Ballard,
s'était attribué le droit de procéder à l'exhumation de plusieurs corps dans l'un des cimetières de Paris, sans réclamer l'intervention de l'adjudicataire des Pompes funèbres.
Il fournit à cette occasion un cercueil en plomb et un cercueil en chêne.

Actionné, pour ce fait, devant le juge de paix du septième arrondissement, par le sieur Vafflard, adjudicataire
du service des Pompes funèbres, le sieur Ballard fut
condamné, le 27 mars 1857, à payer la somme de 182
francs, à titre de réparation. Voici la teneur de ce jugement : « ... Attendu que ces fournitures constituent une

« contravention au décret du 23 prairial an XII ; -
« attendu qu'aux termes de l'article 22 dudit décret, les
« fabriques des églises et les consistoires ont le droit de
« faire toutes les fournitures quelconques nécessaires pour
« les enterrements... — Attendu qu'aux termes de l'ar-
« ticle 24 du même décret, il est expressément défendu
« à toutes autres personnes d'exercer le droit susmen-
« tionné ; — attendu que les articles 7, 8, 9, 10, 11 et
« 14 du décret du 18 mai 1806, ont de nouveau consa-
« cré les droits des fabriques et consistoires... — Attendu
« que Vafflard a été déclaré adjudicataire dudit service,
« par arrêté préfectoral, pris en Conseil de Préfecture, le
« 24 novembre 1852 ; — attendu qu'aux termes de
« l'article 48 du cahier des charges, le préfet de la Seine
« a transmis, avec garantie, à l'entrepreneur les droits ré-
« sultant des décrets de l'an XII et de 1811, de faire,
« dans la ville de Paris et dans les cimetières en dépen-
« dant, à l'exclusion de tous les autres, les fournitures
« du service extraordinaire des inhumations..... » Suit la
condamnation de Ballard. Sur l'appel de ce dernier, le
tribunal civil de Paris confirma, le 2 février 1858, la sentence des premiers juges, dans les termes ci-après : « At-
« tendu que ces dispositions (les articles 22, 24 et 25 du
« décret de prairial) assurent aux fabriques et consistoires
« le monopole absolu de toute les fournitures concernant
« le service des morts... ; que ce monopole n'est soumis
« à aucune condition ou restriction de temps, quant à
« tous les objets tarifés ; qu'il n'y a donc pas lieu de
« distinguer entre le cas où les fournitures sont faites au
« moment même du décès et celui où elles seraient ulté-
« rieurement effectuées, pour services, cérémonies ou cir-
« constances funèbres quelconques, et que, notamment, la
« fourniture des cercueils, nominativement comprise dans

« le privilége, aux termes de l'article 25 du décret de
« prairial, doit tomber sous l'application du monopole
« dans le cas d'exhumation, suivie ou non de transport
« hors de Paris, aussi bien que dans celui d'inhumation,
« puisque la loi ne fait à cet égard aucune distinction et
« que les motifs de convenance, d'ordre public et de sa-
« lubrité se rencontrent également dans ces diverses cir-
« constances ; — attendu que le décret du 18 mai 1806,
« n'a pas eu pour objet de modifier le principe de la légis-
« lation de l'an XII et de restreindre le monopole consacré
« par elle ; qu'il n'a donc, sous aucun rapport, dérogé à
« cette législation, et qu'il a laissé subsister, dans toute son
« étendue, le privilége attribué aux fabriques et consis-
« toires ; — attendu que le décret du 18 août 1811 n'a
« pas été plus que celui de 1806, introductif de principes
« nouveaux, mais qu'il a maintenu ceux posés par la loi or-
« ganique de l'an XII ; — que l'article 5 de ce décret de
« 1811, conférant à l'adjudicataire le droit de fournir,
« sauf quelques réserves au profit des fabriques, les ob-
« jets indiqués dans les tableaux de toutes les sections,
« lui assure nécessairement le privilége de la fourniture
« des objets non déterminés, ajoutés à l'une des classes
« par la volonté des familles, aussi bien que le monopole
« des fournitures comprises dans les classes... ; que le
« monopole du service des exhumations est, en effet,
« implicitement et nécessairement compris dans les ter-
« mes de l'article 48 (du cahier des charges), et que si
« le privilége de transporter les corps hors Paris n'a pas été
« concédé à l'adjuditaire, il n'en résulte nullement qu'il
« n'est pas privilégié pour la fourniture des cercueils en
« cas d'exhumation, si l'exhumation doit être suivie d'un
« transport hors Paris ; — qu'il n'existe pour le cas uni-
« que où l'exhumation serait suivie d'un transport hors

19

« Paris aucune dérogation au principe du monopole des
« cercueils ; — qu'une pareille exception ne résulte, en
« effet, ni de la pensée soit du décret, soit du cahier des
« charges, et qu'elle est réprouvée par toutes les considé-
« rations morales qui ont motivé la concession du même
« privilége ; — que dès lors, Ballard, en fournissant, après
« l'exhumation des deux corps, dans les cimetières de
« Paris, deux cercueils, l'un en plomb, l'autre en chêne,
« pour chacun d'eux, a porté atteinte aux droits résultant,
« pour Wafflard, de son cahier des charges, et que c'est à
« juste titre qu'il a été condamné..... »

Le sieur Ballard ne se tint pas pour battu. Aidé des
conseils d'un avocat éminent près le Conseil d'Etat, l'honorable M⁵ Piet, il forma un pourvoi contre le jugement
confirmatif que nous venons de citer. Nous regrettons de
ne pouvoir reproduire ici le mémoire remarquable que
rédigea pour la circonstance l'avocat que nous venons de
nommer. Les lecteurs en trouveront une copie dans le
Bulletin des lois civiles et ecclésiastiques, année 1859,
page 129. Le fond de ce mémoire n'est que l'apologie du
système de jurisprudence dont nous avons parlé dans le
chapitre deuxième, en traitant la question des billets de
décès, et qui est depuis longtemps complétement abandonné.

Nous donnons ci-après le dispositif de l'arrêt de Cassation, rendu le 21 novembre 1859, sur le pourvoi de
Ballard : « La Cour..., attendu qu'aux termes des ar-
« ticles 22, 24 et 25 du décret organique du 23 prairial
« an XII, réglementaire des Pompes funèbres, les fabri-
« ques et consistoires et, par dévolution de leurs pouvoirs,
« les entrepreneurs qui les représentent, ont le privilége
« exclusif de faire, dans les cimetières, et à l'exclusion de
« tous autres, les fournitures du service ordinaire et extra-

« ordinaire des inhumations et réinhumations ; — que
« parmi ces fournitures figure celle des bières ou cercueils,
« destinés à recevoir les corps exhumés ; — qu'il im-
« porte peu à cet égard que cette exhumation, dans l'espèce,
« doive être suivie d'un transport de corps au delà des
« limites du département de la Seine ; — que si pour ce
« transport, l'entreprise ne peut se prévaloir d'un privilège
« qui, dans ce cas, serait exercé en réalité en dehors de la
« circonscription qui fixe et limite son droit, on ne sau·
« rait en conclure que les effets de la faculté réservée sur
« ce point aux familles puissent et doivent être étendus à
« la fourniture des cercueils destinés à recevoir les corps
« transportables, puisque, contrairement à ce qui a lieu
« pour ce transport, la fourniture des cercueils, à la suite
« de l'exhumation des corps, est faite dans l'intérieur
« même du cimetière, où toute ingérence étrangère ne
« pourrait être admise, sans violer le privilège conféré à
« l'entreprise des Pompes funèbres de Paris... ; — qu'il
« suit de là que le jugement attaqué, en le décidant ainsi,
« loin de violer lesdits décrets (de prairial, de 1806 et de
« 1811), en a fait au contraire une juste et exacte appli-
« cation..., rejette, etc... »

Citons enfin, pour mémoire, un jugement du tribunal
de Marseille (4 avril 1867), qui a décidé que, même en
l'absence d'un tarif régulier, les fabriques ont le droit de
faire les fournitures nécessaires pour les inhumations et
réinhumations de corps.

§ 2. Travaux d'inhumation dans les cimetières.

L'at. 10 du décret du 18 mai 1806 est ainsi conçu :
« Dans les communes populeuses où l'éloignement des ci_
« metières rend ce transport coûteux et où il est fait avec

« des voitures, les autorités municipales, de concert avec
« les fabriques, feront adjuger aux enchères l'entreprise
« de ce transport, *des travaux nécessaires à l'inhumation*
« et de l'entretien des cimetières. »

L'art. 36 du décret du 30 décembre 1809 compte au
nombre des revenus des fabriques les *produits spontanés
des cimetières.*

La circulaire ministérielle du 30 décembre 1843, in-
terprétant le sens de l'ordonnance du 6 décembre de la
même année, prescrit que les objets abandonnés sur les
fosses, après le renouvellement quinquennal, et non récla-
clamés par les familles, dans le délai déterminé, doivent
être vendus pour subvenir aux frais d'entretien des cimetières.

Il résulte de ces diverses dispositions que, soit pour le
transport des corps, soit pour les travaux d'inhumation
dans les cimetières, soit pour l'entretien des dits cimetières, les fabriques doivent agir de concert avec les autorités
municipales, relativement aux adjudications. L'intervention des autorités municipales s'explique par la *raison
morale* d'intérêt public, d'ordre et de salubrité qu'elle représente, conformément aux art. 16 et 17 du décret de
prairial. Quant aux fabriques, leur intervention s'explique exclusivement par une raison d'*intérêt,* qui est
le but du monopole dont elles jouissent, en matière de
Pompes funèbres, sous la surveillance de l'autorité locale.
La loi de prairial met sur le même rang le transport et les
travaux d'inhumation, afin de mieux faire comprendre
que le creusement de la fosse ou l'ouverture du tombeau,
qui sont l'opération finale de tout convoi funèbre, sont,
comme la fourniture des voitures, susceptibles de procurer
aux fabriques un bénéfice incontestable.

D'après ce principe, on a de la peine à s'expliquer quels sont les motifs qui ont engagé les municipalités, dans certaines villes, et notamment à Paris, à se réserve, presque exclusivement, et la police des lieux de sépulture, et les travaux qui y sont exécutés pour les inhumations, sans que ces travaux soient susceptibles d'un rendement, au profit des fabriques. En présence des termes si formels et si explicites de l'art. 10 du décret de prairial, de l'art. 36 du décret de 1809, il nous semble que l'on fait acte d'arbitraire en excluant les fabriques des cimetières, et en les privant d'un revenu qui leur est concédé par la loi. Un avis du comité de l'intérieur du Conseil d'État, en date du 7 septembre 1823, vient presque à l'appui de cette façon de procéder, en reconnaissant que le prix à payer pour les fosses doit être versé à la caisse municipale, tout comme si c'était la commune, et non la fabrique, qui dût bénéficier de ces travaux. Cet avis, déjà ancien, se ressent de la jurisprudence suivie au commencement du siècle, et nous doutons qu'elle fût maintenue, dans le cas où le Conseil d'État aurait à se prononcer, aujourd'hui, sur la même question. Il faut reconnaître d'ailleurs que la doctrine observée par les ministres de l'intérieur et des cultes au sujet des fossoyeurs est loin d'avoir été bien uniforme et bien arrêtée. Tantôt, le fossoyeur a été considéré comme un agent mixte, tenant à la fois de la commune, qui ne le paie pas ou rarement, et de la paroisse, qui le paie presque partout ; tantôt, on l'a considéré comme un agent exclusivement municipal, d'après la loi du 18 juillet 1837 ; tantôt, on a pensé qu'il devait être nommé par la fabrique. Toutes les opinions ont été émises. Ne serait-il pas plus simple d'appliquer, sans détours, l'art. 10 de la loi de l'an XII, c'est-à-dire, de confier la surveillance des travaux d'inhumation aux municipalités, et de laisser aux fabriques les bénéfices résultant de ces travaux ?

Nous reviendrons sur cette question dans l'ouvrage que nous devons publier sur les cimetières.

CHAPITRE VIII

Nous avons dit, en parlant des hospices, couvents et établissements publics, civils ou religieux, qu'il ne leur appartenait pas de procéder directement, sans le concours des fabriques, ou sans leur autorisation, à la célébration des services funèbres commémoratifs. Nous devons ajouter que la même prohibition s'étend aux particuliers, aux sociétés, cercles, administrations locales et au gouvernement lui-même. Dans un cas comme dans l'autre, les prescriptions du décret de l'an XII doivent recevoir leur application. C'est donc aux fabriques que ces sociétés, confréries, cercles ou administrations doivent s'adresser tout d'abord pour la célébration de ces services et, dans le cas où les droits des fabriques seraient méconnus, ainsi qu'on le voit souvent, celles-ci sont fondées à demander une réparation en rapport avec le préjudice éprouvé. C'est ce qui résulte des décisions suivantes relatives à un service commémoratif ordonné, par le Gouvernement, en faveur du maréchal Soult.

Le ministre de la guerre ayant conclu avec le sieur Pector, entrepreneur des Pompes funèbres de la ville de Paris, un traité relatif à la célébration, à prix réduit, dudit service, les fabriques de Paris actionnèrent leur représentant devant le conseil de préfecture de la Seine, qui, par un arrêté en date du 3 septembre 1856, condamna le sieur Pector à leur rembourser le montant de la remise dont elles avaient été privées par le traité en question.

Le sieur Pector interjeta appel de cette sentence devant le Conseil d'Etat, et appela, en garantie, le ministre de la guerre, qui lui avait en quelque sorte imposé le marché, au prix convenu de 5,500 francs.

Le Conseil d'Etat rendit le décret suivant : « Napo-
« léon, vu les décrets du 23 prairial an XII, 18 mai 1806
« et 30 décembre 1809, — vu la loi du 28 pluviôse
« an VIII art. 4 ; — considérant qu'aux termes de l'art.
« 22 du décret de prairial, les fabriques ont seules le droit
« de faire les fournitures quelconques nécessaires pour les
« enterrements ; — que le cahier des charges dressé en
« vertu du décret précité et en exécution de l'ordonnance
« du 11 septembre 1842, n'a excepté de l'entreprise du
« sieur Pector que les cérémonies funèbres concernant les
« membres de la famille régnante; qu'ainsi c'est à tort
« qu'en stipulant que le prix des fournitures à faire pour
« la cérémonie en l'honneur du maréchal Soult serait
« fixé à forfait à 5,500 francs, notre ministre a déduit,
« au profit de l'État, les remises payées ordinairement aux
« fabriques, et que cette stipulation n'a pu préjudicier aux
« droits des dites fabriques ; — considérant qu'il résulte
« des art. 22 et 24 du décret du 23 prairial an XII et des
« termes de l'art. 8 du cahier des charges, que le droit
« des fabriques de Paris n'est pas limité aux fournitures
« à faire pour les inhumations, mais qu'il s'étend aussi à
« toutes les fournitures nécessaires pour les services anni-
« versaires et autres cérémonies du même genre qui ont

« lieu dans la ville de Paris ; — que le service commémo-
« ratif, célébré aux Invalides en l'honneur du maréchal
« Soult, était une cérémonie funèbre du même genre que
« les services anniversaires, que, dès lors, les requérants
« ne sont pas fondés à prétendre qu'il n'était dû aux fa-
« briques de Paris aucune remise, sur les fournitures faites
« pour ce service commémoratif; — Sur la demande en
« garantie contre le ministre de la guerre, — considérant
« qu'en faisant au sieur Pector la commande des fourni-
« tures nécessaires pour la cérémonie funèbre, notre mi-
« nistre de la guerre a ordonné que le prix de ces four-
« nitures serait réglé, à forfait, à la somme de 5,500 fr.,
« déduction faite, au profit de l'État, des remises payées
« ordinairement aux fabriques; — que cependant le sieur
« Pector est reconnu débiteur, envers les fabriques, des re-
« mises qui avaient été déduites du prix de son marché ;
« que, dans ces circonstances, c'est à tort que le conseil
« de préfecture n'a pas déclaré que notre ministre serait
« tenu de rembourser, à l'entrepreneur, les remises à payer
« par lui aux fabriques, avec les intérêts tels qu'ils sont
« dus ; — Décrète..... Art. 1er. Le montant des re-
« mises à payer aux fabriques par les représentants du
« sieur Pector sera calculé sur les bases ci-dessus déter-
« minées. — Art. 2. Notre ministre de la guerre rem-
« boursera aux représentants du sieur Pector le montant
« des dites remises, avec les intérêts. (Paris, 18 mars
« 1858. »

CHAPITRE IX

L'éloignement des nouveaux cimetières, dans les grandes villes, rend aujourd'hui nécessaire l'usage des voitures destinées à transporter les personnes qui composent la suite d'un convoi, depuis l'église jusqu'au lieu de la sépulture. Cet accessoire des funérailles accroît d'autant les dépenses qu'entraîne l'inhumation. On se demande, à ce sujet, s'il n'est pas facultatif aux familles d'utiliser, pour cette destination, soit les voitures que les parents du défunt ou leurs amis possèdent en propre, soit les voitures de place ou de remises qu'elles trouvent chez les loueurs de voitures, sans recourir aux voitures des Pompes funèbres, dont les prix sont généralement plus élevés.

La réponse à cette question nous paraît écrite en toutes lettres dans les art. 22 du décret de prairial et 10 du décret de 1806.

L'art. 22 porte ce qui suit : « Les fabriques des églises « et les consistoires jouiront seuls du droit de fournir *les* « *voitures*, tentures, et de faire généralement toutes les « fournitures quelconques nécessaires, etc., etc. »

L'art. 10 du décret de 1806 ajoute : « Dans les com-

« munes populeuses où l'éloignement des cimetières rend
« le transport coûteux, et où il est fait avec des voitu-
« res, etc., etc. »

En désignant les voitures, ces deux articles veulent surtout parler des corbillards, mais l'art 10 en parlant de
l'éloignement des cimetières et l'art. 22 précité en attribuant aux fabriques le droit de fournir la généralité des
objets nécessaires aux enterrements admettent implicitement le privilége sur les voitures de suite.

Nous en trouvons la preuve dans les tarifs de diverses
villes où ce genre de fourniture est expressément réservé.
Le tarif de la ville de Rouen notamment porte la clause
suivante : « Toutes voitures autres qui n'auraient pas été
« fournies par l'administration et qui suivraient un con-
« voi funèbre, n'importe la distance qui les en sépare-
« rait, celle-ci serait autorisée à faire payer les voitures
« aux familles, suivant le tarif de la 2e classe. » — Dans
le tarif de la ville de Paris, les voitures de suite figurent
tantôt comme fourniture obligatoire dans les classes élevées et tantôt comme fourniture facultative. La location en
est réservée aux fabriques.

Nous ne connaissons pas de décision rendue sur cette
fourniture spéciale par les autorités civiles ou administratives, mais nous ne pensons pas qu'en cas de contestation
une plainte des fabriques ne fût favorablement accueillie
par qui de droit.

Pour la commodité des familles, il serait à désirer que
le tarif distinguât plusieurs catégories de voitures de suite,
afin d'en rendre l'usage accessible à toutes les classes. On
pourrait, par exemple, admettre les trois catégories suivantes : 1° voitures de deuil drapées, avec les ornements
qu'elles comportent, suivant le désir des familles, — 2° voitures ordinaires à deux chevaux, — 3° voitures à un cheval.

Il ne serait pas inutile, non plus, que toutes les voitures appartenant à l'administration des Pompes funèbres se fissent remarquer par un ornement indicatif, qui les distinguât plus aisément parmi toutes les autres voitures bourgeoises ou de location. Un costume pour le cocher, une houppe sur le siége, ou une lisière de drap noir sur le dos dés chevaux, en forme de caparaçons, rempliraient parfaitement ce but. Ces emblèmes présenteraient l'avantage de rappeler au public que les voitures de suite, pour convois funèbres, sont frappées de monopole.

CHAPITRE X

Il n'est pas de localité, quelque modeste qu'elle soit, qui
ne possède ou une société de secours mutuels, ou une confrérie, ou une congrégation, soit d'hommes, soit de femmes
ou de demoiselles.

Ces diverses associations possèdent toutes, plus ou
moins, leurs petites prérogatives, leurs priviléges ou certaines exemptions sur la question qui nous occupe. Au besoin, elles savent s'en s'attribuer la concession ou en accroître l'importance, sans se préoccuper le moins du monde
si leurs prétentions sont justifiables en droit. De cette
façon, elles évitent à la fabrique ou au curé les ennuis d'un
refus.

Quand on prend des galons, on n'en saurait trop prendre.

S'il y a accord entre les curés et les sociétés, les
choses vont pour le mieux dans le meilleur des mondes,
mais quand il y a dissentiment, ce qui n'est pas rare, il est
bien difficile aux fabriques de vaincre les exigences de ces

petites républiques, qui ne voient rien au delà de leurs intérêts. Tout dépend du point de départ. Or, pour établir,
dans le principe, une règle fixe et précise, il importe de
savoir quels sont les droits auxquels peuvent prétendre
ces sociétés, au sujet des convois funèbres. Nous distinguerons, dans ce but, entre les sociétés de secours mutuels proprement dites et les sociétés ayant un caractère religieux,
telles que les confréries et les congrégations d'hommes et
de femmes.

§ 1. Sociétés de secours mutuels.

Ces sociétés sont régies par le décret organique du 26
mars 1852. L'art. 10 dudit décret porte ce qui suit au sujet de la sépulture des sociétaires décédés : « Dans les
« villes où il existe *un droit municipal* sur les convois, il
« sera fait à chaque société une remise des deux tiers
« pour les convois dont elle devra supporter les frais, aux
« termes de ses statuts. »

Pour quiconque est un peu versé dans la législation des
Pompes funèbres, cet article 10 est une véritable déception
pour les sociétés, une source d'ennuis, pour les maires, et,
pour les fabriques, une cause incessante de difficultés.

D'abord, le rédacteur de la loi est-il bien sûr que l'article 10 soit d'une intelligence facile, non pas pour la foule
vulgaire, mais même pour les personnes qui ont une certaine habitude des instructions ministérielles ? — Nous
nous permettons d'en douter, et nous sommes en mesure
d'affirmer, *de visu*, que dans un grand nombre de localités,
même parmi les plus importantes, on se demande encore,
depuis 1852, ce qu'il convient d'entendre par le *droit municipal sur les convois*. Les décrets organiques des Pompes funèbres font bien mention d'une *taxe fixe* qui doit

être perçue pour tous les enterrements, en sus des prix
portés au tarif, lorsque le transport est effectué avec une
certaine pompe, mais, dans aucune loi, dans aucun décret,
il n'est question d'un *droit municipal*. La lumière faisant
défaut du côté des textes, on ne sait vraiment de quel côté
se tourner pour percer le brouillard qui enveloppe l'art. 10.
Le mot et la chose nous viennent de Paris, où tous les
convois sortant de la catégorie des indigents sont passibles d'une retenue, dont le montant varie suivant la classe,
et qui est versée dans la caisse municipale. C'est avec le
produit de cette retenue, qui prend le nom de *taxe municipale*, que la ville pourvoit à la sépulture gratuite des
indigents et aux frais d'entretien des cimetières, où les fabriques n'ont rien à voir. Ce mode d'organisation, dont la
ville de Paris nous offre un exemple, peut-être unique en
France, présente le grave inconvénient de n'être pas
connu et surtout appliqué en province, où se trouve précisément le plus grand nombre de sociétés de secours mutuels. On perçoit cependant la taxe fixe dans quelques
grandes villes, mais il y a entre la taxe fixe et la taxe municipale cette différence capitale, que la première est perçue par les fabriques, directement, et que la seconde est
perçue par les mairies. Si donc les sociétés ne devaient bénéficier des faveurs du décret de 1852 que là où la taxe
municipale est en vigueur, nous craignons bien qu'en dehors de Paris et de Lyon, l'art. 10 dudit décret se réduisit,
pour elles, à une concession illusoire. La rédaction de cet
article laisse donc beaucoup à désirer : nous en appelons
au témoignage des 36,000 maires qui sont chargés d'en
faire l'application. Les sociétés de secours mutuels sont
loin de s'imaginer assurément que l'exécution textuelle de
l'art. 10 cache un aussi mince résultat. Généralement,
elles se croient beaucoup plus riches en priviléges sur cette

matière, et il en est plus d'une qui s'attribuerait volontiers le droit d'insolence, si l'on ne savait à quoi s'en tenir sur le fond de leurs demandes. Nous en connaissons qui confondent la taxe municipale avec la dépense totale d'un convoi, et qui élèvent leurs prétentions jusqu'à réclamer une réduction des deux tiers sur le total brut des frais funéraires.

Pour édifier le lecteur sur le maximum des droits auxquels les sociétés peuvent légalement prétendre, d'après l'art. 10 du décret de 1852, nous allons indiquer, par des chiffres, à quoi se réduit la faveur des deux tiers que leur reconnaît ledit décret. Nous prenons pour base de nos calculs le tarif de la ville de Paris, où fleurit la taxe municipale, et nous admettons un instant que ce tarif serve de règle à toute la France.

9e Classe.	Fournitures du convoi. .	12 75
	Taxe municipale. . . .	6 »
	Total. . .	18 75
	Réduction du 2|3 sur la taxe municipale . . .	4 »
	Reste	14 75

7e Classe.	Fournitures du convoi. .	103 »
	Taxe municipale. . . .	10 »
	Total du convoi. .	113 »
	A déduire les 2|3 de la taxe.	6 66
	Reste	106 34

Ainsi, sur ces deux classes seulement, les faveurs des sociétés se réduiraient à la somme de 4 francs ou de 6 fr. 66 centimes, sur celles de 18,50 et de 113.

Pour ne pas jouer sur les mots, nous dirons que, dans les villes où la taxe fixe remplace la taxe municipale, les fabriques feront bien de ne pas se montrer trop rigoureuses sur ce point. Mais il leur serait facile, dans le cas où les sociétés élèveraient trop haut leurs prétentions, de se *prévaloir* de la lettre de l'art. 10 pour ne rien accorder, ou pour restreindre leur générosité.

Il est bien entendu que, dans aucun cas, les sociétés ne sauraient exciper du décret de 1852 pour faire directement certaines fournitures de Pompes funèbres, sans l'assentiment des fabriques. En aucun cas, elles n'ont le droit de posséder des draps mortuaires, des tapis de table, des brancards, de faire leurs convocations par billets de décès, en un mot, de se substituer, en quoi que ce soit, aux fabriques et consistoires. Si, dans un esprit de conciliation, les fabriques croient les y autoriser, soit purement et simplement, soit moyennant le payement d'une simple redevance, il n'y a rien à dire, mais, dans le cas contraire, les sociétés s'exposent à des poursuites, dont les résultats ne peuvent que leur être défavorables. Le décret de 1852 n'a dérogé en rien aux décrets constitutifs du monopole : on en a la preuve dans la seconde partie de l'art. 10 dudit décret de 1852, où on lit : « La société devra supporter « les frais du convoi, conformément à ses statuts. » — La circulaire ministérielle du 29 mai 1852 confirme le sens de ce texte, dans les termes suivants : « La société assure « aux sociétaires, en cas de décès, un enterrement con- « venable, *dont tous les frais sont à sa charge.* »

§ 2. Confréries et Congrégations.

Ces associations religieuses, ne participent pas aux faveurs du décret de 1852, sur les sociétés. Il est d'usage cependant, à raison des quelques services qu'elles rendent à la paroisse, de leur reconnaître certaines prérogatives

20

qui témoignent de leur entente avec la fabrique et le curé.
La jouissance de ces prérogatives n'a d'autre principe que
la concession, toujours révocable, soit du curé, soit de la
fabrique. En aucun cas, on ne saurait les exiger. Dans
une lettre adressée à l'Évêque de Montpellier, le 8 février
1866, M. le ministre des cultes écrivait à ce sujet : « Il
« résulte de ces principes généraux que le service des
« Pompes funèbres concerne exclusivement les fabriques,
« sauf leur concert avec les administrations municipales,
« et que des confréries, ou autres œuvres particulières,
« n'ont pas le droit de s'immiscer dans ce service. Quel-
« quefois on tolère que des confréries fournissent le drap
« mortuaire, mais à condition qu'on paiera le même droit
« que s'il était fourni par les fabriques. »

CHAPITRE XI

L'article 23 du décret de prairial est ainsi conçu :
« L'emploi des sommes provenant de l'exercice ou de
« l'affermage de ce droit sera consacré à l'entretien des
« églises, des lieux d'inhumation, et au *paiement des*
« *desservants*. Cet emploi sera réglé et réparti, sur la
« proposition du ministre des affaires ecclésiastiques et
« d'après l'avis des évêques et des préfets. »

Les dispositions de cet article ont été bien souvent et
sont encore aujourd'hui un objet de contestation entre les
fabriques et le clergé.

Le clergé y voit l'énonciation claire et précise d'un droit,
en vertu duquel il se croit fondé à réclamer, sur le produit net des Pompes funèbres, telle somme qu'il plaira à
l'autorité diocésaine de déterminer, pour parfaire le traitement des desservants.

Les fabriques prétendent, de leur côté, que le monopole qu'elles tiennent du décret de prairial, forme leur
propriété exclusive, que l'art. 23 dudit décret n'a été
qu'une mesure transitoire, sur laquelle le Gouvernement ne
tarda pas à revenir, lorsqu'il arrêta, définitivement, la ques-

tion du traitement des ministres du culte, et qu'il fixa l'organisation des fabriques.

De ces deux opinions, qu'elle est la meilleure et la plus conforme au vœu de la loi?

C'est ce que nous allons examiner ci-après, en prenant conseil 1° de la loi ; — 2° de la doctrine et de la jurisprudence.

§ 1. La loi.

Les prescriptions légales qui nous paraissent devoir jeter quelque lumière sur la question sont les suivantes : Loi du 18 germinal an X ; — arrêté du 18 germinal an XI ; — décret du 11 prairial an XII ; — décret du 5 nivôse an XIII, et décret du 30 décembre 1809.

1° *Loi du 18 germinal an X*. — Les articles 66, 67 et 68, relatifs au traitement des ministres du culte sont la première autorité que nous ayions à consulter sur le sujet qui nous occupe. Voici en quels termes s'expriment ces articles :

« *Article* 66. — Les curés seront distribués en deux « classes. Le traitement des curés de la première classe « sera porté à 1500 francs : celui des curés de la seconde « classe à 1000 francs.

« *Article* 67. — Les pensions dont ils jouissent, en exé- « cution des lois de l'Assemblée Constituante (1), seront « précomptées sur leur traitement. — Les conseils géné- « raux des grandes communes pourront, sur les biens ru-

_____

(1) Loi du 24 août 1790 sur la constitution civile du Clergé. Ti- tre I, art. 15, 17, 20 ; Titre II, art. 23 ; Titre III, art. 5. — Loi du 20 oct. 1790, ou articles additionnels sur la constitution civile du Clergé, art. 6.

« raux ou sur leurs octrois, leur accorder une augmenta-
« tion de traitement, si les circonstances l'exigent.

« *Article* 68. — Les vicaires et desservants seront
« choisis parmi les ecclésiastiques, pensionnés en exécu-
« tion des lois de l'Assemblée Constituante. Le montant (1)
« de ces pensions et les oblations formeront leur traite-
« ment. »

Ainsi qu'on le voit, le Gouvernement était loin de faire
au clergé une très-brillante position. Mais il ne s'interdi-
sait pas de l'améliorer dans la suite, au fur et à mesure que
les besoins s'en manifesteraient et que les circonstances le
permettraient. Les mesures qu'il prit, peu de temps après,
témoignent au contraire de sa sollicitude en faveur des
ministres du culte. Constatons seulement que la loi de germinal ne reconnaît aucun traitement fixe aux desservants
et aux vicaires.

2° *Arrêté du* 18 *germinal an XI.* — L'État, ne pouvant s'imposer de nouveau sacrifices pour accroître ou assurer les traitements ecclésiastiques, invita les communes à
y contribuer, pour leur part, d'après l'état de leurs ressources, et suivant les besoins du culte. Tel. fut l'objet de
l'arrêté du 18 germinal an XI (2), qui ne fit que confirmer, par des dispositions plus précises et plus pratiques,
le principe de l'intervention des communes, posé par le
second paragraphe de l'article 67 de la loi du 18 germinal
an X, pour les dépenses de cette nature. En associant ainsi
les municipalités à l'œuvre de réparation sociale qu'il était
en voie de réaliser à l'égard du clergé, le Gouvernement
accomplissait un acte de justice. Les Communes ayant eu
leur part, dans le partage des dépouilles des églises, c'était

(1) Le chiffre des pensions est fixé par l'art. 5, Titre III de la loi
du 24 août 1790. Voir ces textes dans les pièces justificatives. —
(2) Voir le texte de cet arrêté dans les pièces justificatives.

bien le moins qu'elles eussent une part dans les charges qui étaient la conséquence de la main-mise nationale.

3° *Décret du 11 prairial an XII* (1). — L'article 68 de la loi de germinal an X ne reconnaissait aux desservants d'autre traitement que le montant de leur pension et le produit casuel des oblations. Le décret du 11 prairial an XII leur assura un traitement fixe de 500 francs payé par l'État, et moyennant lequel ils ne pouvaient réclamer aux communes d'autre secours que le logement (article 4).

Douze jours après la promulgation de ce dernier décret, parut celui du 23 prairial an XII, qui fonde le monopole des Pompes funèbres, et dont l'article 23, cité en tête de ce chapitre, prescrit que le traitement des desservants sera payé avec le produit des inhumations.

Comment concilier les dispositions contraires de ces deux décrets sur le paiement des desservants ? — Est-ce le décret du 11 prairial qui doit rectifier le second, ou est-ce le second qui rectifie le premier ? — Si l'on ne s'en tient qu'aux dates, ainsi que cela doit être, le décret du 23 prairial doit nécessairement annuler l'article 4 du décret du 11 prairial, et mettre à la charge du monopole des Pompes funèbres le traitement des desservants. Si, au contraire, on prend conseil de la logique, c'est l'inverse qui a lieu. En effet, peut-on admettre que, dans le court intervalle de 12 jours qui sépare la publication de ces deux décrets, le législateur ait eu le temps moral suffisant 1° pour mettre à l'épreuve les dispositions récentes de l'article 4 du premier décret, et 2° pour les rectifier dans un décret postérieur ? — Évidemment, cette hypothèse n'a rien de vraisemblable. La lecture de ces deux textes dé-

(1) Voir le texte de ce décret aux pièces justificatives.

montre, à n'en pas douter, que le décret du 11 prairial est un décret transitoire, rédigé à la hâte, non pas pour arrêter un ordre de choses définitif, mais pour poser les premières bases d'une règle qui est à l'étude, et dont on va s'occuper. Le décret du 23 prairial est au contraire un décret de longue haleine, un décret de fondation qui était depuis plusieurs mois à l'étude, et ne pouvait, par conséquent, rectifier le décret du 11 prairial, qui n'existait pas encore même à l'état de projet. Il nous semble difficile que l'on puisse expliquer autrement les dispositions contradictoires de ces deux décrets. Nous trouvons dans le texte du décret du 5 nivôse an XIII, ci-après, la confirmation des observations qui précèdent.

4° *Décret du 5 nivôse an XIII* (1). — L'article 1er est ainsi conçu : « *En exécution du décret du 11 prairial* « *dernier*, tous les desservants dont l'état est annexé au « présent toucheront, à compter du 1er vendémiaire an « XIII, le traitement fixé par l'article 4 du décret précité... « Article 2. — Le paiement des desservants et vicaires « des autres succursales demeureront à la charge des « communes de leur arrondissement. » L'article 3 charge les préfets de régler la quotité du traitement des desservants et des vicaires et de déterminer les moyens à l'aide desquels les communes ont à faire face à ces dépenses.

Placé entre le décret du 11 prairial an XII et celui du 5 nivôse an XIII, qui se complètent et se confondent, dans un seul et même objet, l'article 23 du décret du 23 prairial an XII se trouvait implicitement abrogé. On conçoit qu'il eût résisté aux dispositions du décret du 11 prairial : mais en présence des énonciations si formelles du décret postérieur du 5 nivôse, qui met à la charge de l'État le paie-

(1) Voir le texte de ce décret aux pièces justificatives.

ment de tous les desservants dont les succursales ont été reconnues, et à la charge des communes le paiement des autres desservants et de tous les vicaires, les membres du clergé n'avaient plus rien à demander aux fabriques sur les produits de leur monopole.

Le décret organique du 30 décembre 1809 achève de réduire à néant cet incompréhensible article 23.

5° *Décret du 30 décembre* 1809. — Le décret de 1809 est considéré comme le code de l'administration fabricienne. L'article 1er commence par nous apprendre que les fabriques ont été instituées dans le double but de veiller au recouvrement des revenus que la loi a attachés à ces établissements religieux, et de les employer à l'acquit des charges qui pèsent sur eux.

Quels sont ces revenus, et quelles sont ces charges ?

L'article 36 nous fait connaître les diverses natures de recettes qui vont se confondre dans un fonds commun, abstraction faite de leur provenance. Le produit des inhumations y figure sous le numéro 10.

L'article 37 nous édifie sur les charges auxquelles les recettes générales, déterminées par l'article précédent, ont pour objet de subvenir. Le paiement des vicaires y est porté au numéro 1, parmi les frais nécessaires au culte. L'article 40 fixe au minimum de 300 francs et au maximum de 500 francs le chiffre de l'allocation que la fabrique est tenue de payer à ces ecclésiastiques.

D'après ces dispositions, le clergé paroissial ne saurait prétendre à aucun traitement autre que celui qui est déterminé pour les vicaires, et qui est prélevé, non pas sur une catégorie spéciale de revenus, sur le produit des Pompes funèbres, par exemple, mais sur la généralité des recettes.

Nous ne bornerons pas là les conclusions que l'on peut

tirer des textes des lois qui précèdent. Nous n'hésitons pas à ajouter que, non-seulement les membres du clergé ne peuvent se prévaloir de l'article 23 du décret de prairial pour réclamer une part sur le produit des Pompes funèbres, au détriment des fabriques, mais que celles-ci n'ont pas le droit de souscrire à ces prétentions.

Les fabriques sont, en effet, des établissements mineurs, comme toutes les administrations publiques. Leur mission se borne à opérer la rentrée des fonds et à en régler l'emploi, d'après les énonciations restrictives de l'article 37 du décret de 1809. Elles ne sont pas propriétaires de ces fonds : elles n'en ont que la gestion, ainsi qu'il conste des termes de l'article 1er du même décret. En se déssaisissant d'une portion quelconque de leurs revenus, au profit des membres du clergé, hors les cas déterminés par la loi, elles font un acte d'aliénation, qui constitue, en réalité, une disposition à titre gratuit, une véritable libéralité, excédant les limites de leurs attributions et pouvant engager sérieusement la responsabilité du trésorier, dans l'hypothèse où la Commune serait appelée à combler, avec les deniers municipaux, les déficits du budget des fabriques.

En droit, l'article 23 du décret de prairial ne saurait donc être applicable, ni au clergé, ni à la fabrique. Le clergé ne peut en invoquer les dispositions, pour exiger un accroissement de traitement, et les fabriques ne sont nullement fondées à y trouver l'excuse d'une libéralité, qui sort du cadre de leurs attributions.

Toutefois, si, en droit strict, les fabriques n'ont pas qualité pour affecter au traitement du clergé une partie de leurs ressources sur les inhumations, il ne s'en suit pas qu'elles ne puissent rien faire en faveur du personnel ecclésiastique de la paroisse.

Il est généralement admis, en pratique, que les fabriques ont la faculté d'améliorer, par des allocations temporaires, quand les circonstances paraissent l'exiger, la position des membres du clergé, surtout dans les grandes villes. Mais au préalable, il est indispensable qu'elles aient satisfait aux charges obligatoires énumérées dans l'article 37 du décret de 1809. En principe, les dépenses une fois payées, les fabriques doivent placer l'excédant des recettes en rentes sur l'État, ou le consacrer à l'embellissement de l'Eglise. On tolère cependant qu'elles donnent à cet excédant une affectation différente, et, notamment, qu'elles en fassent bénéficier le clergé. Ce n'est là qu'une faveur toujours révocable et purement facultative de la part des fabriques. On ne saurait y voir la reconnaissance d'un droit. — C'est ainsi que procèdent les paroisses de la ville de Paris, dont les vicaires reçoivent de la fabrique une allocation qui varie suivant les circonstances. Mais, dans aucun cas, l'article 23 du décret de prairial ne saurait exercer la moindre influence sur la détermination des fabriques, car cet article, ainsi que nous croyons l'avoir démontré, a été de tout temps inexplicable, et aujourd'hui, plus que jamais, on doit le considérer comme une lettre morte.

§ 2. Jurisprudence.

La jurisprudence du Conseil d'Etat a été fixée sur ce point par diverses décisions et, notamment, par deux avis rendus l'un, en faveur des fabriques de la ville de Soissons, et l'autre, en faveur des fabriques de Paris.

Nous trouvons le texte du premier dans une circulaire, adressée par le ministre des Cultes aux évêques, le 13 avril 1812. Voici la teneur de la circulaire.

« Monseigneur, j'ai l'honneur de vous donner avis
« d'une décision du Conseil d'État, approuvée par Sa Ma-
« jesté, le 22 février dernier et dont voici un extrait :

« Vu le décret impérial du 30 décembre 1809, concer-
« nant les fabriques,

« Considérant;

« 1° Que ce décret ayant réglé tout ce qui est relatif
« aux fabriques, les règlements provisoires faits par les
« évêques, en vertu de la décision du 9 floréal, an XI,
« ont dû cesser d'avoir leur exécution.

« 2° Qu'il n'autorise aucune retenue pour indemnité
« des dépenses concernant l'administration diocésaine.

« 3° Que la plupart des fabriques n'ont pas des res-
« sources assez étendues pour remplir les charges qui leur
« sont imposées et que ces charges sont alors supportées
« par les communes.

Le Conseil d'État est d'avis :

« 1° Que les fabriques du diocèse de Soissons ne doi-
« vent payer aucune redevance à l'évêché, nonobstant
« l'art. 19 du règlement, approuvé par Sa Majesté, le 24
« frimaire, an XII.

« 2° Que ce règlement et tous les autres faits, en vertu
« de la décision du Gouvernement du 9 floréal, an XI,
« doivent être considérés comme supprimés, de droit, par
« le règlement général sur les fabriques, du 30 décem-
« bre 1809.

« 3° Que le présent avis sera inséré au *Bulletin des*
« *Lois.* »

Le second avis qui porte la date du 20 juin 1821, se
trouve mentionné dans le *Journal des Conseils de fabriques*, (vol. 19, deuxième série, page 233), et a été rendu
dans les circonstances suivantes :

S'appuyant, sans doute, sur le texte de l'article 23 du

décret de prairial an XII, Mgr l'Archevêque de Paris
avait conçu en 1821 le projet d'affecter, à l'entretien des
séminaires de son diocèse, un quart du produit net des
Pompes funèbres. Appelé à examiner cette proposition, le
Conseil d'Etat ne la jugea pas susceptible d'être adoptée,
par le motif que les décrets du 30 décembre 1809 et du
18 août 1811, attribuant aux fabriques les bénéfices de
leur privilège sur les inhumations, il ne dépendait de personne de donner à ces bénéfices une destination autre que
celle que détermine la loi.

Cette doctrine a été soutenue par le *Journal des Conseils
de fabriques*, à la page 233 du vol. 19, 2ᵉ série. Tel est
également l'avis de Carré, qui ne voit dans l'article 23
du décret de prairial qu'une disposition dépourvue de toute
valeur, en présence des articles 36 et 37 du règlement
général du 30 décembre 1809.

CHAPITRE XII

Des difficultés se sont élevées, dans quelques villes, sur la question de savoir si le monopole dont jouissent les fabriques peut être étendu à la construction privilégiée des tombeaux et des monuments funèbres dans les cimetières.

D'après une opinion que nous sommes loin de partager, et qui compte de nombreux partisans, l'exécution des travaux de ce genre serait une dépendance du monopole, conformément aux dispositions des articles 72 et 73 du décret réglementaire du 30 décembre 1809, sur les cénotaphes et les inscriptions funèbres, dans les églises, et de l'art. 10 du décret du 18 mai 1806, qui confie aux fabriques les travaux relatifs à l'inhumation des corps. La construction des tombeaux, dit-on, ne se rattache-t-elle pas, en effet, aux travaux d'inhumation, et dès lors, ne tombe-t-elle pas sous l'application de l'art. 10 du décre de 1806 ? — Et comme preuve de ce raisonnement, on cite les tarifs de Pompes funèbres de certaines villes, où l'on voit figurer, à la suite des fournitures relatives aux convois et aux enterrements, les articles : *caveaux, pierres tombales, plaques* (1), *croix* etc., cotés à leur prix, tout comme les cercueils et les corbillards. L'approbation desdits tarifs par le Gouvernement donne à cette doctrine un caractère d'autorité qu'il est difficile de méconnaître, et que corroborent encore les exemples tirés de la pratique, dans un grand nombre de localités.

L'opinion contraire est plus généralement adoptée. Elle a pour elle non-seulement la saine interprétation des lois sur la matière, mais encore la logique.

En droit, nous ne connaissons aucune disposition légale qui permette aux fabriques de réclamer, comme extension du privilége des Pompes funèbres, la construction des tombeaux. Ni les décrets organiques des 23 prairial an XII, 18 mai 1806 et 30 décembre 1809, ni l'ordonnance royale du 6 décembre 1843 et la circulaire ministérielle du 30 décembre même année, qui en explique le sens, ne consacrent une semblable doctrine. La situation faite aux fabriques, dans les cimetières, est nettement définie par le texte des lois que nous venons de citer. On peut réduire leurs droits et obligations aux trois objets suivants :

1° Obligation d'entretenir les lieux de sépulture, quand elles en ont les moyens. (Art. 23 du décret du 23 prairial an XII).

2° Droit d'y recueillir les produits spontanés. (Art. 36 du décret du 30 décembre 1809. — Avis du Conseil d'État du 22 janvier 1841).

---

(1) Nous trouvons, notamment, dans un tarif de Pompes funèbres, de la ville de Montpellier, les objets suivants : — *Pierre tumulaire* en pierres de Vendargues, avec l'inscription de 100 lettres... 40 fr. — *Pierre tumulaire avec une plaque de marbre incrustée.* 85 fr. — *Croix en chêne ou en noyer.* 6 fr. — *Croix en sapin.* 4 fr. — *Inscription de* 100 *lettres.* 15 fr. — *Lettres dorées,* le 100. 25 fr.

Ledit tarif est approuvé par un décret en date du 4 janvier 1849.

3° Exécution des travaux nécessaires aux inhumations et exhumations. (Art. 10 du décret du 18 mai 1806).

Ces prescriptions sont formelles et précises.

On a considéré le bénéfice résultant des produits spontanés comme une compensation de la charge de l'entretien, compensation bien mince, assurément, pour ne pas dire illusoire.

Quant aux travaux d'inhumation, on conçoit très-bien qu'ils n'aient point été abandonnés au domaine public. Indépendamment des raisons de convenance (1) qui expliquent la réserve de l'art. 10 du décret de 1806, le législateur avait en vue de garantir les familles contre les inconvénients résultant des fouilles mal dirigées, par des ouvriers inexpérimentés. Il va sans dire que, pour l'exécution de ces derniers travaux, les fabriques n'agissent que sous le controle, la police et la direction de l'autorité municipale, seule chargée de la surveillance des lieux de sépulture.

Les articles 72 et 73 du décret du 30 décembre 1809, ne sont d'aucune autorité dans la question, car ils prévoient seulement le cas, extrêmement rare, où, dans le but de récompenser la générosité du bienfaiteur ou du fondateur de la paroisse, la fabrique jugerait convenable de placer, à l'intérieur de l'église, un cénotaphe ou une inscription ayant pour objet de rappeler un bienfait signalé. Quelle analogie pourrait-il exister entre l'accomplissement de ce devoir de reconnaissance et les conséquences qu'en tirent les partisans du système contraire ? — Évidemment

---

(1) Les cimetières sont des propriétés publiques. Ils ne sauraient être l'objet d'entreprises particulières. Les mœurs publiques repoussent l'idée d'une pareille spéculation. (Avis du Conseil d'État, du 7 sept. 1832).

il s'agit ici de deux ordres d'idées trop différents pour que l'on ait à redouter une confusion.

L'objection tirée de l'approbation, par le Gouvernement, des tarifs de Pompes funèbres, dans un petit nombre de localités, est loin d'avoir la portée qu'on lui attribue. Cette approbation, dans le cas où elle ne serait pas justifiée par quelque considération particulière, ne prouverait qu'une chose, c'est que la religion du Gouvernement a pu être surprise, dans quelques rares circonstances. Mais il est au moins probable que l'irrégularité dont on se prévaut dans ces tarifs eût été corrigée si, à la requête des habitants de la commune, le Conseil d'État avait été appelé à en connaître. Ainsi se serait dissipé le seul argument que l'on peut invoquer, en faveur de l'opinion que nous combattons.

En principe donc, les concessionnaires de tombes, dans les cimetières, conservent la faculté pleine et entière de confier la construction de leurs monuments funèbres à l'entrepreneur ou à l'architecte qu'il leur plaira de choisir. Cette faculté est inhérente au droit de propriété ou d'usage, que les parents des défunts achètent de la commune, en acquittant le prix de la concession.

Sous l'ancien droit, les cimetières appartenant aux églises, on conçoit jusqu'à un certain point qu'il pût en être autrement, mais, aujourd'hui, cette théorie serait injustifiable et porterait une grave atteinte au principe de la liberté de travail.

Cette solution peut ne pas être goûtée par quelques fabriques, mais elles ne doivent point perdre de vue qu'il ne suffit pas d'occuper une position privilégiée, sur un terrain qui n'est plus le leur, que l'essentiel est de pouvoir en justifier le principe, sous peine d'être un jour exposé à des mécomptes et à des surprises, d'autant plus regrettables qu'ils sont plus inattendus.

Pour être complet, nous devons ajouter que, si, en droit, les fabriques n'ont rien à réclamer sur la construction des tombeaux, on tolère, cependant, qu'à raison du caractère dont elles sont revêtues et des attributions spéciales que leur confère le décret de prairial, elles puissent, plus que tout autre, être l'objet de certaines préférences de la part de l'autorité municipale, dans les cimetières, et y occuper une position avantageuse qu'il serait difficile d'accorder à des entrepreneurs, sans redouter les abus. En vertu du pouvoir discrétionnaire dont les maires sont revêtus par les art. 16 et 17 du décret de prairial, il leur appartient, certainement, de prendre, dans cette intention, telles mesures qu'ils jugent convenables et conformes à l'intérêt des habitants. Il est des villes (1) où les fabriques ont été autorisées à bénéficier de la vente des objets abandonnés par les familles, dans les cimetières, après le renouvellement quinquennal des fosses communes. Il en (2) est d'autres où les fabriques ont été seules chargées de construire, par avance, sur des concessions de terrains non encore vendus, un certain nombre de caveaux, pour les besoins des personnes qui peuvent être surprises par un deuil de famille et trouvent plus commode d'acquérir une concession

(1) La ville de Rouen entre autres. — (2) Nous lisons dans un arrêté pris par le maire de Marseille, le 28 mars 1865, sur la construction des tombeaux, les passages suivants : — *Art.* 1. A dater de la publication du présent, les caveaux devront être construits d'après les plans et devis annexés au présent arrêté. — *Art.* 2. La Régie des inhumations et le Consistoire de l'église réformée pourront continuer, comme par le passé, de faire construire, *à l'avance*, des caveaux, destinés aux familles qui voudront les acquérir. — *Art.* 3. Dans aucun cas, la Régie des inhumations et le Consistoire de l'église réformée ne peuvent exiger des familles des prix supérieurs à ceux indiqués ci-après..... — *Art.* 6. Les concessionnaires pourront être autorisés, sur leur demande, à faire construire leurs caveaux, par leurs entrepreneurs particuliers.....

avec un tombeau, tout préparé, que de subir les lenteurs d'une construction ou les ennuis d'une exhumation. Enfin, dans la plupart des localités, il est rare que les fabriques n'interviennent, de quelque façon, dans la construction des tombes, mais cependant sans privilége, c'est-à-dire concurremment avec les entrepreneurs qui exercent cette industrie par profession. Les fabriques, en ce cas, ne sortent pas des règles du droit commun et ne bénéficient que d'une préférence toute spontanée des familles (1).

Généralement, les faveurs accordées aux fabriques sur ce point ont pour objet de contrebalancer certaines charges que la commune fait peser sur elles, et, notamment, celle de subvenir aux frais de traitement des surveillants, ou préposés à la garde des cimetières. Les fabriques peuvent aussi être tenues, en échange, de prêter gratuitement, au public tel nombre de caveaux de dépôt que la commune pourrait leur demander. Dans tous les cas, les avantages particuliers dont elles jouissent n'ont d'autre fondement que la tolérance de l'autorité municipale, qui est libre de les restreindre ou de les retirer tout-à-fait, quand elle le jugera convenable. Le tarif des Pompes funèbres ne doit pas même les prévoir, car la fourniture des pierres tombales et des tombeaux n'étant pas privilégiée ne saurait être confondue avec les autres objets qui servent aux enterrements. Telle est la doctrine du Conseil d'État. Ajoutons que les fabriques sont soumises à la patente pour la vente des monuments funèbres, tandis qu'elles en sont déchargées, de droit, pour les articles qui tombent sous les coups du monopole.

(1) Montpellier.

CHAPITRE XIII

LA JOUISSANCE DU MONOPOLE
EST-ELLE SUBORDONNÉE A L'EXISTENCE D'UN TARIF LÉGAL ?

Nous avons eu déjà occasion d'observer qu'il existe une doctrine qui voudrait faire dépendre la jouissance du privilége des Pompes funèbres de la justification préalable d'un tarif élaboré, dans les formes légales, et revêtu de toutes les approbations dont il est susceptible. Nous avons dit, à ce sujet, que depuis plus de 50 ans la jurisprudence était fixée, dans un sens tout-à-fait contraire, par un arrêt ne la cour d'appel de Paris du 9 février 1822, confirmé par arrêt de la cour de cassation le 27 août 1823 (1). Nous nous contenterons d'ajouter, ici, que la même jurisprudence a été récemment maintenue par arrêt de la cour d'appel d'Aix, le 13 juin 1872, et par une sentence conforme de la cour suprême, en date du 29 juillet 1873. Nous ne croyons pas devoir entrer dans de plus longs développements sur les inconvénients ou les avantages que présente l'application rigoureuse des sentences que nous ve-

_____

(1) Voir ci-dessus, chap. 2. page 237, le texte de ces deux décisions.

nons de rappeler. Cette question sera examinée avec plus de développements à la quatrième partie, relative à l'élaboration des tarifs. Il nous suffira de dire, pour rester dans le cadre de cette deuxième partie, que la jouissance du monopole ne saurait être sérieusement entravée par le silence des tarifs, sur telle catégorie de fournitures en particulier, comme sur la généralilé des acticles de Pompes funèbres dont nous avons exquissé la nomenclature ci-dessus, dans le titre premier.

CHAPITRE XIV

L'art. 7 du décret du 18 mai 1806 donne aux fabriques la faculté d'exploiter directement leur privilége ou de l'affermer à un tiers subrogé à leurs droits. Dans ce dernier cas, ajoute l'art. 15 du même décret, l'adjudication devra avoir lieu suivant les formes prescrites pour les travaux publics.

On s'est demandé, à ce sujet, si l'observation de la formalité des enchères était prescrite à peine de nullité, ou si elle pouvait être efficacement et valablement remplacée par un traité de gré à gré, revêtu de l'approbation préfectorale. Les opinions ont été partagées sur cette question. S'autorisant des textes de lois que nous venons de citer, on a prétendu que les fabriques qui ne s'y conforment pas strictement, ne peuvent conférer la jouissance de leurs droits, sur le monopole, à l'entrepreneur qui les représente, et que, par suite, chacun est libre de faire, concurremment avec lui, les fournitures de Pompes funèbres. D'où il résulterait que l'adjudication seule a pour objet de saisir l'entrepreneur des fabriques du droit d'exploiter le privilége à l'exclusion de tous autres. D'après ce système, la jouissance du monopole serait subordonnée, dans tous les cas, à la formalité de l'art. 15 du décret de 1806.

Cette doctrine, sur laquelle nous nous contentons de glisser, a été formellement condamnée par la jurisprudence, et, notamment, par un arrêt de la Cour de cassation, en date du 10 mai 1870. Nous reviendrons sur ces décisions, dans la troisième partie, en traitant la question des adjudications. Nous devions en faire mention ici, pour compléter ce que nous avons déjà dit sur *l'étendue du droit* des fabriques.

TRAITÉ DE LÉGISLATION

POMPES FUNÈBRES

TROISIÈME PARTIE
EXPLOITATION DU MONOPOLE

OBSERVATIONS PRÉLIMINAIRES

Il ne suffit pas aux fabriques de connaître l'étendue et la nature de leurs droits, en matière de Pompes funèbres. L'essentiel, pour elles, est de savoir en retirer tous les bénéfices que la loi et les convenances leur permettent de réaliser.

Pour arriver à ce résultat pratique qui est l'un des buts du privilége, elles ont à se préoccuper du choix d'un mode d'organisation à la fois décent, commode, lucratif et basé, autant que possible, sur les besoins probables des églises et sur la position de fortune des habitants.

On ne saurait trop engager les fabriques à ne prendre, sur cet objet important, aucune détermination qui n'aurait pas été attentivement et mûrement réfléchie. Du soin qu'elles apporteront dans le choix d'une organisation doivent découler une série d'avantages très-appréciables ou de difficultés auxquelles il ne leur sera pas toujours facile de remédier. Plus les bases seront larges et solides, plus elles pourront se flatter de trouver, dans l'exploitation du mo-

nopole, une source abondante de revenus. Elles peuvent
atteindre ce but, tout en conciliant, dans une sage mesure,
la nécessité de procurer aux églises des ressources indispensables et le respect des convenances qui doivent toujours servir de règle, dans l'accomplissement des devoirs
funèbres.

Nous ne nous dissimulons pas les difficultés que
présente la législation des Pompes funèbres sur cette
partie de notre travail. On la considère, avec raison,
comme la plus obscure et la plus ingrate. Les textes ne
sont pas toujours un guide bien sûr, et la jurisprudence
ne nous offre pas un grand nombre de décisions. Pour
suppléer au défaut de renseignements positifs, qui se fait
si souvent sentir sur ce point, nous avons dû parfois nous
inspirer des lumières de la logique ou de la pensée du législateur. Les conseils qui nous viennent de l'expérience
nous ont été aussi d'un puissant secours. Nous les avons
utilisés, en vue de l'intérêt général, persuadé qu'ils ne
seront point perdus pour quelques-uns de nos lecteurs.

Nous avons à répondre, dans cette troisième partie, aux
trois questions suivantes :

1° Les fabriques sont-elles tenues d'exploiter le monopole ?

2° Quels sont les divers modes d'organisation qu'elles
ont la faculté de choisir, pour l'exploitation de ce monopole?

3° Quels sont les principes d'administration intérieure
qu'elles doivent observer, dans le mode d'organisation
qu'elles auront choisi?

A chacune de ces trois divisions correspond un titre
spécial, dans lequel nous avons réuni, avec le plus de clarté
qu'il nous a été possible, toutes les indications qui peuvent s'y rattacher.

TITRE PREMIER

DES CONSIDÉRATIONS QUI DOIVENT ENGAGER LES FABRIQUES A PROFITER DE LEUR MONOPOLE

La plupart des fabriques n'ont pas conscience de la nature des obligations qui leur sont imposées et de la responsabilité qu'elles encourent, sur la question des Pompes funèbres. Généralement, elles s'en préoccupent fort peu et, ce qui est plus regrettable encore, elles ne trouvent pas, autour d'elles, soit auprès des autorités diocésaines, soit auprès des autorités municipales, le stimulant ou l'initiative dont elles auraient besoin pour briser les liens d'une négligence et d'une routine qui favorisent les abus, et privent les églises d'une portion importante de leurs meilleurs revenus. Ce n'est guère qu'à titre d'exception que l'on peut citer un petit nombre de localités, où les fabriques bénéficient de leur monopole et font preuve d'une bonne volonté qui est d'autant plus méritoire qu'elle est plus rare. Combien de grandes villes pourrions-nous nommer, même parmi les plus importantes de France (1), où le service des Pompes funèbres est l'objet d'un abandon regrettable et profite presque exclusivement à l'industrie privée? On conçoit, à la rigueur, qu'il en soit ainsi, dans les petites communes,

(1) La ville de Lyon notamment.

où les fabriques n'ont pas la perspective de réaliser, sur ce service, les bénéfices qu'il procure dans les localités plus importantes, et ont à lutter contre le manque d'indications pratiques et les obstacles résultant des habitudes prises. Mais que dire de ces riches cités où les administrateurs des paroisses ont en main tous les éléments désirables pour arrêter les bases d'une organisation qui fonctionnerait, sans difficultés sérieuses, et dont les résultats seraient extrêmement rémunérateurs pour les églises ? — Les lois qui fondent le monopole étant des lois générales, on ne saurait en restreindre l'application aux grandes villes seulement. Les localités de moindre importance ont également à en réclamer les bénéfices, et c'est à tort que l'on créerait, sur ce point, des catégories ou des exceptions, basées sur le chiffre ou la fortune des habitants. La loi est la même pour toutes les communes; il n'y a de différence que dans la manière d'en comprendre l'application, suivant les localités, ou dans le chiffre des bénéfices qui en résultent.

Les considérations que nous allons présenter s'adressent donc aussi bien aux fabriques des grandes villes qu'aux fabriques des petites communes.

La question à examiner est celle-ci : *Les fabriques sont-elles rigoureusement tenues de bénéficier du monopole des Pompes funèbres ?*

Nous répondons dans le sens le plus affirmatif, et nous basons cette conviction sur les autorités suivantes :

1° Sur les lois qui régissent l'administration des fabriques ;

2° Sur la jurisprudence admistrative adoptée par les ministères des Cultes et de l'Intérieur ;

3° Sur certaines considérations d'intérêt général, qui tiennent à la constitution des fabriques.

CHAPITRE Ier

CONSIDÉRATIONS TIRÉES DE LA LOI

Quatre décrets ayant force de loi affectent spécialement aux fabriques les ressources qui leur sont nécessaires pour subvenir aux besoins ordinaires du culte. Tels sont les décrets des 23 prairial an XII, 18 mai 1806, 30 décembre 1809 et 26 décembre 1813. Les deux premiers fondent le monopole des Pompes funèbres, le troisième organise les fabriques et le quatrième règle la question du partage de la cire dans les enterrements.

Dans l'esprit du législateur, ces quatre décrets ont eu pour objet de doter les fabriques d'un revenu indispensable, qui, en cas d'insuffisance, devait être accru d'une allocation portée au budget municipal. Les termes dans lesquels sont conçus lesdits décrets ne laissent pas les fabriques juges, dans la question de savoir si elles doivent ou non bénéficier des faveurs accordées. Le texte est impératif, et le mandat des fabriques se réduit à un acte d'obéissance. L'obligation existe donc et ne saurait être mise en discussion. L'article 1er du décret de 1809, la définit dans les termes suivants : « Les fabriques *sont chargées* « de veiller à l'entretien et à la conservation des temples ;

« d'administrer les aumônes et les biens, rentes et *per-*
« *ceptions autorisées par les lois et règlements*, les som-
« mes supplémentaires fournies par les communes *et, géné-*
« *ralement, tous les fonds qui sont affectés à l'exercice*
« *du culte.....* » La loi dit : *les fabriques sont chargées*,
c'est-à-dire, ont le *devoir* et non la *faculté* de procéder
aux recouvrements des revenus qui leur sont propres :
« Le devoir des fabriciens se réduit aux deux points sui-
« vants, dit un évêque (1) de France : 1° à créer des
« ressources, et 2° à en faire un emploi sagement en-
« tendu. »

Or, quels sont les perceptions et recouvrements de
fonds que les fabriques ont la charge de réaliser ? —
L'article 36 du même décret nous l'apprend, dans une nomenclature qui ne comprend pas moins de onze articles
différents. Signalons seulement les numéros 4 et 10 qui
se rapportent, le premier, *aux produits spontanés des ci-*
metières et, le second, *aux droits que, suivant les règle-*
ments épiscopaux, les fabriques perçoivent et à ceux qui
leur reviennent sur le produit des frais d'inhumation.

Les dispositions légales que nous venons de rappeler
sont assez formelles et assez explicites, par elles-mêmes,
pour qu'il soit nécessaire d'en accentuer les termes.

Telle est la loi; examinons la jurisprudence.

---

(1) Circulaire de l'évêque d'Arras, aux curés du diocèse, le 21
janvier 1854.

CHAPITRE II

CONSIDÉRATIONS TIRÉES DE LA JURISPRUDENCE ADMINISTRATIVE
DES MINISTRES DE L'INTÉRIEUR ET DES CULTES

Nous aurions fort à faire s'il fallait donner le texte de toutes les circulaires, lettres ou décisions ministérielles qui, soit directement, soit incidemment, ont rappelé aux fabriques la véritable interprétation des lois, dans l'ordre d'idées que nous poursuivons. Contentons-nous de rappeler les plus saillantes. Citons d'abord une circulaire (1) adressée, le 12 avril 1819, par le Ministre de l'Intérieur aux évêques, sur les ressources affectées aux fabriques et sur l'obligation qui leur est imposée, par le Gouvernement, d'en tirer parti. La circulaire mentionne spécialement les ressources créées par l'article 7 du décret du 18 mai 1806, relatif aux Pompes funèbres, par les articles 72 et 73 du décret du 30 décembre 1809 et par le décret du 26 décembre 1813. Elle invite, en outre, les évêques à faire dresser des tarifs pour le service des Pompes funèbres, dans les paroisses, et à les soumettre à l'approbation des autorités compétentes.

(1) Voir cette Circulaire au *Bulletin du Ministère de l'Intérieur,* vol. 3, page 422.

Mentionnons également une lettre circulaire du Ministre des Cultes aux évêques, du 25 mars 1812 (1), les avisant que le seul fait de l'omission, sur le budget des fabriques, d'un article de perception, l'article inhumation par exemple, constituait un obstacle au recours de celles-ci contre la Commune, en cas d'insuffisance de revenus. Les dispositions de cette dernière circulaire ont été souvent rappelées par l'administration des cultes, dans plusieurs lettres et décisions, dont nous nous bornerons à indiquer les dates, pour éviter les répétitions trop fréquentes. Telles sont, notamment, les décisions rendues les 14 février 1845, 15 décembre 1856 et 25 mai 1850 par le ministre des Cultes, dans des circonstances différentes, mais se rattachant directement au principe que nous venons de poser ci-dessus.

Concluons donc que les fabriques qui négligent de se conformer aux prescriptions de la circulaire du 12 avril 1819, tombent sous l'application de la circulaire antérieure du 25 mars 1812, c'est-à-dire, qu'à la perte matérielle qu'elles subissent, par le fait de leur négligence, dans telle branche de leur administration, vient s'ajouter la privation du secours qu'elles seraient tentées de demander à l'autorité municipale. Comme on le voit, les pertes se suivent sur cette voie, sans compter que la responsabilité personnelle du trésorier pourrait se trouver sérieusement engagée, si l'on voulait user, à son égard, d'une sévérité que la loi autorise et que les circonstances justifieraient au besoin. Nous ne pouvons nous empêcher de signaler ici la facilité avec laquelle les administrations municipales souscrivent, en général, aux appels de fonds des

(1) Voir cette Circulaire au *Bulletin du Ministère de l'Intérieur*, vol. 2, page 375.

fabriques et du peu d'attention qu'elles apportent à l'exécution des circulaires que nous venons de rappeler. Cette façon de procéder des municipalités n'absout pas les fabriques, certainement, mais on ne saurait nier qu'elle les excuse, dans une certaine mesure. Les responsabilités sont au moins partagées, et s'il fallait dire de quel côté doivent en peser les conséquences, ce ne serait pas, probablement du côté de ces établissements religieux.

CHAPITRE III

On ne se rend pas toujours un compte bien exact de la portée que peuvent avoir, en administration, les négligences habituelles auxquelles on se laisse aller, sous l'influence d'une routine que tout encourage mais que rien ne justifie. Là où les uns sommeillent, de bonne foi, d'autres veillent, avec une vigilance que rien ne décourage, en attendant le jour où il leur sera donné de réaliser des projets ou des ambitions qu'on ne soupçonnait guère. Ainsi que nous l'avons dit, le monopole des Pompes funèbres éveille, depuis longtemps, de dangereuses convoitises et ce n'est pas d'aujourd'hui que l'on parle d'apporter des modifications, soit dans l'organisation des fabriques, soit dans les décrets qui régissent les sépultures.

Il y a longtemps qu'on a observé que les fonctions de de trésorier de fabriques ne sont pas exercées avec le zèle, le dévouement et les connaissances spéciales qu'on serait en droit d'espérer. Combien de communes ne pourrait-on pas citer, où le trésorier n'existe qu'à l'état de soupçon, et où les curés représentent, à eux seuls, tout le conseil de fabrique ? — Que deviennent, dès lors, les magnifiques dispositions du décret du 30 décembre 1809, ce chef-d'œuvre d'organisation administrative, où tout se lie, s'enchaîne, se contrôle, avec une sagesse de pensée qu'on ne rencontre pas toujours dans les monuments législatifs du premier Empire? — Hélas! nous avons besoin de ne pas nous montrer trop sévère sur ce point ; car, si le beau travail de M. le comte de Préameneu rencontre, encore aujourd'hui, de fervents admirateurs, nous doutons que tous ceux qui sont chargés de le mettre à exécution soient les fidèles interprètes de sa pensée. Pourquoi vous en émouvoir, nous dira-t-on ? Nous aurions tort de soulever cette question, en effet, si nous ne trouvions, dans le passé, des tentatives faites, en haut lieu, pour faire subir au décret de 1809 certains correctifs dont on le jugeait susceptible, et notamment, pour confondre les fonctions de trésorier avec celles de receveur de l'enregistrement, afin d'assurer, aux recouvrements des fonds de la fabrique, une régularité qui fait souvent défaut. Dès 1825, le Gouvernement saisit le clergé d'une proposition de ce genre, afin de pressentir son avis et de juger, par là, des chances que pouvait rencontrer la réalisation de ce projet. Comme on le pense bien, les prélats (1) furent unanimes à repousser un remaniement au décret de 1809, et le Gouvernement retira sa proposition. Ce précédent n'est pas isolé. Lorsqu'il s'est agi, plus tard, d'augmenter le traitement des vicaires, la question de retoucher le décret de 1809, a été de nouveau agitée, mais elle ne fut pas

(1) Lire, sur cette question, dans le *Recueil des Circulaires du Ministère des Cultes*, (vol. 1), la correspondance échangée entre Mgr de Frayssinous, chargé de l'administration des affaires ecclésiastiques, et les archevêques et évêques.

22

tranchée (1). En serait-il de même aujourd'hui, dans le cas où le Gouvernement saisirait les députés d'une proposition de ce genre ? — Il est permis d'en douter, surtout si l'on a égard au peu d'empressement que déploient les fabriques à bénéficier du privilége des inhumations, privilége qui constitue généralement leur principale et leur meilleure source de revenus. Pourquoi, en effet, en maintenir les dispositions, si, en réalité, ces décrets sont comme lettre morte ? — Mieux inspirées, les fabriques comprendraient combien il leur est plus avantageux d'avoir la direction de leurs propres intérêts que de les voir confiés à des mains étrangères.

A un autre point de vue, les fabriques ne devraient-elles pas puiser, dans leur conscience et dans les considérations morales que fait naître leur qualité d'administrateurs des biens des églises, le zèle et la sollicitude qu'on attend d'eux, dans l'accomplissement d'un devoir, peut-être pénible et assujettissant, mais que la religion sait rendre facile et consolant ?

En terminant, qu'il nous soit permis d'émettre un vœu, auprès des autorités diocésaines et municipales. Aux termes du décret de 1809, les fabriques sont placées, quant à leur administration, sous la surveillance immédiate des évêques, et en cas d'insuffisance de revenus, elles ont un recours contre la Commune. Plus familiarisés que les fabriques avec les lois civiles et ecclésiastiques, les évêques et les maires ont en main tous les éléments

_____

(1) Dans son *Traité sur l'administration temporelle des paroisses*, Mgr Affre est tellement convaincu de l'insuffisance de la plupart des trésoriers, qu'il engage les fabriques à confier le recouvrement des fonds soit à un notaire, soit à un receveur, ajoutant que cet usage ne présenterait rien d'illégal, et qu'il est d'ailleurs observé dans quelques localités.

voulus pour exercer, sur ces établissements religieux, une influence salutaire et pour les amener à une meilleure application des décrets qui fixent leurs attributions. Conformément aux dispositions de la circulaire ministérielle du 12 avril 1819, que nous invoquons au chapitre II, il leur appartient de provoquer, dans les localités où le besoin s'en fait sentir, l'élaboration d'un règlement de Pompes funèbres et d'inviter les fabriques à s'y conformer rigoureusement. Ce moyen nous paraît être le plus sûr, le plus pratique et, en même temps, le plus naturel, pour écarter les craintes que fait naître l'état d'abandon dans lequel se trouve le monopole de l'an XII, et pour accroître les ressources des églises, dans des proportions très-notables.

TITRE DEUXIÈME

DES DIVERSES MANIÈRES D'EXPLOITER LE MONOPOLE

La loi reconnaît aux fabriques la faculté d'exploiter elles-mêmes le monopole des Pompes funèbres ou de le faire exploiter par un fermier subrogé à leurs droits. C'est ce qui résulte clairement des textes que nous reproduisons ci-après.

— « Les fabriques et consistoires *pourront faire exer-* « *cer* ou *affermer ce droit,* d'après l'approbation des « autorités civiles sous la surveillance desquelles ils sont « placés. » (Art. 22 du décret de prairial.)

« L'emploi des sommes provenant de *l'exercice* ou de « *l'affermage* de ce droit sera consacré.... etc. » (Art 23 du même décret.)

« Les fabriques *feront par elles-mêmes, ou feront faire* « *par entreprise aux enchères,* toutes les fournitures né- « cessaires au service des morts, dans l'intérieur des égli- « ses, et toutes celles qui sont relatives à la pompe des « convois. » (Art. 7 du décret du 18 mai 1806.)

« Les fournitures précitées dans l'art. 11, dans les

« villes où les fabriques *ne fournissent pas, par elles-mê-*
« *mes, seront données ou en régie intéressée, ou en en-*
« *treprise à un seul régisseur ou entrepreneur...* » (Article 14 du même décret.)

« Les adjudications seront faites selon le mode établi
« par les lois et règlements pour les travaux publics. »
(Art. 15, ibid.)

Les fabriques ont donc le choix entre l'*exercice* et l'*affermage.*

Mais ces deux modes sont-ils exclusifs ? — Nullement.

Les fabriques peuvent opter entre l'adoption de l'un ou
de l'autre de ces deux systèmes, ou en combiner les dispositions de façon à s'en composer un troisième, plus en
rapport avec leurs besoins ou leurs convenances particulières, et participant aux avantages soit de la mise en ferme,
soit de l'administration directe. Elles ont même la faculté
d'appliquer au service extérieur le premier de ces deux
systèmes et de se réserver l'exploitation du service intérieur.

Il en est de cette question comme du contrat de mariage. Le Code Napoléon ne détermine que deux régimes
principaux : le régime de la communauté légale et le régime dotal, qui sont aussi opposés dans les termes que dans
leurs effets, mais rien n'empêche les conjoints de réunir, dans un régime spécial, purement conventionnel,
les dispositions de l'un ou de l'autre des deux régimes légaux. En cela les fabriques, comme les conjoints, n'ont à
prendre conseil que de leurs intérêts ou des considérations
particulières qui seraient de nature à fixer leur choix.

D'après ces indications, nous aurons à examiner dans
les chapitres qui composent le présent titre : 1° les modes d'organisation mentionnés, en termes précis, dans les
textes que nous venons de rappeler. Pour les distinguer

des autres, nous leur donnerons la désignation de *modes légaux*.

2° Les modes d'organisation qui peuvent être formés par la combinaison des modes précédents, et que nous appellerons *modes conventionnels*.

3° Le mode d'organisation spécial aux localités qui n'ont ni l'intention ni les moyens d'exploiter ou de faire exploiter le monopole, et qui, pour ces motifs, le laissent tomber dans le domaine public. Comme c'est la commune qui est chargée, en ce cas, d'organiser le service des inhumations, nous distinguerons ce dernier mode des précédents par la désignation de *service municipal* (1).

(1) Comme pour les marchés de fournitures de la guerre, on peut résumer ces divers modes d'exploitation dans les deux dénominations suivantes : 1° Exploitation par voie économique et 2° Exploitation par entreprise.

1° La VOIE ÉCONOMIQUE comprend trois modes :

    1° La voie économique directe.

    2° La Régie simple.

    3° La direction générale.

Par *la voie économique directe*, le Ministre de la Guerre confie le service des fournitures à des gérants, sans autre intermédiaire entre lui et ces derniers que l'intendance.

La Régie simple est une agence collective, chargée de gérer pour le compte de l'État. Les régisseurs n'ont d'autre responsabilité que celle de l'exactitude des pièces produites et de l'emploi des sommes ou des matières reçues à la gestion du service qui leur est confié. Les rapports entre le Ministre et les régisseurs n'excèdent pas ceux de clerc à maître.

La direction générale est une Régie simple, mais confiée à un seul régisseur. En 1807, le service des subsistances fut ainsi confié à M. Maret, conseiller d'État et en 1817, au général Dejean.

2° L'ENTREPRISE comprend 1° l'entreprise ordinaire et 2° la Régie intéressée.

L'entreprise ordinaire est un traité, en vertu duquel un ou plusieurs entrepreneurs s'obligent à fournir, à leurs risques et périls, moyennant *un prix ferme*, tous les objets compris dans le marché.

. *La Régie intéressée* est le traité par lequel l'État abandonne à un entrepreneur une partie des bénéfices sur un prix ou un tarif

4º A la suite de cet exposé des divers systèmes, nous répondrons à la question de savoir quel est celui dont l'adoption mérite d'être l'objet d'une préférence de la part des fabriques.

5º Dans un chapitre spécial, nous examinerons quelle est l'étendue du *droit d'option* des fabriques, et dans quel sens on doit interpréter *l'approbation du gouvernement*, d'après l'art. 22 du décret du 23 prairial.

6º L'art. 8 du décret du 18 mai 1806 ayant été l'objet d'un grand nombre de contestations, nous ferons connaître, d'après les décisions de la jurisprudence, dans quel cas les fabriques des grandes villes sont obligées de se réunir pour ne former qu'une seule entreprise.

7º Enfin, dans un dernier chapitre, nous étudierons l'importante question des adjudications, et notamment la question de savoir si, en cas de mise en ferme du service, la formalité des enchères est prescrite à peine de nullité, ou si elle peut être efficacement remplacée par un simple traité de gré à gré, contracté de bonne foi et approuvé par l'autorité préfectorale.

Chacun de ces divers points fera l'objet d'un chapitre spécial, dans lequel seront exposés, avec la méthode que nous avons adoptée jusqu'à présent, c'est-à-dire simplement, les considérations sur lesquelles le lecteur peut se baser pour fixer ses idées dans l'examen des nombreuses questions que soulève l'application de la loi sur la recherche d'un mode d'organisation.

convenu. Le profit de l'entrepreneur n'est que dans les économies qu'il peut réaliser sur ce prix.

Ces indications peuvent être utilisées par les fabriques, dans les combinaisons qu'elles croiront devoir adopter, pour l'organisation de leur service. Nous appelons leur attention sur la dénomination de *voie économique*, donnée par l'usage et justifiée par la pratique, aux trois modes de Régie simple ou directe, qu'elle comprend.

CHAPITRE Ier

DES MODES LÉGAUX

Ainsi que nous venons de le dire ci-dessus, la loi indique deux moyens d'exploiter le monopole : savoir l'*exploitation directe* par les fabriques, et l'*affermage*. L'article 14 du décret du 18 mai 1806 parle aussi de l'exploitation du service par un *régisseur*, agissant tant pour son compte que pour le compte des fabriques, c'est-à-dire, tenant le milieu entre l'adjudicataire, qui ne relève que de son cahier des charges, et la fabrique qui s'administre elle-même. Le régisseur est un fermier placé sous la surveillance de ceux dont il gère les droits, assez libre, par son traité, pour faire prospérer les intérêts qui lui sont confiés, mais pas assez pour les compromettre, par sa négligence ou par une administration mal entendue. Son principal profit est dans les économies qu'il peut réaliser sur les prix portés au cahier des charges.

Nous devons donc reconnaître trois modes légaux d'administration : 1° l'administration par les fabriques ; — 2° l'affermage ; — 3° la régie intéressée.

§ 1. L'administration par les fabriques.

D'après ce système chaque fabrique agit isolément, à son point de vue particulier, suivant le tarif qu'elle aura élaboré, conjointement avec les autorités dont l'intervention est déterminée par les lois et règlements. Si la fabrique a assez conscience de ses droits et assez d'énergie pour les faire valoir, l'adoption de ce système présente d'incontestables avantages. Mais il n'est pas exempt de reproches ni de difficultés. D'abord, si la fabrique est trop directement en contact avec le public, elle sera souvent bien embarrassée pour ne pas laisser entamer sa considération, qui est si intimément liée à celle du clergé et avec laquelle elle se confond moralement. Si les tarifs sont élevés, on criera à l'arbitraire et on parlera de chasser les nouveaux vendeurs du temple. Il est toujours bien difficile aux administrateurs des églises d'observer, en pareil cas, une attitude qui ne prête pas à la critique et aux récriminations. Là est le côté délicat de ce mode d'administration. Dans les villes populeuses, ces difficultés se compliquent d'un inconvénient peut-être plus grave encore. Si chaque paroisse s'y régit isolément, il peut arriver que les tarifs et les usages variant d'une église à une autre, les habitants de la même commune aient à payer les mêmes objets à un prix différent, suivant la situation du domicile mortuaire. En ce cas, les murmures sont inévitables, et, jusqu'à un certain point, on ne peut s'empêcher de les reconnaître fondés. La population des paroisses n'étant pas dans une position de fortune uniforme, il est presque impossible qu'il y ait uniformité dans les tarifs, dans le matériel, dans l'ensemble du service. Dès lors, comment empêcher les plaintes qui naissent de cet ensemble d'inégalités ?

Un troisième inconvénient, que nous signale l'expérience, c'est que le lien administratif, qui doit entretenir l'ordre et l'unité dans toutes les branches du service, fait le plus souvent défaut. L'absence de cette force morale tient souvent au manque de connaissances pratiques sur la question, mais elle a aussi pour cause le peu de zèle de ceux qui ont à gérer les intérêts de la paroisse. Il en serait autrement, sans doute, si à l'administration désintéressée des fabriciens, souvent absorbés par leurs propres affaires, on substituait l'action intéressée d'un ayant droit exclusivement chargé du service, sous sa responsabilité personnelle et sous la surveillance de ceux qu'il représente.

L'avantage de ce système consiste en ce que les fabriques qui gèrent directement leurs intérêts sont moins exposées à la fraude, et que le service des Pompes funèbres devient en quelque sorte une dépendance du service paroissial ; qu'il n'en conserve que mieux, dès lors, le caractère religieux qui lui est particulier, et que les habitants sont assurés de rencontrer, auprès de ceux qui en sont chargés, un degré de charité et de bienveillance qu'on est moins sûr de trouver chez un adjudicataire ou un régisseur intéressés. Ces considérations ont bien leur importance, sans doute, surtout dans les grandes villes, où l'élévation des prix du tarif pourrait être un encouragement aux enterrements des libres penseurs.

Tels sont les avantages et les inconvénients qui méritent d'être signalés dans ce premier mode légal d'exploitation du monopole.

Quant aux moyens d'en combiner l'exécution, les fabriques auront à tenir compte des besoins du culte, en même temps que des usages et de la position de fortune des habitants. La difficulté du service consiste ici dans l'élaboration du tarif et dans la création du matériel. A ce sujet, nous renvoyons les lecteurs à la septième partie, où ils trouveront des modèles de tarifs et de dessins, et au titre 3 ci-après, où se trouvent résumés quelques principes d'administration intérieure qui pourront leur servir de règle.

§ 2. L'affermage.

Les fabriques qui désirent se soustraire entièrement aux préoccupations et à l'assujettissement d'un service de Pompes funèbres peuvent le louer, par la voie des enchères, à un entrepreneur, qui s'oblige à faire, *à ses risques et périls*, et moyennant un *prix ferme* en se conformant aux prescriptions indiquées dans le titre III du décret du 18 mai 1806. Il a été un temps où ce mode d'exploitation était en grande faveur en France (1). Mais l'expérience, toujours bonne conseillère, en a démontré les inconvénients. Peu à peu, on s'en est lassé, et il tend aujourd'hui à devenir de plus en plus rare. Parmi les reproches dont il a été l'objet, signalons les deux suivants.

Au point de vue moral, il tend insensiblement à réduire aux étroites limites d'une affaire industrielle un service qui, par sa nature, est à la fois un service civil et religieux, mais surtout religieux, et auquel les législateurs de tous les pays ont tenu à conserver ce double caractère, en

(1) Il existe encore à Paris une société anonyme, dite *entreprise des Pompes funèbres générales de France* (Boulevard Richard-Lenoir, 66, M. Alexandre, directeur) qui se charge de faire, dans les villes des départements, sur la demande des maires ou des fabriques, les services de Pompes funèbres qu'on serait bien aise de lui confier. Le matériel dont elle dispose et l'expérience qu'elle a acquise, dans ce genre d'industrie, lui ont valu la confiance d'un certain nombre de localités, parmi lesquelles nous désignerons les villes d'Angers, Auxerre, le Havre, Lyon, Versaille, Tours, Rouen, Dieppe, Nîmes, etc. Cette Compagnie fait également le service des transports d'un département dans un autre, hors Paris et hors la France. Dans les villes où elle fonctionne elle fait aux fabriques une remise, dont le chiffre est à débattre, et moyennant lequel elle est subrogée à leurs droits.

le plaçant hors du commerce (extra commercium) et sous l'action immédiate d'une classe de personnes privilégiées. L'entrepreneur des fabriques ne poursuivant que la réalisation d'un gain, il est bien difficile que l'ensemble du service ne se ressente point de l'indifférence qu'acquiert à ses yeux la question religieuse. Le fonctionnement en sera peut-être d'une régularité irréprochable, au point de vue civil ou municipal, mais pourrait-on en dire autant sous le rapport du sentiment chrétien ? Est-ce bien conforme à la décence publique et à l'esprit de l'Église, de confier à une main mercenaire l'accomplissement du plus saint des devoirs que l'homme puisse rendre à son semblable ? En ce qui concerne spécialement la sépulture des pauvres, est-il bien sûr qu'elle sera faite avec toutes les convenances et les égards que l'on doit à la classe la plus intéressante de la société ? Telles sont les questions que l'on est porté à s'adresser, et que provoque naturellement, dans les grandes villes, le spectacle du service des Pompes funèbres d'après le système que nous examinons en ce moment (1).

Sous le rapport des intérêts matériels, on admet généralement que la mise aux enchères prive les fabriques d'un revenu égal à celui que réalise l'entrepreneur, et dont le chiffre est plus ou moins considérable. Nous pourrions citer, à titre d'exemple, une des premières villes de France, à laquelle une compagnie de Pompes funèbres avait fait la proposition de prendre à bail, pendant 10 à 12 ans, moyennant un chiffre déterminé de bénéfices, tout le service des inhumations. Ces propositions furent rejetées. Or, à la suite de quelques années seulement, les fabri-

(1) Voir, dans ce sens, un article très-bien compris, de M. de Champeaux. (*Bulletin des lois civiles et ecclésiastiques*, année 1873).

ques de la même ville réalisaient, dans l'exploitation directe du monopole, un chiffre de bénéfices supérieur d'un tiers à celui qui leur avait été offert, avantage dont elles auraient été privées, en acceptant les propositions d'un fermier.

Nous ne nous arrêterons pas sur les inconvénients que présente ce mode d'exploitation, lorsque l'entrepreneur, parvenant à se soustraire à la surveillance plus apparente que réelle des fabriques, exagère l'interprétation de son cahier des charges, en méconnait les dispositions, soulève des mécontentements légitimes, par ses exactions ou ses procédés vexatoires, et jette le discrédit sur le service qui lui est confié. — N'a-t-on pas vu plusieurs fois les adjudicataires, présumant trop de leurs aptitudes ou n'ayant pas en main les ressources qu'ils promettaient, marcher directement à une catastrophe financière, et liquider, devant les tribunaux, une situation qu'ils n'auraient jamais dû accepter ? En ces divers cas, les fabriques encourent une responsabilité morale qui se résout ordinairement par une perte financière, qu'elles auraient certainement évitée en adoptant un autre mode d'exploitation.

Les règles à suivre pour la mise en ferme du service sont tracées par les articles 14 et 15 du décret du 18 mai 1806.

La première formalité à remplir est l'élaboration d'un tarif devant servir de base à la rédaction du cahier des charges et aux offres des entrepreneurs qui désirent concourir à l'adjudication.

Le cahier des charges, dit l'art. 14, *sera proposé par le conseil municipal, d'après l'avis de l'évêque* (1) *et dé-*

_____

(1) *Et des fabriques.* L'intervention des fabriques est depuis longtemps admise par la jurisprudence du ministère des cultes.

finitivement arrêté par le préfet. La rédaction n'est soumise à aucune règle précise. On est libre d'en développer le contenu ou d'en réduire les dispositions à un petit nombre de clauses générales ou particulières. On peut louer *à prime* ou *à forfait*, indifféremment, pourvu que l'intérêt des fabriques soit sauvegardé. Nous donnons, aux pièces justificatives, un modèle du cahier des charges, sur lequel les fabriques pourront se baser pour fixer leurs idées. Nous nous contenterons de les engager ici à se préoccuper, dans la confection des travaux de ce genre, des divers points que nous allons leur signaler.

1° L'adjudicataire étant subrogé aux droits des fabriques, tant sur les objets prévus dans le tarif que sur les objets qui n'y figurent pas, il conviendrait de l'obliger, par une clause spéciale, à servir la prime et sur les uns et sur les autres.

2° Les fabriques devront, dans tous les cas, se réserver un droit de contrôle et de surveillance, qui a besoin d'être clairement défini et précisé. Pour plus de sûreté et pour empêcher notamment que le service ne tombe entre les mains d'un adjudicataire trop audacieux, inexpérimenté et ne réunissant pas toutes les conditions morales et matérielles qu'elles sont en droit d'exiger, tant pour leur tranquillité que pour celle du public, elles feront bien de subordonner l'admission des concurrents au concours, à la

Nous pouvons citer, dans ce sens, deux lettres du Ministre des Cultes, en date du 13 décembre 1843 et 1er mars 1870. Voici ce que nous lisons dans cette dernière, qui est à l'adresse de l'évêque de Troyes..... « Comme il ne s'agit plus ici d'une question d'ordre « public, mais seulement de régler les dépenses de luxe que les « familles s'imposent volontairement, l'avis des fabriques doit être « pris en grande considération. Aussi, lorsqu'on procède par en- « treprise, le cahier des charges n'est *que proposé* par le Conseil « municipal, *d'après l'avis des fabriques* et de l'évêque..... »

justification de certaines conditions restrictives qu'il leur plaira de déterminer.

3° Le cahier des charges devra également faire mention des diverses pénalités qui seraient la conséquence de l'infraction de l'une des clauses qui y sont stipulées. Par ce moyen, bien des procès seront évités. Dans le cas cependant où les procès seraient devenus inévitables, il sera toujours prudent de fixer la juridiction, qui est celle des tribunaux administratifs, et de stipuler la garantie de l'autorité locale en faveur des fabriques.

4° La question du matériel devra être prévue. Il y a toujours inconvénient à ce que le matériel soit la propriété de l'adjudicataire, car, à la fin du bail, il peut jeter les fabriques dans un cruel embarras, et leur imposer de dures conditions. Celles-ci feront bien, dans le cas où elles n'en possèderaient point, de l'acquérir de l'adjudicataire, moyennant un paiement annuel qui devrait être déterminé ou d'en louer un autre en attendant d'en avoir un. Il ne sera pas inutile de procéder à des inventaires fréquents et à des inspections contradictoires.

5° Les fabriques devront également obliger l'adjudicataire à avoir constamment en magasin, pour des besoins extraordinaires, tel nombre de cercueils de réserve qu'il leur plaira de déterminer, en prévision des épidémies.

6° La mise en ferme du service des Pompes funèbres, enchaînant pour le présent et pour l'avenir la volonté des fabriques, celles-ci auront à examiner s'il ne leur serait pas avantageux de ne pas donner au bail une durée trop longue, sauf à le renouveler, dans le cas où elles y trouveraient leur avantage. Il sera toujours utile de stipuler qu'en cas de rupture du bail pour raison de force majeure, les fabriques ne seront tenues, envers leur fermier, à aucune indemnité. Pour n'avoir pas prévu cette clause, les fabriques des communes annexées à la ville de Paris, en 1859, ont été condamnées à payer à la Société Langlé et Cie la somme de 118,000 fr., bien que l'interruption du bail fût produite par une loi d'ordre public.

L'adjudication doit avoir lieu selon le mode établi pour les *travaux publics* (1). L'art. 10 du décret du 18 mai 1806 dit que dans les grandes villes, les autorités municipales, *de concert avec les fabriques*, feront adjuger aux enchères l'entreprise du transport des travaux nécessaires à l'inhumation et de l'entretien des cimetières. Nous ne connaissons aucune disposition légale qui indique le lieu où doit être faite l'adjudication. Est-ce à l'Hôtel de Ville, est-ce dans un local appartenant aux fabriques, à l'évêché ou à tout autre endroit? Nous ne pensons pas que le choix du lieu soit d'une grande importance, pourvu que l'autorité municipale et les fabriques y soient représentées par un ou plusieurs de leurs délégués. A Paris, c'est à l'Hôtel de Ville qu'est adjugée l'entreprise des Pompes funèbres. Nous ne rentrons pas dans le détail des formalités auxquelles donne lieu cette opération ; nous renvoyons, pour cela, le lecteur aux règlements spéciaux qui traitent de la matière.

Ainsi que nous l'avons déjà fait remarquer, dans la 2e partie (titre 2, chapitre 14), la formalité de l'adjudication publique n'est pas prescrite à peine de nullité. Les fabriques peuvent y substituer les traités de gré à gré quand l'autorité préfectorale croit devoir y consentir, pour des raisons particulières dont elle reste seule juge, suivant les instructions ministérielles (2).

---

(1) Les règlements suivis pour les adjudications de travaux publics, sont les ordonnances du 4 décembre 1836 et 4 novembre 1837. Les lecteurs en trouveront le texte à la septième partie. — (2) Voir pour plus de détail sur cette question, le chapitre 7 ci-après et le titre III de la même partie.

Voici en quels termes s'exprime, sur l'affermage, un des rares auteurs qui ont écrit sur la matière, le regrettable M. Riobé (2) :

« Ce mode présente tous les inconvénients, tous les
« embarras que nous avons signalés au sujet de la régie
« (intéressée), et il en récèle de plus grands encore.

« Un entrepreneur ignorant et téméraire peut être ac-
« cepté ; il n'aura ni les ressources financières, ni les
« garanties morales, ni la capacité qu'on avait lieu d'en
« attendre. Il faussera les tarifs, il pressurera la popula-
« tion et jettera sur le service une déconsidération com-
« plète.

« On arrivera, ainsi qu'on en a souvent subi la néces-
« sité, à l'obligation de résilier le marché et à la néces-
« sité de se charger d'une situation mauvaise, que plusieurs
« années d'ordre et d'une règle sévère auront peine à
« reconstituer.

« L'entrepreneur ne connaît d'autre droit que celui du
« procès-verbal d'adjudication, d'autre loi que celle des
« tarifs, qu'il exploite au milieu de mille moyens qui sont
« offerts à son avidité. L'autorité des fabriques n'est, à ses
« yeux, qu'une fiction importune, et, quand il a payé le
« prix de son adjudication, il entend n'avoir pas de su-
« périeur, et il se croit investi du pouvoir discrétionnaire
« de faire tourner à son profit les diverses parties de ce
« service. »

A l'appui de ces paroles, nous devons ajouter, d'après le témoignage que nous en avait donné l'auteur que nous venons de citer, que les fabriques de la ville d'Angers, où le service des Pompes funèbres fonctionne aujourd'hui

---

— (2) *Observations sur l'administration des fabriques en matière de Pompes funèbres.* Édit. de 1867, page 29.

25

avec tant de régularité, avaient été longtemps à se débattre contre les exigences d'un entrepreneur adjudicataire, et qu'elles n'ont eu qu'à se féliciter de l'adoption d'un
mode d'exploitation plus commode, moins onéreux et plus
profitable aux églises.

Nous regrettons de ne pouvoir citer à la suite de cette
autorité les lettres qui nous ont été adressées par les di-
recteurs des Pompes funèbres de quelques grandes villes,
et dans lesquelles nous retrouvons la confirmation des paroles de M. Riobé.

Ajoutons à ces témoignages celui du rédacteur en chef
du *Bulletin des lois civiles ecclésiastiques*, M. de Champeaux, qui, dans un article très-remarquable sur le service
des Pompes funèbres de la ville de Paris, conclut dans un
ordre d'idées tout à fait identique (1).

§ 3. De la Régie intéressée.

Quand les fabriques exploitent elles-mêmes, elles ont sur
les employés qu'elles occupent une surveillance et une
autorité absolues. Quand elles afferment le service, c'est à
l'entrepreneur qu'il appartient de choisir et de commander
le personnel qu'il emploie. L'administration en Régie intéressée participe à tous les avantages et à tous les inconvénients des deux premiers modes. Elle constitue un système mixte, dans lequel les fabriques et le Régisseur se
trouvent en présence et chacun à leur point de vue respec-
tif. Les fabriques sont représentées par une commission
administrative, qui délibère et administre, ayant sous ses
ordres un Directeur chargé d'exécuter leurs volontés et de
défendre leurs intérêts, auprès du Régisseur. Le Régis-

(1) *Bulletin des lois civiles ecclésiastiques*, année 1873, p. 162.

seur, de son côté, est tenu d'appliquer à ses risques et
périls, et suivant les conditions imposées par le cahier des
charges, les tarifs qui règlent les perceptions. Il a le choix
de ses employés, à l'exception des principaux chefs de
service qui doivent être agréés par la commission des fabriques, et des ordonnateurs des convois, qui, dans quelques
villes, sont commissionnés ou approuvés par l'autorité municipale, comme étant chargés de faire exécuter les règlements de police locale sur les [inhumations. A l'exception
du Directeur, tous les employés sont aux gages du Régisseur. Le siége administratif est le même et doit être le
même, à cause des rapports incessants que le représentant
des fabriques et le Régisseur ont à échanger, à chaque
heure du jour, à leur point de vue particulier.

Comme on le voit, ce mode d'organisation n'est pas
exempt de complications. Les situations y sont difficiles,
souvent mal définies et pleines d'inconvénients.

Le rôle du Directeur consiste à exercer sur les actes du
Régisseur une surveillance active, à percevoir, pour le compte
des fabriques, la part qui leur est due dans les recettes,
d'après les stipulations du cahier des charges, à dresser les
inventaires, à passer l'inspection du matériel, à contrôler
les registres de comptabilité, à observer l'ensemble du
service et, notamment, la conduite des employés. Tout doit
passer sous ses yeux. Son autorité est d'autant plus forte,
qu'elle repose sur les obligations insérées au cahier des
charges et sur la délégation de la commission administrative des fabriques. En cas de conflit, il en saisit ses supérieurs, qui prononcent sur le différend (1).

(1) Pour éviter les procès il sera toujours utile d'insérer, dans le
cahier des charges une clause spéciale, d'après laquelle, en cas de
contestation entre lui et le Directeur, le Régisseur déclare s'en
rapporter d'avance à la décision souveraine de la Commission ad-

66

Le rôle du Régisseur est le même que celui de l'entrepreneur. Comme lui, il n'a d'autre préoccupation que celle de trouver, dans l'exploitation du service, tous les avantages qu'il lui sera possible de réaliser. Il n'y a de différence que dans le degré de surveillance dont ils sont l'objet l'un et l'autre, de la part des fabriques. Tandis que cette surveillance est presque illusoire pour l'entrepreneur, elle est, au contraire, réelle et incessante pour le Régisseur. Mais sera-t-elle toujours efficace ? Il est permis d'en douter. Secondé par le concours des employés à ses gages, le Régisseur aura plus d'une fois l'occasion de surprendre la vigilance du Directeur. Ses agents seront autant d'auxiliaires intéressés à l'exécution de ses ordres et de ses volontés. Que pourra le regard d'un seul contre les agissements de tous ? Si le Directeur a assez d'énergie et assez de désintéressement pour rester toujours à la hauteur de son devoir, ce qui peut arriver de moindre, c'est qu'il y ait entre lui et le Régisseur des rapports extrêmement tendus, des rivalités et, par suite, des situations tellement difficiles, qu'elles amèneront parfois ou la démission du Directeur ou, ce qui est pire, la retraite forcée du Régisseur. Nous ne parlons pas du cas où le Directeur, fermant les yeux sur les faits et gestes du Régisseur, serait de connivence avec lui pour tromper la confiance des fabriques. Le contrôle que la commission des fabriques exerce sur leur représentant serait-il toujours assez efficace et assez attentif pour prévenir les inconvénients de ce genre ? Nous n'osons le croire.

D'après ces considérations, la Régie intéressée ne nous

ministrative, choisie pour arbitre, dans les différents dont l'importance n'excèderait pas une somme déterminée. Pour les cas plus graves, la résiliation du marché pourrait être facultative de la part des fabriques.

paraît pas devoir se recommander au choix des fabriques, de préférence aux deux modes dont nous avons parlé plus haut. Il est possible cependant, qu'entre les mains d'un homme pratique et familiarisé avec les questions adminis- tratives, les inconvénients que nous venons de signaler se fassent à peine sentir, mais ce ne sont là que des excep- tions. Les fabriques sont libres d'ailleurs d'en tenter l'ex- périence.

La confection du cahier des charges, dans la Régie in- téressée, ne diffère pas beaucoup de celui de la mise en fer- me. Les seules particularités qui doivent y être observées, sont tirées de la situation spéciale que crée aux fabriques l'adoption de ce mode d'exploitation. C'est à elles à en combiner les dispositions de la manière la plus sage et la plus conforme à leurs intérêts.

Il va sans dire que dans les grandes villes où les fabri- ques se prononcent pour l'adoption de la Régie intéressée, il ne doit y avoir pour toutes qu'un seul et même Régis- seur. (Art. 8 du décret de 1806). Nous indiquerons ci- après, au Chapitre VI, dans quels sens doit être entendue et appliquée cette prescription de la loi.

CHAPITRE II

Dans un certain nombre de villes, les fabriques ont adopté un mode d'exploitation qui n'est pas la reproduction fidèle des trois modes légaux que nous avons examinés, dans le Chapitre précédent, mais qui s'y rattache plus ou moins directement, par la combinaison de certaines dispositions empruntées soit à l'un soit à l'autre de ces modes typiques. Les principes sont les mêmes quant au fond: il n'y a de différence que dans la forme que les fabriques désirent adopter pour bénéficier de leur application. Nous avons appelé ces modes particuliers *modes conventionnels,* parce qu'ils n'ont d'autre règle que la volonté ou les conventions particulières des fabriques.

Nous ne chercherons pas à prouver que les combinaisons de cette nature sont autorisées par la loi. En cas de doute chez les lecteurs, il nous serait facile de faire cesser leurs hésitations, par une série d'exemples tirés de la pratique, et sanctionnés par la jurisprudence constante du Gouvernement et du ministère des Cultes. Nous aurons d'ailleurs occasion d'en fournir des preuves, dans le cours de cette étude.

Parmi les modes conventionnels auxquels les fabriques peuvent recourir, nous nous bornerons à examiner
les deux suivants, qui sont les plus répandus : 1° l'administration des fabriques réunies , dans les villes qui
comptent plusieurs paroisses, ou *Régie directe*, et 2° la
Régie mixte.

§ 1. Administration des fabriques réunies, ou Régie directe.

L'adoption de ce système n'est possible que dans les
villes où l'on compte plusieurs fabriques. Nous dirons plus
loin ce qu'il en est des localités moins populeuses, où il
n'y a qu'une seule paroisse.

L'administration des fabriques réunies, ou la Régie directe, se distingue des autre modes d'organisation par les
particularités suivantes. En principe, c'est la fabrique qui
exploite elle-même directement, c'est-à-dire sans le
concours d'un entrepreneur ou d'un Régisseur. Mais pour
ne pas agir isolément et surtout pour éviter les inconvénients résultant des différences de tarifs, d'une paroisse à
une autre, elles forment une association qui leur permet de
faire collectivement, avec plus d'ensemble et d'économie,
ce qu'elles sont en droit de faire chacune séparément, mais
avec plus de frais. A cet effet, toutes les fabriques qui désirent entrer dans l'association arrêtent d'un commun accord
les bases d'une convention, dans laquelle sont stipulées les
clauses générales ou particulières qui doivent leur servir de
règle. La convention arrêtée en projet, est soumise à l'avis
de l'autorité épiscopale, et ensuite présentée à la discussion
de chaque conseil de fabrique, qui doit délibérer à part.
Les délibérations sont adressées aux autorités compéten-

tes, qui donnent leur avis et les font approuver par le chef
de l'État (1).

Dans ce système, les fabriques nomment une commission administrative, composée d'un délégué de chaque
conseil, (le Trésorier ou le Président de préférence à tous
autres) et cette commission nomme à son tour un Bureau
d'administration qui gère directement et par délégation les
intérêts de tous les ayant-droit. Le Bureau reste en exercice pendant une époque déterminée : un an, deux ans ou
au delà, suivant les conventions. Il nomme, dans son sein,
un Président, un Trésorier et un Secrétaire, dont les fonctions sont gratuites, comme celles de tous les marguilliers.
Le clergé est représenté dans le Bureau par l'un de ses
membres, qui doit toujours être ou curé ou recteur. Ordinairement c'est à lui qu'est dévolue la présidence.

Ce Bureau administre, délibère et exerce sur toutes les
branches du service une autorité absolue. Il règle les dépenses, fixe les bénéfices, nomme les employés, les révo-
que, signe les conventions, baux et traités particuliers et
fait, en un mot, tous les actes d'administration intérieure
que nécessite le service. Il soutient les procès, les introduit,
procède aux actes conservatoires, correspond avec les autorités locales et défend, par tous les moyens en son pouvoir et toujours *directement*, les droits de ses commettants.

Tous les trois mois, ou plus souvent, s'il le juge nécessaire, le Bureau convoque la commission en assemblée générale des délégués de chaque fabrique pour soumettre à
son approbation les opérations financières du trimestre, du
mois, du semestre ou de l'année ou pour l'entretenir d'une

(1) Sauf dans les villes où le décret de 1852, sur la décentralisation administrative, donne aux préfets le droit d'homologuer les
tarifs et traités de Pompes funèbres. (Voir ci-après, au chapitre V,
ce que nous disons du droit d'option).

question importante, ou d'une mesure d'intérêt général,
comme, par exemple, l'admission d'une nouvelle fabrique dans l'association, un danger grave qui menacerait
l'organisation existante ou toute autre affaire présentant
une certaine gravité. Au besoin, chaque fabrique en délibère extraordinairement, sur l'autorisation de l'Évêque.

Le Bureau a sous ses ordres un Directeur, Gérant ou
Agent général, qui est chargé de faire exécuter le règlement d'administration intérieure, et les délibérations; qui en
provoque, s'il y a lieu, et qui a la responsabilité générale
du service. Cet employé supérieur n'est que l'exécuteur
des volontés du Bureau, qui exige de lui, en dehors d'un
cautionnement, certaines garanties de moralité et d'aptitudes qui sont rigoureusement indispensables.

Immédiatement au-dessous du Directeur, viennent les
employés et chefs de service, dont il surveille les actes et
punit les manquements.

Ni le Bureau ni le Directeur n'ont plus devant eux la
personnalité, souvent insaisissable et presque toujours ri-
vale, d'un Régisseur ou d'un entrepreneur, qui ne reconnaissent d'autre autorité que celle du cahier des charges. A
leur lieu et place, le Bureau substituera des fournisseurs
ordinaires pour chaque nature d'objets. Leur surveillance
sera d'autant plus facile, qu'elle sera mieux divisée et
qu'elle s'étendra en détail sur chaque catégorie d'articles.
Les fournisseurs pourront être tenus par des traités de
gré à gré, ou choisis par la voie des enchères, suivant que
les fabriques y auront intérêt, mais dans le premier cas,
l'autorisation du Préfet ou du Gouvernement est de rigueur,
attendu que la formalité de l'adjudication est de principe,
pour les fournitures et marchés des établissements publics.

Dans ce système, les fabriques ont l'immense avantage
de constituer un corps homogène, indépendant, dans la

limite des droits que la loi leur reconnait, et méritant, par la nature du service qu'il représente, de compter au nombre des administrations publiques. Au point de vue matériel, les résultats sont plus appréciables encore. En dehors de l'économie que procure l'association dans les frais généraux, les fabriques recueillent pour elles la part des bénéfices que réalisent le régisseur ou l'entrepreneur. Ajoutons, également, que toutes les questions du service étant désormais concentrées sur un seul point, qui est le siége administratif, les fabriques et le clergé ne sont plus en contact avec le public et n'ont plus à craindre, dès lors, de voir entamer, par des discussions d'argent toujours pénibles, la considération dont ils ont besoin de jouir, dans l'esprit des populations.

Comme fonctionnement, on ne saurait rien concevoir de plus simple et de plus facile. Depuis le plus haut échelon de la hiérarchie administrative jusqu'aux degrés les plus inférieurs, tout se tient et s'enchaine avec cet esprit d'unité qui fait la force de toutes les bonnes organisations et rend le contrôle facile. Les fabriques ont, de plus, en main tous les rouages et tous les mouvements du service; elles en ont seules la direction, et peuvent, par conséquent, en modifier et perfectionner chaque jour les détails, sous les conseils de l'expérience.

Ce mode d'administration est appelé *Régie simple ou directe*, parce que les fabriques régissent elles-mêmes directement leurs intérêts, c'est-àdire simplement, et en dehors des complications que présentent les autres systèmes. Le mot de Régie a ici un sens dont la portée ne doit point être exagérée. La Régie, dans l'esprit de l'art. 14 du décret de 1806, implique l'existence d'un régisseur agissant à ses risques et périls, dans les limites d'un cahier des charges, sous la surveillance plus souvent nominale que réelle des fabriques. En d'autres termes, le régisseur n'est qu'un entrepreneur jouissant d'une latitude restreinte. Mais ce n'est point dans cet ordre d'idées que le mot de Régie doit être entendu et appliqué ici. La Régie simple n'est pas davantage une entreprise des fabriques : l'entreprise suppose l'intervention d'un entrepreneur se faisant subroger aux droits d'un autre moyennant un prix convenu. La dénomination de *Régie directe* n'a d'autre sens que celui d'administration collective des fabriques par elles-mêmes. C'est une Régie sans Régisseur, dans l'acception que comporte ce mot, aux termes de l'art. 14 du décret de 1806. Quelque impropre qu'elle puisse être, relativement à la signification qu'il convient de lui attribuer, elle a été adoptée par l'usage, en attendant qu'on en ait trouvé une meilleure, plus en rapport avec l'objet qu'elle représente. Une confusion de mots, sur ce point, pourrait amener de graves complications, contre lesquelles il importe de se mettre en garde (1).

Mais quels que soient les avantages que présente ce mode d'administration, on ne saurait perdre de vue les quelques inconvénients qu'il entraine parfois. Observons, d'abord, que dans l'association des fabriques, comme dans toutes les associations en général, la question d'intérêt est à la fois une amorce et un écueil. Il est à présumer que dans le nombre des fabriques qui composent la Régie directe, les unes disposent de ressources plus ou moins importantes tandis que quelques autres se trouvent dans un état de

(1) Le décret rendu en Conseil d'État, le 10 avril 1867, pour les fabriques de Toulouse en est un exemple frappant. Dans aucun cas, les dispositions de l'art. 8 du décret organique du 18 mai 1806 ne doivent être appliquées sous le mode d'administration en *Régie directe*. La réunion des fabriques y est seulement facultative et non forcée, comme dans la Régie intéressée ou l'entreprise.

gêne presque continuel. Quand il s'agira de régler la répartition des bénéfices, l'accord pourra ne pas exister entre les fabriques riches, trop attachées aux avantages de
leur position, et les fabriques pauvres, trop exigeantes.
Pour que les dissidences de ce genre ne deviennent pas une
cause de trouble et un prétexte de scission entre les fabri
ques, il est de la plus haute importance que le règlement
constitutif de la Société soit rédigé en termes clairs et précis et de manière à ménager tous les intérêts. Si, d'une
part, on serait fondé à taxer d'égoïsme le refus des fabriques riches de faire participer les fabriques, moins favorisées, aux avantages dont elles jouissent, d'un autre côté,
il y aurait lieu de considérer comme souverainement injuste
la prétention qu'élèveraient ces dernières de demander le
partage de tous les bénéfices.

Si l'administration des fabriques réunies est extrêmement profitable aux paroisses, dans quelques localités elle
présente l'inconvénient d'être peu sympathique aux autorités locales, qui la considèrent, bien à tort, comme un
foyer d'indépendance, d'abus et de spéculation, impéné-
trable à leurs regards. Pour ce motif, ce mode d'exploitation est exposé à devenir le point de mire de quelques
mesures vexatoires, quelquefois bien alarmantes pour
les fabriques. Mais tant que celles-ci se borneront à exécuter rigoureusement le règlement qui les constitue en
administration publique, elles n'auront rien à redouter de
ce côté. Elles trouveront toujours auprès du Gouvernement
le secours et la protection qui leur font défaut autour d'elles. Nous en fournirons quelques exemples, dans les pages
suivantes.

Un troisième inconvénient de ce système est le défaut
d'entente qui peut se faire sentir, entre les membres de la
Commission ou du Bureau, soit sur une question de ser-

vice, soit au sujet d'un employé, soit sur un point en discussion au sujet duquel les divergences sont à craindre. Plus le nombre des personnes qui ont voix délibérative est important et plus les intérêts sont partagés, plus aussi, les dissidences sont à redouter. *Tot capita tot sensus,* autant de personnes, autant d'avis. Pour prévenir autant que possible les inconvénients de cette nature, la Commission administrative ne devrait être saisie que des questions financières ou des autres affaires présentant un certain caractère d'importance. Quant au Bureau, il ne serait pas utile qu'il comprît un nombre de membres trop considérable.

Les lecteurs trouveront, à la 7e partie, un modèle de règlement d'organisation, que nous recommandons aux fabriques qui désireraient recourir à ce mode d'administration.

§ 2. Régie mixte.

Nous désignons, sous cette dénomination, le système d'organisation qui a pour objet d'appliquer au *service extérieur* seulement, c'est-à-dire au transport des corps et à tous les articles qui y sont compris, l'un des modes d'exploitation dont nous venons de parler, la Régie directe, la Régie intéressée ou l'adjudication, et de réserver expressément à chaque fabrique les fournitures du *service intérieur.*

Ce système a été avantageusement appliqué dans un certain nombre de localités (1). Nous le croyons toujours préférable à l'adjudication et à la Régie intéressée, surtout si les fabriques adoptent pour le service extérieur le système de la Régie directe. En cas de désagréments ou de regrets, les intérêts des fabriques restent saufs pour le ser-

(1) A Toulon et à Toulouse notamment.

vice intérieur. Leurs pertes, si elles en éprouvent, sont limitées au service extérieur.

On pourrait critiquer, dans ce mode, le surcroît de complications qu'il semble entraîner avec lui, mais cet inconvénient disparaîtrait avec l'habitude, à la suite d'une expérience de quelques mois. D'ailleurs, en l'adoptant, les fabriques n'enchaînent pas leur liberté indéfiniment. Elles peuvent insérer, dans l'acte constitutif d'organisation, une clause qui les dégagerait, si de graves difficultés surgissaient tout-à-coup.

Les dispositions légales qui sont particulières soit à la Régie directe, soit à l'affermage, trouvent ici leur application, dans le cas où les fabriques croiraient devoir recourir à l'un de ces modes, pour le service extérieur.

Nous ferons remarquer qu'il est un certain nombre de fournitures du service intérieur qui sont toujours réservées de droit par les fabriques (1). Telles sont les suivantes : *ornements sacerdotaux, sonneries, chaises, orgue, lustres, garnitures d'autel, tapis du sanctuaire* etc... Ces articles appartenant en propre à toutes les fabriques doivent profiter à celui qui les possède. *Res fructificat domino suo.* Ce sont des objets attachés à l'église, et quelques-uns doivent être considérés comme y étant fixés à *perpétuelle demeure* (2). Les fabriques ne seraient donc pas fondées à les comprendre dans le nombre des fournitures susceptibles d'être exploitées par un régisseur ou un adjudicataire et devant profiter également à la communauté ou au fond commun, s'il existe. Les seuls articles qui doivent être exceptés du principe que nous exposons sont les objets qui sont d'un déplacement commode et facile et dont l'acquisi-

(1) Voir le décret du 18 août 1811, qui régit le service des Pompes funèbres de la ville de Paris. — (2) Gaudry. *Traité de la législation des cultes,* vol. 2, page 514.

tion pourrait être onéreuse à chaque église : tels sont les
divers appareils du catafalque, les tentures intérieures et
extérieures de l'église et de la maison, les baldaquins, armoiries etc. D'où il suit que, quel que soit le mode d'administration qu'adoptent les fabriques, il leur reste toujours,
en propre, les bénéfices résultant d'une partie des objets
fournis pour le service intérieur, et que, dans le mode
d'administration mixte, cette réserve n'est qu'étendue à
tous les objets qui composent ce même service.

CHAPITRE III

L'article 26 du décret du 23 prairial, an XII, est ainsi conçu : « Dans les villages et autres lieux où le droit pré-
« cité ne pourra être exercé par les fabriques, les autori-
« tés locales y pourvoiront, sauf l'approbation des pré-
« fets. »

L'article 9 du décret du 18 mai 1806 ajoute, dans le même sens : « Dans les communes où il n'existe pas d'en-
« treprise et de marché pour les sépultures, le mode de
« transport des corps sera réglé par les préfets et les con-
« seils municipaux. Le transport des indigents sera fait
« gratuitement. »

Il résulte de ces dispositions que lorsque, dans les villages ou dans les grandes villes, les fabriques n'ont ni les moyens ni la volonté d'organiser un système de Pompes funèbres, c'est aux préfets et aux conseils municipaux qu'il appartient de pourvoir d'office à cette branche importante des services publics. Rien de plus sage que cet acte de prévoyance de la loi, car il est des localités où le besoin s'en fait impérieusement sentir. Mais il en est d'autres (nous parlons des grandes villes) où l'art. 9 du décret de

1806 favorise la négligence des fabriques, en les déchargeant d'un souci qui n'a de pénible que le nom et dont on ne devrait les exonérer qu'après avoir acquis, de l'expérience, la certitude du contraire.

En quoi devra consister l'intervention de l'autorité municipale? D'après les textes que nous venons de citer, elle se borne au transport des corps exclusivement (1), et le transport, en ce cas, ne comporte aucun luxe, quel que soit le mode adopté par l'autorité locale. Pour l'inhumation des personnes qui sont en mesure de faire les frais de l'enterrement, le transport est soumis au paiement d'une *taxe fixe*, selon l'article 11 du décret du 18 mai 1806, laquelle taxe prend alors le nom de *taxe municipale*. Elle a pour objet soit de couvrir les frais du transport et d'inhumation, soit de subvenir à la sépulture gratuite des décédés indigents. Quant aux fournitures de Pompes funèbres autres que celles du transport, elles appartiennent, en ce cas, au domaine public et peuvent être faites par tout le monde. Telles sont les fournitures de cercueils, de billets de décès, voitures, etc. Cependant les fabriques peuvent s'opposer à celle des corbillards de luxe, si elles ont des raisons pour le faire, et même à quelques autres, si telle est leur intention.

Dans tous les cas, le service intérieur leur reste en entier, et elles peuvent y trouver une compensation à l'abandon du service extérieur. Mais ces combinaisons sont toujours anormales et peu à l'éloge des fabriques.

La ville de Lyon nous offre un frappant exemple de ce mode d'organisation. La taxe municipale y tient lieu de tarif, et le service, d'après le témoignage de tous ceux qui l'ont vu de près, y laisse plus à désirer que dans les plus

(1) Les travaux d'ouverture de fosses y sont également compris.

petites villes de province. On s'explique difficilement les motifs qui ont engagé la seconde ville de France à laisser tomber l'institution du monopole des Pompes funèbres dans un tel état d'abandon. Nous faisons des vœux pour que les fabriques de cette ville, s'inspirant de la pensée généreuse et réparatrice qui a fondé cette législation, fassent cesser un état de choses qui n'est pas seulement préjudiciable aux intérêts des églises, mais encore peu digne de l'idée que l'on doit se faire de cette branche importante des services publics dans une grande cité, comme celle de Lyon.

CHAPITRE IV.

§ 1er. Autorités en faveur de l'Administration des fabriques réunies, ou Régie directe.

De tous les modes d'administration que nous venons d'examiner, celui qui, à notre avis, mériterait le mieux d'être l'objet d'une préférence, de la part des fabriques est, certainement, *la Régie simple ou directe*, c'est-à-dire, l'association formée par les fabriques de la même ville, en vue d'une action commune. Ce système mérite d'autant plus de fixer l'attention des fabriques qu'il nous vient de l'expérience et qu'il est le résultat d'une combinaison que la loi autorise, bien qu'elle ne s'y trouve point expressément comprise. D'après des renseignements particuliers qui nous sont communiqués, nous sommes en mesure d'affirmer qu'il n'existe peut-être pas une ville où les fabriques n'aient été obligées, par la force des circonstances, ou tout au moins amenées, d'elles-mêmes, à changer plusieurs fois de mode d'administration, et qu'après avoir vainement cherché la stabilité dans l'un des 3 modes dont il est parlé au chapitre 1er, la plupart d'entre elles ont fini par s'arrêter au mode de la Régie directe. C'est dans ce sens que s'accentue aujourd'hui le mouvement des fabriques dans le choix d'un système d'exploitation de Pompes funèbres. Nous ne connaissons qu'une ville en France où les fabriques aient conservé, sans changement, le mode d'administration qu'elles se sont choisi dès le principe, c'est-à-dire de la promulgation des décrets organiques de l'an XII et de 1806 : c'est la ville de Marseille. Depuis 1804 jusqu'à ce jour, c'est la même organisation qui fonctionne, et cette organisation n'est autre que l'administration des fabriques réunies en Régie simple et directe. Des tentatives ont été faites bien des fois, tant par l'autorité locale que par la Compagnie des Pompes funèbres générales de France, pour en modifier les dispositions ; mais elles ont toujours eu la sagesse de résister aux offres séduisantes qui leur étaient faites. La ville de Marseille a servi de modèle à un grand nombre d'autres, qui n'ont eu qu'à se féliciter d'être entrées dans une voie si avantageuse pour les fabriques.

Un auteur dont nous avons parlé au chapitre 1er, le regrettable M. Riobé, a beaucoup contribué, dans ces dernières années, à répandre et à populariser, au sein des fabriques, l'adoption du système d'administration que nous recommandons ici. Dans une brochure qui fut très-remarquée, et qui est arrivée à sa troisième édition, il démontre, avec une grande sagesse de pensées, que l'exploitation des fabriques par elles-mêmes mérite d'avoir la préférence sur tous les autres modes. A l'appui de son raisonnement, il cite l'exemple des fabriques d'Angers, dont il a été, pendan tquelque temps, le Directeur-Gérant, pour le service des Pompes funèbres. « La persévérance des fa- « briques, dit-il, a été largement récompensée, et nous « appelons l'attention de celles qui voudront nous imiter « sur les avantages que nous avons réalisés, car en même

« temps que les frais n'ont pas été augmentés pour les
« familles, *les revenus des fabriques de la ville d'Angers*
« *sont aujourd'hui, en Pompes funèbres seulement, sept*
« *fois plus considérables qu'ils ne l'étaient en* 1850. »

Ce témoignage mérite d'être apprécié, car il émane d'une
personne qui a fait de cette question une étude spéciale et
approfondie, et dont le concours a été souvent invoqué par
les fabriques de quelques villes, pour la mise à exécution
du système qu'il patronnait.

Les avantages qui en découlent sont de deux sortes : il
y a les avantages *matériels* et les avantages *moraux*.

§ 2. Avantages matériels.

Au point de vue des intérêts matériels, la simplification
du service doit amener incontestablement des économies (1).
Le seul intérêt en cause est celui des fabriques, qui fournissent et perçoivent directement, en première main. Tous
les employés ont un traitement limité, et leur action combinée, dans le fonctionnement du mécanisme administratif, ne tend qu'à faire arriver vers un centre unique, qui
est la caisse des fabriques, l'intégralité des bénéfices dont
le monopole est susceptible (2). Dans le système de la Régie intéressée ou de l'adjudication, les fabriques se trouvent en présence d'un intérêt rival, qui ne demande qu'à
être satisfait, et dont il leur est difficile de ne pas subir les

---

(1) L'économie est surtout sensible dans la question du matériel.
Chaque fabrique s'administrant séparément, il faudrait à chacune
d'elles un matériel complet et assorti, tandis qu'avec la Régie, le
matériel est commun à chacune d'elles. — (2) Les fabriques ne
sauraient se pénétrer de l'idée que le monopole des Pompes funèbres constitue la plus *importante*, la plus *sûre* et la plus *facile* de
toutes leurs ressources.

exigences parfois dominatrices. Ce système de dualité, outre qu'il appauvrit les fabriques, dans la limite des bénéfices réalisés par un fermier, est encore une source d'ennuis entre les uns et les autres, sans compter qu'il peut se résoudre par une résiliation du bail, avant le terme fixé. Il est bien difficile qu'un cahier de charges soit une barrière suffisante aux abus et aux empiétements. Dans le cas où la rédaction en serait assez parfaite pour tout prévoir, un fermier saura toujours en faire tourner l'application à son avantage et accroître, d'autant, la somme de profit à laquelle il peut légitimement prétendre. D'où il suit que, là où la fabrique sera dans la gêne, un entrepreneur ou un régisseur trouveront l'abondance. Telle est la conséquence rigoureuse de l'affermage. L'expérience et la logique sont d'accord sur ce point. Le propriétaire d'un immeuble aura toujours plus d'avantages en exploitant lui-même son héritage ou en le faisant exploiter sous ses yeux, par des gens à ses gages, qu'en l'abandonnant, moyennant un prix convenu à forfait, entre les mains d'un fermier intéressé. Peu importe que l'immeuble dépérisse, le but de ce dernier est la réalisation d'un gain présent, pour lequel l'avenir est sacrifié au besoin.

§ 3. Avantages moraux.

Au point de vue moral, les considérations en faveur de la Régie intéressée ne sont pas moins concluantes. Arrêtons-nous, en passant, aux suivantes qui méritent de fixer l'attention.

1° Les fabriques réunies en Régie simple forment un syndicat, ou plutôt *un corps administratif à part*, participant à tous les avantages des établissements publics, ayant son autonomie propre et fonctionnant d'après les principes

constitutifs des conseils de fabrique (1). Ainsi groupés en
communauté d'idées et d'actions, ces établissements religieux puisent dans l'esprit d'unité une force morale, qui
double tout de suite leur autorité, et leur assure, soit auprès
du public soit auprès des municipalités, une considération
dont ils seraient loin de jouir s'ils s'administraient chacun
isolément. Vis-à-vis du public, les fabriques n'ont aucun
intérêt à débattre. Elles ne correspondent, avec les familles,
que par les employés qui les représentent, au siége administratif où elles ont fait élection de domicile, pour toutes
les questions de service. L'établissement d'un bureau unique en imposera toujours davantage aux esprits récalcitrants, et les fabriques se trouveront ainsi déchargées d'un
grave souci. Vis-à-vis des autorités, les fabriques réunies en
Régie acquerront une importance administrative dont elles
ne jouiraient pas dans le système contraire, car, les intérêts
d'une seule d'entre elles se confondant avec les intérêts de
la communauté, une question ayant un caractère privé deviendra tout de suite une question d'intérêt général à laquelle on s'empressera plus tôt de satisfaire. En cas de
procès ou de difficultés entre les fabriques et les particuliers ou les administrations locales, les avantages de la
Régie directe se manifesteront d'une manière plus remarquable encore. En vertu du principe que l'union fait la
force, elles puiseront, dans l'esprit de corps et dans les lumières des marguilliers les plus éclairés et les plus en relief, les éléments d'énergie, de persévérance et d'argumen-
tation dont elles ont besoin, dans le cours d'une instance.

2° Ainsi organisées, les fabriques *constituent une admi-*
nistration d'un caractère tout particulier, unique dans son

_____

(1) Sauf en ce qui concerne la formation, production du budget,
et les réunions. (Décret du Ministre des Cultes, 9 novembre 1839).

espèce, et indépendante dans la limite des prérogatives que le décret réglementaire du 30 décembre 1809 leur reconnaît expressément. Comme telles, et en dehors des cas déterminés par les lois ou règlements, elles échappent à l'action immédiate des autorités locales, dont l'intervention intempestive viendrait se briser contre les décrets constitutifs de l'administration fabricienne. C'est ce qui résulte clairement des lois sur la matière et d'un certain nombre de décisions ministérielles, dont nous allons parler ci-après.

Remarquons d'abord que, sous Napoléon 1er, le système électif ne fut maintenu que dans les conseils de fabrique, et que pour tous les autres corps délibérants, les conseils municipaux, les conseils généraux et d'arrondissement, les commissions des Hospices et des Bureaux de Bienfaisance, etc., l'Empereur s'était réservé d'agréer la nomination des membres qui en faisaient partie. Comment expliquer une telle dérogation aux lois sur la centralisation administrative, alors si puissante, sinon par l'intention bien arrêtée du Législateur d'accorder, aux fabriques, un degré d'autonomie et d'indépendance qui s'harmonisaient avec la nature de leurs attributions et ne pouvaient, sans inconvénient, être étendus à d'autres administrations?

Ce qui vient à l'appui de cette doctrine, c'est que, d'après les dispositions du décret de 1809, les fabriques ne sont tenues de présenter leur budget à l'examen de l'autorité municipale que dans le seul cas où elles se trouvent dans la nécessité, par l'insuffisance de leurs ressources, de faire appel aux deniers communaux. Hors ce cas unique, leur gestion échappe au contrôle du pouvoir civil. Voici en quels termes s'exprimait un membre éminent de l'épiscopat français (1) sur cette question, dans une lettre adres-

(1) Mgr l'évêque d'Angers.

sée à M. le ministre des Cultes, le 14 avril 1856 : « ... De
« ces dispositions il résulte 1° que l'existence légale des
« fabriques, comme administration, est incontestable. —
« 2° Que les attributions légales des fabriques s'étendent
« à tous les intérêts matériels du culte paroissial, sans ex-
« ception. 3° *Que les fabriques, dans l'exercice de ces at-*
« *tributions et, en se conformant aux décrets, sont indé-*
« *pendantes de toute autre administration locale.*

   « A cette troisième conséquence quelques-uns objecte-
« raient que les fabriques sont tenues de communiquer
« leurs comptes annuels aux conseils municipaux, et que
« ces conseils sont appelés, dans certains cas, à donner
« leur avis sur les délibérations des fabriciens, ce qui pa-
« raît impliquer une certaine dépendance.

   « A cette objection, je réponds qu'il n'y a ni contradic-
« tion ni dépendance : les deux administrations sont dis-
« tinctes; mais il peut se faire que pour des charges indis-
« pensables, les revenus de la fabrique soient insuffisants :
« le service sera-t-il alors interrompu ? — Non, certaine-
« ment. La prévoyance du Législateur y a pourvu ; il n'a
« pas même voulu que la fabrique fût obligée de recourir
« à la Commune, en réclamant un secours de sa bienveil-
« lance ; il en a lui-même imposé à la Commune l'obliga-
« tion, comme un devoir, non pas même au nom de la fa-
« brique, mais au nom de la dignité du culte.

   « Il n'y a donc point confusion des autorités ni *dépen-*
« *dance de l'une envers l'autre* , mais avertissement, d'une
« part, et devoir à remplir ou charge, de l'autre. Il était
« juste toutefois que des déférences convenables accompa-
« gnassent cet avertissement. Il était juste aussi que la
« Commune demandât, examinât, s'assurât si, en effet, la
« fabrique était dans l'impossibilité de suffire aux besoins
« du culte. Pour cela, une obligation fut imposée à la fa-

« brique: celle de communiquer son budget au conseil mu-
« nicipal ; mais ce ne fut que dans le cas d'insuffisance
« des revenus, ainsi que le dit judicieusement l'art. 93... »

Cette doctrine n'a pas toujours été goûtée par l'administration de l'Intérieur, mais elle nous parait avoir été de
principe à l'administration des Cultes. En voici quelques
exemples, qui se rattachent directement au cas spécial des
Pompes funèbres que nous examinons en ce moment.

En 1838, un grave conflit s'étant élevé entre le Préfet
des Bouches-du-Rhône et les fabriques réunies de la ville
de Marseille, au sujet du service des Pompes funèbres, les
parties recoururent à l'arbitrage du ministre des Cultes.
M. le Préfet, désirant intervenir, d'une manière plus directe,
dans l'administration des fabriques réunies en Régie simple,
voulait les obliger 1° à lui présenter, chaque année, un budget, prévoyant, autant que possible, les recettes et les dépenses probables de Pompes funèbres, pour l'exercice à
courir; 2° à mettre aux enchères toutes les fournitures,
afin d'éviter certains abus qu'il croyait exister. Les fabriques refusaient d'obtempérer à ces injonctions, en se pré-
valant des dispositions du règlement qui organise la Régie
des Pompes funèbres de Marseille. Le 9 octobre 1839
M. le Ministre des Cultes tranchait le débat en écartant
l'obligation de produire un budget, par le motif « qu'elle
« ne paraît prescrite par aucune disposition réglementaire. »
Quant à la mise aux enchères (1) des fournitures, elle était
également écartée et remplacée par l'adjudication au rabais

---

(1) La mise aux enchères n'est applicable qu'aux ventes d'immeubles ou à la mise en ferme d'un produit, comme celui
des Pompes funèbres, par exemple. Les offres suivent alors un
prix qui va en s'élevant toujours, tandis que dans l'adjudication
au rabais il ne s'agit que de travaux ou fournitures adjugées à
celui qui offre le plus bas prix.

des principales fournitures, suivant les règles établies pour tous les établissements publics.

Cette décision n'eût pas l'avantage de satisfaire M. le Préfet des Bouches-du-Rhône, qui, quelques années plus tard, lançait un arrêté (1) portant nomination d'un commissaire spécial, chargé de surveiller tous les actes de la Régie des inhumations, de viser tous les mandats, de donner avis à l'autorité préfectorale de toutes les opérations financières de cette administration. Le même arrêté enjoignait aux fabriques de produire toutes les pièces qui leur seraient demandées par ledit commissaire pour l'accomplissement de ses devoirs, les informant qu'en cas de refus de leur part, il serait statué en conséquence. Comme on le pense bien, les fabriques de Marseille se refusèrent formellement à souscrire aux nouvelles exigences de M. le Préfet, dont l'unique objectif était de briser le système de Pompes funèbres qu'elles s'étaient choisi. Saisi de leur réclamation, M. le Ministre des Cultes n'hésita pas à annuler l'arrêté précité. Nous détachons de la décision par lui rendue à cet effet le passage suivant : « ... Mais quelles que soient les « modifications que les circonstances réclament, relative-« ment à l'organisation des Bureaux de la Régie et au

---

(1) Voici le dispositif de l'arrêté. — *Art.* 1. Aucun recouvrement ne sera fait à l'avenir par le Bureau des inhumations qu'après en avoir fait viser la quittance par un commissaire spécial, nommé par nous, afin que celui-ci puisse s'assurer qu'elle a été établie conformément au tarif approuvé par le décret du 10 septembre 1808. — *Art.* 2. Ce commissaire nous donnera son avis sur les comptes du Bureau et sur toutes les affaires de cette administration, sur lesquelles nous aurons à nous prononcer, mais il n'aura aucune injonction à lui faire et il ne pourra exiger d'elle que la communication des documents nécessaires à l'accomplissement de ses devoirs. En cas de refus de cette communication, il nous en référera pour être pour nous statué ce qu'il appartiendra. (16 mars 1843).

« tarif des droits à percevoir, au profit des fabriques,
« comme elles auraient pour objet des dispositions régle-
« mentaires, elles ne pourraient être adoptées qu'avec l'au-
« torisation du Gouvernement.

« La création d'un commissaire chargé de viser les
« quittances et de surveiller les actes du bureau d'admi-
« nistration des Pompes funèbres n'a pas été sanctionnée
« par le décret du 10 septembre 1808 (1).

« Elle constitue réellement une disposition nouvelle,
« ajoutée au règlement en vigueur, qui ne peut dès lors
« être autorisé que par ordonnance royale.

« L'arrêté que vous avez pris le 16 mars dernier n'en-
« trait pas, dès lors, dans le cercle de vos attributions, et
« je me vois obligé, Monsieur le Préfet, de le considérer
« comme nul et non avenu... »

(7 sept. 1843).

Mais, l'autorité préfectorale n'a pas été seule à battre
en brèche le système d'organisation que s'étaient choisi
les fabriques de Marseille pour le service des Pompes funèbres. Le Conseil municipal de la même ville a fait, dans
le même but, diverses tentatives qui ont toujours échoué
en présence de l'attitude énergique de ces établissements
religieux. La question des tarifs a été de tout temps une
cause de discorde, parce que le Conseil municipal, faisant
une fausse application des lois sur la matière, procédait à
l'exclusion, et même à l'insu des fabriques (2). Dans une
délibération du 12 novembre 1867, relative au tarif et
prise dans l'ordre d'idées que nous venons d'indiquer, il
priait M. le Préfet de vouloir bien modifier la composition

---

(1) Approbatif de l'organisaton, en Régie, des fabriques de Marseille. — (2) Quatre délibérations du Conseil municipal ont été
annulées par l'autorité supérieure à diverses époques, depuis 1850
à 1867.

du Bureau de la Régie des inhumations, et d'y introduire
désormais un certain nombre de membres *représentant
plus spécialement l'intérêt municipal,* comme si le titre
de fabricien n'était pas à la fois de rigueur et exclusif pour
exercer les fonctions de membre du Bureau. Il va sans dire
que cette motion n'eut pas de suite, malgré les démarches
actives de l'autorité préfectorale pour la faire aboutir.
Saisi de la question, le ministre des Cultes adressa à son
collègue, le ministre de l'Intérieur, une lettre remarquable
qui fit échouer, au moment où l'on espérait qu'elle allait
triompher, la coalition des autorités locales contre la Régie
des inhumations. Nous ne citerons de cette lettre que le
passage suivant, qui démasque ouvertement les adversaires
des fabriques : « Monsieur le Ministre et cher collègue, vous
« m'avez fait l'honneur de me communiquer, le 12 dé-
« cembre courant, pour avoir mon avis : 1° la copie d'une
« délibération du 12 novembre 1867, par laquelle le
« Conseil municipal de Marseille a voté un nouveau tarif
« pour le service extérieur des Pompes funèbres ; —
« 2° un rapport de M. le Préfet des Bouches-du-Rhône,
« *qui insiste vivement pour que ce tarif soit homologué,*
« *sans être soumis aux conseils de fabrique des églises de*
« *Marseille.*

« Votre Excellence *a cru devoir appuyer le désir ma-*
« *nifesté par l'autorité préfectorale,* en faisant ressortir
« que l'avis de l'évêque *est seul exigé, en pareil cas* (1), par
« l'article 14 du décret du 18 mai 1806. Elle déclare,
« pour le cas où je ne partagerais pas son opinion, à cet
« égard, que la décision à intervenir devrait être néces-

(1) Le Ministre de l'Intérieur assimilait la *Régie directe* qui n'est
que l'administration collective des fabriques par elles-mêmes, avec
la *Régie intéressée* où les fabriques sont représentées par un régisseur adjudicataire.

« sairement ajournée, à raison des inconvénients que ver-
« rait le Préfet à consulter en ce moment les conseils de
« fabriques. Elle réclame, dans cette hypothèse, le renvoi
« immédiat du dossier..... »

Ce préambule nous édifie suffisamment sur les intentions du Conseil municipal et du Préfet de Marseille, ainsi
que sur la secrète connivence du ministère de l'Intérieur.
Mais, voici en quels termes, le Ministre des Cultes terminait sa réponse : « Il ne me paraît donc pas possible, dans
« l'espèce, de statuer sur le tarif proposé par le Conseil
« municipal de Marseille, sans le soumettre aux fabriques
« des églises de cette ville, et sans provoquer leur avis.
« Le défaut d'accomplissement de cette formalité serait
« contraire à la législation et à la jurisprudence et donne-
« rait certainement lieu à un pourvoi, qui serait nécessai-
« rement admis par le Conseil d'État. — Je ne puis, dès
« lors, conformément au désir exprimé par Votre Excel-
« lence, que lui renvoyer, purement et simplement, les
« deux documents qu'elle a bien voulu me communi-
« quer. »

(19 décembre 1868).

Les développements que nous venons de donner à notre
pensée, sur ce point, ne seront point perdus pour les fabriques. Elles y trouveront, espérons-le, une nouvelle
preuve de la force que procure l'esprit d'association, et de
l'appui que ne peut manquer de lui donner le Gouvernement, dans le cas où l'exercice de leurs droits serait l'objet de graves difficultés, de la part des autorités locales (1).

(1) Pour empêcher que les rapports ne deviennent trop tendus, ou
embarrassants, entre les autorités et les fabriques, il serait utile que
le règlement constitutif de la Régie fixât la nature des relations qui
doivent exister. Si le caractère d'indépendance, qui est particulier
à ce mode d'administration, devait être un obstacle sérieux à son

Ces difficultés ne sont que passagères, et quand on a le courage d'y résister, avec énergie, loin d'ébranler l'édifice administratif, elles contribuent puissamment, au contraire, à en consolider les premières assises. C'est ce qui est arrivé pour les fabriques de Marseille. Jamais l'organisation de la Régie n'y a été plus forte qu'au sortir des épreuves dont nous venons de parler, et qui caractérisent si bien l'esprit d'envahissement qui pousse les municipalités à absorber les fabriques, en général, et le service des Pompes funèbres, en particulier. Les fabriques auraient gravement tort de ne pas affirmer leur existence et de ne pas faire acte d'autorité sur un terrain que la loi leur permet de considérer comme le leur. Qu'elles y réfléchissent donc, car le jour où elles cesseront de commander là où elles en ont le droit, il ne leur restera plus que la perspective d'obéir.

3° La Régie directe présente encore l'avantage de conserver au service des Pompes funèbres les caractères de recueillement, de décence publique et d'humanité pour la classe pauvre, qu'on n'est pas toujours sûr de rencontrer, dans la mise en ferme, sous la direction d'un adjudicataire intéressé. La soif du gain, à elle seule, n'est pas une recommandation suffisante pour garantir le public contre les abus qui résultent de la mauvaise application des tarifs. La surveillance dont l'entrepreneur est l'objet deviendra souvent illusoire en présence des mille ressources dont il

adoption, il serait facile d'y remédier, en stipulant que tous les ans le compte-rendu financier de l'exercice écoulé sera adressé à l'autorité préfectorale avec un duplicata des comptes à l'appui. Cette formalité n'est pas obligatoire, car on ne saurait l'exiger des fabriques qui s'administrent isolément, et on ne voit pas les raisons pour lesquelles on l'exigerait ici; mais elle serait un gage de tranquillité pour les fabriques trop timorées.

dispose pour la rendre inutile. En définitive, les abus resteront, et l'entrepreneur s'enrichira.

4° Un dernier avantage de la Régie directe c'est qu'elle
est à l'abri des brusques interruptions qui peuvent surgir,
dans le service des inhumations, par suite, soit du décès de
l'entrepreneur ou du régisseur, soit de la résiliation forcée
de leur bail, d'une faillite ou de toute autre catastrophe
financière, qui les mettront dans l'impossibilité matérielle
de donner suite à leurs engagements. On conçoit aisément
l'embarras dans lequel se trouvent les fabriques lorsque
le concours de l'adjudicataire leur fait tout à coup défaut,
ou qu'elles ont à prendre sa suite, pour cause de résiliation forcée. Vis-à-vis du public, elles ne peuvent se soustraire à la responsabilité que font naître ces interruptions
de service, et vis-à-vis de l'autorité, elles sont exposées à
subir l'application de certaines mesures d'urgence qui ne
sont guère de nature à faire tomber les préjugés que l'on
nourrit contre le monopole.

5° Ajoutons, en terminant, que le système de la Régie
directe, en laissant aux fabriques toute leur liberté d'action, dans la direction du service, leur permet de réaliser,
dès que la nécessité ou l'opportunité s'en feront sentir,
toutes les améliorations, tous les perfectionnements et toutes les économies que l'expérience leur indiquera, avantage qui ne se présente pas avec le système de l'affermage
car, en signant le marché, les fabriques s'engagent à
ajourner, à une époque plus ou moins reculée, la réalisation des mêmes améliorations. Dans ce dernier cas, elles
ont à subir tous les inconvénients qu'entraîne une attitude
passive, et dans le premier, elles bénéficient de tous les
progrès que l'esprit d'initiative leur fait entrevoir, dans le
fonctionnement administratif. L'esprit d'émulation y est
également entretenu par le renouvellement périodique du

Bureau et par les rapports qui peuvent exister entre les Administrations locales et la Régie.

Telles sont, en résumé, les considérations sur lesquelles nous nous basons, pour justifier la préférence dont l'administration des fabriques réunies en Régie directe nous paraît susceptible.

Mais, nous n'avons parlé, jusqu'ici, que des villes dans lesquelles on compte un certain nombre de paroisses et où, par conséquent, la réunion des fabriques est possible. Il nous reste à examiner ce qu'il en est des localités où il n'y a qu'une seule fabrique.

§ 4. Quid des localités où il n'y a qu'une paroisse ?

On croit généralement que l'adoption d'un système de Pompes funèbres et d'inhumations n'est guère possible que dans les villes d'une certaine importance, et que dans les localités d'un degré inférieur l'observation des décrets de prairial et de 1806 ne produirait que des résultats tout-à-fait insignifiants, pour ne pas dire négatifs. C'est là une erreur manifeste, contre laquelle il importe de s'élever, en prouvant aux fabriques de ces localités, que le monopole de l'an XII, sans être aussi rénumérateur pour elles que pour les fabriques des centres les plus populeux, est cependant susceptible de leur procurer une somme de bénéfices qui n'est certes pas à dédaigner. A l'exception des communes dont la population arrive à un chiffre tout-à-fait modeste, nous pensons que chaque ville ou village peut se flatter de trouver, dans la sage application des lois sur les inhumations, un profit convenable.

Pour arriver à ce résultat, diverses conditions doivent être remplies.

1° D'une part, il est indispensable que les membres de

la fabrique connaissent au moins sommairement l'étendue de leurs droits sur la matière. Nous osons croire que la lecture des documents qui leur sont présentés, dans la deuxième partie du présent ouvrage, leur sera d'un puissant secours.

2° En second lieu, il importe que les mêmes administrateurs de la paroisse puisent dans le sentiment des devoirs qu'ils ont à remplir, en leur qualité de marguillers, cet esprit d'initiative, de persévérance et de dévouement qui fonde les institutions et leur assure la vitalité.

3° Ces deux premières conditions remplies, ils auront à jeter les premières bases d'un mode d'organisation, et dans le cours de ce travail préparatoire la question suivante se présentera tout naturellement à leur esprit : « Quel système devons-nous adopter ? » — Nous leur répondrons : Le plus simple et le plus commode possible, c'est-à-dire, l'administration directe de la fabrique, se rapprochant, autant que les circonstances le permettront, du mode de la *Régie directe*. Pour cela le curé et la fabrique éviteront d'intervenir par eux-mêmes, et se feront représenter par un serviteur de l'Église, aidé, s'il le faut, du concours d'une seconde personne, afin de sauvegarder l'indépendance du clergé et de la fabrique. En réalité, ce sont eux qui administreront, mais la sacristie et le bureau des inhumations ne seront point confondus. On pourra louer, non loin de l'église ou de la commune, un petit local affecté au service, et dans lequel seront réunis tous les objets qui s'y rattachent: la cire, les cercueils, les draps mortuaires, les brancards, les tentures, etc., etc. — L'une des difficultés de ce système sera d'obtenir que les cercueils ne soient fournis que par le Bureau et vendus par lui. Mais on pourra y remédier, en faisant confectionner ces objets par chaque menuisier, à tour de rôle, ou en usant à l'égard des récalcitrants des moyens de rigueur que la loi offre aux maires et aux fabriques (1) en pareil cas. Au besoin, on pourrait mettre tous les ans la fourniture en adjudication, ainsi que le prescrivent les règlements administratifs (2), à charge par l'adjudicataire de faire respecter lui-même, vis-à-vis des tiers, le droit exclusif dont il est investi.

Une autre difficulté du service tient à l'impossibilité matérielle dans laquelle se trouvent les fabriques des petites localités de faire les frais d'un matériel et d'un personnel pour le transport des corps. Il est évident, en effet, que, si les fabriques devaient entretenir un chiffre de quatre ou six porteurs, le service des inhumations leur serait trop onéreux. Mais en tenant compte des habitudes qui existent dans la plupart des petites communes, cette difficulté est d'une solution facile. Ordinairement, les transports y sont effectués : 1° ou par les parents et amis du défunt, — 2° ou par une congrégation religieuse de femmes, — 3° ou par une confrérie de Pénitents ou une société de secours mutuels. Les moyens de transport ne feront pas défaut, et la fabrique aura le double avantage d'organiser un service de transport peu coûteux et de réaliser, dans la location des brancards et autres objets qui s'y rattachent, un bénéfice certain.

Nous répondrons donc aux personnes qui croient que l'organisation d'un service régulier de Pompes funèbres et d'inhumations est chose impossible dans les petits pays, qu'elles sont dans une erreur profonde ; car, à l'exception des enterrements d'indigents, dont le nombre est généralement moindre dans les villages que dans les villes, tous

---

(1) Voir sur cette question la cinquième partie. — (2) Voir ci-après, le Chapitre 7, relatif aux adjudications des fournitures.

les convois seront l'objet d'une perception dont le montant, quoique variable d'une classe à l'autre, n'en sera pas moins relativement très-appréciable. Le luxe ne s'y étalera pas, sans doute, avec cette recherche et cet éclat qui étonnent dans les cités populeuses, mais aussi les besoins des fabriques y sont plus restreints.

4° Ajoutons, en terminant, que, pour éviter des contestations toujours pénibles, sur le prix des fournitures, les fabriques des petites localités feront bien de se préoccuper, dès le principe, de l'élaboration d'un tarif légal, qui devra être rendu public, soit par une affiche, placée dans les bureaux de l'État civil, à l'Hôtel de Ville, soit par un avis que les curés liraient en chaire. Quoique non exigé à peine de nullité, le tarif présente l'immense avantage de s'imposer à tous avec l'autorité d'une loi d'intérêt général et de couvrir les fabriques, en tout état de cause, contre les tentatives de la malveillance ou de l'industrie privée. L'essentiel est d'en arrêter les bases avec soin, de façon à ce qu'il puisse tout embrasser, tout prévoir, quant au présent et quant à l'avenir. A ce sujet, les fabriques trouveront dans la septième partie de cet ouvrage, des modèles de tarif à la portée de toutes les communes et de toutes les positions et, dans la quatrième partie, les formalités administratives qu'elles auront à remplir pour se conformer au vœu de la loi, dans l'élaboration des mêmes tarifs.

§ 5. Du service des Pompes funèbres de la ville de Paris.

Comme conclusion, et afin de faire mieux ressortir encore les avantages de la Régie directe sur l'affermage, nous dirons quelques mots de l'embarras dans lequel se trouvent actuellement les fabriques de la ville de Paris pour avoir sacrifié trop facilement leur liberté d'action aux apparentes commodités d'un mode d'administration qui a rarement tenu ses promesses et qui a contre lui un nombre toujours croissant de dupes ou de mécontents.

Nous en parlerons ici, à titre d'exemple, pour l'enseignement des fabriques de toutes les localités et, en même temps, pour les mettre en garde, une fois de plus, contre les tendances absorbantes des municipalités, tendances qui se traduisent déjà par des faits très-significatifs et qui, dans un avenir peu éloigné, pourraient bien se résoudre par la confiscation du monopole, si l'on ne se hâtait de réagir par une action commune ayant son point d'appui sur la loi.

Ce qui contribue à donner à la réorganisation que le service des Pompes funèbres de Paris est en voie de subir une importance ou plutôt un caractère d'actualité exceptionnel, c'est qu'elle coïncide avec l'examen de plusieurs autres questions qui ont surgi tout à coup et dont la solution peut influer sensiblement sur celle qui nous occupe. Nous voulons parler de la création du cimetière de Méry-sur-Oise et des récents débats qui ont eu lieu au Conseil municipal de la capitale, à l'occasion du local que la ville vient de faire construire, à ses frais, dans la rue d'Aubervilliers, pour l'installation du service des Pompes funèbres. Il n'est peut-être personne aujourd'hui qui n'en ait entendu parler déjà; mais ce que l'on sait moins et ce dont on ne se préoccupe peut-être pas assez, au sein des fabriques, est de connaître comment ces innovations se relient au passé ou au présent de nos institutions funèbres, et comment elles peuvent devenir, dans la suite, le point de départ d'un ordre de choses tout nouveau. Nous croyons donc qu'il est de l'intérêt des fabriques de ne pas perdre

de vue le courant qui se dessine dans la capitale. Le spectacle est à la fois instructif et intéressant.

Loin de nous la pensée de faire naître, au sein des fabriques, des idées de révolte ou de méfiance systématiques
contre les autorités civiles avec lesquelles elles sont en
rapports incessants et obligatoires. Nous n'avons en vue
que de préciser et de définir, avec les textes de lois à la
main et les convictions qui nous viennent de l'expérience,
les droits et attributions de chacun, sur un terrain où les
limites sont quelquefois insaisissables ou exposées à
des déplacements. Nous sommes persuadé qu'il n'y aura
jamais plus d'harmonie entre les autorités locales et les fabriques que lorsque les unes et les autres, ayant pleinement conscience de la nature et de l'étendue de leurs droits,
s'efforceront d'en poursuivre la réalisation, dans la mesure
des intérêts qui leurs sont confiés. De même que nous
n'avons pas hésité à condamner, chez les fabriques, des
tendances et des prétentions qui ne pouvaient être légalement justifiées, de même, en ce qui concerne les administrations municipales, nous nous ferons un devoir de relever certains errements qui pourraient devenir un sujet
d'inquiétudes ou de difficultés, entre elles et les administrateurs des paroisses.

Pour procéder avec méthode dans cette étude, nous examinerons le service des Pompes funèbres de la ville de
Paris : 1° dans *son principe* ou son origine, et 2° dans
ses résultats.

1° *Dans son principe*. — L'organisation administrative
des Pompes funèbres de la capitale n'a pas pour origine première le décret du 18 août 1811. Elle remonte à une époque plus ancienne car elle est même antérieure aux décrets
organiques des 18 mai 1806 et 23 prairial an XII. Ces
décrets l'ont trouvée déjà établie et l'ont respectée, dans

son ensemble. Les articles 7, 8 et 15 du décret du 18 mai 1806 ont été rédigés dans cette intention. Le véritable organisateur de cet important service est un contemporain de la Révolution, le préfet de la Seine, Frochot. Pour mettre un terme aux scandales dont les inhumations étaient l'objet, au sortir du Directoire, cet administrateur éminent nomma dans chaque arrondissement de Paris un entrepreneur unique, spécialement chargé de pourvoir à tous les apprêts des funérailles. Le 21 ventôse an IX et le 5 mars 1806 (1), il perfectionnait son œuvre par deux arrêtés spéciaux qui réglaient la question des transports sur un nouveau pied et confiaient le service à un entrepreneur unique pour tous les arrondissements. L'expérience lui avait sans doute démontré l'utilité de centraliser, en une seule main et sur un seul point, toutes les branches du service qui était alors une dépendance immédiate de la Préfecture de la Seine, et qui l'a toujours été, depuis, plus ou moins en fait. Le décret du 23 prairial an XII trouva cette organisation toute faite et fonctionnant sur de larges bases administratives. Cependant les fabriques voulurent y intervenir, ainsi que les y autorisaient les articles 22, 23, 24 et 25 dudit décret. Un conflit s'en suivit, entre celles-ci et l'entrepreneur désigné par Frochot. Pour trancher le différend, qui menaçait de prendre des proportions inquiétantes, l'Empereur adopta la combinaison d'un entrepreneur responsable, agissant dans la limite d'un cahier des charges, dressé en conformité de la loi de prairial, et l'obligeant à servir aux fabriques, à titre de prime, une portion importante des bénéfi-

(1) La plupart des ouvrages qui donnent le texte du décret du 18 mai 1806 passent sous silence le § 3 de l'art. 15 qui est ainsi conçu : « *L'arrêté du Préfet de la Seine du 5 mars 1806, est* « *approuvé.* »

ces de son entreprise. Quel avait été le rôle des fabriques
dans cette circonstance ? — On le devine, sans peine ;
l'œuvre de Frochot survécut au décret de prairial et les
fabriques, quoique revêtues par la loi de la faculté d'opter
entre l'exercice direct de leurs droits et la mise en ferme,
durent s'en tenir au choix plus ou moins forcé de ce dernier mode qui leur souriait peut-être, mais qui rentrait surtout dans le cadre des idées centralisatrices du Préfet de la
Seine, le créateur du système.

Le décret du 18 mai 1806, loin de modifier cet ordre de
choses, ne fit que le confirmer, par les dispositions spéciales
des articles 7, 8 et 15, qui en consacraient le maintien, c'est-
à-dire qui suspendaient, pour quelque temps encore,
l'exercice du droit d'option que ce décret ouvre aux fabriques entre l'affermage et la Régie directe. On respecta
donc les marchés existants, mais, quand le terme desdits
marchés arriva, c'était déjà tard. Le pli était pris et les
fabriques trop peu familiarisées avec les rouages d'un service qu'elles ne connaissaient que de nom, ne purent pas
apprécier les avantages d'un système contraire. Elle l'a-
doptèrent donc, sinon spontanément, au moins par déférence pour une autorité qui aimait à dominer et à se faire
obéir.

Cependant, comme il pouvait s'élever des difficultés ul-
térieures sur le maintien de la mise en ferme, on s'occupa,
en haut lieu, d'en réglementer le fonctionnement par une loi
d'intérêt local, devant fixer le *statu quo* pour longtemps.
Tel fut le but du décret du 18 août 1811, qui écartait
définitivement l'intervention des fabriques, dans la direction du service des Pompes funèbres, tout en leur en
réservant les bénéfices les plus considérables, et fit de ce
service une dépendance des autorités municipale et préfectorale, sous le couvert d'un adjudicataire placé sous leurs
ordres.

Les ordonnances du 15 juin 1832 et 17 septembre 1842, modifièrent légèrement le décret de 1811, dont les dispositions essentielles furent conservées et reproduites par les décrets postérieurs du 2 octobre 1852 et 4 novembre 1859, rendus à l'occasion du renouvellement du bail des Pompes funèbres. Le décret du 4 novembre 1859 homologue le dernier bail qui a été conclu. Le cahier des charges y annexé représente le dernier état d'un système qui a commencé à la fin d'une Révolution, sous Frochot, en l'an IX, et n'a pas survécu à la chute du second Empire, en 1870. Depuis cette époque les fabriques de Paris n'ont plus renouvelé le marché et ont adopté un système d'administration bâtard que l'on est convenu de qualifier de Régie, mais qui n'en a que le nom et qui place les fabriques et leur régisseur dans une position des plus anormales.

Ne nous arrêtons pas en ce moment aux défectuosités d'un premier essai qui n'a produit encore que des résultats négatifs et, envisageant la question à un point de vue plus élevé, plus général, constatons, tout d'abord, qu'après avoir puissamment contribué à répandre, dans la province, un système d'administration qui est aujourd'hui jugé et de plus en plus abandonné, les fabriques de Paris s'en dégoûtaient à leur tour. Ce point d'arrêt, dans la voie des anciens errements est, à lui seul, un progrès qui mérite d'être apprécié ; car, s'il est soutenu, il peut devenir le point de départ d'un ordre de choses nouveau dont les fabriques de Paris ne tarderont pas à ressentir les heureux effets et qui, dans les circonstances présentes est peut-être la seule planche de salut du monopole des Pompes funèbres, ainsi que la remarque en a déjà été faite, avant nous, par les personnes les plus autorisées sur cette matière.

Telle est l'origine du mode d'organisation adopté par les fabriques de Paris, depuis le commencement du siècle et observé jusqu'en 1870. Ainsi qu'on le voit, ce n'est que dans ces derniers temps qu'elles ont réellement usé du droit d'option que leur reconnaissent les décrets de l'an XII et de 1806, dans le choix des moyens d'exploitation du monopole. Avant cette époque, leur attitude s'est toujours ressentie de la pression des autorités locales administratives.

2° *Dans ses résultats.* — Quelles ont été les conséquences de cette attitude passive ? — Pour en juger, nous n'avons qu'à lire le texte des tarifs et du cahier des charges annexés au décret du 4 novembre 1859, qui homologue le dernier bail consenti par les fabriques, en faveur de M. Léon Vafflard.

Ainsi que nous l'avons déjà observé, l'affermage du service des Pompes funèbres a pour effet immédiat de relacher les liens administratifs et légaux qui relient le monopole aux fabriques et de substituer, à l'action directe de ces établissements religieux, l'action prépondérante des autorités municipales, combinée avec l'action intéressée d'un adjudicataire. Le choix de ce mode d'exploitation implique donc, chez les fabriques, l'intention formelle ou tacite de n'intervenir, dans l'exécution du service, que pour en retirer le prix du fermage, aux époques déterminées, ou pour exercer, sur l'ensemble des opérations qui en découlent, un contrôle généralement plus nominal que réel. En échange, elles ont la commodité de se soustraire aux ennuis inséparables d'un service compliqué et de bénéficier des faveurs du monopole, sans en connaître, dit-on, les inconvénients.

Nous avons dit plus haut ce qu'il fallait penser des avantages résultant d'un système de sinécure aussi séduisant.

Nous ajouterons que l'adoption de ce mode d'exploitation par les fabriques de la Capitale, pendant une période non interrompue de 70 ans, a amené des conséquences plus fâcheuses encore, car, en abandonnant à M. le Préfet de la Seine les rênes du contrôle, elles se sont désaisies de l'unique moyen qui leur était offert de rester les maîtresses du monopole, tout en en confiant l'exercice à un adjudicataire.

De là les particularités qui caractérisent le service des Pompes funèbres de Paris et qui en font un service exceptionnel, s'écartant autant des usages adoptés dans les autres villes que de la rigoureuse application des lois sur la matière. De là également les difficultés qu'éprouvent les fabriques de la Capitale à briser avec les errements du passé pour bénéficier des avantages encore inconnus de la Régie. La transition de l'ordre de choses ancien à un ordre de choses nouveau ne pouvait qu'être laborieuse et même négative dans ses premiers résultats, eu égard aux obstacles provenant des habitudes prises.

Nous nous contenterons de signaler, dans cette étude sommaire, les points qui méritent le plus de fixer l'attention des fabriques.

Nous ouvrons le cahier des charges sanctionné par le décret du 4 novembre 1859 et nous y lisons à la page 67 : « *Art.* 1. L'entreprise du service général à faire dans la « ville de Paris, pour les inhumations comprend : 1° le « *service ordinaire*, réglé par l'*Administration ;* 2° *le ser-* « *vice extraordinaire* tel qu'il sera commandé par *les fa-* « *milles.*

« § 1. — *Service ordinaire. Art.* 2. — Ce service « consiste à *faire transporter*, dans les églises ou temples, « ensuite dans les cimetières... les corps des décédés et à « *les faire inhumer* , le tout d'après les ordres des maires

« et suivant le mode rappelé dans les art. ci-après. »

Par application de ces dispositions le chapitre Ier du tarif annexé audit cahier des charges porte ce qui suit : « *Ser-* « *vice ordinaire.* **Tout** transport donne lieu au paiement « d'une taxe *qui est versée à la caisse municipale,* pour « faire face aux dépenses du service ordinaire. Cette taxe « portée à la suite de chaque classe de l'entreprise pour « une somme fixe est versée à la mairie. »

L'art. 7 du cahier des charges ajoute : « Toute inhu- « mation devra être faite dans une fosse ouverte aux frais « de l'entrepreneur, suivant les dimensions prescrites par « les réglements. » — Enfin l'art. 24 porte : « Quant « aux prix de la main-d'œuvre pour le creusement de « chaque fosse dont les frais sont mis à sa charge par « l'art. 7 du présent cahier des charges, il est fixé, en y « comprenant la descente du corps et le remblaiement des « terres, à 60 centimes que l'entrepreneur sera tenu *de* « *verser à la caisse municipale* pour servir à payer les « agents chargés de ce travail. »

En d'autres termes, l'entrepreneur est tenu : 1° de faire exécuter, à ses frais, tous les transports funèbres du ser- vice ordinaire, 2° de faire ouvrir les fosses, également à ses frais, 3° quant au paiement, par les familles, des sommes relatives soit au transport soit au creusement des fosses, il est versé à la caisse municipale, de telle sorte que l'entre- preneur fait les dépenses et la mairie perçoit les recettes. Toutefois l'article 46 du même cahier des charges stipule : « qu'il sera alloué à l'entrepreneur, par l'administration « municipale, une somme de 5 fr. pour l'inhumation de « chaque personne conformément aux ordres des maires « ainsi que le prescrit l'art. 2. » — Cette légère indem- nité allouée par la ville à l'entrepreneur est loin de couvrir les debours de ce dernier et il reste encore à l'administration municipale un excédant (1) très-notable qui reçoit une affectation spéciale. Voici ce qu'en dit l'art. 10 du décret du 18 août 1811 (2) relatif au service des Pompes funèbres de la ville de Paris : « En cas que le produit de « la taxe pour le transport des corps s'élève au-dessus de « la somme à payer à l'entrepreneur pour ledit, le surplus « sera affecté à la *reconstruction* ou à la *réparation* des « cimetières de Paris. »

De l'ensemble de ces dispositions trois faits se dégagent :

1° La tendance bien accusée de l'administration municipale de Paris à considérer le service des transports, dépourvus de toute pompe, et le service des ouvertures de fosses, comme ressortant exclusivement des attributions des maires.

2° Le versement à la caisse municipale des sommes afférentes à ces deux objets.

---

(1) En 1873, la mortalité de Paris est arrivée au chiffre de 43,578 décès qui se décomposent en 25,017 convois indigents et 18,561 convois payants. L'entrepreneur a reçu de la ville, pour chacun de ces 43,578 convois, la somme de 5 fr. et, pour la totalité, la somme de 217,890 fr. à titre d'indemnité du service ordinaire, c'est-à-dire pour le transport et la fosse. La ville a reçu, de son côté, pour les mêmes objets, savoir : 1° de l'entrepreneur, 0,60 centimes pour la fosse, 2° des familles, le montant de la taxe fixe, dans tous les convois non inscrits au rôle des indigents. Le chiffre de cette taxe est de 40 fr. pour les convois de première et deuxième classes ; de 30 fr. pour les convois de troisième et de quatrième classes ; de 20 fr. pour ceux de cinquième ; de 15 fr. pour ceux de sixième ; de 10 fr. pour ceux de septième et de huitième et de 6 fr. pour le neuvième ou pour le service ordinaire proprement dit. Nous ne connaissons pas le chiffre exact du produit annuel de la taxe, mais en prenant la moyenne probable de 15 fr. dans les convois où elle est payée, on peut s'en faire une idée approxima-Sur le produit de cette taxe, la ville a payé 217,890 fr. en 1873, à l'entrepreneur et il lui est resté un excédant qui a été affecté à l'entretien des cimetières.

(2) Voir le texte de ce décret aux Pièces justificatives.

3° L'emploi par la ville des sommes perçues de ces deux chefs.

I. Sur le premier point, nous devons dire que la tendance que nous venons de préciser et qui est aujourd'hui un fait accompli repose sur une confusion de principes. En effet, deux intérêts bien distincts sont en présence, dans l'exécution d'un convoi funèbre : l'intérêt particulier des fabriques et l'intérêt général des habitants représentés par la Commune.

L'intérêt des fabriques est nettement défini par les lois qui régissent le monopole et il consiste dans la fourniture privilégiée et exclusive de tous les objets nécessaires soit à la *pompe*, soit à la *décence* des funérailles. La loi ne fait aucune exception, le droit des fabriques est donc absolu, quelle que soit la nature du convoi ou de l'inhumation. Le service *ordinaire* et le service *extraordinaire* y sont évidemment compris, car le premier de ces deux services n'a d'autre objet que la *décence* des funérailles et le second est spécial à la *pompe* des convois. Les mots ne sont plus les mêmes, il est vrai, mais qu'importent les mots si, au fond, il y a identité de pensées? S'il n'en était ainsi, il faudrait admettre que le décret du 18 août 1811, qui consacre l'appellation de *service ordinaire* et de *service extraordinaire*, a introduit une innovation : or nous savons par le rapporteur de la Section au Conseil d'État que ce dernier décret n'a modifié en rien ceux de prairial et de 1806 et qu'il n'a eu d'autre objet que d'en rendre l'application plus facile. Y a-t-on réussi ? — Nous n'avons pas à le dire. Nous constatons seulement le fait, qui est, par lui-même, assez concluant.

L'intérêt du public qui est aux mains des autorités locales est sauvegardé par l'adoption de certaines mesures réglementaires ayant pour objet soit de garantir les famil-

les contre les abus d'une taxation arbitraire, soit de veiller
à la police des convois et inhumations, sur la voie publique et dans les cimetières. L'autorité municipale est également souveraine dans la fixation du mode de transport
et dans l'application des moyens qui lui paraîtraient convenables pour en assurer la bonne exécution. Elle prend
aussi l'initiative des tarifs du service extérieur ; mais là se
bornent ses attributions. Ce n'est que dans le cas où les
fabriques croiraient devoir ne pas faire usage de leurs
droits que les municipalités sont investies, par la loi, du
soin de faire procéder d'office aux transports. C'est ce qui
ressort clairement du texte de l'art. 26 du décret de prairial : « *Dans les villages et autres lieux où le droit précité*
« *ne pourra être exercé par les fabriques, les autorités*
« *locales y pourvoiront*, sauf l'approbation des Préfets. »
— L'art. 9 du décret de 1806 n'est pas moins explicite :
« *Dans les communes où il n'existe pas d'entreprise et de*
« *marché pour les sépultures, le mode du transport des*
« *corps sera réglé par les Préfets et les conseils munici-*
« *paux.* » Il ne saurait y avoir deux manières d'interpréter
ces articles. Il est évident que l'intervention des municipalités et des Préfets, en dehors de la question de police,
est subordonnée à la non-existence de marché ou à la
renonciation des fabriques. Et, pour preuve, on n'a qu'à
se demander ce que ferait de plus qu'aujourd'hui la ville de
Paris, au sujet du transport, si les fabriques refusaient,
comme à Lyon, de bénéficier de leur privilége. La limite
qui sépare les droits des fabriques et des municipalités a
donc été dépassée par la ville de Paris. Elle a empiété sur
le domaine des fabriques et cet empiétement est d'autant
plus regrettable, qu'il en a amené d'autres et qu'il a trouvé
des imitateurs dans les villes de province.

Quant aux travaux d'ouvertures de fosses, il est évident

peine qu'ils doivent être exécutés sous la surveillance exclusive et absolue des municipalités. Mais l'art. X du décret de 1806 les considère comme une dépendance du monopole, puisqu'il les place au même rang que le transport des corps. Quoique le cimetière soit un terrain municipal, les fabriques n'en ont pas été exclues pour cela ; la loi met au contraire à leur charge les frais d'entretien et leur accorde les produits spontanés qui y croissent. C'est bien le moins qu'en compensation des dépenses résultant de l'entretien des lieux de sépulture, les fabriques soient autorisées à bénéficier du prix des fosses, car les produits spontanés ne suffiraient à cette charge. D'ailleurs la pratique du Gouvernement s'est, bien des fois, prononcée dans le sens que nous indiquons. Nous en trouvons la confirmation dans la lecture des nombreux tarifs qui nous ont passé sous les yeux et dans lesquels on voit figurer, parmi les autres fournitures de Pompes funèbres, le prix des fosses et des ouvertures de tombeaux, tant pour inhumations que pour exhumations. La loi devant être uniforme dans toutes les villes, nous en concluons que le Gouvernement ne ferait pas une exception pour les fabriques de Paris.

II. Sur le second point, la manière de procéder de l'administration municipale ne semble pas moins inexplicable en droit. Elle n'est d'ailleurs que la conséquence naturelle du système de sécularisation du monopole qu'elle tend de plus en plus à faire prévaloir. On ne conçoit pas en effet, que la ville perçoive directement le prix d'une fourniture qui est faite par la fabrique. On chercherait vainement les textes de lois sur lesquels s'appuie une telle pratique. Nous n'en connaissons aucun, excepté que l'on en vit la consécration dans l'art. XI du décret de 1806 où il est dit : « Le transport « des morts indigents sera fait décemment et gratuitement; « tout autre transport sera assujetti à une taxe fixe ; les

« familles qui voudront quelque pompe traiteront avec l'en-
« trepreneur, suivant un tarif qui sera dressé à cet effet. »
En renvoyant les familles à l'entrepreneur pour arrêter, de
concert avec lui, les dispositions des funérailles susceptibles d'une certaine pompe et rentrant dans le cadre du
service extraordinaire, le législateur n'a pas entendu abandonner aux municipalités la direction et les bénéfices des
transports, ou service ordinaire. D'abord cette disposition
n'est pas écrite et, en cas de doute, il suffirait de rappeler
les énonciations fondamentales des art. 22 et 24 du décret
de prairial et 7 du décret de 1806 qui investissent les fabriques du droit absolu de faire la généralité des fournitures de Pompes funèbres, sans réserves ni restrictions. La
doctrine contraire serait un démembrement du monopole
au profit des municipalités. Or, une telle dérogation au
principe générateur du monopole ne se présume pas; elle
doit être sanctionnée par une disposition certaine et positive. Nous n'en trouvons la justification ni dans les décrets
organiques de l'an XII et de 1806 ni dans le décret d'intérêt local du 18 août 1811, qui, d'après le témoignage du
rapporteur à la section du Conseil d'État, M. Fiévé, n'est
que la consécration rigoureuse des deux autres. L'art. XI
que nous venons de citer, loin d'investir les administrations
municipales du droit de faire procéder, à leur profit, aux
transports dépourvus de toute pompe, n'a eu pour objet
que d'avertir les familles que ce mode très-ordinaire de
transport n'était pas exclusif et qu'on pouvait en rehausser
l'appareil, par l'adjonction de certaines draperies décorati-
ves, dont la richesse et le prix variaient d'une classe à l'autre, et au sujet desquelles elles avaient à s'entendre avec
l'entrepreneur. Prises à la lettre, les dispositions du cahier
des charges et du tarif de la ville de Paris que nous avons
rappelées plus haut, relativement au service ordinaire, ne

26

tendent à rien moins qu'à faire admettre, comme une règle de droit, que l'adjudicataire des Pompes funèbres agit sous la double qualité de *fermier des fabriques*, en ce qui concerne le service extraordinaire, et comme *le fermier de l'Administration municipale*(1), en ce qui concerne le service ordinaire. Or, nous ne saurions trop le redire ici, cette doctrine est illégale de la part de l'autorité et injuste dans ses conséquences, car, les fournitures de Pompes funèbres devant être faites par les fabriques seules, c'est à elles seulement qu'il appartient d'en recueillir le prix. Il doit en être ainsi tant que les fabriques n'auront pas fait acte de renonciation aux avantages du monopole, mais jusques-là les pouvoirs des municipalités ne sauraient excéder les limites du droit de police et de surveillance dont nous avons parlé ci-dessus. Les fabriques prennent le monopole tel qu'il est, avec ses avantages et la charge des indigents que la loi leur impose ; et lorsque les charges sont plus fortes que les bénéfices, l'art. 20 de la loi du 28 juillet 1837 et le décret du 30 décembre 1808, art. 92, ouvrent aux fabriques un crédit sur la caisse municipale. La Commune ne peut refuser l'allocation demandée et, de plus, ce n'est pas à elle qu'appartient l'administration des fonds de secours qu'elle est tenue de servir en ce cas.

III. Quant à l'emploi, par la ville de Paris, des fonds qu'elle réalise arbitrairement sur la taxe (2) et les fosses, nous

_____

(1) A l'appui de cette doctrine, voir dans le 2ᵉ vol., au titre 3 de la 3ᵉ page, chapitre IV, ce que nous disons des impôts et patentes.

(2) Afin de mettre en harmonie les mots avec la chose, on a donné le nom de *taxe municipale* à la *taxe fixe*, prescrite par l'art. XI du décret de 1806. Le décret du 18 août 1811, laisse à ce mot de taxe le sens général qu'il comporte, mais comme il importait de donner une apparence de légalité à la prise de possession, par la ville des produits de cette taxe, on a substitué à la dénomination légale de *taxe fixe*, celle plus arbitraire de *taxe municipale*.

devons observer qu'il constitue une dérogation aux prés-
criptions du décret du 30 décembre 1809, qui fait un devoir aux fabriques de ne négliger aucune de leurs ressources légales et d'en faire un emploi sagement entendu. De
plus, la substitution des municipalités aux fabriques présente encore l'inconvénient de mettre à la charge de ces
établissements religieux une nature de dépenses qu'ils
sont libres de refuser et qu'ils refuseraient, s'ils avaient la
libre gestion de leurs finances. Aussi, l'art. 10 du décret
du 18 août 1811 affecte, à *la reconstruction* et à *la réparation* des cimetières de Paris, l'excédant des recettes
provenant du transport des corps. D'autre part, le cahier
des charges de 1859, oblige les fabriques à faire les frais
de paiement des inspecteurs municipaux des cimetières et
des convois funèbres. Or, il importe de savoir sur
quelles lois on se base pour imposer toutes ces dépenses aux fabriques. Non-seulement il n'en existe aucune,
mais nous ne craignons pas d'affirmer que la pratique
et la doctrine du Gouvernement protestent formellement
contre cette façon de procéder. Le décret de prairial
met bien à la charge des fabriques l'entretien des cimetières, mais, avant tout, il convient de s'entendre sur
l'extension qu'il faut donner à cet entretien, c'est-à-dire
de savoir s'il comprend seulement les réparations de droit
commun, que l'on désigne sous la dénomination usuelle et
restrictive de réparations *locatives*, ou s'il faut y faire entrer les réparations *foncières*; si la charge est rigoureuse,
en tout état de cause, et enfin si, dans l'exécution, les fabriques n'ont pas au moins le choix des moyens, ou une
certaine latitude qui s'explique par la gravité de la charge
qui pèse sur elles.

Nous répondrons à ces diverses questions par une lettre

du Ministre des Cultes, en date du 6 mars 1868 (1), qui pose en principe que les inspecteurs des convois funèbres ou commissaires municipaux, nommés dans un but d'intérêt public et de police locale, doivent rester à la charge de l'autorité civile dont ils dépendent; que les maires n'ont pas davantage le droit d'imposer aux fabriques l'obligation d'avoir à l'Hôtel de Ville un agent chargé de recevoir les commandes pour convois. Quant à l'entretien des cimetières, dit la même lettre, les fabriques n'y sont tenues que dans *la limite de leurs ressources*. Mais on ne peut leur imposer l'établissement d'un cantonnier. C'est à elles à pourvoir à cette charge, comme bon leur semble, c'est-à-dire d'employer à la journée ou au mois les ouvriers qu'elles choisissent. Telle est l'opinion du Ministre des Cultes, sur ces divers points de droit. Ajoutons, en ce qui concerne la nature de l'entretien des cimetières, qu'on ne doit l'interpréter que dans le sens restreint des réparations locatives et non dans le sens étendu des réparations foncières. La vente des concessions profitant à la Commune et non aux fabriques, c'est à la Commune, propriétaire du fond, à en supporter les grosses réparations. Tel est l'avis des personnes qui ont traité la question et, notamment, des rédacteurs du *Journal des Conseils de fabrique*. Cette interprétation est d'ailleurs conforme aux règles ordinaires du droit commun, établies par les art. 605 et 1754 du Code Napoléon, auxquelles on ne peut déroger que par une stipulation contraire, qui n'existe pas dans l'espèce. Ce sont là des détails, dira-t-on, des infiniments petits auxquels on ne doit pas s'arrêter : *De minimis non curat prætor*. Nous répondrons, qu'en présence d'une question de principe, les détails ont tous une importance et que, si l'in-

(1) Voir cette lettre aux Pièces justificatives.

térêt en jeu est minime dans quelques localités, il n'en est point de même dans d'autres, et principalement à Paris.

Il est regrettable qu'il n'y ait pas uniformité de vues et d'opinions entre les deux ministères, des Cultes et de l'Intérieur, sur cette matière. Défenseur naturel des fabriques, le Ministre des Cultes n'a cessé de réagir contre les tendances absorbantes que nous venons de signaler. Nous en avons donné un exemple dans la lettre du 6 mars 1868, adressée au préfet de l'Hérault, dans des circonstances à peu près semblables, et il nous serait facile d'en fournir d'autres. Ils n'eût donc dépendu que des fabriques de Paris, de profiter des dispositions favorables de ce ministère, qui nous paraît le mieux avoir interprété la loi sur ces questions, pour se soustraire aux clauses onéreuses qui leur sont imposées dans les actes administratifs annexés au décret du 4 novembre 1859. Leur silence, sur ce point, équivalait à une adhésion dont s'est prévalu l'administration de l'Intérieur, protectrice des Communes, pour étendre l'application du système de sécularisation des fabriques qui lui a toujours été à cœur. En cela, il a été puissamment secondé par la Préfecture de la Seine, depuis Frochot jusqu'à ces derniers temps (1). Il est fâcheux que l'action combinée des fabriques, n'ait jamais fait contrepoids

_____

(1) Par une lettre du mois de janvier 1843, la Préfecture de la Seine enjoignit à l'entreprise des Pompes funèbres de s'abstenir du titre prétentieux *d'administration*, attendu, QU'EN MATIÈRE DE POMPES FUNÈBRES IL N'Y AVAIT D'AUTRE ADMINISTRATION QUE L'ADMINISTRATION MUNICIPALE QUI COMMANDE ET FAIT EXÉCUTER ET UNE ENTREPRISE QUI OBÉIT ET EXÉCUTE. Que deviennent les fabriques, seules propriétaires du monopole, en présence d'une déclaration aussi catégorique du Préfet de la Seine ? — Qu'une entreprise ne soit pas une administration, passe encore ; mais, qu'en matière de Pompes funèbres il n'ait d'autre administration que l'administration municipale, qui seule a le droit de commander et de se faire obéir, on ne saurait l'admettre.

aux tendances envahissantes de l'administration, car, sur
cette voie, on ne saurait trop s'arrêter. Une attitude passive est d'autant plus périlleuse qu'elle implique l'adhésion,
au moins tacite, des intéressés dont la bonne foi est absolue, mais trop peu attentive. Il arrive un moment où l'on
est forcé d'ouvrir les yeux et l'on tombe alors de surprise
en surprise. Il ne reste plus aux fabriques qu'à mesurer
leur regret à l'étendue du terrain perdu et aux dangers
qu'elles ont involontairement amoncelés à l'horizon, par suite
de leur longue insouciance.

C'est précisément le cas des fabriques de Paris. Il est un
fait certain aujourd'hui, c'est que le service ordinaire leur a
été enlevé et qu'il constitue une dépendance directe des
services municipaux. La ville a son fermier, qu'elle paye
à raison de 5 fr. par transport, et, afin de mieux caractériser cette prise de possession, elle y a mis sa marque spéciale en donnant le nom de *taxe municipale* (1) à la taxe
qu'elle se fait payer des familles. Le démembrement du
monopole est donc un fait accompli sur ce point. Les fabriques auront-elles la volonté de rentrer en possession de
leurs droits? Elles en ont le pouvoir et c'est à désirer
qu'elles en aient la volonté. Constatons seulement le fait,
quant au présent.

Quant à l'avenir, nous ne pensons pas qu'elles aient
bien lieu de s'en réjouir, car leurs oreilles ont retenti na-
guère de paroles menaçantes, prononcées au sein du Conseil municipal, qui ne sont pas de nature à les tranquiliser
beaucoup à l'endroit du *service extraordinaire* qui leur
reste encore. Dans la séance du 23 avril 1872, sur la
proposition de M. Beudan, le conseil a été saisi de la ques-

---

(1) Le cahier des charges de 1859 dit très-bien, dans ce sens : *Le
service ordinaire est réglé par l'Administration, et le service extraordinaire par les familles.*

tion de savoir s'il ne conviendrait pas de substituer la ville aux fabriques sur le service des Pompes funèbres. « Le service des inhumations, dit-il, est un service essen- « tiellement municipal, et il doit faire retour à l'adminis- « tration municipale. L'organisation actuelle de ce ser- « vice, ajoute-t-il, n'est pas satisfaisante et se ressent « beaucoup de l'époque à laquelle il a été institué. (1) » La proposition ne fut pas adoptée, mais l'idée a été lancée une première fois ; elle a même rencontré des adhésions et elle pourra prendre de la consistance dans la suite. Les cir- constances ne feront pas défaut, s'il le faut on en fera surgir, pour les besoins de la cause. Signalons, quant au présent, deux points noirs que l'on aperçoit déjà à l'ho- rizon et qui ne présagent rien de bien rassurant. D'une part, la question du local des Pompes funèbres et, en se- cond lieu, la question du cimetière de Méry-sur-Oise.

En ce qui concerne le local, la dernière combinaison à laquelle se sont arrêtées les fabriques, a pour effet immé- diat de rendre les fabriques locataires de la ville, (d'au- tres disent prisonnières), de concentrer, sur un terrain municipal, tout le matériel et tous les rouages importants de ce service compliqué. Laissons de côté la question fi- nancière, qui est encore à résoudre et dont l'avenir nous

(1) La *Revue des Deux-Mondes* (n° du 15 avril 1874, page 81), se fait l'écho de cette doctrine. « La situation, dit Maxime du Camp, « n'est plus très-régulière ; les responsabilités sont déplacées, et « aujourd'hui le chef de ce service, qui *a une importance toute* « *municipale*, sur laquelle il serait puéril d'insister, semble dépen- « dre beaucoup plus des fabriques que de la préfecture de la Sei- « ne. C'est là un fait anormal, auquel il serait bon de mettre fin. » Les fabriques de Paris sont donc suffisamment averties des bonnes intentions que nourrissent, à leur égard, les divers organes de l'au- torité locale. Qu'elles avisent donc, car en cas de sécularisation du monopole, elles n'auraient pas même l'excuse de l'ignorance ou de la surprise.

fera connaître les aménités. (1) Ne nous occupons que de la
question principale du monopole. En habituant la ville à
avoir sur son domaine et, en quelque sorte, sous sa main
tout le service, dont une partie lui appartient déjà, on fait
un pas de plus sur le sentier dangereux de la sécularisation du monopole, et on familiarise l'administration municipale avec l'idée émise par le citoyen Beudan. La question du matériel, qui n'est pas la propriété des fabriques,
ne contribue pas peu à compliquer encore une situation
qui l'est déjà beaucoup, en ce sens qu'elle place ces établissements religieux dans un état de dépendance, on ne
peut plus gênant, vis-à-vis de cet être abstrait que l'on
nomme l'entreprise, le seul véritable maître du matériel,
et qui est à la fois la ville, l'entrepreneur et la préfecture
de la Seine, c'est-à-dire tout le monde, excepté peut-être
les fabriques, qui cependant l'ont acquis, renouvelé, payé
et surpayé avec le produit de leur privilége. En résumé,
la position des fabriques est des plus fausses et des plus
indéfinissables. Après avoir laissé échapper le service ordinaire, elles se trouvent, quant au service extraordinaire,
les tributaires forcés de la ville, pour le local, de l'entreprise, pour le matériel, et de la préfecture de la Seine,
pour le choix ou la nomination du personnel, ainsi que pour la
solution des questions administratives qui peuvent surgir

(1) Un auteur qui paraît être bien informé, nous fait connaître,
dans une étude très-intéressante sur les cimetières de Paris, que
le premier article du prochain cahier des charges devra exiger du
preneur un loyer rémunérateur, *représentant l'intérêt normal des
sommes employées. Cette condition ne peut pas même donner lieu
à un débat,* car malgré les servitudes financières *sagement imposées* à l'entreprise, celle-ci fait de tels bénéfices, qu'ils sont de
nature à éveiller de très-sérieuses concurrences. (*Revue des Deux-
Mondes,* 1874. 2e vol., page 217). Si donc le local a coûté 5 ou 6
millions, le loyer sera à l'avenant.

dans le cours du service. Que leur reste-t-il en définitive ?
— Une part importante dans les bénéfices, sans la liberté
d'en accroître le chiffre, quand la possibilité leur en serait démontrée et avec la perspective de les voir réduire peut-
être, ou même supprimer totalement, si la proposition Beudan était un jour adoptée. La question de droit est encore
intacte, mais, en fait, le service des Pompes funèbres de
Paris est aujourd'hui un service municipal. La ville l'a
sous sa main ; tout y est réuni : *local, matériel* et *personnel*. Elle sait qu'en cas de confiscation du monopole, tout
serait prêt pour que la transition de l'état de choses ancien à un ordre de choses nouveau s'opérât, sans secousse
et sans la moindre difficulté. Tel est le résultat final d'un
système d'exploitation qui a duré 70 ans et qui, par les
apparentes commodités qu'il présente, contribue puissamment à endormir les fabriques sur les convoitises dangereuses dont leur privilége est l'objet. En l'état, à quoi tient
la continuation du monopole de l'an XII ? — A peu de
choses peut-être, car, une fois engagé sur cette pente, on
ne peut répondre de rien, eu égard surtout à l'incertitude
des courants politiques qui s'entrecroisent dans des sens
si divers et si opposés. Le terrain étant ainsi préparé, les
résistances sont moins à redouter, et un volte-face de la
loi serait vite exécuté. Espérons qu'il n'en sera point ainsi
et que les fabriques de Paris sauront éloigner ces perspectives menaçantes, par l'adoption d'un système d'administration mieux réfléchi que celui qu'elles viennent d'abandonner. Les efforts qu'elles font en ce moment pour arriver à ce résultat sont de bon augure pour l'avenir. Nous
désirons que leur énergique persistance soit à la hauteur
des difficultés qu'elles auront à surmonter pour regagner
le terrain perdu, et que le découragement ne les surprenne
point en route. Ce qui doit les stimuler surtout, c'est

qu'elles ont en main les intérêts de toutes les fabriques de
France, car, si le monopole était confisqué à Paris, il le serait également en province et, en ce cas, les fabriques de
la capitale ne pourraient se soustraire au reproche mérité
qui leur serait adressé, d'avoir puissamment contribué au
retrait du décret de l'an XII.

Nous ne parlerons que pour mémoire de la création du
cimetière de Méry-sur-Oise, et pour mettre les fabriques
en garde contre les surprises qui pourraient leur arriver
un jour de ce côté. Nous ne voulons pas nous exagérer les
craintes qu'inspirent les tendances actuelles de l'administration sur la question des sépultures, mais, dussions-nous
être taxés de pessimisme, nous croyons qu'il est préférable
de pécher par un excès de vigilance, que de s'endormir
sur le danger, avec cette insouciance présomptueuse qui
ne cache que des réveils pénibles ou trop tardifs.

Telles sont les considérations qui nous sont inspirées
par la lecture du cahier des charges et des tarifs annexés
au décret du 4 novembre 1859, sur les tendances absorbantes de l'administration, grâce à la longue application
d'un mode d'exploitation qui les favorise et les encourage.

Si maintenant nous passons à l'examen des résultats
financiers que procure aux fabriques de Paris le système
de mise en ferme qui leur a été si cher, nous sommes
forcés de reconnaitre qu'ils sont loin de répondre à l'idée
que l'on s'en fait généralement, et surtout à l'attente légitime des fabriques. En effet, sur une recette brute, qui
arrive annuellement au chiffre moyen de 5 millions, les
fabriques et consistoires ont réalisé, en 1873, un bénéfice
net de 1,709,550 fr. 38 c., et, en 1872, de 1,522,360
francs, ce qui fait environ le tiers de la recette générale.

Quoique élevés, ces chiffres pourraient arriver plus haut encore, sans qu'il fut besoin d'augmenter les prix du tarif. Mais ce n'est pas avec le mode d'administration actuel que l'on peut espérer d'y arriver pleinement. Les fabriques se trouvent aujourd'hui en présence de deux difficultés, savoir : 1° *le tarif*, — 2° *le système d'exploitation en usage.*

I. Le tarif est incomplet et, de plus, l'article 38 du cahier des charges fait inhibition et défense à l'entrepreneur de le compléter par la fourniture des objets qui n'y sont pas expressément mentionnés. Toutefois, sur la demande écrite des familles, le préfet de la Seine se réserve d'autoriser l'entrepreneur à déroger à cette défense, dans certains cas particuliers seulement, et à la condition que les objets dont l'emploi sera ainsi autorisé ne figureront pas, d'une manière permanente, sur les feuilles de commande. Les objets fournis en pareille circonstance *doivent être tarifés par le même magistrat.* Nous nous inclinons devant les raisons de sagesse et de convenance qui ont inspiré la rédaction de cet article, mais il n'en est pas moins vrai qu'avec ce système les fabriques sont privées d'un chiffre de bénéfices très-important. Pour en juger, nous citerons à titre d'exemple, un article de perception choisi parmi bien d'autres, nous voulons parler des billets de décès que le tarif de 1859 passe sous silence, alors que le tarif de 1811 en avait prévu la fourniture. Il est aujourd'hui admis et jugé que les billets de décès sont frappés de monopole. L'omission de cet article dans le tarif constitue-t-elle un oubli volontaire ? — Nous serions bien en peine de le dire. Toujours est-il que l'omission existe et qu'elle a pour conséquence d'enlever annuellement aux fabriques un revenu net que nous n'évaluons pas à moins de 80,000 francs (1). Malgré la faculté que l'article 38 du cahier des charges ouvre aux familles de s'adresser au préfet de la Seine, pour obtenir que la fourniture des billets soit faite par l'entrepreneur des fabriques, il est évident qu'en réalité on n'en usera jamais. Qu'elle serait la personne, en effet, qui, ayant sous la main un imprimeur tout prêt à la servir, préférerait recourir aux services de l'entrepreneur des Pompes funèbres, après en avoir préalablement demandé l'autorisation au préfet de la Seine ? — L'art. 38 précité doit donc s'entendre dans son sens le plus rigoureux, car il ne laisse aux fabriques aucune espérance de bénéfice sur les objets non portés au tarif. C'est là une conséquence de la mise en ferme du privilége de l'an XII et nous la signalons aux admirateurs de ce système d'administration.

On pourrait se demander cependant si, en droit, cette doctrine est sérieusement soutenable, et si, en fait, il ne vaudrait pas mieux laisser à l'entrepreneur une entière latitude sur ce point, à charge pour lui de faire les remises d'usage pour chaque objet non porté au tarif. En droit un arrêt de la cour de Paris, en date du 9 février 1821, confirmé par la cour de cassation le 27 août 1823, a statué dans un sens tout à fait contraire, et, en fait, on peut invoquer de nombreux précédents. Dans tous les cas, l'intervention du préfet de la Seine pour autoriser et tarifer les fournitures non prévues, paraît au moins surprenante. L'intérêt étant la mesure des actions, ce serait plutôt aux fabriques qu'à ce magistrat à combler la lacune du tarif.

---

(1) A Marseille, l'impression des lettres de décès est de 320,000 par an. A Paris, elle doit bien arriver au chiffre de 1,500,000. Le prix moyen des lettres, la distribution y comprise, est de 10 à 12 fr. le cent. Les 1,500,000 procureraient donc une recette brute de 150,000 fr. environ. Les dépenses, en Régie, étant du 45 pour 0|0, on arrive au chiffre ci-dessus porté de 80,000 fr.

II. Nous avons dit que le second obstacle à l'accroissement du produit des Pompes funèbres était tiré du mode d'exploitation en vigueur à Paris. On ne saurait nier en effet qu'une portion importante des bénéfices profitent à l'entrepreneur. Nous n'avons pas les moyens d'en fixer le chiffre précis, mais, d'après les renseignements qui nous sont fournis, ces bénéfices dépasseraient la somme annuelle de 100,000 francs. Voilà une économie qui, jointe à celle des inspecteurs des cimetières ou du service des Pompes funèbres et autres agents qui ne doivent point être à la charge des fabriques, acquiert tout de suite une importance très-appréciable. Aux économies sur le personnel, il serait facile d'ajouter celles que l'on pourrait réaliser sur le matériel, sur le local, sur les frais généraux d'exploitation, patentes etc. etc., sans pour cela compromettre la décence et la dignité du service.

En renonçant au système de la mise en ferme pour adopter la régie directe, les fabriques auraient en outre le grand avantage de laisser à la *taxe fixe* son véritable caractère, qui est celui d'un impôt prélevé sur tous les convois payants, pour subvenir à la dépense des convois d'indigents. Elles en percevraient le montant et elles auraient ainsi la liberté d'en régler l'emploi, c'est-à-dire de l'appliquer à la sépulture des pauvres et à l'entretien des cimetières dans la limite rigoureuse des charges que comporte cet entretien. Il est à présumer qu'après avoir satisfait à ces deux obligations, les fabriques bénéficieraient d'un excédent très-notable. C'est ainsi que procèdent les fabriques de province ; et le Gouvernement, ayant sanctionné cette pratique à leur égard, serait sans motif pour ne point l'admettre en faveur des églises de Paris qui sont régies par les mêmes lois. De cette façon, le service ordinaire ne

serait plus une dépendance de l'autorité municipale et res-
terait, en fait et en droit, aux mains des fabriques.

Nous en dirons de même des travaux d'ouvertures de
fosses et de caveaux pour les inhumations et exhumations.
L'art. 9 du décret du 18 mai 1806, les ayant considérés
comme un article de Pompes funèbres, au même degré que
les transports, on ne voit pas pourquoi le tarif les passe-
rait sous silence, alors que dans les autres villes des départements ces travaux y sont côtés à leurs prix particuliers, tout comme les bières et les corbillards. L'introduction de cet article de perception aurait pour résultat de
procurer aux fabriques de Paris un revenu nouveau dont
nous ne pouvons garantir le chiffre mais qui arriverait
très-probablement à la somme approximative de 100,000
francs (1). Nous n'ignorons pas qu'un avis du Conseil
d'Etat du 18 mai 1825 tend à encourager la doctrine contraire ; mais cet avis déjà ancien se ressent de la jurisprudence encore mal assise qui était dominante au commencement du siècle. Nous doutons que cet avis fut partagé
aujourd'hui. D'ailleurs en présence des dispositions du décret de 1806, il ne saurait avoir d'autre portée que celle
d'un vœu ou d'une mesure d'ordre reconnue nécessaire,
dans quelques cas, mais d'un caractère plutôt privé que
général.

(1) Nous basons cette évaluation sur les prix portés dans les tarifs de quelques villes pour les travaux d'inhumation et d'exhumation. Ces prix sont les suivants : 1° Ouverture et fermeture de fosse :
pour enfants, 2 fr., pour adultes, 3 fr. — 2° Ouverture d'un caveau
de famille, 5 fr. — 3° Exhumation d'un corps avant le délai quinquennal : pour adultes, 30 fr., pour enfants, 15 fr. — 4° Exhumation après le délai quinquennal : pour adultes, 15 fr., pour enfants,
10 fr. Le nombre des familles qui dans le courant d'une année seraient en mesure de payer ces légères allocations étant de 25,000
environ, on arrive, en adoptant la moyenne probable de 4 fr., au
chiffre total de 100,000 fr.

En se substituant à leur entrepreneur, les fabriques auraient encore le double avantage de bénéficier des fournitures exemptes de toutes remises dont parlent les art. 36 et 37 du cahier des charges, et de pouvoir combler, en tout état de cause, les lacunes que présenterait le tarif, sans s'astreindre aux formalités de l'art. 38 du même cahier des charges. Nous passons sous silence d'autres sources de revenus encore inexploitées et d'un rapport non moins certain. Nous terminerons, en disant que si l'on réunissait, en un seul chiffre, le résultat des améliorations dont nous venons de parler, on arriverait à une somme totale de 500,000 fr. environ, avec laquelle les fabriques de Paris pourraient faire face aux frais d'acquisition d'un local. Mais, pour atteindre ce but, nous le répétons, il est indispensable qu'elles abandonnent tout à fait les errements du passé et que, dans l'expérience qu'elles font de l'administration en Régie intéressée, elles sachent se soustraire aux influences que l'ancien système ne peut manquer d'exercer sur leur détermination. Pour recueillir les avantages d'une innovation, les demi-mesures ne suffisent pas ; il faut les appliquer dans toute l'étendue qu'elles comportent, sinon on s'expose, comme l'expérience l'a déjà démontré, à subir tous les inconvénients de la Régie, sans recueillir les faveurs de la mise en ferme. Avant de se laisser déposséder, l'ancien principe soulèvera plus d'une difficulté ; aussi, en prévision des obstacles qui leur viendront de ce côté, les fabriques ont besoin d'adopter une ligne de conduite mûrement réfléchie, et, surtout, rigoureusement observée. Le résultat ne peut que répondre à leur attente, car elles ont pour elles la loi et l'exemple des autres villes.

CHAPITRE V

§ 1. Du caractère du droit d'option.

On entend par droit d'option la liberté qu'ont les fabriques, de choisir le mode d'exploitation qui leur paraît le plus avantageux et qui répond le mieux à leur manière de voir au point de vue administratif. Ce droit est incontestable et aussi positif que les textes des lois qui le consacrent. Il a pour objet, de soustraire le monopole aux influences ou aux combinaisons intéressées des autorités civiles ou religieuses, qui seraient tentées de considérer ce service comme une de leurs dépendances immédiate, et en même temps de fournir aux fabriques les moyens de rendre leur privilége plus rémunérateur.

La loi et la jurisprudence sont d'accord pour garantir à ces établissements religieux la pleine et entière jouissance de leur droit sur ce point.

1° *La loi.* — L'art. 22 du décret de prairial pose le principe du droit d'option, dans les termes suivants : « Les « fabriques et consistoires jouiront seuls du droit de four-

« nir les voitures, tentures et ornements et *de faire géné-*
« *ralement toutes les fournitures quelconques nécessaires*
« *pour les enterrements et pour la décence ou la pompe*
« *des funérailles.*

« Les fabriques et consistoires *pourront faire affermer*
« *ou exercer ce droit*, sous l'approbation des autorités ci-
« viles. »

L'art. 7 du décret du 18 mai 1806, est encore plus
précis : « Les fabriques *feront par elles-mêmes ou feront*
« *faire par entreprise, aux enchères*, toutes les fournitu-
« res nécessaires au service des morts, dans l'intérieur des
« églises et toutes celles qui sont relatives à la pompe des
« convois. »

Ces textes en disent plus que le meilleur des commentaires. Il en ressort clairement, que les fabriques ont le
droit positif d'administrer directement ou d'affermer leur
privilége et que le choix qu'elles font, entre l'un ou l'autre
de ces deux modes d'exploitation, doit être respecté, car il
rentre dans la limite de leurs attributions légales, nonobstant l'approbation des autorités civiles.

2° *La jurisprudence.* — Nous trouvons la confirmation
de ce principe légal dans la jurisprudence constante des
organes les plus autorisés du Gouvernement, les ministres
des Cultes et de l'Intérieur. Nous n'en citerons que trois
exemples, choisis parmi un plus grand nombre d'autres.
Mentionnons d'abord une lettre, adressée par le ministre
de l'Intérieur à Mgr l'archevêque de Toulouse, qui voulait
imposer aux fabriques un mode d'administration qu'elles
repoussaient.

« Monseigneur, j'ai reçu la lettre que Votre Grandeur
« m'a fait l'honneur de m'écrire à la date du 18 juin 1865,
« et par laquelle Elle me demande s'il ne serait pas pos-
« sible *d'obliger* les fabriques de la ville de Toulouse à

27

« adopter un régime uniforme pour les Pompes funèbres.

« Il suffit, pour résoudre cette question, de se reporter
« au décret du 18 mai 1806, concernant le service dans
« les églises et les convois funèbres..... »

Après avoir rappelé les dispositions légales sur la matière, le Ministre de l'Intérieur continue en ces termes :
« On ne saurait trouver dans l'art. 22 du décret du 23
« prairial, autre chose que la constatation du *droit d'op-*
« *tion* pour les administrations paroissiales ; ce serait aller
« au delà de l'esprit et de la lettre de ce décret, que de
« vouloir soumettre, en ce qui concerne le transport des
« corps, la *liberté d'action* des fabriques à la prédomi-
« nance de la majorité.... » (3 août, 1865).

Dans une lettre adressée par le Ministre des Cultes à M.
le préfet de l'Hérault, le 6 mars 1868, nous trouvons la
confirmation de cette doctrine. Mgr l'évêque de Montpellier,
d'accord avec le préfet, voulait également *imposer* aux fabriques de cette ville l'exploitation par entreprise. Sur le refus
des fabriques de souscrire à l'obligation qui leur était faite,
M. le préfet du département crut devoir consulter le Ministre des Cultes, qui répondit que : « Le droit des fabri-
« ques de faire, par elles-mêmes, les fournitures funérai-
« res ne saurait être mis en doute. On ne peut donc songer
« ajoute M. le Ministre, à leur *imposer* l'exploitation par
« entreprise, comme le désire Mgr l'évêque de Montpel-
« lier..... »

Ainsi même, à l'égard de l'autorité diocésaine, qui représente plus spécialement l'intérêt des fabriques, le droit
d'option conserve toute sa force et toute son intégrité.

Ajoutons à ces autorités celle du Conseil d'État qui, par
un arrêt en date du 10 avril 1867 (1), dont nous parle-

---

(1) Le texte de cet arrêt est reproduit en entier aux Pièces justificatives.

rons au chapitre suivant, s'est prononcé en faveur de la même jurisprudence.

§ 2. Caractère de l'approbation des autorités civiles.

L'article 22 du décret de prairial soumet le choix que font les fabriques, entre les divers modes d'exploitation qui lui sont offerts, à l'approbation de l'autorité préfectorale, pour les villes régies par le décret de 1852 sur la décentralisation administrative, et du Gouvernement pour les villes régies par la loi du 24 juillet 1867, sur les communes.

On se demande à ce sujet : 1° si l'approbation est requise dans tous les cas, et 2° si elle donne à ces mêmes autorités un droit de véto, c'est-à-dire, si elle peut affecter le caractère d'un refus.

Sur le premier point, la lecture de l'article 22 semble répondre à la question. En effet, cet article comprend deux paragraphes. Dans le premier, le législateur a fait entrer l'acte de concession du monopole en faveur des fabriques. Dans le second, il s'est borné à reconnaître à ces établissements religieux la faculté d'affermer l'exercice de leur privilége, mais, en ce dernier cas, il leur impose l'obligation de faire approuver, par les autorités civiles, l'acte administratif qui consacre la mise en ferme du service. Hors ce cas l'approbation semble devoir être superflue et non exigée par le législateur. Telle est, du moins, l'interprétation qui ressort naturellement de la rédaction du dit article. Elle est d'ailleurs conforme à la logique. Qu'elle serait, en effet, la portée d'un acte approbatif, dans les communes où il n'y a qu'une paroisse et où la fabrique se borne à faire elle-même les fournitures de Pompes funèbres ? — Elle nous paraît insaisissable à la

pensée. Les fabriques étant nanties, par la loi, du privilége des inhumations, l'approbation des autorités civiles
ne peut en entraver la jouissance, ni en amoindrir l'étendue. Le seul caractère qu'on puisse reconnaître à cette
approbation, c'est de la considérer comme *la légalisation
administrative* d'un mode d'exploitation, choisi en parfaite
conformité des lois sur la matière, mais qu'on ne saurait
trop protéger contre les tentatives de l'industrie privée.
L'intervention du pouvoir civil, dans cette hypothèse, présente l'avantage de rendre plus effective l'action que l'article 25 met entre ses mains, pour faire respecter le monopole, au point de vue de l'intérêt public. Toute atteinte
portée à ce monopole impliquant, en même temps, une infraction à l'acte approbatif de l'autorité, il en résulte, pour
celle-ci, l'obligation d'en faire observer les dispositions,
par les moyens qui sont en son pouvoir. L'action civile
des fabriques et l'action publique de l'autorité administrative marchent alors de front et, par leur combinaison
simultanée, permettent à chacun des ayant-droit d'arriver,
plus promptement, à la répression des résistances qui vien-
draient à se manifester, contre les décrets constitutifs du
monopole.

L'approbation des autorités civile est plus facile à expliquer, lorsqu'il y a mise en ferme du service, ou réunion
de toutes les fabriques dans une même ville. Le théâtre
sur lequel se déroule alors le service, les rouages qui en assurent le fonctionnement et les intérêts qui sont en jeu devenant tout à coup plus importants, on conçoit davantage
la sollicitude du législateur, en présence de certaines clauses très-aléatoires qui pourraient être introduites dans un
cahier des charges, ou dans les règlements d'administration
générale. Les fabriques ne sont pas seules en cause en ce
cas. Leur intérêt privé ne doit point leur faire perdre de vue

que le service qui leur est confié est, en même temps, un service public qui ne connait point d'interruption, surtout aux
époques de mortalité extraordinaire. Il importe de ne
point le laisser tomber entre les mains d'un entrepreneur
téméraire, inexpérimenté et dépourvu des garanties morales ou pécuniaires que l'on est en droit d'exiger de lui.
Et afin que leur bonne foi ou leurs lumières ne puissent
être surprises, la loi a cru devoir soumettre à la ratifica-
tion de l'autoriré supérieure l'acte constitutif du système
d'exploitation par elles choisi, en vertu du droit d'option
qui leur est accordé. En cela la loi a été sage et pré-
voyante.

Mais ce droit de contrôle va-t-il jusqu'à donner à l'autorité le pouvoir de contrarier le choix du mode d'exploitation fait par les fabriques, c'est-à-dire jusqu'à leur imposer
la mise en ferme quand elles se sont prononcées pour la
régie, ou *vice versa* ? — Nullement. Le droit d'approbation
n'est pas incompatible avec le droit d'option. L'un et l'autre peuvent très-bien être exercés simultanément, sans se
combattre. En effet, on doit distinguer deux choses bien
différentes, dans le mode d'exploitation qu'il plait aux fabriques d'adopter. D'une part, le *mode en lui-même*, tel
qu'il est indiqué par les termes généraux de la loi, et,
d'autre part, *les moyens* à l'aide desquels on se propose
d'en régler l'application. Maîtresses quant au choix du
mode, les fabriques peuvent ne pas l'être quant au choix
des moyens. En principe, le choix du mode comme le
choix des moyens sont soumis à l'approbation de l'autorité civile. Mais si, en vertu des lois sur la matière, l'autorité est tenue de respecter le choix que font les fabriques, dans la limite de leurs attributions, et si son intervention, sur ce point, ne revêt d'autre caractère que celui
d'une formalité de police administrative, produisant les

effets que nous avons indiqué ci-dessus, dans l'hypothèse
de l'exploitation des fabriques par elles-mêmes, on ne saurait en dire autant du choix des moyens. Sur cette question
le droit d'approbation entraîne avec lui le droit de contrôle
qui implique nécessairement celui de veto. Dans un service
aussi compliqué que celui des Pompes funèbres, il est impossible aux fabriques de s'isoler complétement de l'administration municipale. Les rapports sont inévitables et
ont besoin d'être réglés par des dispositions spéciales et
précises. De plus, entre l'intérêt des églises et l'intérêt
général qui sont en présence, il importe d'établir une cor-
rélation nécessaire. Or, pour assurer l'harmonie entre
tous les besoins qui viennent se confondre, de divers côtés
à la fois, sur le terrain commun des Pompes funèbres, il
n'y a que l'autorité supérieure du préfet ou du Gouvernement qui ait en main le pouvoir et l'indépendance voulus
en pareil cas. C'est à elle qu'il appartient de juger si tous
les intérêts ont été impartialement ménagés et d'indiquer,
dans quel sens et pour quels motifs, l'acte administratif qui
lui est soumis doit être amendé, complété ou entièrement
refait, si la nécessité lui en est démontrée.

Telle est, ce nous semble, la seule interprétation logique
que puisse comporter le texte de l'art. 22 du décret de
prairial. Cet article doit être interprété par le rapprochement des art. 10 et 15 du décret de 1806 qui font intervenir l'autorité civile dans la confection des cahiers des
charges.

S'il n'en était ainsi, le *droit d'option*, que la loi et la pratique administrative des Ministres de l'Intérieur et des Cultes reconnaissent aux fabriques ne serait qu'un vain mot
et une mystification. A quoi se réduirait, en effet, les dispositions si affirmatives des décrets de l'an XII et de 1806
sur ce point, si, en fait, il ne dépendait que de la volonté

d'un Préfet ou du Gouvernement d'en paralyser l'exercice ?

D'un autre côté, pour que l'approbation des autorités civiles dont parle le décret de prairial ne se trouve réduite aux proportions d'une simple formalité oiseuse, comme celle qui s'applique à la régie des immeubles des fabriques, pour qu'elle puisse entraîner avec elle le droit de contrôle et se traduire, au besoin, par un refus motivé, il est indispensable que le domaine sur lequel elle doit s'exercer soit ouvert à son action. Or, le droit d'option devant être respecté en principe, comme étant l'une des bases de la législation sur la matière et comme contribuant puissamment à assurer aux fabriques la pleine jouissance de leur monopole, la sanction de l'autorité civile ne saurait avoir d'autre objet que celui que nous venons d'indiquer.

Il est regrettable que l'on ne puisse s'étayer, dans l'examen de cette question, d'une décision spéciale du Conseil d'État. Nous n'en connaissons aucune qui soit de nature à dissiper pleinement les incertitudes qu'a fait naître la lecture du texte légal, en ce qui concerne le caractère qu'il convient d'attribuer à l'approbation, par l'autorité supérieure, du choix fait par les fabriques d'un mode d'exploitation. La lumière faisant défaut de ce côté, on est forcé de recourir aux conseils de la logique et de s'inspirer des principes qui servent de base à notre système de législation administrative. La question en vaut d'ailleurs la peine, car il s'agit pour les fabriques d'un point de doctrine de la plus haute importance. Il est des villes, en effet, où l'adoption forcée de la mise en ferme du service des Pompes funèbres peut devenir très-onéreuse et même ruineuse pour les fabriques ; tandis qu'elles sont assurées de trouver, dans l'adoption d'un autre système, une source d'avantages jusque-là inconnus. En conférant aux fabriques le *droit d'option* dont nous venons de parler, le législateur n'a-t-il pas eu

en vue de soustraire l'exercice du monopole aux entraves
qu'il pouvait rencontrer un jour, aux tendances absorbantes de l'administration, suivant les époques, et aux piéges
des personnes qui sont intéressées à sa ruine ? — La réponse à cette question finale n'a pas besoin d'être longuement discutée. Elle ressort d'elle-même de la pensée féconde qui a inspiré cette législation réparatrice. Au surplus,
nous renvoyons le lecteur à ce que nous avons dit dans le
chapitre précédent, au sujet des fabriques de la ville de
Paris.

CHAPITRE VI

DE LA RÉUNION DES FABRIQUES DANS LES GRANDES VILLES,
FABRIQUES URBAINES ET FABRIQUES DE BANLIEUE

L'art. 8 du décret de 1806 est ainsi conçu : « Dans les
« grandes villes, toutes les fabriques se réuniront pour ne
« former qu'une seule entreprise. »

L'art. 14 ajoute : « Les fournitures précitées dans l'art.
« XI, dans les villes qui ne fournissent pas par elles-mê-
« mes, seront données, ou en Régie intéressée ou en en-
« treprise, à un seul régisseur ou entrepreneur. »

Les dispositions de ces deux articles ont été interprétées
dans deux sens tout à fait opposés.

Les uns et, notamment, les regrettables MM. Gaudry et
Riobé y ont vu l'obligation imposée, dans tous les cas, aux
fabriques des grandes villes, de se réunir, pour ne former
qu'une seule et même entreprise. Par grandes villes, disent
les auteurs, on est convenu d'entendre les localités qui
comptent un certain nombre de paroisses.

Les autres pensent au contraire que la réunion des fabriques, dans une même ville, n'est de précepte rigoureux,
que pour celles d'entre elles qui, désirant se soustraire aux
ennuis de l'exploitation directe du service des Pompes fu-

nèbres, jugent à propos d'en affermer l'exercice à un entrepreneur, moyennant un chiffre de remise convenu. En ce cas, l'entrepreneur doit être le même pour toutes les fabriques qui désirent faire l'expérience de ce mode d'exploitation, mais pour celles-là seulement.

De ces deux interprétations qu'elle est la vraie et la plus conforme à la pensée du législateur ?

Avant de répondre à cette question, qu'il nous soit permis de présenter quelques considérations générales sur la réunion des fabriques en elle-même, abstraction faite des énonciations de la loi qui en prescrivent la pratique.

Nous posons en principe que la réunion des fabriques est désirable, à tous les points de vue, qu'elle s'impose, en quelque sorte d'elle-même, à ces établissements religieux, par l'importance des avantages qu'elle leur assure. Avantages moraux, d'une part, car, en agissant en nom collectif, ils puisent, dans l'esprit d'association qui fonde la grande communauté fabricienne, une force, une initiative et un degré de considération qu'ils seraient loin d'avoir s'ils s'administraient chacun isolément. Plus les liens qui cimentent cette union, qui confondent tous les intérêts et toutes les aspirations de la communauté seront étroits, plus le corps administratif des fabriques sera solide et puissant. Avantages matériels, d'autre part, car les frais généraux d'exploitation étant communs, ne sont faits qu'une fois, pour toutes les fabriques et se réduisent, en détail, pour chacune d'elles, à une somme relativement minime, tandis que le chiffre des bénéfices ne cesse de s'accentuer de plus en plus, d'une année à l'autre. Avantages pour le public, car on ne saurait rien voir de plus fâcheux et de moins digne que le spectacle que présenterait le service des Pompes funèbres, dans une ville où les tarifs, les ornements, les cérémonies et les usages varieraient d'une paroisse à une autre, où les fabriques, s'enfermant dans un esprit d'isolement voisin de l'égoïsme, seraient séparées les unes des autres par les différences les plus tranchées, peut-être même par des rivalités plus regrettables encore. Nous n'avons pas besoin d'insister sur les inconvénients que présenterait une telle situation, sur les plaintes et les complications qui en résulteraient inévitablement, tant au point de vue de l'intérêt général, qu'au point de vue de l'intérêt privé des fabriques. On les devine sans peine, mais, en aucun cas, on ne saurait les excuser.

Pour juger des avantages qui naissent de l'association en général, il suffit de jeter un regard sur les progrès dont la civilisation lui est redevable et sur les entreprises colossales qu'elle a pu seule réaliser. Elle est le plus puissant levier de l'esprit humain, le grand auxiliaire des temps modernes et, aujourd'hui surtout, le gage assuré d'un perfectionnement matériel qui s'affirme de plus en plus. Quoique s'exerçant sur une plus petite échelle, l'esprit d'association, en matière de Pompes funèbres, n'en est pas moins d'un puissant secours. On ne saurait trop engager les fabriques à en rechercher les bienfaits. Un refus systématique de leur part serait injustifiable et ferait presque regretter que la loi n'ait pas armé les autorités civiles et religieuses d'un pouvoir coercitif suffisant pour imposer d'office, à ces établissements religieux, un système d'association qui s'harmonise si bien avec leurs véritables intérêts. Constatons, à l'éloge des fabriques, que les refus de ce genre sont rares en pratique, et espérons qu'ils le deviendront encore davantage.

Ce préliminaire posé, nous devons rechercher quel est la portée qu'il convient de reconnaître aux énonciations générales de l'art. 8 du décret de 1806, combinées avec les termes plus restrictifs de l'art. 14.

§ 1. — Quand la réunion est-elle forcée ?

Au premier coup d'œil, la lecture de l'art. 8 est trompeuse et fait naître une idée différente de celle qu'elle exprime en réalité. Pour beaucoup de personnes cet article n'a d'autre objet que de contraindre les fabriques des grandes villes à former une seule association, dans tous les cas, quel que soit le mode d'exploitation qu'il leur plaît d'adopter. Voici ce qu'en dit un auteur dont l'avis fait autorité dans les questions de droit civil ecclésiastique, le regrettable M. Gaudry (1) : « En tout cas, soit que le droit
« des fabriques s'exerce par elles-mêmes, soit qu'elles
« l'aient affermé, la loi veut que, dans les grandes villes,
« les fabriques se réunissent, pour ne former qu'une seule
« entreprise de Pompes funèbres. » — Un autre auteur, auquel les fabriques d'Angers doivent beaucoup et dont les relations nous ont toujours été agréables, M. Riobé défend le même avis, dans un opuscule qui fut très-remarqué et qui a rendu de vrais services à l'administration fabricienne (2). Nous y lisons : « Cet article (l'art. 8) *est*
« *absolu ;* il ne comporte pas d'exceptions : *toutes les*
« *fabriques.* Soit que les fabriques fournissent par elles-
« mêmes, soit qu'elles donnent les fournitures en Régie,
« soit qu'elles transfèrent leurs droits à un entrepreneur,
« dans ces trois circonstances les fabriques ont besoin de
« se réunir pour ne former qu'un intérêt commun, une
« administration unique, car, pour elles, la séparation serait
« un désaccord déplorable..... il appartient à l'autorité
« ecclésiastique de mettre un terme à un pareil dissenti-

---

(1) *Traité de la Législation des cultes*, vol. 2. page 619. —
(2) *Observations sur l'administration des fabriques en matière de Pompes funèbres*, pages 24, 25.

« ment et de forcer (1) la minorité à s'incliner devant la
« majorité ; autrement la loi serait sans vigueur et le pou-
« voir épiscopal ne serait qu'une vaine fiction, une arme
« impuissante pour la faire respecter... »

En citant ces autorités nous n'avons pas la pensée de
mettre en relief une erreur de doctrine qui est si facile à
justifier, soit en fait soit au point de vue logique, mais
uniquement de faire ressortir les imperfections d'un texte
qui encourage si facilement les interprétations les plus
contraires.

Le vrai sens qu'il convient d'attribuer aux dispositions
de l'article 8 est d'en restreindre l'application à l'hypothèse où la généralité ou une fraction des fabriques d'une
même ville se prononcent pour la mise en ferme ou la
Régie intéressée, et recourent aux offices d'un régisseur ou d'un entrepreneur. En ce cas, mais en ce cas
seulement, elles sont tenues de n'avoir qu'un seul entrepreneur ou régisseur. Quant à celles d'entre elles qui ne
jugeraient pas à propos de suivre les autres dans la même
voie, aucune loi ne saurait les y faire entrer. L'article 8
pose la règle, mais l'art. 14 en circonscrit l'application
dans les limites que nous venons d'indiquer. La distance
qui sépare ces deux articles fait oublier la restriction qui
est plus loin, et le lecteur, s'en tenant aux termes généraux
de l'art. 8 qui est trop isolé, en conclut que l'association
est de rigueur, en tout état de cause.

Dans son traité de l'administration temporelle des

(1) Nous avons reproduit, dans le Chapitre précédent, deux extraits de lettres ministérielles qui enlèvent à l'autorité épiscopale le
pouvoir d'exercer, sur la volonté des fabriques, une pression qui
porterait atteinte au principe du droit d'option dont il a été question ci-dessus. Les évêques n'interviennent dans les questions de
Pompes funèbres que pour émettre leur avis.

paroisses, **Mgr Affre** explique dans son véritable sens la portée de l'art. 8. Telle est également l'interprétation qu'en ont donnée le *Bulletin des lois civiles et ecclésiastiques*, le *Journal des conseils de fabriques* et **M. Armand Ravelet.**

§ 2. — **Jurisprudence.**

En principe, on ne peut s'empêcher de considérer cette doctrine comme regrettable, mais elle est basée sur la loi et elle a été consacrée, en termes positifs, par les décisions du Conseil d'État et du Ministère des Cultes.

Par un décret rendu en Conseil d'État le 10 avril 1867 (1) le Gouvernement a fait cesser toutes les hésitations que pouvait faire naitre la lecture de l'art. 8 précité et a fixé la jurisprudence sur la question. Ce décret est relatif aux fabriques de Toulouse. Sur les douze paroisses que compte ladite ville, neuf avaient décidé de faire les fournitures en Régie, et les trois autres voulaient les confier à un entrepreneur. S'appuyant sur les termes généraux de l'art. 8 du décret de 1806, la majorité des paroisses avait cru pouvoir contraindre les trois paroisses dissidentes à se rallier à son avis. Mais le Conseil d'État repoussa cette doctrine dans les termes suivants : « ... Considérant, d'autre part, « que si les fabriques requérantes (la majorité) avaient le « droit de faire elles-mêmes les fournitures dont il s'agit, « les fabriques des trois autres paroisses avaient également « ment le droit d'affermer le service de ces fournitures, « pourvu que, comme dans l'espèce, le service fut affermé « à un seul et même entrepreneur *et qu'aucune disposition* « *de loi ou de règlement n'obligeait les fabriques de ces*

_____

(1) Ce décret est reproduit en entier aux Pièces justificatives.

« *trois paroisses à se conformer à ce qui avait été décidé*
« *par le plus grand nombre de fabriques* de la ville et,
« par suite, à faire elles-mêmes les fournitures, ci-dessus
« énoncées... »

Avant que le Conseil d'État fût saisi de la question
les Ministres des Cultes et de l'Intérieur avaient été appelés à statuer de leur côté sur la situation dont nous venons
de parler relativement aux fabriques de Toulouse. Leur
décision est en tout point conforme à celle de la sentence
du Conseil d'État. Nous détachons d'une lettre adressée
le 5 août 1865 par le Ministre de l'Intérieur à Mgr l'Archevêque de Toulouse au sujet de cette grave affaire le
passage suivant : « Mais, l'art. 8 placé sous la rubrique
« du titre II n'est pas applicable, comme vous semblez
« le croire, au transport des corps réglé par le titre III
« et si une ou plusieurs fabriques ont concédé les four-
« nitures à un entrepreneur, la majorité des fabriques
« qui ont préféré le mode de la Régie simple ne saurait les
« obliger à rentrer dans l'association la plus nombreuse.
« Aussi, dans l'espèce, les 3 fabriques dissidentes ont-elles
« le droit de maintenir à l'encontre des 9 fabriques qui
« régissent elles-mêmes le service des Pompes funèbres,
« leur droit d'agir, suivant leurs inspirations et à leur
« responsabilité... Toutefois, *si une ou plusieurs des fa-*
« *briques qui ont maintenu* LA RÉGIE SIMPLE *voulaient*
« *imiter l'exemple des fabriques dissidentes, il appartien-*
« *drait alors à M. le Préfet de la Haute-Garonne de pro-*
« *noncer en vertu de l'art. XIV*, LA RÉUNION EN UNE SEULE
« ENTREPRISE. »

Telle est la loi et tels sont les commentaires qui en expliquent le vrai sens.

§ 3. Fabriques urbaines et fabriques de banlieue.

Nous soulignons, avec intention, le passage final de la lettre précédente, et nous en utilisons les termes pour résoudre, tout de suite, deux questions qui se présentent et que nous résumons ainsi qu'il suit :

1° Dans le système de la *Régie simple,* l'autorité civile peut-elle invoquer les prescriptions combinées des articles 8 et 14 du décret de 1806, pour forcer les fabriques d'une ville à se réunir, pour l'exploitation en commun du monopole, comme dans le cas de la mise en ferme ou de la Régie intéressée ?

2° Quelle est la situation qui est faite aux paroisses suburbaines ou de banlieue, vis-à-vis des paroisses urbaines ou intérieures, dans la triple hypothèse de la Régie simple, de la Régie intéressée ou de l'affermage ?

Première question. — Avant de répondre à la première question, rappelons, en deux mots, les caractères distinctifs de la Régie simple. Sous ce mode d'administration les fabriques gèrent directement leur privilège, soit isolément, soit collectivement. La gestion collective est plus en usage dans les grandes villes, parce qu'elle est plus avantageuse ; mais, dans un cas comme dans l'autre, elle affecte toujours le même caractère, car c'est toujours la fabrique qui administre, qui règle les dépenses, arrête les recettes et détermine les bénéfices. Elle fait, en un mot, ce que feraient un fermier ou un régisseur intéressé, aux offices desquels elle veut se soustraire. Quant aux fournitures, elle les acquiert directement, soit par la voie de l'adjudication, soit avec l'autorisation préfectorale, par des traités de gré à gré. Le système d'administration est le même, qu'il y ait réunion de fabriques ou non, car

les fabriques, dans le premier cas, font collectivement ce
qu'elles pourraient faire chacunes séparément.

Ceci dit, nous avons à nous demander si les règles qui
sont spéciales à l'affermage et à la Régie intéressée deviennent applicables à la Régie simple ou directe, c'est-à-
dire si, en vertu de l'article 8 du décret de 1806, il appartient à l'autorité supérieure de forcer la majorité des
fabriques s'administrant collectivement en Régie simple,
dans une même ville, à admettre dans leur association
une ou plusieurs fabriques qui en auraient été écartées dès
le principe ?

La négative ne nous paraît pas douteuse. Elle ressort
d'abord de l'exposé général que nous venons de présenter,
dans le paragraphe précédent, au sujet de l'art. 8 du décret de 1806, et plus spécialement : 1° Des termes exclusifs de l'article 14 du décret de 1806, qui détermine la
mesure dans laquelle doivent être appliquées les énonciations si générales de l'article 8. Ledit article 14 n'étend,
en effet, l'obligation imposée aux fabriques de se réunir,
qu'aux seuls cas de la Régie intéressée et de l'affermage.
Quant à l'hypothèse de la Régie directe, il n'en est pas dit
un seul mot : d'où il suit évidemment qu'elle a été excep-
tée, avec intention, de la règle posée par l'article 8, et
que la Régie simple ne doit pas être assimilée à la Régie
intéressée.

2° Du décret cité plus haut du 10 avril 1867, concernant les fabriques de Toulouse, qui a reconnu, en principe,
que *nulle loi* et *nul règlement* ne donnaient à l'autorité
civile ou religieuse les pouvoirs nécessaires pour *adjoindre
d'office trois fabriques dissidentes à l'association en Régie
simple, formée par les neuf autres.*

3° Des termes, on ne peut plus explicites, de la lettre
du ministre de l'Intérieur à Mgr l'Archevêque de Tou-

28

louse, dont nous parlions ci-dessus, et de laquelle il résulte, en substance, que si, d'une part M. le Préfet de la
Haute-Garonne n'avait pas le droit de contraindre la minorité des fabriques de cette ville à se ranger au système
de Régie directe, adopté par la majorité, ce fonctionnaire
était parfaitement fondé, d'autre part, en vertu du décret
de 1852, sur la décentralisation administrative, à forcer
celles des neuf fabriques qui se détacheraient de la Régie,
pour imiter l'exemple des trois autres, à ne former, avec
celles-ci, qu'une seule et même entreprise. Les situations
sont parfaitement définies, dans cette lettre, et la solution
qui s'en détache s'applique au cas exactement identique
que nous avons voulu examiner.

Deuxième question. — Dans toutes les grandes villes il
existe des fabriques *suburbaines*, dites de faubourg ou de
banlieue, et des fabriques *urbaines* ou intérieures. Les différences de nom qui existent entre les unes et les autres
tiennent à leur situation topographique au deçà ou au delà
du périmètre de la ville proprement dite. Ces différences
en accusent d'autres relatives aux exigences du service paroissial, qui est beaucoup plus compliqué chez les fabriques
de villes que chez les fabriques suburbaines. Mais il est
un point sur lequel elles se rencontrent presque toutes :
c'est le désir d'accroître leur revenus, par les moyens en
leur pouvoir. Le monopole des Pompes funèbres s'offre à
elles comme une mine féconde, dont la loi leur a spécialement
réservé l'exploitation. Par la position qu'elles occupent, les
paroisses urbaines en retireront une somme de bénéfices
nécessairement plus importante que les paroisses de banlieue et cette inégalité, dans le chiffre des profits, ne présentera rien d'anormal ou de surprenant, car il n'est que la
juste compensation des charges qui pèsent en plus d'un
côté que de l'autre. Si les fabriques de ville ou de banlieue

exploitent et par elles-mêmes leur service de Pompes funèbres, les relations entre les unes et les autres ne présente-
ront pas de particularités bien frappantes, mais si les paroisses de ville viennent à adopter la mise en ferme et surtout si,
dans le pacte d'association, il est stipulé que l'on doit verser en fond commun une partie ou la généralité des bénéfices, les convoitises des fabriques suburbaines seront tenues en éveil, des démarches seront faites pour qu'elles
soient admises en participation des avantages que leur offre
un mode d'exploitation collectif, où elles ont tout à gagner
et rien à perdre. Afin de donner à leur exigence une apparence de légalité, elles invoqueront l'art. 8 du décret du
18 mai 1806. En cas de refus, elles taxeront d'égoïsme
l'attitude exclusive des fabriques urbaines, et ne négilge-
ront aucune occasion de forcer l'obstacle qui s'oppose à
leur entrée dans le syndicat des fabriques de ville.

En cet état, que feront les fabriques urbaines pour écarter les prétentions qui s'agitent autour d'elles?

Une distinction est ici nécessaire. S'il existe un fond
commun et si leurs intérêts ont à souffrir de l'admission
des fabriques suburbaines dans le syndicat, elles n'ont qu'à
répondre par une fin de non-recevoir, a en faire l'objet
d'une clause spéciale, dans l'acte d'association, et même
d'une condition *sine quâ non* de l'existence de l'association. S'il n'existe pas de fond commun et si la réunion des
fabriques suburbaines ne présente pas de sérieuses difficultés, les fabriques de ville feront bien d'admettre les fabriques de faubourg en participation des avantages que
procure l'association, au point de vue de l'économie des
frais généraux. L'unité d'action, en ce cas, est très-dé-
sirable et l'on ne saurait trop la conseiller.

Mais, dans la première hypothèse, quels moyens auront

les fabriques de ville pour donner à leur refus un caractère légal et coercitif.

La suppression du fonds commun serait, sans doute, le moyen le plus efficace que l'on puisse recommander, si les fabriques de ville ne devaient pas en être lésées. Le fonds commun étant l'unique objectif des fabriques suburbaines, il est évident qu'en le supprimant, on met un terme à leurs prétentions.

Mais, sans recourir à ce moyen extrême, les fabriques ont pour elles la loi. L'art. 8 du décret du 18 mai 1806, dit, en effet, « *dans les grandes villes*, toutes les fabriques « se réuniront pour ne former qu'une seule entreprise. » Par ces mots : *dans les grandes villes*, le Législateur n'a voulu parler que des fabriques situées à l'intérieur du périmètre qui forme l'enceinte normale d'une même cité. Les églises situées au delà, surtout à une certaine distance, sont, sans doute, paroisse de la même commune, mais non de la même ville, bien que quelques-unes d'entre elles soient succursales d'une cure de ville. Le titre de succursale n'est pas, en ce cas, une recommandation suffisante, car il n'est pas rare de voir des succursales de villes, situées à 10, 20 et 30 kilomètres de l'église mère.

Les fabriques peuvent également invoquer les règlements de l'autorité diocésaine. La distinction entre les fabriques de ville et les fabriques suburbaines n'est pas une distinction purement conventionnelle, abandonnée à l'appréciation trop peu désintéressée des paroissiens ou des administrations fabriciennes. Elle repose, au point de vue religieux et administratif, sur une décision épiscopale qui doit servir de règle et que les fabriques ont le devoir de respecter. C'est à l'Évêque qu'il appartient de juger s'il y a lieu ou non d'admettre telle ou telle paroisse de faubourg ou de banlieue aux prérogatives qui sont ordinairement attachées aux paroisses de ville. Son avis, en pareil cas, est d'une importance qui n'échappe à personne et sur laquelle il est inutile d'insister.

Au point de vue du temporel, l'administration municipale est pareillement appelée à donner son avis sur l'admission des paroisses suburbaines au rang de paroisses de ville. C'est à elle, en effet, qu'il appartient de combler, avec les deniers de la Commune, les déficits que l'association des paroisses de ville et de faubourgs pourrait amener, dans les budgets des fabriques de ville, trop écrasées de charges.

Enfin, dans l'hypothèse peu probable où les fabriques de ville auraient contre elles les autorités civiles et religieuse, il leur reste toujours la ressource extrême de renoncer à la mise en ferme du service pour adopter *la Régie directe*, qui les laisse libres dans le choix des membres composant l'association syndicale, ainsi que nous croyons l'avoir démontré dans le cours de ce chapitre.

Le Conseil d'État est actuellement saisi d'une question de cette nature. La décision à intervenir intéressant les fabriques de toutes les grandes villes, nous croyons aller au devant de leur désir, en leur faisant connaître les circonstances qui l'ont provoquée.

En 1805, les fabriques de Marseille, alors au nombre de dix seulement, optèrent en faveur de la Régie directe, pour l'exploitation, en commun *et par elles-mêmes*, du monopole des Pompes funèbres. La délibération du Conseil municipal qui approuva le choix des fabriques s'exprime dans les termes suivants : « L'assemblée juge à propos d'ap-
« puyer *d'une manière expresse* la disposition de l'article
« 6 du même tarif... *Et déclare, en conséquence, qu'il*
« *lui paraît du plus grand avantage que toutes les four-*
« *nitures relatives soit à la décence, soit à la pompe des*

« *funérailles soient faites par économie, par la Régie,*
« *sans qu'elles puissent être affermées, dans aucun*
« *temps, ni sous aucun prétexte.* » (8 juin 1808). L'art.
1ᵉʳ du règlement porte : « *Les fournitures seront faites*
« *en commun,* par les marguilliers des églises paroissiales
« et succursales, situées *dans l'enceinte* de Marseille.» —
Art. 2 : « Pour l'exercice de ce droit, il sera formé un
« Bureau d'administration, composé de cinq marguilliers
« pris dans les *dix paroisses...* » — L'arrêté préfectoral
du 7 juillet 1808 approuva ces dispositions, dans les termes
que voici : « Art. 1ᵉʳ. Les marguilliers des églises *de la*
« *ville et dss faubourgs* jouiront seuls du droit de fournir
« etc. » Art. 2. « Les marguilliers de toutes les fabriques
« se réuniront pour ne former qu'une seule *Régie* ou *en-*
« *treprise* (1)... » — Enfin l'art. 12 ajoute que les bénéfices résultant de l'exploitation collective seront repartis,
par égales parts, à la fin de chaque mois, *entre toutes les*
fabriques. Le 10 septembre 1808 un décret impérial consacrait ce mode d'organisation.

Parmi les dix paroisses qui composaient la Régie six
étaient situées au centre même de la ville et la circonscription des quatre autres embrassait une superficie beaucoup
plus vaste que peuplée, ayant son point de départ dans
l'enceinte même de la ville et s'étendant sur les faubourgs
extérieurs. C'est en ce sens qu'il faut entendre l'art. 1ᵉʳ de
l'arrêté préfectoral du 7 juillet 1808 qui parle des paroisses de ville et des faubourgs.

Mais au-delà des faubourgs, et sur un point presque isolé
de la campagne, se trouvait une ancienne église de couvent, d'une architecture remarquable dont on avait fait une

(1) Le mot d'entreprise n'a pas ici le sens rigoureux qu'il comporte dans le système de la mise en ferme. Il est synonime d'exploitation collective par les fabriques à leurs risques et périls.

onzième paroisse de quatre à cinq cents habitants, la paroisse de Sainte-Marie-Madeleine. A l'époque de la formation de la Régie, de 1805 en 1808, cette paroisse avait demandé à plusieurs reprises d'entrer dans l'association des paroisses urbaines, mais, malgré l'insistance de l'autorité diocésaine, Mgr Champion de Circé, archevêque d'Aix, on refusa de l'admettre, pour le double motif qu'en l'état du partage des bénéfices par égales parts, elle devait être une lourde charge pour les paroisses de villes et, ensuite, parce qu'elle n'était reconnue que comme paroisse de banlieue, malgré son titre de succursale d'une paroisse urbaine.

Dans la suite, la ville de Marseille ayant acquis un accroissement considérable, les faubourgs firent place à des boulevards intérieurs, les jardins, à des habitations, et une cité nouvelle surgit peu à peu, autour de l'ancienne. Pour subvenir aux exigences toujours croissantes du culte paroissial, la circonscription de 1805 dut être retouchée. A cet effet, on subdivisa les quatre paroisses moitié ville et moitié faubourgs, en autant de succursales que de nouveaux foyers de population. Le périmètre extérieur des dix paroisses primitives ne fut ni éloigné, ni modifié pour cela, on se contenta seulement de dédoubler celles qui, à raison de leur grande étendue, se prêtaient le mieux à ce système de parcellement. C'est ainsi que le nombre des paroisses intérieures qui était de dix en 1805 arrivait, en 1873, au chiffre de dix-neuf, la surface topographique restant toujours la même, à peu de choses près.

Un point à remarquer, c'est qu'au fur et mesure de leur érection, les fabriques de fondation récente demandaient à entrer dans l'association formée, en 1805, pour le service des Pompes funèbres, et la Régie, après l'accomplissement des formalités requises, les admettait au bénéfice du dividende mensuel, au même titre que les autres fabriques de villes, dont elles n'étaient, en réalité, qu'un démembrement.

Enhardie par le bon accueil qui était fait à ces paroisses, la fabrique de la Madeleine formula, à son tour, une nouvelle demande d'admission qui n'eut pas plus de succès que les précédentes. Cependant, sur *le désir qu'elle en manifesta* à la Régie, celle-ci voulut bien lui venir en aide, pour les sépultures, et mettre à sa disposition les fournitures de Pompes funèbres qui lui manquaient, les porteurs et les cercueils notamment.

La fabrique payait directement aux porteurs leur salaire, et la Régie percevait le prix du cercueil. Le mince bénéfice qu'elle en recevait était absorbé par la sépulture gratuite des indigents. Cette manière de procéder étant devenue onéreuse à la Régie, celle-ci dût même avertir la fabrique de la Madeleine qu'elle n'eût plus à compter sur le concours des fabriques de la ville. Sur les instances qui lui furent adressées, la Régie continua cependant à intervenir dans le service des inhumations de ladite fabrique, moins par intérêt que par convenance. Mais il n'en fut pas toujours ainsi. La paroisse de la Madeleine ayant acquis un certain accroissement, dans la période de 1845 à 1865, la Régie commença à être renumérée de ses services. La paroisse, de son côté, s'étant réservée la fourniture de quelques objets lucratifs, la cire, les tentures, les tapis de table, etc... en ressentit aussi les heureux effets. En 1870, il s'opéra un changement très-important dans les relations de la Régie et de la fabrique de la Madeleine. Celle-ci s'apercevant que l'ancienne manière de procéder lui devenait onéreuse et accusait son administration, pria la Régie de faire toutes les fournitures de Pompes funèbres, à charge par elle de lui servir une prime men-

suelle représentant environ le 30 ou le 33 pour 0|0 des
recettes brutes. En 1874, depuis l'application d'un nou-
veau tarif la prime a été portée au 40 pour 0|0. A l'aide
de cette combinaison, la fabrique de la Madeleine entrait
dans la plénitude de ses droits et bénéficiait des avantages
de la Régie, sans lui être à charge.

Mais, ce n'était là qu'un pis-aller auquel elle se résignait
par la force des circonstances, en attendant d'arriver au
but qu'elle poursuit depuis 1805. Sur le refus persistant
de la Régie de l'admettre au bénéfice du dividende, elle
s'est adressée directement à l'autorité civile qui, après bien
des refus, a fini par prendre sa demande en considération.
L'autorité ecclésiastique et les fabriques de la ville seules
ont persévéré dans leur manière de voir, leurs motifs de
refus étant toujours les mêmes. Choisi pour arbitre le Gouvernement a tranché le différent, en faveur de la fabrique
demanderesse, par un décret en date du 18 mai 1874, dont
les fabriques de Marseille ont demandé la réformation au
Conseil d'État, comme faisant une fausse application des
lois sur la matière.

Nous détachons de ce décret le passage suivant :

« Le Président de la République Française...

« Vu les diverses réclamations présentées en juin 1867
« et les 22 mars et 14 août 1868, 19 janvier et 19 dé-
« cembre 1869 par la fabrique de l'église succursale de
« Sainte-Marie-Madeleine, à Marseille, à l'effet d'être ad-
« mise à participer, comme les autres paroisses de la ville,
« aux bénéfices de la Régie des inhumations, EN VERTU
« DE L'ART. 8 DU DÉCRET DU 18 MAI 1806, *qui oblige les
« fabriques des grandes villes à se réunir pour ne former
« qu'une seule entreprise.....*

« VU L'ART. 8 DU DÉCRET DU 18 MAI 1806,

« Vu l'art. 16 de la loi du 24 juillet 1867.

« Le Conseil d'État entendu.

DÉCRÈTE :

« Art. 1ᵉʳ. La fabrique de l'église succursale de Ste Ma-
« rie-Madeleine, à Marseille, (Bouches-du-Rhône), est
« admise à participer aux bénéfices de la Régie des inhu-
« mations de la ville de Marseille... »

Nous nous inclinons d'avance devant la décision souveraine du Conseil d'État qui doit clore ce long débat. Mais,
le décret du 18 mai 1874 appartenant aujourd'hui au domaine public, nous ne pouvons nous dispenser de présenter
ici les quelques observations dont il nous paraît susceptible, d'après l'état actuel de la législation et de la jurisprudence, sur les Pompes funèbres.

Nous avons à nous demander si, au double point de vue
du droit et de l'*équité,* on peut en justifier les dispositions.

En droit, il ne vise qu'un seul article de la loi, l'art. 8
du décret du 18 mai 1806, qui constitue son unique point
d'appui. Or, cette base est-elle bien choisie et bien sûre ?
— Nous ne le pensons pas.

Le décret fait ici une fausse application de l'art. 8 qu'il
invoque et qui oblige les fabriques des grandes villes à ne
former qu'une seule entreprise. Cet article, en effet, est
d'une rédaction trompeuse et qui est loin d'avoir le caractère *absolu* qu'on est porté à lui attribuer, tout d'abord,
et que lui ont même reconnu quelques auteurs, MM. Gaudry et Riobé, entre autres. La véritable portée qu'il convient de donner audit article est déterminé par l'art. 14 du
décret de 1806, qui en limite l'application aux seuls cas
de la *mise en ferme* du service des Pompes funèbres et de
la *Régie intéressée.* Par suite, il est sans action sur les fa-

briques qui, en vertu du même décret de 1806, déclarent vouloir exploiter, par elles-mêmes, le privilége de l'an XII, soit isolément, soit en nom collectif, comme dans l'hypothèse où sont placées les fabriques de Marseille, ainsi qu'il conste des divers documents que nous avons fournis plus haut, au sujet de leur organisation en Régie simple.

Cette interprétation est aujourd'hui à l'abri de toute espèce de contestation, car elle a été consacrée par un décret rendu au Conseil d'État, Section contentieuse, le 10 avril 1867, dont nous avons parlé ci-dessus et par deux décisions antérieures des ministres de l'Intérieur et des Cultes, en date des 5 août et 14 juillet 1865, dont il a été également parlé dans le cours de ce chapitre (1). Nous nous contenterons de les mentionner ici pour mémoire seulement, pour opposer au décret du 18 mai 1874 les deux organes du Gouvernement et une décision conforme du Conseil d'État. Les principes à examiner sont toujours les mêmes. Il s'agit de savoir si, à Marseille comme à Toulouse, les fabriques organisées en Régie directe, tombent sous les coups de l'art. 8 du décret de 1806, c'est-à-dire sont assimilées aux fabriques qui afferment leur droit à un entrepreneur ou à un Régisseur, et s'il est au pouvoir du Gouvernement de leur imposer l'admission d'office d'une fabrique qu'elles ont écartées de tout temps. Sauf le cas ou le Conseil d'État adopterait, en 1875, une manière de voir opposée à celle qu'il a consacrée en 1867, nous ne croyons pas que la négative puisse être douteuse.

Par ces motifs, le décret du 18 mai 1874, nous paraît donc reposer sur une base fragile. Il est, dès lors, sans point d'appui et, en cet état, on ne sait trop comment il serait possible d'en justifier le maintien. Tout le fond du

(1) Ces lettres figurent *in extenso* dans les Pièces justificatives.

procès roule sur l'interprétation du décret de 1806. Les considérations que l'on pourrait faire valoir, en dehors de ce point de droit, sont d'une importance tout-à-fait secondaire, à côté de celles qui sont tirées de la loi. Là est le siége de la difficulté, ainsi que l'indique la simple lecture du décret dont on demande la réformation.

En équité, on est pas moins embarrassé d'expliquer le décret du 18 mai 1874. Par le système de répartition des bénéfices qu'elles ont adopté en 1805, les fabriques de Marseille offrent un exemple de désintéressement et de charité chrétienne peut-être unique, en France, et qui, pour ces motifs, méritait assurément d'être encouragé ou tout au moins protégé contre les convoitises des fabriques suburbaines et de banlieue. La municipalité, plus que personne, y était intéressée, car le jour où il plairait aux fabriques riches trop surchargées (1), de ne plus partager avec les fabriques pauvres l'excédant de leurs revenus sur les inhumations, celles-ci se verraient obligées de recourir aux finances de la Commune, pour rétablir l'équilibre de leur budget, et la Commune ne pourrait se soustraire à l'obligation que la loi de 1837 lui impose de ce côté. Les fabriques riches en auraient certainement le droit, car la mise en fonds commun de tous les bénéfices étant purement facultative de leur part, nulle loi ne pourrait leur en imposer la continuation. Au lieu donc de mettre à contribution la générosité des paroisses de ville, en faveur des paroisses suburbaines avec lesquelles il n'y a jamais eu de solidarité d'intérêts, l'autorité municipale eut été beaucoup

---

(1) L'écart entre le versement au fonds commun par les fabriques riches des vieux quartiers et les fabriques riches des quartiers neufs est de 50,000 à 20,000 fr. pour celles-ci et de 12,000 à 28,000 fr. pour les autres. Six paroisses versent autant presque, à elles seules, que les treize autres réunies.

mieux inspirée, en se prononçant pour le maintien d'un *statu quo*, dont elle n'apprécie pas assez les avantages.

La persistance des fabriques de Marseille, dans le débat, n'a pas besoin d'être longuement expliquée. La seule lecture de leur règlement constitutif les absout d'avance contre le reproche d'égoïsme qu'on serait tenté de leur adresser. Leur unique but est de défendre le principe qui sert de base à leur organisation. Elles le défendent avec la conviction d'un droit méconnu, persuadées que l'admission forcée d'une fabrique suburbaine dans l'association qu'elles forment, ouvre les portes de la Régie à quatre ou cinq autres fabriques limitrophes des faubourgs, qui n'attendent que la décision du Conseil d'État pour formuler, à leur tour, une demande d'admission au bénéfice du fond commun des fabriques urbaines. Il en est une, notamment, qui depuis 1852 a fait des demandes, dans ce sens, auprès de l'autorité préfectorale. L'apport social de chacune d'elles étant de beaucoup inférieur à la part de revenus qu'elles espèrent retirer de la Régie, on arrive, avec ce système, à l'appauvrissement méthodique des fabriques de ville au profit des fabriques de banlieue. Or, cette façon de procéder ne cache-t-elle pas une injustice flagrante ? Il répugne, en effet, de voir les fabriques intérieures exposées, sans défense, aux tentatives intéressées de quelques fabriques des faubourgs. Il répugne, surtout, de voir une organisation, qui ne compte pas moins de 70 ans, troublée dans son fonctionnement, peut-être même menacée, dans son existence, par les prétentions exorbitantes d'une fabrique extérieure. Aussi, des bruits de dissolution ont-ils déjà circulé, parmi quelques fabriques de ville, en vue d'une décision négative du Conseil d'État. S'ils venaient à se réaliser, la fabrique de la Madeleine serait tout-à-coup privée, au moment où elle allait l'atteindre, du fruit de sa longue persistance et le Conseil municipal recueillerait à son tour, le triste résultat d'une situation onéreuse qu'il aurait recherché.

Les fabriques de Marseille n'en arriveront pas, certainement, à une séparation, quoi que l'on fasse pour les y pousser. Elles ont confiance dans les hautes idées de justice dont le Conseil d'État est le suprême dépositaire et, dans l'hypothèse même d'un rejet de leur pourvoi, elles sauraient puiser, dans le sentiment du devoir de charité qu'elles remplissent, les moyens d'oublier la mesure vexatoire qui les atteint.

CHAPITRE VII

§ 1. Principes généraux sur les adjudications et marchés de fournitures pour les établissements publics

Il y a deux sortes de traité administratifs : 1° Les marchés pour *travaux publics* et 2° les marchés pour *fournitures*.

Les marchés de travaux publics comprennent tous les travaux de construction, de reconstruction, d'appropriation, de réparation ou d'entretien qui s'exécutent, dans un intérêt général, aux frais de l'État, des communes ou des établissements publics.

Les marchés pour fournitures sont relatifs à l'approvisionnement de tous les objets dont les établissements publics peuvent avoir besoin, pour l'exécution d'un service présentant un caractère d'intérêt général.

Les marchés concernant l'État, les départements, les communes et les établissements publics, ont des règles qui leurs sont *communes* et des règles qui leur sont *particulières*.

Les règles communes sont relatives à l'*adjudication*,

c'est-à-dire à la passation des marchés avec publicité et concurrence. Il y a deux sortes d'adjudications : 1° l'adjudication *aux enchères*, qui a pour objet la vente d'un immeuble ou de produits et dont les offres vont toujours en s'élevant ; 2° l'adjudication *au rabais*, qui est réservée pour les fournitures et les travaux publics des communes ou établissements publics. L'adjudication aux enchères a lieu au plus offrant et dernier enchérisseur et à l'extinction des feux. L'adjudication au rabais se fait au moyen de soumissions cachetées, remises en séance publique. La fourniture est adjugée à celui qui a présenté le rabais le plus considérable.

Les règles particulières sont déterminées, pour les marchés de l'État (1), par l'ordonnance du 4 décembre 1836, qui a rendu les formes de l'adjudication obligatoires dans tous les cas, sauf les exceptions stipulées dans l'art. 2. — Pour les communes et les établissements de bienfaisance, c'est l'ordonnance du 14 novembre 1837 (2) qui trace la marche à suivre. Ces deux ordonnances fixent également les formes de publicité et de concurrence.

Quoique la formalité de l'adjudication soit exigée, en principe, pour les marchés qui regardent l'État, les communes et autres établissements publics, les ordonnances de 1836 et de 1837 admettent cependant des exceptions, qui se trouvent consignées dans les art. 2 de chacune de ces ordonnances.

Quant à la compétence, elle est partagée entre la juridiction administrative et les tribunaux civils. Les marchés de travaux publics passés par l'Etat ressortent de la juridiction administrative. (Art. 4 de la loi du 28 pluviôse

(1) Les marchés des départements sont soumis aux mêmes règles que les marchés de l'État. (C. d'État. 1er sept. 1841). — (2) Voir le texte de cette ordonnance aux Pièces justificatives.

an VIII. — Constitution de l'an III). Quant aux contestations nées des marchés passés au nom des communes et établissements de bienfaisance, elles sont de la compétence des tribunaux ordinaires.

§ 2. Règles spéciales aux fabriques.

Les fabriques sont des établissements publics, dans toute l'acception du mot. Elles forment des personnes civiles, habiles à acquérir, à posséder et à recevoir, dans les limites des attributions qui leurs sont propres.

En cette qualité, elles doivent se conformer aux règles de droit commun qui régissent les établissements publics, sauf les particularités ou les exceptions qui naissent de leur situation, et qui sont déterminées par les lois ou la jurisprudence administrative.

En principe donc, les règles générales que nous venons d'examiner sommairement, s'appliquent à elles, et il ne leur appartient pas de s'y soustraire arbitrairement, sans de puissantes considérations, dont l'autorité civile doit seule être juge.

L'ordonnance du 14 novembre 1837, sur les marchés de travaux ou de fournitures des communes, leur devient applicable et doit leur servir de règle de conduite. L'assimilation des fabriques aux communes, en matière de régie des biens et d'administration générale, a été souvent formulée, dans les dispositions légales qui fixent la situation de ces établissements religieux. L'arrêté du 7 thermidor an XI, la loi du 21 frimaire an XII, l'art. 60 du décret du 30 décembre 1809 sont précis sur ce point.

Dans l'application de ces principes à l'exploitation du service des Pompes funèbres, nous distinguerons entre l'hypothèse où les fabriques optent en faveur de la Régie

29

intéressée ou de l'affermage du service et l'hypothèse où elles gèrent elles-mêmes, soit collectivement, soit isolément, le même service.

1° *Régie intéressée et affermage.* — Les art. 14 et 15 du décret de 1806 sont précis et formels. « Les four-« nitures précitées dans l'art. 11, dans les villes où les « fabriques ne gèrent pas par elles-mêmes, seront données, « ou en régie intéressée, ou en entreprise à un seul régis-« seur ou entrepreneur. » L'art. 15 ajoute : « Les *adju-« dications seront faites selon le mode établi par les lois « et règlements, pour tous les travaux publics.* »

L'ordonnance du 14 novembre 1837 sur les marchés des communes et des établissements publics représentant actuellement le dernier état de la législation pour les adjudications des travaux publics, c'est sur ce texte que devront se régler les fabriques dans la mise en ferme de leur privilége.

2° *Régie simple ou directe.* — Les décrets de prairial et de 1806 ne renferment aucune disposition obligeant les fabriques qui gèrent elles-mêmes leur privilége à recourir à la formalité de l'adjudication, pour les fournitures de Pompes funèbres dont elles ont besoin. Mais le silence de la loi n'implique pas pour elles, la dispense de se soustraire aux règles de droit commun qui régissent les établissements publics. En cas de refus ou de négligence, l'autorité civile peut leur en faire une obligation, et, si les fabriques persistaient dans leur refus, le Gouvernement puiserait, dans la loi, les moyens de vaincre leur résistance. C'est ce qui est arrivé d'ailleurs bien des fois. Citons, en ce sens, une décision du ministre des Cultes du 9 octobre 1839, qui forçait les fabriques d'une grande ville à se procurer toutes leurs fournitures de Pompes funèbres, par la voie d'une adjudication au rabais. Nous trouvons dans le bulletin officiel du ministère de l'intérieur plusieurs décisions, prises en vue de rappeler aux fabriques la véritable interprétation de la loi sur ce point.

Nous n'avons pas besoin d'insister davantage sur un point de légalité aussi simple et d'une application aussi peu contestable.

Ajoutons, en ce qui concerne l'approbation des traités et cahiers des charges relatifs aux Pompes funèbres, que c'est aux préfets qu'il appartient de les sanctionner, dans les villes dont le revenu est inférieur à 3 millions et que, dans les villes plus importantes, l'homologation en est donnée par le Gouvernement. C'est ce qui résulte des dispositions combinées du décret du 25 mars 1852 (1) sur la décentralisation administrative (tableau A, Nᵒˢ 46 et 48), et de la loi du 24 juillet 1867 (2), concernant les conseils municipaux (Art. 16).

Quant à la question de compétence pour les contestations qui s'élèvent entre les fabriques et leurs fournisseurs ou entrepreneurs, nous en parlerons dans la cinquième partie.

§ 3. Dérogations au principe qui régit les établissements publics en matière de marché. — Traités de gré à gré.

Toute règle souffre des exceptions. Celle que nous venons de rappeler, au sujet des marchés administratifs, n'échappe pas à ce principe. Les ordonnances des 4 décembre 1836 et 14 novembre 1837 indiquent dans quels cas les traités de gré à gré peuvent légalement remplacer la formalité de l'adjudication. Nulle loi n'étend cependant ces dérogations aux systèmes d'exploitation adoptés par

(1) Voir le texte de ce décret aux Pièces justificatives. — (2) Ibid.

les fabriques en matière de Pompes funèbres ; mais la jurisprudence civile et administrative de la cour de Cassation et du Conseil d'État y ont suppléé, par un certain nombre de décisions qui ne laissent aucun doute sur la parfaite validité des traités passés par les fabriques, en dehors des prescriptions légales que nous venons de rappeler ci-dessus, dans la double hypothèse de la mise en ferme et de la régie directe.

En ce qui concerne la mise en ferme, il a été jugé qu'un traité de gré à gré, conclu entre les fabriques et un entrepreneur, sans l'approbation de l'autorité supérieure, serait parfaitement valable, quoique vicieux à son origine, s'il avait été exécuté de bonne foi, et préalablement revêtu de la sanction de l'autorité préfectorale. C'est ce qui résulte d'un décret rendu au contentieux du Conseil d'État, le 7 février 1864, à la requête de Langlé et Compagnie, concessionnaires de l'entreprise des Pompes funèbres, dans les communes annexées à la ville de Paris, par la loi du 16 juin 1859. Ladite société ayant eu à subir un préjudice notable dans la mesure qui rattachait à la capitale les communes environnantes, adressa au Conseil de préfecture de la Seine une demande en indemnité, contre la ville de Paris. Le 7 février 1862, ce tribunal administratif rejeta la demande, en se basant sur l'irrégularité des traités dont excipait la compagnie Langlé. Déféré au Conseil d'État, l'arrêté du Conseil de préfecture de la Seine fut annulé, dans les termes suivants : « Considérant qu'avant
« l'annexion, à la ville de Paris, des communes, les fabri-
« ques de ces communes avaient passé, avec les sieurs Lan-
« glé et Compagnie, pour le service des Pompes funèbres,
« des traités dont la durée devait excéder le 1ᵉʳ janvier
« 1860 ; — que si ces traités n'avaient point reçu, à leur
« origine, l'approbation de l'autorité supérieure, ils s'é-

« taient toujours exécutés de bonne foi, de part et d'autre ;
« qu'ils étaient connus tant de l'administration diocésaine
« que de l'administration départementale ; qu'ils avaient
« suivi leur cours , sans qu'à aucune époque l'une ou
« l'autre de ces administrations y fît obstacle et que les
« fabriques et les communes portaient à leur budget, dû-
« ment approuvé, la part leur revenant dans les produits
« de l'entreprise des sieurs Langlé et Compagnie... ; que
« si la plupart des communes n'ont point concouru, avec
« les fabriques, à la fixation des tarifs et à la conclusion
« des marchés, elles ont toutes participé à l'exécution de
« de ces marchés, et qu'elles ne pouvaient en retirer un
« revenu et le porter en recette à leurs budgets, *avec l'ap-*
« *probation de l'autorité supérieure*, sans être engagées,
« comme les fabriques elles-mêmes, envers les sieurs
« Langlé et Compagnie.... » La Compagnie Langlé fut
renvoyée devant le préfet de la Seine et, en cas de contestations, devant le Conseil de préfecture qui, le 28 avril
1868, rendit un arrêté lui allouant 118,860 francs d'indemnité (1).

Cette jurisprudence a été adoptée par les tribunaux civils, dans trois sentences rendues successivement, à l'occasion des faits que voici. Dans le courant de l'année 1868
la société Vafflard et Compagnie avait fait les fournitures
nécessaires pour les funérailles de deux personnes décédées dans la commune de Marnes (Seine-et-Oise), où la

---

(1) Ladite indemnité fut mise à la charge des fabriques des communes annexées, ce qui paraît au moins anormal, attendu que le
fait de force majeure, qui suspendait le traité conclu, de bonne foi,
entre les fabriques et la Cie Langlé, provenait du Gouvernement.
Le rôle des signataires du traité ayant été purement passif, dans
la résiliation, les fabriques ne pouvaient équitablement être rendues responsables du fait d'autrui.

société Langlé et Compagnie était subrogée aux droits de la fabrique, en vertu d'un traité de gré à gré approuvé par le préfet. Actionnée à raison de ce fait, la société Vafflard excipa de l'irrégularité du traité conclu entre la Cie Langlé et la fabrique de Marnes, mais le tribunal de Seine écarta cette cette fin de non-recevoir, par les motifs que nous reproduisons ci-après: « Attendu que le service des funérailles « *a été mis hors du commerce et de l'industrie* et com- « plétement prohibé; — qu'il suit de là, que *nul n'a qua-* « *lité pour s'immiscer dans ce service, soit directement,* « *soit indirectement ;* — *que c'est le faire indirectement* « *que de discuter la valeur des contrats passés entre les* « *fabriques et leurs cessionnaires* et *d'en invoquer la pré-* « *tendue irrégularité ;* — qu'une exception de cette nature « n'a d'autre but, en effet, *que de faire reconnaître, au* « *profit de celui qui l'oppose, un droit que la loi lui refuse* « *absolument et légitimer des actes qui lui sont interdits,* « *tant que les fabriques ne les autorisent point ;* — at- « tendu, en outre, que le décret de prairial sus visé, cons- « titutif du droit exclusif des fabriques, *n'impose aucune* « *forme particulière pour les substitutions qu'il permet ;* « — que si le décret de 1806 dit que les fabriques feront « par elles-mêmes, ou feront faire, par entreprise aux en- « chères, toutes les fournitures nécessaires au service des « morts, *cette formalité n'est point prescrite à peine de* « *nullité ;* — que d'ailleurs, la légalité des marchés de « gré à gré, entre les fabriques et un entrepreneur, a été « reconnue par la jurisprudence et par des décrets rendus « en Conseil d'État, notamment les 18 mars 1864, 15 « mars et 10 avril 1867; — attendu, enfin, que le traité « passé entre la fabrique de Marnes et la société Langlé « a été approuvé par M. le Préfet de Seine-et-Oise ; — « que cet arrêté pris par ce magistrat, dans la limite de

« ses attributions, confère à ce traité une régularité qui
« subsiste tant que ledit arrêté n'a pas été rapporté ou
« annulé par l'autorité administrative supérieure ; — que
« c'est à bon droit que la société Langlé se plaint.... Le
« tribunal condamne Vafflard et Compagnie à payer à
« Langlé et Compagnie la somme de 2,000 fr. à titre de
« restitutions, et 1,000 fr. à titre de dommages et inté-
« rêts. » (30 décembre 1868).

La société Vafflard appela de cette sentence devant la
Cour d'appel de Paris, qui confirma la décision des premiers juges. Nous ne citerons de cet arrêt que le passage
suivant, relatif à la fin de non-recevoir tirée de l'irrégularité du traité Langlé et Compagnie avec la fabrique de
Marnes : « Mais, considérant que si le décret du 18 mai
« 1806, conforme, en cela, aux dispositions réglementaires
« habituelles, en matière de marchés concernant l'État,
« les communes ou les établissements publics, a indiqué
« la forme des enchères et de l'adjudication publique,
« comme celle qui devait être employée pour la concession
« des entreprises de Pompes funèbres, *il ne résulte ni du*
« *texte, ni de l'esprit du décret qu'il ait entendu en faire*
« *une formalité substantielle dont l'omission entraînerait*
« *la nullité de la concession* et laissera l'entrepreneur sans
« défense contre ceux qui empiéteraient contre ses droits ;
« — que ces prescriptions réglementaires *comportent cer-*
« *taines exceptions abandonnées à l'appréciation de l'ad-*
« *ministration supérieure ;* que, depuis 1852, c'est aux
« préfets qu'il appartient d'approuver les tarifs et marchés
« en matière de Pompes funèbres ; que l'approbation
« donnée par le préfet de Seine-et-Oise, au traité du
« 1er janvier 1863, satisfait pleinement aux dispositions
« combinées des décrets du 23 prairial an XII et 18
« mai 1806 ; que dès lors la société générale des Pom-

« pes funèbres régulièrement substituée aux droits de la
« fabrique de Marnes a qualité.... etc. confirme.... etc. »
(17 août 1869).

Sur le pourvoi de la société Vafflard, la Cour suprême
consacra les précédentes sentences par un arrêté définitif,
qui fixe la jurisprudence civile sur la matière. « Attendu,
« dit l'arrêt, que si le décret de 1806 ajoute que la con-
« cession par entreprise aura lieu aux enchères, *rien, dans*
« *la lettre ni dans l'esprit de ce décret n'indique l'inten-*
« *tion de faire de ces formalités des conditions absolues*
« *de la validité des conditions, entre les fabriques et les*
« *entrepreneurs ;* qu'en tout cas, l'irrégularité qui résulte
« de leur inobservation peut être couverte par l'exécution
« volontaire et par l'approbation de l'autorité supérieure ;
« — attendu d'ailleurs que l'arrêté du Préfet de Seine-et-
« Oise, portant approbation du traité intervenu, ne con-
« tenait aucune obscurité qui pût nécessiter l'interpréta-
« tion de cet acte....., rejette, etc. »

Telle est la jurisprudence civile et administrative sur la
question des traités de gré à gré, dans l'affermage du service des Pompes funèbres à un entrepreneur.

Il est évident que l'application de cette doctrine s'é-
tend, *a fortiori*, aux marchés beaucoup moins importants
que passent les fabriques, dans le système de la Régie
simple, pour les diverses catégories de fournitures qu'elles
achètent directement. C'est ce que nous apprend le *Bulletin officiel du ministère de l'Intérieur*, (n° 16, année
1863) dans une décision concertée entre les deux ministres, de l'Intérieur et des Cultes, et de laquelle il résulte :
« Qu'aux termes de l'article 7 du décret de 1806, les fa-
« briques ne sont pas *aussi rigoureusement tenues* de
« procéder par voie d'adjudication *quand elles font par*
« *elles-mêmes les fournitures* que, lorsqu'elles le font

« faire par entreprise ; — en conséquence, s'il est bien
« démontré que les fabriques *ont plus d'intérêt*, pour le
« moment, à se procurer ces fournitures *au moyen de*
« *traités de gré à gré, rien ne s'oppose à ce que le Préfet*
« *leur en accorde l'autorisation.* »

En résumé, la formalité de l'adjudication est de principe pour les fabriques, mais si elles justifient qu'il y
a plus d'avantages pour elles à passer de simples traités de
gré à gré; si, notamment, en procédant ainsi elles espèrent réunir les avantages de l'adjudication (1), sans en éprou-
ver les inconvénients, les diverses autorités civiles et administratives que nous venons d'invoquer leur en reconnaissent la faculté, mais, en tout cas, les traités passés
devront être soumis à l'approbation du Préfet et dûment
enregistrés.

(1) L'adjudication pour les établissements publics a surtout pour
objet de couvrir lesdits établissements contre certains reproches de
complaisances coupables, en faveur des fournisseurs et au détriment des deniers publics dont ces établissements ont la gestion.
Mais, d'un autre côté, l'adjudication est aujourd'hui presque inséparable de certains inconvéniens, beaucoup plus graves, qui la font
redouter de ceux qui sont tenus d'y recourir. Le désir violent de
devenir adjudicataire, pousse les concurrents à des offres tellement
réduites, qu'il est souvent prouvé, qu'à ce prix, il leur est moralement et matériellement impossible de soutenir leurs engagements,
sans recourir à la fraude, ou à la résiliation, ou, ce qui est plus
rare, à la ruine de l'adjudicataire. Dans ces divers cas, l'excès du
bon marché devient quelquefois très-coûteux ou nuit gravement
à l'établissement. Nous avons vu des gens s'engager à fournir pour
6 francs une étoffe cotée à 12. Or, entre les inconvenients des traités de gré à gré et ceux résultant de l'adjudication, il y a la différence très-notable que, dans le premier cas, on peut plus aisément
choisir un fournisseur honnête, faisant tous les rabais raisonna-
blement possibles, ce qui est une grande garantie, tandis qu'on en
est rarement assuré, dans la seconde.

CHAPITRE VIII

DE LA RÉPARTITION DES BÉNÉFICES ET DU FOND COMMUN

Il est d'expérience que les questions d'intérêt sont toujours délicates, dans l'exploitation en nom collectif, soit d'un service public, soit d'une industrie particulière. Si l'on n'y prend garde, dès le principe, les plus petites causes peuvent amener les plus graves résultats et briser, tout à coup, les liens d'une association. Aussi conseille-t-on de régler toujours d'avance, avec le plus de clarté et le plus de soin possible, tout ce qui tient à la répartition des bénéfices. Quelque facile et paternelle que soit l'administration fabricienne, elle ne pourrait se flatter d'être impunément imprévoyante sur ce point. Un règlement d'organisation bien élaboré, un cahier de charges où tout est prévu sont les auxiliaires indispensables de toute bonne administration. Nous appelons donc l'attention des fabriques sur la nécessité qu'il y a, pour elles, de faire entrer, dans l'acte constitutif de l'association, une clause relative à la répartition des produits recueillis en commun.

Elles ont le choix entre les trois systèmes suivants, savoir : 1° Le partage intégral des bénéfices ; — 2° le partage restreint ; — 3° la séparation complète des intérêts. Chacun de ces trois systèmes nous vient de l'expérience et compte, parmi les fabriques des diverses villes, ses partisans et ses fervents observateurs. Quelques mots seulement sur les particularités qui les caractérisent.

§ 1. Du partage intégral des bénéfices.

Des trois systèmes que nous venons d'indiquer, celui-ci est à coup sûr le plus méritoire et le plus rarement adopté. Comme aux premiers temps du christianisme, les fabriques versent, dans le fond commun, l'intégralité des bénéfices réalisés sur le service des Pompes funèbres, et, à la fin de chaque mois, elles en font autant de parts égales qu'il y a de fabriques associées. La répartition ainsi faite prend le nom de *dividende*, définition très-exacte, et qui peint très-bien l'opération financière à laquelle elle s'applique. Nous ne connaissons qu'une ville en France où ce mode de répartition soit observé, c'est la ville de Marseille. Nous ne saurions dire s'il présente de graves inconvénients. Ce qui serait loin de le faire croire, c'est que depuis 1805 il y est en usage, et que l'application en a été étendue, par l'autorité épiscopale, au casuel du Clergé. On a observé, toutefois, que l'adoption de ce système de répartition, qui est très-avantageux aux fabriques pauvres, pourrait devenir onéreux à quelques fabriques riches, dont l'apport dans le fonds commun est en trop grande disproportion avec la part qu'elles en retirent. Mais, on a répondu à cela qu'avec les transformations si brusques et les améliorations si notables que subissent aujourd'hui les grandes villes, le pôle de la richesse est exposé à des déplacements qui ont pour objet de corriger les inégalités de la veille par les inégalités du lendemain. Chaque fabrique, dans cette hypothèse, peut un jour devenir l'obligée des autres, ainsi que l'expérience en fournit des exemples.

§ 2. Du partage partiel.

Dans ce système, les fabriques versent dans le fonds commun une portion seulement des bénéfices nets, et gardent, par devers elles, l'autre portion, qui varie entre le 60, le 50, le 40 ou le 30 pour 0¦0. Cette combinaison est en usage à Paris, depuis le décret du 18 août 1811, mais le chiffre des sommes versées en fonds commun a été sensiblement modifié depuis cette époque. Il était du 25 pour 0¦0 en 1811; il est aujourd'hui du 60 pour 0¦0, et il est question de l'augmenter encore, pour subvenir aux besoins des fabriques les plus dépourvues de ressources. De tous les systèmes de répartitions, celui-ci est le plus usuel, le plus pratique. Il peut réunir les avantages du premier et ne présente pas les inconvénients du troisième. C'est un système mixte, qui est avantageux aux paroisses pauvres, neutre pour les paroisses intermédiaires et peu onéreux aux paroisses les plus riches. La préférence dont il est généralement l'objet est justifiée par l'expérience et par les avantages qui lui sont particuliers. Nous le conseillerons donc aux fabriques, comme se rapprochant le plus, après le premier, des idées de *charité chrétienne* qui servent de base au partage général, et comme échappant aux reproches d'*égoïsme*, que l'on adresse au système de la séparation absolue des intérêts. C'est d'ailleurs celui qui présente le plus de latitude, car il ne repose pas, comme les deux autres, sur une pensée exclusive. Le fonds commun peut être adopté, soit pour le service extérieur seulement, soit pour les deux services intérieur ou extérieur simultanément. D'un autre côté, le chiffre peut en varier, depuis la somme la plus modeste jusqu'à la somme la plus élevée. Les combinaisons multiples auxquelles il se plie le rendent accessible à tous les modes d'exploitation du monopole et à toutes les fabriques.

§ 3. De la séparation des intérêts.

Dans ce troisième système, la réunion des fabriques pourrait être appelée une simple *juxta-position*, car elles n'ont entre elles qu'un seul point de contact, celui de l'exploitation en commun du service. Quant au reste, c'est-à-dire, quant à la question d'intérêt, elle reste sauve pour les fabriques. Sur ce terrain chaque co-associé fait cause à part et retire de l'exploitation collective l'intégralité des bénéfices auxquels il peut rigoureusement prétendre. Tant mieux pour les paroisses riches, mais tant pis pour les paroisses pauvres. On répond à celles-ci : votre bénéfice est dans les économies notables que l'association vous permet de réaliser, dans les frais généreux d'exploitation ; si vous vous étiez régies à part, vous auriez eu plus de charges et, par suite, moins de profit. L'adoption de ce système dans les villes où les fabriques sont presque toutes dans la même position pécuniaire ne présente rien d'anormal (1). On aurait tort de le juger sans connaître les circonstances qui l'ont fait choisir de préférence à tout autre. Il ne présente également rien d'anormal, en droit, dans les villes où la gêne des fabriques pauvres est plus accentuée, car celles-ci ne peuvent rigoureusement rien exiger au delà de ce

(1) Il en est ainsi à Angers où les ressources de chaque fabrique ne présentent pas les inégalités si profondes que l'on observe dans d'autres villes.

qui leur revient ; mais au point de vue général des idées de convenance et de charité chrétienne qui doivent régler les rapports des fabriques entre elles, l'adoption de ce système y serait taxé d'*égoïsme*, de même que le partage intégral des bénéfices, dans le premier système, pourrait paraître injuste dans certains cas, si l'on en exagerait l'application.

Terminons ce chapitre par une simple question. La mise en fonds commun d'une partie ou de la totalité des bénéfices pourrait-elle être imposée aux fabriques par une mesure administrative, émanant soit de l'autorité supérieure ou départementale, soit de l'autorité diocésaine? En droit rigoureux, non. Quoiques mineures et placées sous la tutelle administrative, les fabriques sont responsables de leur gestion et passible, dans la personne de leur trésorier des peines édictées par les lois en matière d'administration publique. Or, pour être acceptable, cette responsabilité doit comporter un degré d'initiative et de latitude, sans lesquelles la sanction de la loi serait arbitraire et tyrannique. Ce principe de logique étant admis, il doit nécessairement dépendre de la fabrique d'accepter ou de repousser les clauses par trop onéreuses qui lui seraient imposées pour la fixation du *quantum*, ou même pour l'adoption d'un fond commun. Toutefois, les fabriques ne devront jamais prendre conseil d'un refus systématique: elles auront à tenir compte des considérations d'ordre général, qui peuvent inspirer la mesure prise à leur égard ; mais d'un autre côté, l'autorité devra s'abstenir de donner à cette mesure la forme et les caractères d'une injonction qui s'impose, sans examen.

Un autre écueil à éviter, en cette question, est le manque de clarté dans les clauses du contrat administratif d'association. Nous connaissons des règlements de Pompes funèbres, où la répartition des bénéfices est définie en des termes si diffus et avec une telle complication de chiffres, que la confusion est à redouter. Ici, on ne saurait trop se préoccuper du principe reçu qu'en administration *toute simplification est un progrès*.

Nous n'avons pas besoin de redire que les fabriques réunies en Régie simple sont libres d'admettre ou de repousser de l'association telles ou telles fabriques de faubourg ou de banlieue, qui, attirées par les chiffres séduisants du fonds commun, voudraient s'imposer à la majorité.

Pour conclusion, nous dirons comme la sagesse des nations: *in medio stat virtus*. Ici, cet adage semble devoir être d'une application très-avantageuse et échapper aux reproches dont il est l'objet dans d'autres circonstances plus graves et plus importantes.

CHAPÍTRE IX

A la charge de qui doit peser la sépulture des décédés indigents, se demande-t-on, quand on établit un parallèle entre les usages observés à Paris et les usages contraires, observés dans la presque généralité des villes de département?

C'est la ville, disent les uns, qui doit subvenir à ce service, et à cet effet, elle prélève sur tous les convois payants une taxe, un impôt proportionnel, qu'elle touche directement des familles, et à l'aide duquel elle subvient aux frais nécessités par ce genre d'inhumation. On l'appelle, pour ce motif, *taxe municipale des convois.*

Ce sont les fabriques, disent les autres, car elles ont été investies du droit exclusif de faire toutes les fournitures *généralement quelconques nécessaires,* soit *à la pompe,* soit *à la décence* des funérailles et des *enterrements.* Les termes de la concession légale sont extrêmement impératifs : ils ne comportent aucune exception.

Une troisième opinion répond : la sépulture des indigents est à la charge de la taxe fixe. Celui qui perçoit cette taxe doit payer les frais d'inhumation de la classe pauvre.

Chacune de ces trois interprétations s'appuie sur des pratiques et sur des usages qui sont acceptés par les fabriques, qui concourent, peut-être, au même but final, mais qui ne sont pas également l'expression fidèle des prescriptions de la loi.

Le service des inhumations est, à la fois, un service religieux et civil. A raison du caractère religieux dont il est revêtu, il a été, de tout temps et chez tous les peuples, confié à une classe de personnes privilégiées et attachées, par leurs attributions, aux choses du culte. Chez les Égyptiens, l'embaumement et une catacombe particulière étaient accordés aux personnes décédées dans l'indigence. Nous détournerons les regards de la hideuse promiscuité qui attendait, chez les Romains, la dépouille du pauvre, de l'esclave, du criminel et des bêtes immondes, et nous rappelerons le soin des premiers chrétiens pour les restes mortels de leurs frères décédés, dans la paix du Seigneur. Nous ferons remarquer, à ce sujet, que c'est le christianisme qui a fait disparaître du droit civil des Romains l'appellation de *res Domini*, qui réglait les rapports du maître et de l'esclave; que c'est sa charité, toujours grande et toujours féconde, qui a inauguré le grand principe moderne de *la gratuité des funérailles du pauvre*; qu'avant de passer dans nos lois, à la fin du siècle dernier, l'observation de ce principe était, depuis 18 siècles, à l'état de précepte, dans le droit canonique. Aussi l'Église, après avoir ouvert son sein à la classe pauvre et lui avoir octroyé le droit de cité, que lui refusait la sagesse antique, peut-elle dire aujourd'hui, avec un légitime orgueil : « Ces pauvres sont à moi, car c'est « moi qui les ai retirés du néant pour les élever au niveau « du droit commun. » Après les avoir faits ce qu'ils sont, la religion, qui les soutient et les console, pendant la vie, ne pouvait les abandonner, après la mort. Et c'est pour

30

cela que la loi civile, pleine de sagesse et de prévoyance,
n'a pas voulu briser le lien moral qui attachait le pauvre
à l'Église. Elle l'a considéré comme citoyen, mais elle a
laissé à la Religion la liberté naturelle de le considérer
comme chrétien et de lui procurer, à ses derniers moments, les secours et les devoirs qui sont attachés à ce
titre. Et, afin de mieux lui assurer les moyens de rendre
ce dernier devoir de charité, elle lui a concédé la jouissance d'un monopole qui consacre cette maxime, à la fois
chrétienne et républicaine, *que le riche doit payer pour
le pauvre*. Par une bizarre coïncidence des choses humaines, c'est aux plus mauvais jours de la Révolution, et
par l'organe d'un des plus farouches persécuteurs de l'Église,
que ces paroles ont été prononcées pour la première fois,
comme un hommage involontaire rendu à une morale religieuse, dont on ne voulait plus, mais dont on subissait
quand même l'influence secrète et irrésistible.

Ces considérations sont la justification logique du principe légal de la sépulture des indigents par les fabriques.
Elles seules doivent y procéder et percevoir directement,
des familles, le montant de la *taxe fixe*, qui ne doit être appelée *municipale* que dans le seul cas où, comme à Lyon,
les fabriques abandonnant au domaine public les avantages
du monopole, la municipalité est obligée, par application
des art. 26 du décret de prairial et 9 du décret de 1806,
de pourvoir, à ses frais, aux transports funèbres et aux inhumations. Hors de ce cas, qui est parfaitement prévu et
réglé par la loi, les fabriques ont le droit et le devoir de
subvenir à la sépulture des décédés indigents. C'est une
charge, nous en convenons, mais la compensation est là,
et dans le cas où elle serait insuffisante, on peut en demander l'augmentation, en vertu de l'art. 30. § 14 de la
loi du 18 juillet 1837, sur les communes. Nous disons que

c'est *un droit*, parce que la doctrine contraire est formellement condamnée par les prescriptions très-précises
des décrets sur les sépultures. Nous ajoutons que c'est un
devoir : car, ainsi que nous l'avons démontré, en parlant
du service des Pompes funèbres de Paris, l'inhumation,
par les municipalités, des décédés indigents présente l'inconvénient de reconnaître à ces administrations un droit
qu'elles n'ont pas et qui peut servir d'acheminement vers
la réalisation des idées absorbantes que nourrissent quelques unes d'entre elles, à l'endroit du monopole. En acceptant le monopole, dans son principe, dans ses avantages et dans les charges qui pèsent sur lui, elles seront
dans les véritables limites de la loi, leur liberté d'action
en sera plus entière, et, dans le cas où la sépulture des
indigents viendrait à leur paraître trop onéreuse, qu'elles
ne perdent pas de vue que cette charge est l'une des meil-
lieures excuses du monopole, comme elle a été, de tout
temps, l'une des gloires de l'Église.

FIN DU PREMIER VOLUME

TABLE

DES MATIÈRES CONTENUES DANS LE PREMIER VOLUME

———

DEUXIÈME PARTIE

ÉTENDUE DU MONOPOLE

**TITRE Iᵉʳ. — Législation ou définition du principe constitutif du
monopole.**

**TITRE IIᵉ. — Doctrine et jurisprudence ou confirmation du principe
légal du monopole, par les décisions des tribunaux, dans les questions
qui peuvent être l'objet d'une contestation.**

FIN DE LA TABLE DU PREMIER VOLUME

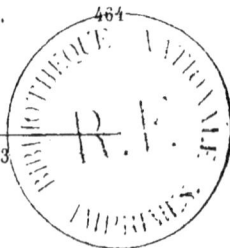

Avignon, Typ. Fr. Seguin aîné, rue Bouquerie, 13

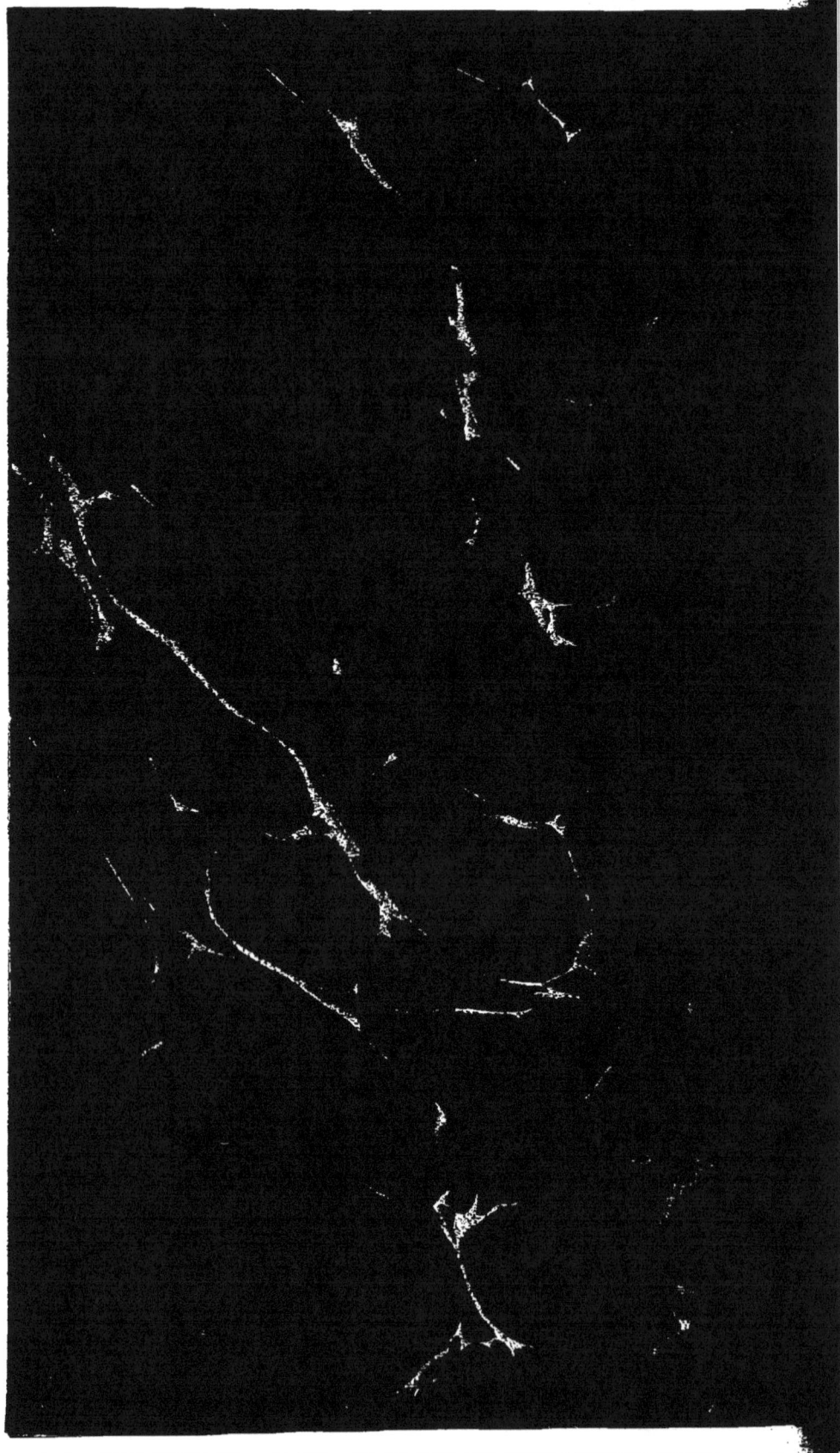

www.ingramcontent.com/pod-product-compliance
Lightning Source LLC
Chambersburg PA
CBHW031614210326
41599CB00021B/3176